A Study on the English Translation and Dissemination of Shangshu in the West from the Perspective of Sinological History

汉学史视域中的
西方《尚书》英译与传播研究

沈思芹 著

江苏人民出版社

图书在版编目(CIP)数据

汉学史视域中的西方《尚书》英译与传播研究/沈思芹著. -- 南京：江苏人民出版社，2024.5

ISBN 978-7-214-29061-8

Ⅰ. ①汉… Ⅱ. ①沈… Ⅲ. ①《尚书》-英语-文学翻译-研究 Ⅳ. ①H315.9②K221.04

中国国家版本馆 CIP 数据核字(2024)第 065772 号

书　　名　汉学史视域中的西方《尚书》英译与传播研究
著　　者　沈思芹
责任编辑　张　凉
责任监制　王　娟
出版发行　江苏人民出版社
地　　址　南京市湖南路 1 号 A 楼,邮编:210009
照　　排　江苏凤凰制版有限公司
印　　刷　南京新洲印刷有限公司
开　　本　718 毫米×1000 毫米　1/16
印　　张　27.75
字　　数　400 千字
版　　次　2024 年 5 月第 1 版
印　　次　2024 年 5 月第 1 次印刷
标准书号　ISBN 978-7-214-29061-8
定　　价　98.00 元

序

成中英

中国文化以其悠久历史和灿烂内涵，不但源头极为悠久，而且其成果也很早就得到一个经典化的语言表达。中国的文化经典并不以神话为基础，而是以人在宇宙中的实际观察和经验作为思考人的存在价值和行为标准的背景。此一经典化的文化传统是十分重要的，不但规范了当时的族群与社会行为，同时也为以后的文化创造发展提供了一个楷模和方向。中国文化的经典化最主要的部分是儒家形成的“五经”传统，其实所谓儒学就是“五经”形成的关系，并非孔子所发明。“儒”之一字，其根源意思是有所期待、有所依循，故我用《易经》“人之需也”来诠释“儒”的本义。“儒”所包含的人生经验和需要，涵括对天地的认识、人在天地中的活动理念以及实际的意识行为和组织活动，因之涵括了经济、社会、政治、文化、思想等方面的基本认识。孔子在纪元前 6 世纪倡导儒学，整理儒家经典，提出“五经”，是根据历史经验及其意义理解，以此作出“述而不作，好古敏求”的治学方法。但事实上，孔子要表述古代经典作出整合，也不能不涉及认知理性的活动，包括认知文本、检测意义和正确的语言表达，“五经”中的“诗、书、礼”三经莫不如此形成。因此，孔子所说的“述而不作”，其实“述”中已经包含了一定程度的意义表达和诠释理解，而并非现象性的描述而已。至于《易经》，因为涉及时间更为久远，最后形成一套占卜的符号体系。孔子在晚年带动弟子写成《易传》，可以看到诠释的重要性。诠释涉及概念，涉及对外物的指向，形成一个重要的思想方式。基于此，孔子后来作《春秋》，褒贬鲁国的君王，具有重大的评价含义，影响十分深远。可见孔子对"五经"创造性的发展不可以忽视，因为只有凭借创造性的发展与诠释，来整合原始的文字意义，来融合新的经验意义和思想，才能使一个文本具有历史、现代和未来的多方面的含义和启示。事实上，这就是经典存在的一个重大意义。因为重视经典无非就是重视正确描述，不断意义整合和评价，以形成一种行为的规范和指导，对个人生命的完成和社会文化的现实维持与发展具有重大的作用。

在儒家传统中，《尚书》代表的是古代君主开国承家的言行活动，表明人是群体动物，必须要经过组织教化，建立国家，发挥人的创造的功能，以及管理推动的权力。不但如此，《尚书》也包含一个国家必须要整体地考虑天文地理的状态的认识，以此认识建立相应的组织，以谋取个人与人民集体性的生命的发展。因此，要建立各种行为制度和行为规范，以为人的行为的指导。孔子所说的"道之以政，齐之以刑"，以及"道之以德，齐之以礼"，乃是两种不同的政治制度和行为规范。由此可见，《尚书》作为古代经典所包含的最早的国家建设与社会行为的规范，不可漠视，这是中华文化最根本的发展动力所在。后世中国政法制度与伦理价值的发展，莫不与此相关。《易经》"贲卦"说："观乎天文，以察时变。观乎人文，以化成天下。"这可以说是对《尚书》经典意义的一个重要刻画。

"五经"在孔子时代形成儒家经典，经过春秋战国到汉代，虽然曾遭到秦始皇焚书坑儒的破坏，但毕竟留存了下来。伏生经过记忆口传的今文《尚书》说一直流传到今，显然已经发挥了中国文化发展的重大意义。由于它的重要性和影响力，因此西方的文化传统也想有所了解和借鉴，这自然也是历史发展的重要功能，以认知他者来参考他者的内涵作为自己文化发展的一种动力。本来所谓"轴心时代"的目标就是彼此彰显文化成就，以求相互借鉴学习，使人类走向更好的未来。但这个自然发展并没有实际发生，由于时间、空间的距离，基本上中西文化的发展都是各自为政，一直到前现代时期才开始密切地接触。必须要提的是，西方文化传统来自一个多元复合体，最后统一在基督教神学文化宗教体系之中。但即便如此，基督教也面临着改革和创新的需要，再加上西方的历史在17世纪走上霸权主义的路径，其扩张性使其主动到中国传教，也因此接触到中国的儒家经典，才有翻译这一经典的动力和需要。但在中国魏晋时代，中国文化早有发展和追求改进的愿望，因此引进了印度佛学，形成了中国佛学的灿烂发展。西方17世纪耶稣会教士东来，其目的和中国引进佛学可能不完全一致。他们对中国经典不是信仰，其目的是在证明基督教神学的普遍性，要把中国的儒家经典转化为对神学的注解。这样一种认识，对西方翻译中国儒家经典的理解，就有了一个重要的前提。翻译中国的经典，理解中国的经典，以西方神学来诠释中国经典，使西方的宗教神学信仰凌驾于中国儒家的自然主义和人文主义的生命价值观之上，而并非只是借鉴中国文化意义，以充实和改进自身的文化。

在以上的背景叙述之中，我们理解到西方学者翻译"五经"的基本态度和目标，与一个追求客观理解和认识中国文化主体性的内在目标的实际有极大的落差，这自然就导向翻译中国经典所接触到的方法论的问题。我个人提出"本体诠释学"，事实上也是在理解西方诠释的基础上和中国自身的自我理解的认识上，来建立一个统一主客观的诠释系统，既允许主客观各自相对的认识，又提出一个结合主客观本体的认识方法，促进文化之间的互通和价值的融合，开拓一个共同的、开放的中西文化的意识世界，同时为追求人类整体的理解和发展作出贡献。这个文化沟通的方法论的提出是十分重要的，但如果没有实际采行，也不能改变现状中的文化偏见和价值闭塞，对人类走向一个开放的、和谐的、整体的价值世界和生活世界不能有所推进。很幸运的是，最近有更多学者能够认识到"本体诠释学"的重要性，把它用在文化经典翻译的工作上，作出既符合客观又满足主观要求的翻译研究，我看到其中翘楚者之一是徐州工程学院沈思芹教授所做的英译的《尚书》研究。这个研究是由扬州大学钱宗武教授所指导，并为国家社会科学基金所资助。必须要说，钱宗武教授研究《尚书》有数十年之久，是中国有名的《尚书》专家。他主持国际《尚书》学会，把《尚书》的研究推广到全世界。他指导的沈思芹的英译《尚书》研究具有深厚的学术价值，并由于接受"本体诠释学”的方法论，因此使英译《尚书》研究更具有时代意义，为《尚书》的跨文化研究打开了新的层面，同时也为《尚书》的历史传承开辟了新的道路。这是非常难能可贵的，我在此简述她的研究的基本成就，并对以后中国经典的跨文化与跨语言的传播提出我的理解和愿景，为中华文化的复兴尽一份文化责任。

沈思芹的英译《尚书》研究提出300年来英译《尚书》的发展情况，并集中在7本英译《尚书》的分析与评价上面。首先，她提出最早的《尚书》英译是由法国神父杜赫德(Jean-Baptiste Du Halde, 1674—1743)所著《中华帝国全志》中的《尚书》法文选译翻译而来。但译者当时所用的资料十分有限，也不够熟悉中国语言，因此他的翻译与实际的《尚书》含义相去甚远，只是一些主观的、直觉的、一般性的叙述。法文翻译再翻译成英文，也只是提供了一些最基本的信息而已，并不能建立根本的理解，其影响也因此局限于汉学自身的发展，是否直接影响到18世纪法国启蒙运动，是难以评价的。18世纪法国的文化启蒙运动，也许更是综合的儒家思想在众多传教士的推动下所产生的具体效果，不仅在法国，而且在德国和英国发挥作用。

19世纪后期到20世纪初期，我们看到两本英译《尚书》的出现。一本是传教士汉学家麦都思(W. H. Medhurst, 1796—1857)的翻译，另一本是传教士理雅各(James Legge, 1815—1897)的翻译。两者的翻译都代表了西方海外殖民扩张文化的一种需要，不但消除了原来18世纪的“中国热”，而且强调了西方中心主义的流行，因此这两部翻译都提供了传教士在中国活动所需要的语言文化和知识，把中国文化作为西方文化需要改变和改造的对象，其基本价值的前提是基督教的神学和西方文化的语言学，是把中国的经典置于西方的历史发展之中，但消解了《尚书》的历史纪年与真实性，把《尚书》的历史性纳入外加的神学体系之中，根本不理会《尚书》中所呈现的宇宙认知和人类定位，以及所显现出来的中国圣贤的伦理规范的价值观，也完全不考虑中国语言的主体性、中国哲学的主体性和中国本体的主体性。两部翻译都带有注释，但所谓注释就更有局限性，只是提供一个基督神学的认识。麦都思的翻译比理雅各较为客观，但仍不能呈现中国经典的整体性，因此对中国经典包括《尚书》的认识，在本质上是有限的。在这种认识之下，一个历史真实性的要求产生了《尚书》再翻译的需要，这就是19—20世纪的英国占星家沃尔特·高尔恩·欧德（Walter Gorn Old，1864—1929）和瑞典汉学家高本汉（Bernhard Karlgren，1889—1978）的《尚书》英语翻译。他们从现代社会科学和语言学的立场作为翻译和评价的基础，显示了实证主义的立场，消除了中国传统经学，不只是忽视了传统经学的历史真实性，这当然影响到对中国历史的起源和发展的认识。迄今，西方的历史学者不承认中国夏代的历史，可能也是种因于此。从某个意义上来说，西方现代的翻译不但缺少内心的体验，也没有一个整体性的社会认识，因此所产生的结论都是支离破碎的，反而造成中国经典和中国文化衰弱和疏漏的形象，当然更谈不上对中国语言的细节感受，以及对中国历史所体现的相对认识的价值性的理解，无法体现一个文化传统所包含的文化价值观和价值历史观。

最后一位翻译者帕尔马（Martin Palmer，1953—　）是英国现代学者，他也是一个基督教推广者，认识到中国文化的复兴运动以及东方文化价值的回归，想从后现代的观点描述早期儒家经典的内涵。他的翻译是对早期英译《尚书》的一种扭转，可喜的是，他不做任何基督教神学的预设，代之以哲学伦理作为翻译的基础。但他看到的是社会读者的需要，对《尚书》经典中所包含的本体真理性并无任何彰显，事实上也是把中国经典性消除殆尽。

基于以上沈思芹所分析的7本英译《尚书》，她的研究具有一种动态的历史展现，说明不同时代所代表的不同翻译的特点。如果她能够说明这样一个动态的发展所反映出来的西方和英国文化的发展，同时也说明中国文化同时性的发展，那就更有价值了。但是，沈思芹能够着重于诠释学认识中提炼出的认知和诠释的标准，用来分析和考量西方翻译经典中的品质，这已经是汉学研究的一大进步，也是一种突出的创新。更重要的是，她能够在"本体诠释学"的基础上，指出英译《尚书》不同时代所包含的问题，最后也强调了这个翻译所应该重视的方法和理念创新，可说为翻译中国经典提供了一个新的景观和一个新的理想。

现代中国学者对西方翻译中国经典的批评是有重大意义的，但不能否定西方学者对中国经典的翻译无论如何都会受到西方文化和西方哲学的影响，而较难接近中国经典的真理性的理解。对于这个问题，我认为最根本的启示是中国自己要有翻译自己经典的能力。要取得有价值的翻译，就必须结合自身的翻译能力与翻译技术的外在资源，在"本体诠释学"的基础上，进行认真的翻译工作，这也是当初中国佛学自身从事翻译的重要性的启示。因此，研究英语翻译《尚书》最后的问题，乃是如何进一步发挥自身翻译或诠释中国文化经典的本领和功夫，当然也必须结合西方学者的翻译来进行翻译语言的沟通和优化。这也就表示中国的学术传统还必须自身强大起来，尤其不可以西方汉学传统作为依赖，而是要超越汉学传统，不可崇洋媚外，而要建立自身的价值标准和要求，为中华文化的基本经典提出一套既符合内在逻辑和经验，又符合客观认知和考察的多重真理标准。不但用来翻译中国经典，也可以用来翻译西方经典，其成果必能使世界各国都能够获益，并借此使世界文化的发展更进一步，有利于人类共同繁荣、和谐相处的共同体的建立。

是为序。

2023 年 6 月 12 日于美国檀香山夏威夷大学

序

钱宗武

我的博士生和博士后大约有一半学位论文和出站报告的选题研究皆为《尚书》，其中大多数又分为两拨。一拨研究《尚书》学通史。马士远研究周秦两汉《尚书》学，程兴丽研究魏晋南北朝《尚书》学，赵晓东研究隋唐《尚书》学，陈良中研究宋代《尚书》学，曹子男研究明代《尚书》学，秦力研究清初及乾嘉时期《尚书》学，刘德州研究晚清《尚书》学。另一拨研究《尚书》的外译，也就是《尚书》的海外传播形态，先后有陆正慧、陈丹丹、葛厚伟、金京爱和沈思芹。

《汉学史视域中的西方〈尚书〉英译与传播研究》是沈思芹的第一部著作。沈思芹本科学习英语，硕士生阶段攻读语言学，博士生阶段研修《尚书》学，师出多门，兼容并蓄。沈思芹为定向在职博士生，在有限的时间内，既要完成工作任务，又要完成学习任务，完成C刊论文的写作发表任务，还在美国马萨诸塞大学访学半年，其所经历的困难可想而知。然而她不仅能按时完成博士学位论文写作，还能一次全部顺利通过了教育部组织的3名专家的论文盲审；不仅如期通过学位论文答辩，取得“优秀”等级，还在毕业当年成功申报国家社科基金后期资助项目，雄关漫道，攻坚克难，屡战屡胜，一路高歌。或称为奇，我独不以为然，相信只有超常的勤奋和坚定的信念，才能在汗水中绽放欢乐的泪花。沈思芹可能还算不上天赋异禀，但悟性好，肯吃苦，真诚执着，是圣人所说的那种“讷于言而敏于行”的人。耕耘必有收获，努力终有回报。我读过《汉学史视域中的西方〈尚书〉英译与传播研究》的初稿，感到屡屡新见卓识，满纸灿然，择其二三，相与论析。

一、熔古铸今，资料宏富

《汉学史视域中的西方〈尚书〉英译与传播研究》首次对不同时期的西方《尚书》英译进行了全面、详细的研究与描写，系统梳理了从18世纪上半期至今近300年的西方《尚书》英译的历史脉络。长期以来，《尚书》英译研究多偏重于研究理雅各及其译本，而对别的译者译本的研究相对较少，对19世纪之前的早期《尚书》英译更未遑顾及，整个研究缺少对《尚书》英译发展历史脉络的全面、系统的梳理。有鉴于此，沈思芹首次从史的角度切入，以汉学发展的不同时期为翻译的历史语境，研究与描写了各个历史时期《尚书》英译和译介情况，对不同时期的《尚书》英译本进行个案研究和比较分析，揭示历时《尚书》英译的思想理念、方法策略、形态特点及其发展规律，探究其对新时期中国典籍翻译的启示意义和参考价值。

作者采用了诸多重要的新研究材料，有不少资料在《尚书》英译研究史上是第一次征引。作者在读博期间曾获得江苏省政府留学奖学金的资助，到美国马萨诸塞大学（University of Massachusetts）访学，她利用所访学校的五校联盟的资源共享优势，通过校内图书和数字文献资料的查阅、复印，以及馆际互借等形式，查阅和复印了大量图书和数字文献资料。访学回国后，仍不辍寻访资料。那些国内不便查找的资料，就拜托仍在美国学习的校友查找并通过邮件等方式传递回国，有些资料十分珍贵。例如，发行于1832—1851年间，被称为在华英美传教士和官商喉舌的《中国丛报》（*The Chinese Repository*）等罕见的19世纪英文期刊，其内容就包含大量早期《尚书》英译的有关当时的社会、政治、历史、学术研究等背景情况。她还查阅了《尚书》英译者关于中国的研究著述及译者传记等，通过这些资料了解译者的翻译思想和译者行为，诸如麦都思的《中国的现状与展望》等关于中国的研究资料，理雅各、欧德、高本汉等的传记资料。本书研究所采用的一些文献，如法国神甫杜赫德编著的《中华帝国全志》的18世纪英文译本，是西方早期汉学三大名著之一。这些资料在《尚书》英译的研究中皆为首次使用。自18世纪至21世纪的西方《尚书》英译文本，本书作者几乎搜寻无遗。这些英译文本主要包括：1736年英国伦敦出版的《中华帝国全志》的英文选译本，即瓦特版；1738年英国伦敦出版的《中华帝国全志》英文全译本，即凯夫版。1846年在上海出版的英国传教士麦都思的英译本与1865年在香港出版的英国传教士理雅各的《尚书》英译本。英国19世纪末20世纪初著名的占星家和神智学者欧德1904年在伦敦出版的《尚书》英译本。瑞典汉学家高本汉1948—1950年刊登于《远东文物博物馆馆刊》的今文《尚书》英译本。当代英国汉学家彭马田由企鹅出版公司于2014年出版的《尚书》英译本。作者还查阅参考了《尚书》古今中外的诸多注释研究资料，以及各国汉学历史资料、各时期的政治历史等背景资料。应该说，作者在研究资料的收集、整理和利用方面用力勤劬。材料是研究的基础，新材料的使用对于《尚书》英译研究的拓展以及新观点的形成具有极为重要的作用。

二、视角独特，方法科学

《汉学史视域中的西方〈尚书〉英译与传播研究》采取新的研究方法和研究视角，拓展了《尚书》英译研究的广度和深度。以往的研究在方法上较为单一，跨学科、综合视角的研究不足，缺少西方汉学视角的研究，对《尚书》英译的译者行为研究也比较少。本书的研究采用了西方汉学的新研究视角，以四个多世纪的西方汉学发展为历史语境，参考以往汉学研究，以汉学思潮的演变为主要分期标志，将《尚书》英译重置于汉学发展的历史语境之中进行研究与描写，同时注重综合吸收语言学、汉学、翻译学等多学科的理论和方法，对其进行立体的、多维度的研究与考察。本书首次将本体诠释学理论应用于《尚书》的英译研究，以本体诠释学语义诠释圆环理论为主要理论框架，对西方《尚书》英译的形态特点进行描述研究。本体诠释学理论注重文本的有关历史与理论依据，从真理、实在、价值及行为之间的关系阐释文本语义，周密融通，对于文本诠释具有强大的解释力。不同时期的《尚书》英译文本皆是对原文的不同语义诠释，作者分别从本体真理层次、理论层次及语言层次，分析描写了汉学发展各时期《尚书》英译文本的"本体诠释学圆环"的特点。这使其对译文形态特点的研究具备了科学的理论基础。作者还根据吉迪恩·图里等(Gideon Toury，1995；Maria Tymoczko，1999)的描述性翻译学理论，对各主要西方《尚书》英译的翻译过程、翻译产品、学术功能、译者行为特点及其与汉学发展的关系等进行详尽的分析，描述翻译的本质特征，归纳总结制约翻译的规则，指导翻译实践。

作者结合中西方的思想、语言、宗教、文化等方面因素，多处采用了比较分析的方法，探析不同时期西方《尚书》英译的异同。对比分析不同《尚书》英译文本的诠释传真度，对比分析不同英译本的历史语境、译本形态、译者思想、方法策略等，对比英语译文与汉语原文的语义差异，对比不同时期的英译本对同一语句的翻译等。通过系统考察、逐一描述汉学发展不同时期《尚书》英译的历史语境、形态特点、译介过程、学术价值与学术影响等，归纳总结不同时期《尚书》英译的特点。

总体而言，本书的作者通过将微观的文本分析与宏观的社会历史语境分析相结合、译本研究与译者行为研究相结合、历史逻辑与学理逻辑相结合，纵横比较，融合传统、现代及后现代的研究，系统梳理了漫长的西方《尚书》英译历史，探索了《尚书》英译发展演变特点和规律，论述严谨，方法科学。

三、个案研究，多有新识

《汉学史视域中的西方〈尚书〉英译与传播研究》探幽索微，见微知著，形成了一些新的观点与新的结论。比如，通过对不同时期英译本的本体诠释学分析，探索西方英译者对《尚书》的语义诠释的特点与诠释的方法路径，指出他们对《尚书》这部经典本体真理诠释的种种不足及其产生的原因，提出对中国经典的翻译应该以真实完整地诠释经典的本体真理为根本目的，使译文的诠释尽可能地接近原文的本体真理，力求最大限度地诠释与传译原文的本体真理意义等启发性翻译建议。再如，本书研究发现，早期的《尚书》英译体现了西方对中国知识的学习借鉴及其对中国思想文化的仰慕与赞赏；研究发现，18世纪后期起，在西方中心主义的影响之下，19世纪的两种《尚书》英译，即英国汉学家麦都思和理雅各的英译，皆表现出对原文的本体真理意义与价值的忽视与消解。理雅各的《尚书》英译一向被西方评论为忠实地反映了原文面貌，却通过在译文前翻译及评论《竹书纪年》，宣称《尚书》反映的中国历史纪年不可信，而《竹书纪年》的历史纪年才可信。《竹书纪年》又名《汲冢周书》，西晋初年出土于汲县，叙述夏、商、西周和春秋、战国的历史，以君王纪年为纲目，按年编次，周平王东迁后用晋国的方式纪年，韩、赵、魏三家分晋后用魏国的方式纪年。《竹书纪年》本是未经秦火的晋、魏史书，但内容多与正史不同，价值取向也相异，隋唐后就亡佚了，学术界多有争议。理雅各借此质疑与否定中国上古史，意在尽可能地缩短《尚书》所载早于基督教《圣经》所载的历史纪年数个世纪的中国的历史纪年，使得西方人不必为他们的历史纪年晚于中国历史纪年而尴尬，从而达到为基督教及其经典《圣经》的权威性进行辩护的重要目的，维护在中国传布基督教的根本利益。理雅各还在《尚书》英译本的《绪论》(Prolegomena)中运用英国经验主义理论，即认为词所指示的不是事物，而是观念，特别是通名，指示了"类观念"。根据这一理论，理雅各从书名到内容对《尚书》提出了诸多方面的质疑，对《尚书》的汉语书名进行去经典化的诠释。他宣称中国古代的"书"字经常被用来作为汉语书面文字的通称，是文献的一种通名(generalname)。他推论孔子所说的"书"指的是包括其国家自古以来直到其所处时代的所有文件，因此《尚书》就算出自孔子之手，也绝非包括了中国的历史，更谈不上在其中寻找那段历史纪年。理氏意在通过西人所熟悉的推理逻辑，使得英语读者相信"书"并无特殊的、重要的、经典的价值含义，只是指称一些普通的文献汇编，因此《尚书》不具有难以理解的深刻意蕴，"按照最短的经文年表，任何人都不需因中国历史纪年而尴尬"。这是其通过翻译《尚书》所要达到的重要目的之一。因此可以说，理雅各通过其《尚书》英译重建了中国的历史纪年，否定了卫匡国的中国历史纪年早于《圣经》纪年的观点。这些思想也表现在其译文并未完全依据中国传统经学对原文的本体论诠释上,具有一定程度的主观性,企图将《尚书》英译纳入西方比较宗教学研究。相较之下,麦都思的《尚书》译文和注释以翻译儒家集大成者蔡沈的《书集传》的有关注释为主,因而其译文对原文的诠释比理雅各的英译更多地传译了原文的本体真理意义,但麦都思忽略了《尚书》的思想价值。译者们对《尚书》的本体论层次意义的认识与重视不够,对原文本体真理的认识和态度最终导致两种译文的本体论层次诠释的缺陷,而译者们对《尚书》本体论意义的认识与诠释的不足,也制约着其对原文的理论预设与语言层次的具体表述,从而导致译文对原文语义的误读或曲解。

本书对瑞典汉学家、语言学家高本汉的《尚书》英译的研究指出:虽然高氏《尚书》英译被学界认为具有很高的学术性,对原文的诠释更为科学、准确,但在其本体论层面的诠释上,由于受当时中国文化价值衰落等有关历史语境的影响,而更为严重地忽视了原文的本体真理价值,仅仅视《尚书》为语言学研究的历史语料,从而使其某些诠释也存在不足,因而其《尚书》英译与麦都思和理雅各的英译同样存在较大的诠释与传译缺陷。

本书对当代汉学家彭马田的《尚书》英译也有诸多新的观点,诸如认为其在本体真理层次表现出对《尚书》所含思想文化价值等的诠释不力,加之语言层次对原文词语意义的较大偏离,因而导致对原文本体真理的诠释存在较严重的缺陷。研究分析了彭氏英译主要受到后现代主义思潮与大众文化产业的需求等影响,译者行为明显表现出务实大于求真的特点,体现了对实用性的注重。研究指出,诸多西方译者对《尚书》进行了种种重塑,其背后皆隐含着西方中心主义的思想理念,这对中国文化的真实传播具有不可忽视的负面影响。彭马田的英译将经典大众化,虽然符合当今西方大众读者的阅读需求,但其所采用的诗歌化等翻译方法,难以兼顾对中国文化价值的真实完整的诠释。

四、提出新分期,揭示新规律

《汉学史视域中的西方〈尚书〉英译与传播研究》提出汉学史新的分

期及其分期标准。汉学的研究历史有400多年,汉学史的研究不足100年。西方汉学确立的公认标志是1814年雷慕沙(Jean Pier re Abel Rémusat,1788—1832)在法兰西学院创立"中国汉语、鞑靼语和满语语言与文学讲座",汉学正式成为大学的一门学科。研究者们根据不同的标准,对汉学史的分期,有二分法、三分法,也有四分法。由于标准不同,各个时期的上限与下限也不相同,名称也不尽相同。例如,阎纯德先生大致分为传统汉学和现代汉学两个阶段,张西平先生分为游记汉学、传教士汉学和专业汉学三个阶段,美国学者韩大伟(David B. Honey)分为耶稣会士时期、法国汉学讲座时期、英美新教传教士时期和汉学现代发展时期四个阶段。王琰先生也分为四个阶段,分别是"孕育、创立、现代化转型和当代发展"。《汉学史视域中的西方〈尚书〉英译与传播研究》探寻不同时期《尚书》英译的特点与思想路径,注重分析汉学史与汉学思潮发展的关系,将汉学史分为四个时期:17－18世纪的汉学早期、19世纪西方国家汉学学科初建时期、19世纪末至20世纪上半期的汉学现代化转变时期、20世纪下半期至今的汉学现当代发展时期。

本书还对《尚书》英译历史发展演变的规律进行了初步探索与总结,提出了诸如英译的演变与中国文化在世界范围内的价值的变化密切相关,经历了由高峰跌落至谷底又回升的曲折过程,不同英译也反映了不同历史时期中国的国际话语权的变化,由最初的拥有到19世纪的失落到现在的逐渐找回。不同的英译也与社会历史发展的逻辑相符合,适应了不同时期的社会发展需求。上述这些新观点皆以《尚书》英译的历史事实为基础,有关资料较丰富全面,例证较充分合理,逻辑周密,结论可信,因而较好地完成了既定的研究目标。书中提出的中国典籍翻译的有关建议,如黄钟大吕,警心启识。例如,对重要的中华文化经典《尚书》等的翻译,要以忠实地传译其思想文化的精神实质为目标,注重在翻译中诠释经典的本体真理意义与价值,同时结合读者的现实需求,使得真正的中华优秀文化更好地"走出去",被真正地理解,更容易被接受、精心塑造和广泛传播。

或闻,真玉必有瑕。《汉学史视域中的西方〈尚书〉英译与传播研究》亦有可商之处，请择一二，仅供参考。一是不同时期西方《尚书》英译的学理逻辑呈现出与社会发展的历史逻辑相符合的趋势和特点。作者论述已经比较充分，但西方汉学史与中国学术史发展有无交集，似未涉及。换而言之，近现代西方译介《尚书》的学术理念是否也会受到中国研究《尚书》学术理念变化的影响。二是有无必要类比研究、集中评述不同时期西方《尚书》英译者的研究理念和研究方法，以及译作的文本形态和设计思路，重在说明共时的合理性与历时的普适性，以求系统而明确地论述并建构《尚书》及整个中国典籍英译的学术体系。

《礼记・中庸》指出，学习的正确态度和科学方法必须是"博学之，审问之，慎思之，明辨之，笃行之。有弗学，学之弗能，弗措也；有弗问，问之弗知，弗措也；有弗思，思之弗得，弗措也；有弗辨，辨之弗明，弗措也；有弗行，行之弗笃，弗措也。人一能之，己百之，人十能之，己千之"，果能此道，虽弱必强，虽柔必刚。沈思芹是真正的践行者。她高质量地完成学业和专题研究，需要补习许多知识。时间是个常量，也是最为公平的，给予任何人不会多也不会少，她硬生生地用执着的努力把常量改换成变量。当然这需要多少个青灯寒夜的呕心沥血，付出的是健康和生命的有限长度。辛酸苦辣，唯亲历者自知。现在，可以相信《汉学史视域中的西方〈尚书〉英译与传播研究》一经付梓，便可确立沈思芹在中国典籍英译领域中的学术地位与学术影响，前程可期，朝霞似锦。但作为老师，需要嘱咐的是既要谨记屈子的心志："亦余心之所善兮，虽九死其犹未悔。"也要体味《庄子・内篇・养生主》庄子的感叹："吾生也有涯，而知也无涯。"还要记住《礼记・杂记下》记载的孔子之言："张而不弛，文武弗能也；弛而不张，文武弗为也。一张一弛，文武之道也。"且行且珍重！师者之言，或有倚老卖老之嫌，然天命之谓性，率性之谓道。是为序。

甲辰暮春于泉城旅次

序

方环海

2023年11月底的某个午后，接到思芹的语音电话，兴奋地告诉我，她的国家社科后期资助结项成果专著《汉学史视域中的西方〈尚书〉英译与传播研究》终于要出版了。这是她的第一本专著，话语之间，嗫嚅着是否可以给她写个序。当时我正第一次感染新冠，高烧着，在与未知的病毒作斗争，感觉头脑晕晕乎乎的，但很是为她能够取得今天的学术成就而高兴。兴奋之余，没有过多犹豫，就答应了写序的事。

我向来对写序这样的事情有点敬而远之，大致是因为每个人的研究与感受总是独一无二的存在，其他人最多是个欣赏者，或者是个旁观者，称誉或商榷对于作者的著作似乎都是锦上添花，何况这“花”还未必能够完全和作者的“锦”匹配得严丝合缝。君子言必信，信必果，离2024年只有4天，此时我正坐在美东特拉华郊区公寓的百叶窗前，天空宛如被切割成了一条条水洗般的淡蓝玻璃，窗下的草地上孩子们的嬉闹声没有了，确实没有圣诞节的热闹，只有包裹四周的一片沉静。坐在电脑前，眼前浮现出来的是与思芹整整20年师生之缘的蒙太奇场景，一幅幅地不停飞入。

思芹是2003年考入徐州师范大学语言研究所（现江苏师范大学语言科学与艺术学院）读硕士研究生的，研究方向是汉语言文字学，因为她是外语专业出身，选导师时虽略有犹豫，但看到她意志特别坚定，我也很高兴她能够跟着我做研究。那时，我对汉语语法研究很感兴趣，觉得英语与汉语之间的语法对比值得研究的问题还很多。也就是在讲授认知语言学的课堂上，我和她无意中说起汉语的构词词缀与英语存在很多差别，英语的构词词缀大多实现了语法化过程，而汉语的很多词缀还在语法化的过程中，于是思芹敏锐地选择了“V法”中“法”的类词缀现象及其语法化演变作为研究课题。

在研究过程中，思芹虽然在此之前对这方面并无太多关注，但是她的科研执行力很强，布置的语法化理论的原版著作阅读与文献收集工作完成得不折不扣，她付出了比别人多出好几倍的努力，中间虽然也有很多讨论，但是她的学术悟性与坐冷板凳的功夫确实给我留下了非常深刻的印象。毕业学位论文能够获得答辩委员会的高度评价，自然也就在情理之中，后来整理出来几篇文章在《中国语言学报》等期刊发表，更是大大培养了她的学术自信心。我想，这份自信或许就是她学术生涯的最好起点。

2006年研究生毕业以后，她顺利进入徐州工程学院外语系工作，繁重的教学任务与琐细的家庭负担并没有消弭她一直埋在心底的学术梦想，这种梦想虽然有时暂时会被这样那样无谓的干扰与纷乱所遮掩，但是梦想就是梦想，仍然如同夜空中的晨星不时在眼前闪现。期间，我本人于2007—2008年进入哈佛大学访学，回国不久实在懒得在泥淖中纠缠，旋即远赴厦门大学任教。记得是在厦门期间，有一天突然接到思芹的电话，汇报说她已经顺利到扬州大学攻读博士学位，受业于钱宗武先生门下。我非常高兴，高兴的是她终于圆了自己做了那么长时间的博士梦，同时高兴的是她能够受业于名师，转益多师，她一定会在学术上取得更大进步。她的博士导师钱宗武先生我也非常熟悉，钱先生的学术声名卓著，钱门弟子术业专攻，在这样的氛围里，相信经过钱先生系统而严格的学术训练，思芹肯定会脱胎换骨。

后来的发展果然如我所料。钱先生是尚书学研究大家，指导思芹在选题时毅然决然地选择西方世界的《尚书》英译及其阐释作为研究选题，这是非常具有学术眼光的，也很有学术魄力。《尚书》是最古老而重要的儒家文化经典，也是中华文明的源头要籍，其所构建的民族话语和价值体系涵括了中华民族的精神全景，成为民族核心价值观的重要媒介和载体。正如20世纪30—40年代陈寅恪在《陈垣敦煌劫余录序》中所言:“一时代之学术,必有其新材料与新问题。取用此材料,以研求问题,则为此时代学术之新潮流。治学之士,得预于此潮流者,谓之预流(借用佛教初果之名)。其未得预者,谓之未入流。此古今学术史之通义,非彼闭门造车之徒,所能同喻者也。”特别是在如今“中国文化走出去”的新时代背景下,中国儒家文化经典在西方的翻译与传播,绝对是中华文化曾经强势的历史痕迹,个中的逻辑与方法值得我们认真借鉴。

同时,我们也看到,汉学视域中的典籍翻译研究及其当代阐释,已经成为跨文化、跨国家的事业,这一跨文化的问题意识与学术视野,赋予了今天的中国学术界与西方对话的可能,而汉语及其负载的中国文化的研究借由西方汉学的传输而得以彰显,也许中国学界与西方汉学界之间的真正对话,不仅仅在于一些具体的问题,同时也有深层的方法论问题。钱先生知道我从2011年开始学术研究兴趣有所转向,比较早地关注西方汉学与汉语传播研究,也曾要求思芹在研究过程中要和我多多交流,在此特别感谢钱先生如此信任,奖掖后学。在与思芹就某些具体问题的讨论过程中,我本人也收获良多,教学相长之乐,概指此也。

人世间确实有太多的偶然与必然。因缘际会,2018年9月,我再次进入哈佛大学做访问学者,年底在塔夫茨大学参加学术会议,和来自马萨诸塞大学阿姆斯特分校(UMass Amherst)的王志军教授一起午餐,非常投缘,一见如故。于是,我就冒昧推荐思芹到他那里访学,没想到王老师非常高兴,很快为她办理了邀请函与2019表。在最冷的2019年2月,思芹顺利到达波士顿的洛根机场,师生之缘在异国得续,真的感慨良多。我们一家在机场见到她时,都能感觉到学术的火苗在她身上持续升腾。

国外访学的日子注定是枯燥的,但是思芹的访学目标很明确,日子过得紧张而充实。期间,她利用大学图书馆的资源,认真搜集《尚书》的英译版本资料,包括杜赫德的《中华帝国全志》中的《尚书》英译、麦都思和理雅各的《尚书》英译、英国的欧德和瑞典的高本汉的英译以及21世纪彭马田的英译版本等,这为她的论文完成打下了非常坚实的材料基础。我个人一直抱着这样的学术旨趣,即西方汉学的研究必须有坚实的文本支撑，没有对原始第一手文献的阅读、梳理与解读，仅仅基于汉学家的碎片化话语的阐释，容易落入"六经注我"的窠臼之中。高兴的是，思芹与我的学术研究旨趣基本合拍，所以我特别引以为同道，这可以说已经超越了思芹与我的师生之缘。

文章千古事，得失寸心知。在如今的时代，执着于自己的学术追求，20 多年来"九死其犹未悔"，这不仅需要无上的思维定力，更需要高尚的学术境界。思芹未来的学术之路还很长，真心希望她不忘初心，一直咬定青山。

2023 年岁末

目录

引　言

当今中国，综合国力与国际地位显著提升，正在走向世界舞台的中央，习近平主席提出要“深化文明交流互鉴，推动中华文化更好走向世界”“形成同我国综合国力和国际地位相匹配的国际话语权”。[①]在新时代背景下，本研究选题的确定主要基于对中国典籍翻译中一些重要问题、现象的思考与探索，以及《尚书》等中国文化核心经典对于世界文化交流与文明互鉴的重大意义。从明末清初的中学西传开始，《尚书》即成为最早被西方译介的中国经典之一，迄今已有约400年的西传历史。西方汉学发展的不同历史阶段皆有新的《尚书》英译本行世，在汉学视域中对其进行系统的历时研究和描述，对于《尚书》学研究的拓展、中国典籍的翻译与国际传播，以及国家文化发展战略目标的实现等，皆具重要的理论价值和实践意义。

一、《尚书》的历史评价与现实价值

东西方的文化交流历史久远，但时至今日，交流中始终存在的一些问题和现象仍令人深思，如顾明栋教授说：“二十多年来，笔者一直在思考这样一些问题：西方乃至整个世界何以不断生产有悖于中国文明现

① 习近平. 高举中国特色社会主义伟大旗帜 为全面建设社会主义现代化国家而团结奋斗［R］. 2022年10月16日。

实的知识?”[①] 在东西方的文化交流中,翻译无疑具有极为重要的作用。西方对中国文化典籍的翻译,仅以《尚书》的英译历史为例,就已经有近4个世纪之久。但“直到今天,欧洲许多关于中国的认识还停留在中西初识的时期,欧洲仍相当顽固地根据自己的需要来理解中国”“还远远没有认识中国”。[②] 英国汉学家、《尚书》的当代英译者彭马田(Martin Giles Palmer)在一次采访中谈到其近年来翻译中国典籍的缘起时竟然说:“当时,西方人唯一知道的来自中国的书是《易经》,尽管为人所知,但是这本书翻译得并不好。”[③]由此可知,不少西方人对中国典籍可能仍知之甚少,而已有的典籍翻译并非很令人满意。美国当代学者安乐哲(Roger T. Ames)、罗思文(Henry Rosemont)也指出:“许多中国传统文化概念被译介时存在着以西释/译中、文化简化处理以及假想的普适论等问题。”[④] 更有学者研究指出:“总体而言,大陆学者的译本大多质量参差不齐,难与国外知名汉学家的译本比肩。《尚书》译本也是如此,目前的几个译本几乎全是单纯的翻译。”[⑤] 典籍翻译中的诸多问题与现象也在不断引发我们的思考,西方究竟如何诠释与传译了中国的经典?其翻译与传播有何特点与规律?新时期应如何进行典籍的翻译与传播方能有利于促进中国话语体系的构建与国际话语权的争取?基于这些思考与探索,本文拟对西方《尚书》英译的历史脉络进行系统梳理与描述性研究。

在当今世界各国激烈的综合国力竞争中,文化的地位与作用日益凸显,不同文化间的竞争也在全面升级,越来越多的国家把提升国家文化软实力确立为战略目标,中国也在坚定地推行文化“走出去”的国家战略。习近平主席曾指出,文化的影响力首先是价值观念的影响力,世

---

① 顾明栋. 汉学主义 [M]. 张强,段国重,冯涛译. 北京:商务印书馆,2015年,第1页。

② 张国刚,吴莉苇. 启蒙时代欧洲的中国观:一个历史的巡礼与反思 [M]. 上海:上海古籍出版社,2006年,第426页。

③ 王碧薇. 我为什么热衷于翻译《尚书》——访英国汉学家 Martin Palmer(彭马田)[J]. 党建,2015年第11期,第59—63页。

④ [美] 安乐哲,罗思文.《论语》的哲学诠释 [M]. 余谨译. 北京:社会科学出版社,2003年,第192页。

⑤ 陆振慧. 跨文化传播语境下的理雅各《尚书》译本研究 [D]. 扬州大学博士学位论文,2010年,第8页。

界上各种文化之争，本质上是价值观念之争。中华文化代表着中华民族独特的精神标识。文明交流互鉴是推动人类文明进步和世界和平发展的重要动力。有关报告指出，推动中华文化"走出去"，提高国家文化软实力，关系到中国在世界文化格局中的定位与国际影响力。总体而言，时下中国文化的国际影响力与其世界第二大经济体的地位还不相称。近年来，中国着力推动中华文化"走出去"，积极传播中国声音，这些举措取得了很大成效。中华文化热在国际上持续升温，但西方仍不乏"中国威胁论""资源掠夺论"等论调，国际舆论格局"西强我弱"的总态势并无根本改变，因此目前仍需着力塑造中国的国家形象。①正如有学者所指出的那样："思想文化的传播恰恰是当前中国对外文化传播中最薄弱的环节""中国文化经典在西方遭到误读甚至歪曲的例子却屡见不鲜"。②

2022年10月16日，习近平主席在中国共产党第二十次全国代表大会上所作报告的第八部分指出要"增强中华文明传播力影响力。坚守中华文化立场，提炼展示中华文明的精神标识和文化精髓，加快构建中国话语和中国叙事体系，讲好中国故事、传播好中国声音，展现可信、可爱、可敬的中国形象。深化文明交流互鉴，推动中华文化更好走向世界。"③中国典籍的英译无疑对于展示中华文化的独特魅力、展现中国的国家形象具有极为重要的作用。正如有学者所指出："一个新时代到来了，展开中国古代文化典籍的翻译已经成为当代中国学术界新的使命。"④"在我们这个时代，翻译活动出现了新特点，翻译活动的走向有了新的变化，社会开始特别关注中国文化与思想的译介和传播，这为我们的翻译研究提供了前所未有的机遇，赋予了翻译更为重大的使命和责

① 刘奇葆. 大力推动中华文化走向世界［R］. 人民网，2019年8月24日；中国共产党新闻网，2014年5月22日。

② 刘云虹，许钧. 异的考验——关于翻译伦理的对谈［J］. 外国语（上海外国语大学学报），2016年第2期，第70—77页。

③ 习近平. 高举中国特色社会主义伟大旗帜　为全面建设社会主义现代化国家而团结奋斗［R］. 2022年10月16日。

④ 张西平等. 20世纪中国古代文化经典在域外的传播与影响研究［M］. 北京：经济科学出版社，2015年，第340页。

任。"[①]知己知彼，百战不殆，面对新时代的诉求，典籍翻译需要寻求更为科学合理的方法和路径，而对西方的中国典籍译介状态进行全面研究，了解和把握西方有关翻译的发展状态，对更为合理有效地进行典籍翻译与文化传播，促进世界各国对中国文化与文明的理解等，无疑具有重要的作用和意义。

《尚书》为数千年华夏文明之河的上游，承载着中华民族的精神内核和文化基因。作为最重要的儒家经典之一，《尚书》构建了雅思贝尔斯所论"轴心时代"之前黄河流域最早的知识体系，展现了中华民族形成初期的精神全景，是民族核心价值观的重要载体和传播媒介之一。《尚书》大约在先秦典籍中多被称为《书》，西汉始称《尚书》，宋代始称《书经》。后来《书》《尚书》《书经》并称，多称《尚书》。《尚书》在先秦就有传本，在汉代主要有两个传本系统：今文《尚书》与古文《尚书》。今文即汉代通用文字隶书，在秦朝焚毁《诗》《书》时，秦朝博士官伏生藏书于墙壁中。经秦末战乱，到汉惠帝时，伏生找出藏《书》，仅有 28 篇保存了下来，伏生就用隶书抄写一遍，在齐鲁之地讲授，故今文《尚书》也称伏生本。后在汉景帝时增补一篇，共 29 篇，成为汉代官方定本。而古文《尚书》指由汉代孔安国传授的传本。史传古文《尚书》被发现藏于孔子故居墙壁中，因用先秦文字而非汉代的隶书所著，故称其为古文《尚书》。其中 29 篇与伏生本基本相同，另外多出 16 篇，史称"逸篇"，后来失传了。《尚书》的传授长期存在"今古文之争"，今文《尚书》居于官学优势。至西晋，永嘉之乱使得官方藏书被严重破坏，今文《尚书》的各种版本皆丧失。至东晋元帝，豫章内史梅赜献给朝廷一本据说是汉代孔安国传授的古文《尚书》，共 58 篇。书前有孔安国的序，其中 33 篇内容基本同于伏生本，被称为《孔传古文尚书》，这也是《尚书》唯一的传世版本。西方的《尚书》英译多以《孔传古文尚书》为底本进行翻译。在主要的西方《尚书》英译中，仅在 20 世纪中期出现了一个以今文《尚书》为底本的英译，即瑞典汉学家高本汉（Bernhard Karlgren，1889—1978）的《尚书》英译。

---

① 许钧. 当下翻译研究中值得思考的几个问题 [J]. 当代外语研究，2017 年第 3 期，第 1—5 页。

《尚书》在学术界被称为“政书之祖，史书之源”，向来具有极为尊崇的地位，其“内容皆与政史相关，多为君王的文告与君臣谈话记录”。[①]《荀子·劝学篇》指出：“《书》者，政事之纪也。”[②]《史记·太史公自序》中说：“《书》记先王之事，故长于政。”[③]《史通》称《尚书》为“七经之冠冕，百氏之襟袖”“凡学者必精此书，次览群籍”。[④]先秦时期的知识分子大都阅读过《尚书》，先秦典籍更是经常引用《尚书》。根据历史学家陈梦家研究，先秦史传诸子叙述史实或引证论点，经常运用各种方法引用《尚书》。据《尚书通论·先秦引书篇》统计，《论语》《孟子》《左传》《国语》《墨子》《礼记》《荀子》《韩非子》《吕氏春秋》这 9 种书明确说明引用《尚书》即多达 168 条。[⑤] 在中国几千年的王朝时代，《尚书》曾长期立于官学，从孔子开始又立于私学，对中国历代的知识文化传承和全民教化皆有重大而深远的影响。《礼记·经解》曰：“疏通知远，《书》教也。”[⑥]清代训诂大师段玉裁认为：“经惟《尚书》最尊。”[⑦]其意蕴深厚的政治、经济、历史、文化、哲学思想等皆具时空超越性，不仅有益于当今国人认识改造世界、治国理政、思想道德建设等，其深邃而丰富的中国智慧，也是中华民族奉献给世界人民的弥足珍贵的精神财富。

当代《尚书》学家钱宗武指出：“《书》释天道政理，兴废存亡；引导修齐治平，立德立言立功，实为治政之宏规，稽古之先务，修身之典则。故汉唐以来，上自庙堂，下至闾里，人莫不习。当下，在大力弘扬优秀传统文化的历史时代，《书》学研究越来越受到重视，《尚书》的现代诠释显现出巨大张力。”[⑧]《尚书》也因其在中国社会文化中的重要地位与影响，率先吸引了西方探究的目光，成为最早被传译到西方的中国经典之一。

---

① 钱宗武解读. 尚书［M］. 中华传统文化百部经典，袁行霈主编. 北京：国家图书馆出版社，2017 年，第 1 页。

②［清］王先谦. 荀子集解［M］. 北京：中华书局，1988 年，第 11 页。

③［汉］司马迁. 史记［M］. 北京：中华书局. 1959 年，第 3297 页。

④［唐］刘知几. 史通［M］. 张振珮笺注. 贵州：贵州人民出版社，1985 年，第 99 页。

⑤ 陈梦家. 尚书通论［M］. 北京：中华书局，2005 年，第 29 页。

⑥［唐］孔颖达. 礼记正义［M］. 北京：北京大学出版社，2000 年，第 1597 页。

⑦［清］段玉裁. 古文尚书撰异［M］. 皇清经解，第 5 册，序，台北：汉京事业文化有限公司，1983 年，第 3085 页。

⑧ 钱宗武.《尚书》研究的当代价值［J］. 中国社会科学报，2016 年 8 月 30 日。

早期来华传教的西方人在接触中国文化的最初无不对《尚书》格外关注，自16世纪起，《尚书》即通过来华耶稣会士的译介而开启了其西传之旅。据汉学史记载，西方在不同历史时期均有对《尚书》的研究与译介成果，在汉学发展的不同阶段皆产生了新的《尚书》西语译本，其中即包括《尚书》英译本。文本的翻译即对文本进行异语语码转换，而某个文本的异语语码转换本身就是该文本的传播形态。因此，西方的《尚书》英译也即《尚书》在西方的传播形态。《尚书》的英译使其在英语世界得到更为广泛的传播与研究。美国传教士汉学家卫三畏（Wells Williams，1812—1884）评论《尚书》说："它包含中国人对一切事物评价的标准的发端，曾是中国的政治体制、历史、宗教礼仪、战术、音乐以及天文学的基础。"①在西方汉学的发展过程中，曾有拉丁语、法语、英语、德语、俄语等《尚书》西语译本传世。随着英语在第二次世界大战结束时已成为世界强势语言，后又发展为世界各领域的通用语言，中国典籍《尚书》等的英译对于中国文化与中国思想价值观等的传播尤具重要的价值和作用。

本研究不仅在理论与实践上对典籍翻译等研究具有重要参考价值与意义，也进一步拓展了《尚书》学的研究领域，同时对国家文化发展战略目标的实现、中国话语与中国叙事体系的构建，以及国际话语权的争取等皆具推动作用。

首先，本研究可为今后的典籍翻译等研究提供可资借鉴的思路、方法及参考资料。我国的典籍英译工作虽然已经有了一些发展，如中国文化"走出去"的典籍外译工程的展开、"汉英对照大中华文库"的推出等，但在典籍翻译中，一些问题依然长期存在。对西方漫长的《尚书》英译历程的研究与描写，有利于典籍翻译有关问题的探索与解决。本文所采用的西方汉学史的研究新视角、描写翻译学研究思路与理念，研究中对多学科理论和方法的综合运用，以及对不同时期《尚书》英译的全面、系统的研究等，皆可为典籍翻译、汉学、文化学等研究提供新的思路、视角与参考资料。如对不同历史时期《尚书》英译语义的本体诠释

① [英] 理雅各(H. E. Legge). 汉学家理雅各 [M]. 马清河译. 北京：学苑出版社，2011年，第34页。

学视角的分析，对其英译的历史背景、目的、思想理念、方法策略等的描写研究等。

其次，本研究丰富拓展了《尚书》的研究领域。本研究以西方汉学为历史语境，从语言学、文化学、哲学、翻译学、历史学等多学科的视角，对西方的《尚书》英译进行综合研究，从总体上全面系统地梳理与把握西方《尚书》英译的历史发展脉络和特点，描写其不同时期的文本形态特征，总结有关翻译经验与不足，探索西方对《尚书》的译介思想和方法，这些研究皆有利于丰富与拓展《尚书》学研究体系。

再次，本研究具有重要的社会效益与现实意义。自改革开放以来，中国经济发展迅速，取得了令世界瞩目的成就，国防与科技方面也已经迈入了迅猛发展的新时代，但文化方面仍受到西方话语体系的影响和制约，尚未形成独立的话语体系，国际话语权的争取也有待更多的努力。在这种形势之下，中国典籍的高质量译介与传播，不仅有利于"讲好中国故事，传播好中国声音""形成同我国综合国力和国际地位相匹配的国际话语权，为我国改革发展稳定营造有利外部舆论环境"[①]，也有利于促进世界不同文化的相互理解与多元发展。当今世界面临百年未有之大变局，在汉学视域下对西方不同时期的《尚书》英译与传播进行研究与描写，有助于探索新时代《尚书》等典籍的合理有效的翻译与传播方法路径，推动中国文化"走出去"的国家战略目标的实现，也有利于增强中华文化、文明的传播力与影响力，以中国智慧普惠世界人民，推动人类命运共同体的构建。

二、西方《尚书》英译研究的学术史回顾

《尚书》是中国最早的文献汇编，也是中国最重要的政史典籍之一。文史专家钱穆指出：《尚书》是"中国最早的一部史学名著，而且也可说是中国第一部古书，中国还没有比《尚书》更早的书留到现在""孔子以前，春秋时代，贤大夫多读《诗》《书》，在《左传》上可以看到。"[②]近年来，

① 习近平. 中央政治局第三十次集体学习讲话［R］. 2021年5月31日。

② 钱穆. 中国史学名著［M］. 第2版. 北京：三联书店，2005年，第16页。

国内外对《尚书》等中国典籍高度关注，近期在谷歌上以 Chinese Classics 为关键词进行搜索，可找到约 3300000000 条结果。《尚书》英译的有关研究日益展开，研究方法日趋多元，研究领域也在不断拓展。

(一) 西方《尚书》英译概况

早在 17 世纪，西方来华的基督教耶稣会士们即将《尚书》《论语》等古代典籍列为研习汉语的教材而进行翻译与传播。他们还在传教中力图以基督教义附会、融合于儒家经典，以使中国人易于接受外来的基督教。因此，早期的西方《尚书》英译也呈现出“儒耶糅合”的诠释特点。17—18 世纪的《尚书》译本以拉丁语和法语为主，英译较少。法国耶稣会传教士马若瑟选译的《尚书》译文被杜赫德(Jean Baptiste du Halde，1674—1743)收入法国汉学三大名著之一《中华帝国全志》[①]。英国在 1736 年、1738 年分别出版了该书的英文节译本和全译本，较早的《尚书》英译即从马若瑟的法文选译翻译而来。

19 世纪的在华传教士主要来自英国、法国与美国，他们在一定程度上延续了早期来华传教士的传教策略，在继续利用儒家经典进行传教的同时，也对《尚书》等中国典籍进行多方面的研究。这一时期西方对《尚书》的翻译以英译为主，翻译更趋专业化，也更具学术性。主要的《尚书》英译为 1846 年在上海出版的麦都思(Walter Henry Medhurst，1796—1857)的英文全译本与 1865 年在香港出版的理雅各(James Legge，1815—1897)的英文全译本。这两种《尚书》英译本都带有大量的文内注释，麦氏英译首开英语世界自中文原文全译《尚

① Jean Baptiste Du Halde. Description géographique, historique, chronologique, politique et physique de l'empire de la Chine et de la Tartarie chinoise [M]. V. I, Paris: P. G. Lemercier, 1735. 1735 年初版于法国巴黎的《中华帝国全志》，由法国神甫杜赫德(Jean Baptiste du Halde，1674—1743)编著，也译为《中华帝国通史》《中国通史》等，是 18 世纪欧洲出版的关于中国的著述中的重要作品之一。1736 年伦敦出版的英文译本译为《中华帝国及其鞑靼地区地理、历史、编年、政治、自然之叙述》。另两部早期汉学名著分别为杜赫德与法国耶稣会士郭弼恩(Charles Le Gobien，1671—1708)以及巴黎主教巴杜耶(Louis Patouillet，1699—1779)先后主编的《耶稣会士书简集》(1702—1776)，法国学者布列基尼(Louis-Geirges de Bréquigny，1714—1794)与巴窦(Chales Batteux，1713—1780)等主编的《北京耶稣会士中国论集》(1776—1784)。参见：莫东寅. 汉学发达史 [M]. 郑州：大象出版社，2006 年，第 65 页；张明明. 《中华帝国全志》研究 [M]. 北京：学苑出版社，2017 年，第 2 页。

书》之先河，其英译模式对其后的典籍译者具有重要的影响作用。理雅各是首位系统研究并英译中国古代经典的汉学家，其《尚书》英译的注释尤为丰富厚重，有关内容非常广泛。译文具有中国传统经学的形态特点，面世至今仍被西方学界奉为《尚书》的标准译本，影响极为深远。

19 世纪末至二战后的一段时期，西方汉学转入现代化发展时期。《尚书》等典籍的英译不再以传教士为主，译者身份趋于多元。英国占星家沃尔特·高尔恩·欧德(Walter Gorn Old，1864—1929)于1904 年推出西方又一《尚书》英文全译本，其英译体现了英国汉学走向现代化时期的一些学术形态特征。不同于理氏英译的厚重注释形态，欧德的英译注释简明，形态简化，译文更为通俗流畅，适合大众英语读者阅读。1949—1950 年，瑞典汉学家高本汉发表了今文《尚书》28 篇的英译，译文以对原文词语语义的科学研究为基础，注重运用实证的、历史比较语言学的现代科学方法探求原文词语的“真正意义(true meaning)”，为西方提供了一种更为贴近原文词语意义的《尚书》英译。

在 21 世纪的汉学复兴时期，西方译者尤重对《尚书》等中国经典进行多维度的研究，涉及其蕴含的政治、历史、文化、伦理、哲学等意蕴。在后现代主义的社会文化语境中，2014 年，英国汉学家彭马田又为西方提供了一种新形态的《尚书》英译，其译本受到很多西方大众读者的欢迎。由于对历史上已有的《尚书》英译皆不满意，他试图通过文化诠释(interpretation)对《尚书》进行“更精彩的”“全新翻译”。[①]其英译抛却了传统的厚重注释形态，以通俗的西方现代诗与散文进行传译。

总体而言，在汉学不同发展阶段，受翻译当时的历史语境诸因素影响，西方《尚书》英译各具不同的学术形态特征，与中外词典编纂、汉语语法研究等其他汉学研究一起，对西方的社会文化发展起到重要的影响作用。

① 王碧薇. 我为什么热衷于翻译《尚书》——访英国汉学家 Martin Palmer(彭马田)[J]. 党建，2015 年第 11 期，第 59—63 页。

(二) 国内外的西方《尚书》英译研究概况

考察国内外有关文献资料可发现，自20世纪80年代以来，国内出现"经典复译"热，《尚书》英译的研究也逐渐增多。有关研究虽已取得诸多成果，但总体上仍处于初级阶段，其研究空间尚有待进一步的拓展。

1. 国内的西方《尚书》英译研究

《尚书》素以语言古奥晦涩而令国内外众多学者望而却步，加之深受文本真伪等争议的影响，因而较之《易经》《论语》等经典，其翻译与研究尚存在较大不足，有关研究成果数量相对较少，研究范围较窄，研究方法路径总体上较为单一。仅以知网为例，以"《论语》英译"为主题词搜索，可得到396条结果，"《易经》英译"的搜索结果为51条；而以"《尚书》英译"为关键词，2020年的搜索结果仅有10条。到了2022年12月也只有16条。而同一时间"《论语》英译"为关键词的搜索结果为613条，"《易经》英译"为关键词的搜索结果为74条，"《道德经》英译"为关键词的搜索结果为450条。由上述数据可见，国内《尚书》英译研究成果数量远少于《论语》《道德经》《易经》，成果增长速度也较慢。

西方《尚书》英译的国内研究者主要为译学界学者，也有一些哲学、历史学界的学者参与其中。已有研究主要侧重于《尚书》的某个译本或某几个译本的翻译方法策略、传播方式等的探讨以及译文质量的评议等，研究视角主要为跨文化传播、翻译学、语言学、文化学、诠释学、历史学、宗教学等，以下分别进行概述。

(1) 跨文化传播与翻译学视角为主的研究

以跨文化传播与翻译学为主要视角的《尚书》英译研究数量较多，内容多为对译本的翻译、传播的理念、方法、策略等的分析与研究，对有关词语的语义考辨与翻译研究，以及对译文的得失评价等。诸如，王辉(2003)探讨了理雅各英译儒经的特色与得失，研究了其翻译策略，认为理雅各将语义翻译和详尽注释结合起来，最大限度地保证了经义的传达，较好地反映出经文的语言特色，并通过注解、绪论、索引等，照顾读者需求，真正做到了忠实、可读，其翻译属于学者型翻译。[①]岳峰(2004)分析、阐述了理雅各的汉学造诣、在华活动及其相关原因，结合理雅各的生平经历等，对理氏包括《尚书》在内的中国经典的英译得失进行了讨论。他认为理雅各对中国文化的译介忠实、严谨，是东学西渐的重要媒介，与其在宗教等其他领域的研究一起，对中国文化的传播起到了重要作用。岳峰对理雅各英译中国经典的有关探讨，不仅涉及翻译策略和方法，也涉及翻译的形成原因，如宗教信仰的影响等。其研究运用了诸多第一手英文历史资料，例证丰富，分析全面透彻。[②]陆振慧(2008,2010,2011)主要对理氏《尚书》英译的方法策略及其跨文化传播的特点等进行了研究，认为理氏英译忠实地再现了原文。其诸多研究深化了对理氏《尚书》英译的翻译方法、策略及其跨文化传播特点的认识。诸如从语气、意境、情感、形象四个方面论述了理雅各《尚书》英译文学风格的再现；[③]分析理氏译本的“详注”“异化”“显化”等传播策略，探讨其在传递原文语义、再现语体风格和文体风格方面的表现；[④]论述理雅各朴实严谨的学风和“解经先识字，译典信为本”的翻译理念；[⑤]分析理雅各《尚书》译本中的“语码转换＋文化诠释”的策略及其注释的“厚译”性质等。[⑥]陆振慧(2013)认为理雅各采用了深度翻译策略，融合了众多旧注成果，因而较好地实现了“文化传真”，堪称典籍译作之经典。[⑦] 总体上其研究多关注理氏《尚书》英译的文内元素，较少探讨译文不当之处及其对中国文化传播的负面影响。对《尚书》英译进行翻译与传播研究的还包括何立芳(2008)对理雅各英译中国经典的目的与策略进行的研

---

① 王辉. 理雅各英译儒经的特色与得失 [J]. 深圳大学学报(人文社会科学版)，2003 年第 4 期，第 115—120 页。

② 岳峰. 架设东西方的桥梁 [M]. 福州：福建人民出版社，2004 年。

③ 陆振慧. 理雅各《尚书》译本文学风格的再现 [J]. 中国矿业大学学报，2008 年第 2 期，第 137—139 页。

④ 陆振慧. 跨文化传播语境下的理雅各《尚书》译本研究 [D]. 扬州大学博士学位论文，2010 年。

⑤ 陆振慧，崔卉，付鸣芳. 解经先识字，译典信为本——简评理雅各《尚书》译本的翻译理念 [J]. 齐鲁师范学院学报，2011 年第 6 期，第 82—85 页。

⑥ 陆振慧，崔卉. 论理雅各《尚书》译本中的“语码转换＋文化诠释”策略 [J]. 山东外语教学，2011 年第 6 期，第 99—104 页。

⑦ 陆振慧. 论注释在典籍英译中的作用——兼评理雅各《尚书》译本 [J]. 扬州大学学报(人文社会科学版)，2013 年第 6 期，第 55—61 页。

究，其中包括《尚书》英译；[①]崔卉（2012）基于图示理论分析了理雅各《尚书》译本的明晰化、转变时态、直译加注、音译加注的翻译策略；[②]容新霞、李新德（2011）在译者主体性的观照下研究了麦都思《尚书》英译的翻译策略选择，分析了其直译、意译、音译的翻译方法；[③]沈思芹（2017）对不同《尚书》英译的注释进行了研究，以互文性理论为关照，比较了理雅各与高本汉《尚书》英译注释的异同，指出有关原因主要包括译者所处的社会语境、个人经历、对典籍的认识以及参考资料的选择等，反映了西方对中国文化的认识从"注释性"到"解释性"的演变。[④]

此外，一些学者对富有中国文化特色的语词等的翻译进行了研究，如香港大学的 L. C. Nordvall（王子安）（2020）研究了理雅各包括《尚书》在内的中国经典英译对其后学者的影响作用，尤其在词汇、诠释与学术性方面，认为理雅各采用归化的翻译策略以缩减东西方文化之间的差异，将汉语词语的使用减少到最低限度，其对中国古代贵族头衔等的翻译形成了现代的有关翻译惯例。[⑤]再如，姚霞（2021）在纽马克的翻译理论指导下，采用描述性的研究方法，对《尚书》中官职名的英译进行分析研究，认为理氏翻译尽量兼顾"信"与"达"，综合运用了多种语义和交际翻译方法，既保留了源语独特的语言特色，也传递了原文丰富的文化内涵，较好地传播了中华文化。[⑥]近年来，有些学者对《尚书》英译进行了传播与译者行为研究。李耀（2022）[⑦]从翻译传播的社会模式出发，结合《尚书》译介过程中的特异性因素，从译介过程中的传播主体、译者、传播媒介及传播受众四个方面研究其与社会各要素之间的制约作用，

---

① 何立芳. 理雅各英译中国经典目的与策略研究 [J]. 中国研究，2008 年第 8 期，第 68—71 页。

② 崔卉. 基于图示理论的理雅各《尚书》翻译策略研究 [D]. 扬州大学硕士学位论文，2012 年。

③ 容新霞，李新德. 从译者主体性看麦都思的《尚书》译本翻译策略 [J]. 牡丹江师范学院学报，2011 年第 2 期，第 69—73 页。

④ 沈思芹. 理雅各与高本汉的《尚书》注释比较研究 [J]. 海外华文教育，2017 年第 12 期，第 1708—1719 页。

⑤ L. C. Nordvall [王子安]. *The Influence of James Legge on Later English Translations of the Confucian Classics*[D]. University of Hong Kong，Pokfulam，Hong Kong SAR，2020 年。

⑥ 姚霞. 纽马克翻译理论视域下的理雅各《尚书》官职名称英译研究 [D]. 扬州大学硕士学位论文，2021 年。

⑦ 李耀. 翻译传播学视域下《尚书》译介社会模式研究 [J]. 黑龙江教师发展学院学报，2022 年第 6 期，第 113—117 页。

分析社会性视角下译者的翻译行为，并对各要素展开分析比较。吴叶秋(2022)从译者行为批评视角，分析《尚书》“誓”体文体特征和理雅各《尚书》“誓”体翻译的译者行为，从体类、体制、语体三个层面对《尚书》“誓”体的文体特征进行了探讨。①

也有一些研究对《尚书》英译历史进行了初步梳理。沈思芹(2017)按时间顺序，对17世纪至21世纪包括英译在内的《尚书》的主要译本及其译者等状况进行了分阶段的述评；②陆振慧(2018)简要回顾了《尚书》在海外的翻译与传播，从译本的语种、版本、翻译风格和学术水平等方面归纳了各译本的特点，并提出应中西合璧，针对西方不同读者，推出不同层次、不同形式的译本。③在新时期大众文化产业背景下，典籍翻译应关注不同读者需求的建议颇具现实意义。

总体而言，跨文化传播与翻译学视角的《尚书》英译研究中产生了诸多很有价值的研究成果，但多集中于对理雅各译本的研究，而对其他译者的《尚书》英译研究相对较少。从研究关注点来看，学者们多关注译文内部元素，诸如译文的词语、注释等，多研究其翻译得失，而对《尚书》英译产生的社会历史背景、译者的翻译思想路径、历史演变特点等方面的研究相对不足。经过诸多翻译与传播研究，对某些《尚书》英译文本的研究较为深入，如对理雅各译本的研究等，深化了对西方《尚书》英译的有关认知。有关研究对西方《尚书》英译的历史脉络虽有梳理，但都比较粗略、概括，未见较为细致、系统性的有关研究与描写。

(2) 语言学与文化学视角为主的研究

语言学、文化学视角为主的研究，涉及《尚书》英译的语义、形式、风格、策略及译介的历史文化背景等，成果数量较多，不再集中于理雅各的《尚书》英译，拓展了西方《尚书》英译的研究领域及有关认知。诸如，陈舜政(1971)翻译了高本汉的《尚书》注释，对其历史比较语言学的研

① 吴叶秋. 译者行为批评视角下理雅各《尚书》“誓”体翻译研究［D］. 扬州大学硕士学位论文，2022年。

② 沈思芹.《尚书》中西翻译述论［J］. 海外华文教育，2017年第9期，第1255—1266页。

③ 陆振慧.《尚书》的翻译与海外传播［N］. 中国社会科学网，2018年10月25日。

究方法进行了研究。[1]陈远止(1994,2015)研究了高本汉译本的注释,[2]并对《尚书》的中外诠释与经学传承进行了探讨,有关研究深化了对高氏《尚书》英译的经学等特点的认识;[3]林风(2012)主要从语言、文化的角度研究了沃尔特·高尔恩·欧德的《尚书》译本,分析了其多处语言、文化方面的误译,例证充分;[4]对麦都思《尚书》英译的研究也取得了较大进展,主要包括刘立壹(2014)对麦都思《尚书》英译的底本、体例、策略及天文学研究等的探讨,认为麦都思对中国文化的态度倾向调和,对中国文化与现实具有深刻的了解和体认。其研究内容有了较大拓展,涉及底本等译文之外的有关因素。[5]林风、岳峰(2018)也进行了较多的拓展研究,对麦都思《尚书》英译的译者背景、翻译动机、译本体例进行研究,并基于时代背景分析了译本的影响和评价;[6]此外,刘念业(2022)结合《尚书》英译当时的历史语境,分析了麦都思的翻译动机与"译名之争"的密切关系,认为麦都思的翻译话语带有浓厚的"东方主义"色彩。[7]这些研究内容趋于多元,进一步丰富了麦都思《尚书》英译的研究。

从语言文化视角对《尚书》英译文本的词语、语篇等进行的研究近年呈上升之势,也取得了较多成果。诸如陈静(2014)研究了理雅各运用语义翻译法对《尚书》成语的翻译,如文化概念意义、文化思维方式、文化整体风格,文化传真及修辞方式等;[8]从系统功能语言学的视角对《尚书》英译的研究,主要有陈丹丹(2015,2019,2022)从功能语言学的视角分析比较《尚书》三个英译本中的语篇衔接策略,探讨《尚书》各译本在语言系统各层面上的翻译策略和手段,关注语言功能及其在翻

① 陈舜政. 高本汉书经注释 [M]. 译序. 台北:台湾书局,1971 年。

② 陈远止. 高本汉《书经注释》研究 [D]. 香港大学博士学位论文,1994 年。

③ 陈远止. 经学传承:《书经》之中外诠释 [J]. 岭南学报,2015 年第 3 期。

④ 林风. 沃尔特·高尔恩·欧德《尚书》译本指瑕 [J]. 东京文学,2012 年第 1 期,第 48—50 页。

⑤ 刘立壹. 麦都思的翻译、学术及宣教活动 [D]. 山东大学博士学位论文,2013 年。

⑥ 林风,岳峰. 麦都思及《尚书》首部英译本研究 [J]. 中国文化研究,2018,春之卷,第 163—172 页。

⑦ 刘念业. "译名之争"语境下的"东方主义"话语——《尚书》首部英语全译本研究 [J]. 翻译史论丛,2022 年第 2 期。

⑧ 陈静. 语义翻译在文化传真中的应用——以理雅各《尚书》成语翻译为例 [J]. 阜阳师范学院学报(社会科学版),2014 年第 6 期,第 39—42 页。

译中的重构，①并对《尚书》原文与译文的概念意义进行分析，论述了功能语言学在典籍译介中的可操作性、实用性及其对传播的启示。②陈丹丹还对《尚书》各译本的翻译策略、手段及其得失进行了探讨，包括对各译本的质量评价研究；③葛厚伟（2016，2017，2020，2022，2022，2003）从语料库语言学的视角，基于所建《尚书》汉英文平行语料库，运用语料库检索软件，对《尚书》英译进行了诸多研究，拓展了有关研究的范围和深度，提升了《尚书》英译研究的科学性。他对理雅各译本等四个《尚书》英译本在词汇层面的基本特征进行量化研究与分析，比较了其高频词、词长分布、类符/形符比、词汇密度和主题词等方面的独特风格。④ 他还从《尚书》的英译及其研究、译者情况、翻译目的、译本情况等方面研究评价了彭马田的《尚书》英译本，⑤但较少探讨彭马田《尚书》英译的失真之处及其影响。葛厚伟还通过数据统计和量化分析，对《尚书》四个英译本的句法基本特征进行比较，分析了其句长、句子类型、形合度等方面的独特风格，⑥对《尚书》古典法律核心词“罚”的翻译模式进行了对比探讨，梳理了《尚书》中法律核心词“罚”字的内涵与意义分布，认为理雅各译本忠实于原语，翻译模式呈现出“直译＞释义＞省译”的分布倾向，而彭马田译本的翻译模式则为“直译＞省译＞释义＞改译”。⑦葛厚伟还对比分析了理雅各和彭马田分别采用文化协调和文化过滤的翻译传播策略，⑧并通过分析四个分项和整体上的文化折射率，认为理氏译本文化忠实度较高，彭氏译本文化忠实度较低，与原文的文化距离较大，并

① 陈丹丹.《尚书》译本中的语篇衔接重构［J］. 扬州大学学报，2015 年第 4 期，第 59—67 页。

② 陈丹丹. 从及物性系统看《尚书》概念意义传译［J］. 黑龙江教育学院学报，2019 年第 10 期，第 115—118 页。

③ 陈丹丹. 先秦儒家典籍《尚书》之传译研究［M］. 南京：南京大学出版社，2022 年。

④ 葛厚伟. 基于语料库的《尚书》英译本词汇特征研究［J］. 青海师范大学学报（哲学社会科学版），2016 年第 6 期，第 121—127 页。

⑤ 葛厚伟. 传神达意传播儒学——Martin Palmer《尚书》英译本介评［J］. 重庆第二师范学院学报，2017 年第 2 期，第 40—43 页。

⑥ 葛厚伟. 基于语料库的《尚书》英译本句法特征及译者风格分析［J］. 鲁东大学学报（哲学社会科学版），2020 年第 1 期，第 54—62 页。

⑦ 葛厚伟.《尚书》古典法律核心词“罚”的翻译模式对比——基于两个英译本的探讨［J］. 安徽理工大学学报（社会科学版），2022 年第 1 期，第 85—90 页。

⑧ 葛厚伟. 协调与过滤：《尚书》古典服饰文化英译研究［J］. 吉林师范大学学报（人文社会科学版），2022 年第 4 期，第 84—90 页。

从识解理论的辖域与背景、视角、突显以及详略度四个维度，阐释了有关认知机制。[①]葛厚伟的研究为《尚书》英译的忠实度提供了客观的论证，弥补了以往研究的主观性的不足。通过语料库进行的西方《尚书》英译研究，是对有关研究的重要拓展与突破。理雅各《尚书》英译的研究多探讨其翻译忠实于原文的一面，近来有学者对其译文对原文的偏离进行了更为全面、客观的研究与评估。顾祎雯(2023)基于司显柱翻译质量评估模式，认为《尚书·酒诰》的理雅各译文中共存在12处偏离，但综合翻译质量较高。[②]

综上所述，语言学与文化学视角的《尚书》英译研究，成果数量较多，发展较快，尤其是语料库的研究方法，近年来取得了较大进展，但其也存在自身的局限性，在研究中应与社会学、历史学、文化学等方法相结合，以作出更科学合理的判断分析，取得更全面、可靠的研究成果。多种研究方法的结合、互补，更加有利于推动《尚书》英译研究的发展。较之传播学、翻译学视角，语言学和文化学视角之下的《尚书》英译研究范围更为广泛。除了理雅各的《尚书》英译之外，学者们还研究了麦都思、高本汉、欧德、彭马田的《尚书》英译，进行了颇具价值的多维探索，但对西方《尚书》英译的系统性研究仍显不足。

(3) 诠释学视角为主的研究

诠释学对文本诠释具有重要价值，也与翻译的性质、功能相契合，因而日益受到翻译等有关研究领域的青睐。在《尚书》英译的研究中，一些学者也采用了这种视角，但多与其他理论相结合进行研究。

有关研究主要包括：郑丽钦(2006)将阐释学和功能翻译理论相结合，研究了理雅各《尚书》译本的文本语言与内在文化意象，认为其英译非常重视准确和忠实于原文，[③]对理氏译文偏离原文语言文化的传译未作探讨；林风(2012)基于阐释学理论和归化、异化翻译学说，从语言和文化两个方面对理雅各、高本汉、麦都思、罗志野四个《尚书》译本进行

---

① 葛厚伟.《尚书》农业术语英译的文化折射及其认知识解［J］. 安徽农业大学学报(社会科学版)，2023年第1期，第120—125页。

② 顾祎雯. 史书典籍翻译质量评估研究——以《尚书·酒诰》英译本为例［J］. 今古文创，2023第18期，第110—112页。

③ 郑丽钦. 与古典的邂逅：解读理雅各的《尚书》译本［D］. 福建师范大学硕士学位论文，2006年。

了对比分析，其研究将阐释学与翻译学、文化学、语言学相结合，增强了分析力度，深化了对有关英译的认识；[①]钱宗武、沈思芹（2017）探讨了朱熹的儒家诠释学思想对理雅各《尚书》英译的理念、策略及文本转换的影响，认为学术转型期朱子《尚书》学是理雅各翻译的重要参照，为其准确把握《尚书》的文本和意蕴提供了哲学的诠释范式。[②]该研究将对《尚书》英译的认识提升至哲学层面，是对理雅各《尚书》英译研究的较大推进。陈丹丹（2018）考察了《尚书》中的轴心话语“德”“天”的阐释，并比较中西译者的有关翻译，认为轴心话语的传译也是一种阐释，成功的译本应基于合理的意义阐释。[③]其研究关注了《尚书》文化负载词的阐释，研究思路值得借鉴，此类研究仍有待进一步拓展。此外，本体诠释学理论被首次应用于《尚书》英译研究领域，如沈思芹、钱宗武（2019）依据本体诠释学的诠释圆环理论，概括性地探讨了汉学发展的不同阶段西方《尚书》英译的诠释特点和规律，认为西方主要的几种《尚书》英译皆存在程度不同的诠释不足与缺陷，各西方译者并未准确完整地理解与诠释《尚书》作为中国政史经典的本体真理。[④]

总体而言，上述研究通过运用诠释学的有关理论，探讨了《尚书》英译文本的诠释传译特点，虽然取得了一定的成果，但有关研究数量较少，且较为零散，尚缺少对不同历史时期的《尚书》英译进行全面、系统性的本体诠释研究与描写。

（4）历史学与宗教学视角为主的研究

历史学、宗教学视角为主的研究主要包括：邵东方、刘家和（1989）对理雅各的《尚书》英译与《竹书纪年》的研究认为理雅各的正面研究成果至今仍不失为学术参考的权威见解，而其失误之处也是一笔珍贵的

① 林风.《尚书》四译本比较研究［D］. 福建师范大学硕士学位论文，2012年。

② 钱宗武，沈思芹. 从英译《尚书》看朱熹的儒家诠释学思想对理雅各的影响［J］. 海外华文教育，2017年第4期，第445—454页。

③ 陈丹丹. 轴心话语的现代阐释及跨文化传译［J］. 厦门大学学报（哲学社会科学版），2018年第3期，第88—99页。

④ 沈思芹，钱宗武. 本体诠释学视角下的西方《尚书》译研究［J］. 湖南大学社会科学学报，2019年第5期，第97—107页。

学术遗产，其有关见解仍是思想史的宝贵资料，值得我们继续研究与思考。[①]其研究细致而全面地对理氏的《尚书》《竹书纪年》英译得失进行了分析，将译本的副文本研究拓展到注释之外。段怀清(2006)对理雅各的《中国经典》的翻译体例、翻译、出版过程，以及理雅各的公开讲座、教学内容进行了介绍与说明，并介绍了理氏30多年的汉学生涯，特别是其儒家经典翻译、有关教学研究等，并肯定了其翻译体例的学术价值与意义。[②]其研究内容丰富，分析透彻，进一步拓展了对理氏《尚书》英译等翻译的研究，深化了有关认识。李伟荣、李林(2014)探讨了《尚书》文本的考辨历史，并分析了其海外传播状况与意义等，[③]论证有理有据，颇具参考价值。刘立壹(2019)论述了麦都思力图把对中国历史文化的考证杂糅进译文注释之中，具有厚重翻译的学术取向，采用了增、减等翻译策略，把《书经》建构成一部中国古代编年体史书，开启了近代以西方历史学方法研究经学的路向。[④]其研究深化了对麦氏《尚书》英译的认识，在研究英译文本的同时，对其副文本进行深入的研究，并与译文研究相结合，互为印证，对本文的研究也有所启迪。

总体而言，以历史学、宗教学视角为主的西方《尚书》英译研究为有关研究的进一步拓展提供了诸多有价值的参考和启示，但研究成果数量相对较少，尚缺乏对不同时期的西方《尚书》英译的全面、系统研究。

2. 国外的西方《尚书》英译研究

西方《尚书》英译本的数量较少，屈指可数，国外的有关研究的数量也相对较少。据统计，在中国古代经典之中，《道德经》在西方的重译本最多，其次为《论语》。《论语》的西语译本中仅英译就达二十多部。[⑤]2015年左右，用英文写作的《易经》译本、专著、学位论文更多达502部，学术论文、评论和书评486篇。20世纪下半期以来，美国出现了数部颇

---

① 邵东方，刘家和. 理雅各英译《书经》及《竹书纪年》析论［C］. “中央研究院”历史语言研究所集刊，第71本，1989年。

② 段怀清. 理雅各与儒家经典［J］. 孔子研究，2006年第6期，第52—63页。

③ 李伟荣，李林.《尚书》诸问题及其海外传播——兼及理雅各的英译《尚书》［J］. 燕山大学学报(哲学社会科学版)，2014年第2期，第77—82页。

④ 刘立壹. 经学·史学·汉学：麦都思《书经》英译研究［J］. 国际汉学，2019年第2期，第169—207页。

⑤ 王琰. 汉学视域中的《论语》英译研究［M］. 上海：上海外语教育出版社，2012年，第3页。

有分量的《易经》译本和专著。[①]国外的《尚书》英译研究者主要来自汉学、宗教学、哲学界，他们倾向于采用跨学科的研究方法，注重从语言、历史、哲学、文化等多个维度进行研究。有关研究多为对理雅各译本的研究，对汉学早期的《尚书》英译与麦都思、欧德、高本汉、彭马田等的《尚书》英译研究相对较少，主要包括以下研究：

国外有关理雅各英译的研究，主要包括美国学者费乐仁（Lauren F. Pfister，1990，1991，2004）、美国宗教史研究专家诺曼·吉瑞德（Norman J. Girardot，2001，2002）与加拿大学者玛丽莲·劳拉·鲍曼（Marilyn Laura Bowman，2016）等的研究。费乐仁的研究包括理雅各的生活背景、汉学研究、宗教思想以及哲学观等方面，[②]内容丰富、多元，尤其是从思想意识层面对理雅各的中国经典系列英译等汉学研究的探讨，拓展了有关认知，对有关研究具有非常重要的参考价值。吉瑞德的研究包括理雅各的中国宗教研究、理雅各在海外传福音与理解异族文化的曲折生涯等，其中涉及理雅各如何选择《尚书》等中国典籍进行翻译及翻译过程，但没有太多涉及理氏的翻译与诠释技巧。[③]此外，鲍曼在其《理雅各与儒家经典：香港殖民地动乱中的杰出苏格兰人》一书中，讨论了理雅各《中国经典》英译的第三卷，即《尚书》英译，其中论及理雅各的《尚书》英译思想方法及其影响。书中论及理雅各被认为是有史以来第一个评估《尚书》有关传统观点的学者，也是第一个尝试从关于作者、真实性和年代的更可能的陈述中梳理有关神话的学者。鲍曼认为理雅各努力坚持严格贴近原文的翻译，尽可能忠实于中文文本，认为他“只

---

① 杨平.《易经》在西方的翻译与传播[J]. 外语教学与研究(外国语文双月刊)，2015 年第 6 期，第 923—934 页。

② L. F. Pfister. *The Legacy of James Legge* [J]. International Bulletin of Missionary Research: Pinter, 1990; L. F. Pfister. *Some New Dimensions in the Study of the Work of James Legge* (1815—1897: PartII) [J]. Sino-Western Cutural Relations Journal, xiii, 1991; L. F. Pfister. *Striving for The Whole Duty of Man: James Legge and the Scottish Protestant Encounter with China* [M]. Peter Lang GmbH, 2004.

③ Norman J. Girardot. *The Victorian Text of Chinese Religion: With Special Reference to the Protestant Paradigm of James Legge's Religions of China*. In: Cahiers d'Extrême-Asie, vol. 12, 2001. Religions chinoises: nouvelles méthodes, nouveaux enjeux. pp. 23-57; Norman J. Girardot. *The victorian translation of China: James Legge's Oriental pilgrimage* [M]. Berkeley: University of California Press, 2002.

传译事实”，译文注释非常丰富，解释、拓展了中文文本的含义。鲍曼还谈到西方评论家对理氏《尚书》英译《序言》中的有关分析的评论：“其序言令人印象深刻，因而可与 Barthold Niebuhr(1776—1831)关于罗马历史的经典著作进行比较”“正由于理雅各对历史和文学材料的详尽审查和评估”，他们才“可以在中国早期历史的基础上坚定而安全地行走”。①有关研究丰富了学界对理雅各的学术贡献与影响的认识。学者 G. P. Syedov 在其论文中也分析了理雅各中国经典的英译方法及其影响，认为理雅各不但了解大量的古代典籍对中国人风俗习惯和思想观念的巨大影响，还发现中文的文字不是单纯的文字，而是思想的象征，因此译者尝试直译是徒劳的。论文还认为葡萄牙耶稣会士 Joaquim Angélico de Jesus Guerra (1908—1993)的 10 卷中国经典的葡萄牙语译本受到了理雅各的影响。②此外，理雅各的女儿在为父亲所作的传记中，也谈到理雅各包括《尚书》在内的中国经典英译的目的、思想理念，如其以翻译襄助传教的目的理念等，③为理雅各翻译的有关研究提供了有价值的参考。

其次，国外也可见一些有关高本汉的《尚书》英译的研究，但对于这位西方著名的语言学家和汉学家，研究者多关注其卓越的中国古汉语音韵等研究成就，而对其翻译著述研究相对较少。有关研究主要见于其学生等为其所作的传记或介绍其生平的论文中。其学生丹麦学者易家乐(Søren Egerod，1923—1995)在介绍其生平与成就时，谈到自 1940 年以后，高本汉对中国两部最古老的典籍《书经》和《诗经》进行了彻底的分析，并为这两部典籍做了大量的注释，这项工作持续了多年，同时根据严格校订过的汉语文本把它们全都译成英语出版。易家乐认为高本汉的注释背后所包含的研究工作非常惊人，是没读过中国古汉语文

---

① Marilyn Laura Bowman. *James Legge and the Confucian Classics*: *Brilliant Scot in the turmoil of Colonial Hong Kong* [M]. Friesen Press, 2016, pp. 698 - 700.

② G. P. Syedova. *Chinese Classics in Legge's and Guerra's Interpretations*: *Challenges of Comparative Assessment*[C]. International Scientific and Practical Conference, April 23 - 24, 2021, pp. 24 - 25.

③ Helen Edith Legge. *James Legge*: *Missionary and Scholar* [M]. London: The Religious Tract Society. 1905, pp. 210 - 216.

本及其大量注释的人所无法想象的，而且高本汉在写作完成这些注释的过程中“所表现出来的从不失误的准确和细致”[①]也非常令人惊叹。高本汉的学生、瑞典汉学家马悦然（N. G. D. Malmqvist，1924—2019）在为其所作的传记中，介绍了高本汉的《尚书》翻译和注释，并对其进行评价：“毫不夸张地说，他的《书经》注释从各种不同的角度揭示了文本的意义（... has revealed that text in a different light.）。”[②]但有关研究多为概括性的叙述，未见较有影响的对高本汉《尚书》英译的细致深入的研究。

此外，国外对西方《尚书》英译的研究也见诸西方译者们对其前《尚书》译本的评价。理雅各、欧德的《尚书》译本显示了其对麦都思的英译有所参考与研究，高本汉的《尚书》注释显示了其对麦都思、理雅各的译本皆进行过研究与评论，但这些皆为零散的评议。由于在《尚书》的翻译及其研究中，所需中国古代文献资料和相关研究资料较为缺乏，加之文化差异等原因，国外的《尚书》英译研究也表现出有关的欠缺。

总体而言，当前学界对西方《尚书》英译的研究仍处于初始阶段，较之其他中国典籍的英译研究，学者们对《尚书》英译的关注度较少而且不平衡。国内外已有研究表现出以下特点：首先，在研究范围上，对《尚书》英译的研究多为微观的、对单一译本的不同视角研究，或为对某几个译本的比较研究，学者们多偏重于对理雅各译本的研究，而对其他译本的研究相对不足。已有研究多为对麦都思及其后英译本的研究，尚无对19世纪之前的西方汉学早期《尚书》英译的研究，也缺少对《尚书》英译发展历史脉络的全面、系统的描写研究；其次，有关研究视角多为文化传播学、翻译学及语言学视角，而从历史学、诠释学等视角的分析偏少，尚缺少从西方汉学视角的研究，且跨学科、综合视角的研究仍显不足；再者，从研究内容来看，多为对译本的翻译方法策略、跨文化传播，以及对具体语词、语篇的翻译等研究，对译者主体与译者行为的研

① [丹] Søren Egerod（易家乐）. 高本汉的生平和成就 [J]. 林书武摘译. 国外语言学，1982年第1期，第53—58页。

② N. G. D. Malmqvist. *Bernhard Karlgren: Portrait of A Scholar* [M]. Lehigh University Press, Rowman & Littlefield, 2011, pp. 218 - 219.

究较少。此外,《尚书》英译难免涉及版本、注释等古代文献资料问题,国内外的研究者由于学术背景等原因,对于这些方面的研究也较少。

《尚书》蕴含着丰富而影响深远的中国文化与文明的源初形态,不同历史时期的《尚书》英译也呈现了多元化的诠释,因此对《尚书》英译的研究也应注重综合运用多维的研究视角与多学科的知识、方法,将宏观研究和微观研究相结合,融通古今,不断拓展有关研究领域与方法路径。

三、西方《尚书》英译研究的理论基础

本研究注重西方《尚书》英译的思想路径与汉学思潮的演变,因而参照有关研究,将西方汉学大致划分为:17—18 世纪的汉学早期、19 世纪的西方汉学学科创建时期、19 世纪末至 20 世纪上半期的汉学现代化转型时期以及其后的汉学现当代发展时期四个阶段,并以此为《尚书》英译研究的主要历史语境,综合运用汉学、翻译学、诠释学、语言学、文献学等多学科的理论与方法,首次对西方《尚书》英译的历时发展脉络进行了全面、系统的研究。本研究的主要理论基础包括:汉学的有关理论、吉迪恩·图里等(Gideon Toury, 1995; Maria Tymoczko, 1999)的描述性翻译研究理论、本体诠释学理论及译者行为研究理论等。

(一) 西方《尚书》英译研究与汉学

有学者指出,汉学(Sinology)"是一门在国际文化中涉及双边或多边文化关系的近代边缘性的学术,它以中国文化作为研究的'客体',以研究者各自的'本土文化语境'作为观察'客体'的基点,在'跨文化'的层面上各自表述其研究的结果,具有'泛比较文化研究'的性质",各个国家的汉学其实"是他们'母体文化'研究的一员"。[①]一般认为汉学学科确立的标志为:1814 年法国的法兰西学院(Collège de France)设立"中国、鞑靼、满洲语文与文学讲座"。该讲座于 1919 年改名为"中国语言

---

① 严绍璗. 我对 Sinology 的理解和思考 [J]. 世界汉学,2006 年第 4 期,第 6—13 页。

和文学讲座”。[①]继法国之后，英国与俄国于1837年、荷兰于1875年、美国于1877年、德国于1909年在大学相继开设了类似的讲授与研究汉语及其文献为主的教席。

据德国学者傅海波对“Sinology”一词的考察，法语中最早出现“Sinologist(汉学家)”一词是在1838年，该词大致流行于19世纪60—70年代。1873年，《中国评论》刊登欧德理(Ernest John Eitel)所写《业余汉学(Amateur Sinology)》中使用了该词，但尚未确定为一门学科的概念，同年第3期的一篇文章《汉学是一种科学吗?》(*Is Sinology a Science*)已经明确将该词用作一门学科的名称。西方汉学在开始时所设教席以讲授中国的传统语言文学为主，主要基于传统语言文献的研究，具有语文学(philology)的意义。[②]“汉学”一词还可指明末清初依汉世儒林家法之说研治经学名物制度、小学训诂的考证之学，但本研究所讨论的汉学并非此意。

对于“汉学”(Sinology)这一概念的汉语表述及其在不同历史阶段的认定，目前仍存在着分歧。有学者认为其学术内涵具有历史性与时间性的区分，一般把欧美、日本各国在工业文明建立之前对中国文化的研究称为“汉学”，在这一时期的中国文化不仅作为研究的“客体”，还被在不同层面上作为“主体”的“意识形态”的材料来加以吸收。例如19世纪的日本学界和18世纪欧洲思想革命之前的欧洲学界，包括传教士们。目前往往把各国近代文化确立之后对中国文化的研究称为“中国学”。[③]也有学者认为，作为一种学术形态的汉学，总体上可分为：以法国为中心的具有学术精神特质的“传统汉学”与以美国为中心的充满政治意味的“现代汉学”。前者以文献和古典研究为中心，包括哲学、宗教、历史、文学、语言等，后者则以现实为中心，以实用为原则，重视正在发展中的信息资源而非古典文化。汉学家对中国的物质文化和精神文化的研究领域逐渐拓展，不仅包括中国哲学、文学、宗教、历史领域的研究，还包括社会学、政治学及自然科学的研究。美国汉学始于1830年

① 许光华. 法国汉学史[M]. 北京：学苑出版社，2009年，第90—98页。
② 黄卓越主编. 海外汉学与中国文论(英美卷)[M]. 北京：北京师范大学出版社，2018年，第1—4页。
③ 严绍璗. 我对Sinology的理解和思考[J]. 世界汉学，2006年第4期，第6—13页。

的东方学会(American Oriental Society),一开始即有为美国国家利益与美国对东方的扩张政策服务的使命,因此与传统汉学具有不同的特征。至19世纪末20世纪初,美国汉学渐渐演变为具有与传统汉学不同个性特征的中国学(Chinese Studies)。20世纪中期以来,西方其他国家仍然保有传统汉学研究,同时现代汉学在繁荣发展。①

关于西方汉学历史阶段的划分,学界有不同的划分方法,各种划分往往以汉学发展的显著不同特征为依据,在时间上进行大致的分期。在西方汉学史上,西方汉学确立的公认标志是法国大革命之后,1814年,雷慕沙(Jean Pierre Abel Rémusat, 1788—1832)在法兰西学院创立"中国汉语、鞑靼语和满语语言与文学讲座",自此汉学正式成为大学的一门学科。由于实际研究需要各异,研究者们对于汉学研究有不同的历史分期。张西平将汉学分为游记汉学、传教士汉学和专业汉学三个阶段;②阎纯德则将其大致分为传统汉学和现代汉学两个阶段;③美国学者韩大伟(David B. Honey)在其汉学文献史研究著作中将汉学分为耶稣会士时期、法国汉学讲座时期、英美新教传教士时期和汉学现代发展时期;④在具体国家的汉学研究中,许光华将法国汉学分为草创、确立和从传统走向现代三个时期。⑤学者王琰以上述分期为基础,将西方汉学分为"孕育、创立、现代化转型和当代发展"⑥四个阶段。汉学的"孕育"阶段大致为17—18世纪,即欧洲耶稣会士在华活动时期,因其对中国文化的初步研究引发了欧洲学术界的"中国热",从而促成汉学在西方的孕育;"创立"阶段为19世纪,这一时期自法国开始,各国相继在大学建立了汉学学科,产生了数量众多、具有相当学术水平的汉学著作,为汉学的创立奠定了坚实的基础;"现代转型"时期即从19世纪末到第二次世界大战前,法国汉学家率先采用现代化的学术思路和方法进行汉学研究,引领了西方汉学的现代化转变;"当代发展"阶段大致为二战

① 阎纯德. 法国汉学史[M]. 序二. 北京:学苑出版社,2009年,第10—14页。
② 张西平. 传教士汉学研究[M]. 前言2. 郑州:大象出版社,2005年。
③ 阎纯德主编. 汉学研究(第10集)[C]. 北京:学苑出版社,2007年。
④ 王琰. 汉学视域中的《论语》英译研究[M]. 上海:上海外语教育出版社,2012年,第12页。
⑤ 许光华. 法国汉学史[M]. 北京:学苑出版社,2009年。
⑥ 王琰. 汉学视域中的《论语》英译研究[M]. 上海:上海外语教育出版社,2012年,第12页。

后至今，西方汉学的中心转移至美国，研究领域、思路与方法也随之发生变化，许多创新性的汉学研究纷纷出现。在这一阶段，西方汉学快速走向成熟。[①]在不同汉学时期之间并无截然的分界线，由前一时期向后一时期的转变是渐进的，并非一蹴而就。第二次世界大战后的一段时期，汉学研究仍具有现代化转型阶段的一些特征。

《尚书》的英译历时久远，但始终与西方汉学的历史语境有着密不可分的关系。《尚书》英译的具体形态与西方汉学不同时期的汉学等社会文化思潮、学术形态等宏观因素密切相关。因此，笔者研究不同时期《尚书》英译的特点与思想路径等的过程中，注重分析其与汉学思潮发展的关系，故而参考上述学者们对西方汉学历史时期的划分，大致以17—18世纪、19世纪、19世纪晚期至20世纪上半期、20世纪下半期至今四个时期的西方汉学为主要语境，对西方的《尚书》英译进行研究。

西方的《尚书》英译随着汉学的发展而不断演变，从而在汉学的视域中，对不同时期的《尚书》英译进行研究，更加有利于系统地把握与描述西方《尚书》英译的特点及其发展规律与脉络。

（二）西方《尚书》英译研究与本体诠释学

本研究的一个重要目标即对西方《尚书》英译文本形态的描述，以此作为系统梳理漫长的西方《尚书》英译历史，探索《尚书》英译发展演变规律等研究的重要基础，为此需要依据科学的文本诠释理论对西方《尚书》英译文本进行分析研究。本体诠释圆环理论注重文本的历史、语言与文化常规意义，深刻洞悉文本及其有关的真理、实在、价值及行为之间的关系，逻辑周密融通，对于文本诠释具有强大的解释力，与本研究的目标相契合，故可为本研究提供科学的理论基础。

西方的诠释学（Hermeneutics）源于古希腊诸神信使的名字“Hermes”，以解读“神谕”为诠释任务，神学诠释学即产生于理解和诠

① 王琰. 汉学视域中的《论语》英译研究［M］. 上海：上海外语教育出版社，2012年，第12页。

释《圣经》的过程中。在宗教改革家威克里夫[①](John Wycliffe，1330—1384)和马丁·路德(Martin Luther，1483—1546)的宗教改革(1517—1648)之后，诠释学派和古典语文学派的发展对西方的翻译理论产生了重要影响。德国哲学家施莱尔马赫(Friedrich Schleiermacher，1768—1834)根据以往《圣经》的诠释学经验提出普遍诠释学理论，狄尔泰(Wilhelm Dilthey，1833—1911)又以施莱尔马赫的研究为基础，使诠释学发展为关于理解和解释的系统理论，而在德国哲学家海德格尔(Martin Heidegger，1889—1976)那里实现了诠释学由方法论向本体论的转变。海德格尔认为翻译是对原作的阐释与理解，其后美国著名翻译理论家乔治·斯坦纳(George Steiner，1929—2020)以此为基础，在《通天塔之后——语言与翻译面面观》中提出了"理解即翻译"的著名论断(To understand is to decipher. To hear significance is to translate.)[②]。德国哲学家伽达默尔(Hans-Georg Gadamer，1900—2002)也认为理解是本体论的，即理解揭示并表现真实。伽达默尔在其《在现象学与辩证法之间》的导论中指出："当某人理解他者所说的内容时，这并不仅仅是一种意指(Gementes)，而是一种参与(Geteiltes)、一种共同的活动(Gemeinsames)，谁通过阅读把一个文本表达出来，他就把该文本所具有的意义指向置于他自己开辟的意义宇宙之中。这就证明了我所遵循的浪漫主义观点，即所有的理解都已经是解释"。[③]

成中英先生则把理解看作对意义(meaning)的把握，认为诠释必定意指说明一个真实的观念体系，理解会导致一种观念体系，理解者会运用这种观念体系，并通过一套方法为自己的理解进行解释与辩护。本体诠释学是关于解释的"有效性和真实性"以及如何理解文本的科学。

---

① 威克里夫(John Wycliffe，1330—1384)，宗教改革家，第一本英文《圣经》的译者，《威氏圣经》反映了译介的求证精神，他反对教会以正统教义(The Orthodox Church Doctrine)解释《圣经》的含义，坚持严格按照原文的语义进行翻译，此实为马丁·路德宗教改革运动的先声，对英国乃至欧洲的翻译领域皆有深远影响。

② George Steiner. *After Babel: Aspects of Language and Translation* [M]. Oxford Paperbacks, 1998, p. 12.

③ [德] 汉斯·格奥尔格·伽达默尔. 诠释学 II 真理与方法——补充与索引(修订译本)[M]. 洪汉鼎译. 北京：商务印书馆，2016 年，第 24—25 页。

本体(onto-generativity)可以是一种对象,是实在的东西,也可以指体验到的存在,是主客观相结合的感受。①成先生指出:“本体是发动中或发展中的对真实与价值的观点、信念或认识,其中举出历史与理论的根源与核心,为本;据此形成的一个可以整体化的、可持续发展的概念与理解系统,为体。”②可见本体诠释是以被诠释对象的历史与有关理论为基础,在一个由此组成的概念与理解系统中,形成对被诠释对象的真实与价值的动态理解与认识。

本体诠释学理论认为,在任何对文本的诠释中,都至少有三个基本层次的意义,即语言层次、理论层次与本体论层次,这三个层次相互关联、相互依赖,形成一个如下图的“诠释学圆环”:③

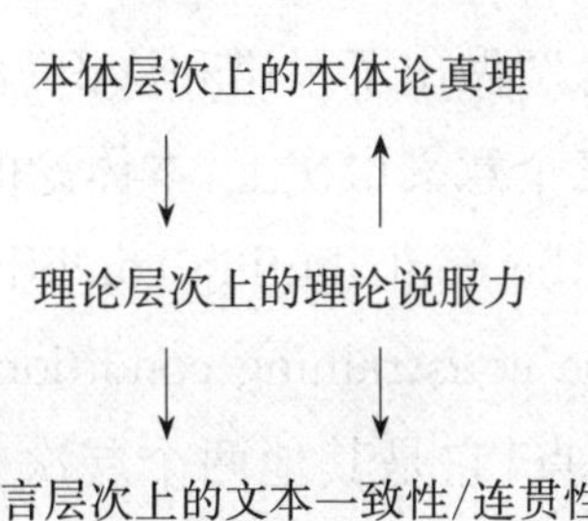

但上述诠释圆环的三个层次并非平等的关系,而是本体论层次起着决定性的作用。在对一个文本进行诠释时,在语言层次上,应理解文本的历史、语言学、语用学、语义学等方面的规约性意义,文本形式应具有连续性。成先生认为:“任何人的理解都有其历史与传统的系络背景,必须追溯并认识这些系络背景。”④“文本的任何一个术语、短语、句子、段落的意义都被词源学、日常运用、公认的句法或语义学所决定。”⑤在进行文本诠释时,诠释者往往需要扩展或转化该文本中的术语、短语的意义,这时在概念或理论的层次,他可以诉诸某种假设或预设的真理或观点,但其预设概念或理论应该针对文本自身,因而被诠释的文本实际上可看作容纳了多种理论概念和命题的一种整体框架。因

① [美] 成中英. 本体诠释学(一)[M]. 北京:人民大学出版社,2017 年,第 13 页。
② [美] 成中英. 本体诠释学(一)[M]. 北京:人民大学出版社,2017 年,第 223 页。
③ [美] 成中英. 本体诠释学(一)[M]. 北京:人民大学出版社,2017 年,第 112 页。
④ [美] 成中英. 本体诠释学(一)[M]. 北京:人民大学出版社,2017 年,第 1—2 页。
⑤ [美] 成中英. 本体诠释学(一)[M]. 北京:人民大学出版社,2017 年,第 112 页。

为"文本的任何一个术语、短语、句子、段落的意义都是基于独立理性基础上形成的理论或原则的内容或结果"。[①]在"本体论的层次",需要考虑关于解释的终极真理和整体真理的问题,即关于什么是理论的有效性的终极标准。由于这个理论是在解释某个文本时预设或提出的,因而应该将这个关于真理有效性的问题看作一种本体论的真理(truth)。而由于真理的概念扎根于实在(reality),实在既是一种主观结构,也是一种客观展示,对实在的表达可以看作最好的一种建立、解释真理的因素,也可以看作"一种没有理由的信念(a reasoned-out belief),这种信念已经试尽所有的证据,考虑了主要的理由,这最终导致对人从事有意义活动的世界做最可能的理解"。因此,真理依据了所有可能存在的理解类型,对前述的"信念""做出了承诺和认识",并在此基础上产生价值和行为。从而在上述三个意义层次上,本体论的真理"既有可能是理论和语言起作用的条件(the contributing condition),也有可能是理论和语言受约束的条件(the constraining condition)""既可能是理解的目的,也可能是理解的起点,它是其他两个层次整合和平衡支持的考虑(consideration of the integrative and balancing support)的基础"。[②]由此,语言、理论、本体论三个意义层次形成一种意义的本体诠释圆环,构成一个普遍、连续的体系。本体真理的诠释意义即由本体诠释圆环所规定。成先生指出:"当意义建立于本体论的承诺之上或以本体论的承诺为基础时,我们就对意义和实在有了本体诠释学的理解。"[③]他提出:"应该把一个文本作为是从诠释圆环产生而来的考虑其意义,这个圆环从相应的本体诠释学的圆环反映了或规定了一种意义。"[④]不同时期的《尚书》英译文本是对原文的不同的语义诠释,因此根据本体诠释学语义诠释理论,通过分析各英译的诠释圆环的三个层次的语义诠释特点,将之与原文的本体诠释学圆环所规定的意义相对照,即可发现各英译的语义诠释特点及其对原文语义的诠释、传译程度。据此,本文以本

---

① [美] 成中英. 本体诠释学(一)[M]. 北京:人民大学出版社,2017年,第112页。

② [美] 成中英. 本体诠释学(一)[M]. 北京:人民大学出版社,2017年,第112页。

③ [美] 成中英. 本体诠释学(一)[M]. 北京:人民大学出版社,2017年,第110—112页。

④ [美] 成中英. 本体诠释学(一)[M]. 北京:人民大学出版社,2017年,第113—114页。

体诠释学语义诠释理论为框架,对汉学发展各时期的《尚书》英译文本进行本体诠释研究与描述。

中国的经典具有特殊的思想文化等价值与作用,正如成先生所指出:“经典提出生活中的基本规范与显示普遍价值,彰显宇宙真理,导向一个文化传统的建立,并在现实中体现理想的模型与境界,因而具有一个深沉或高明的生命智慧,能够启发与教化个人及社群。”①因此,他强调:“经典诠释要保持经典的真实性与完美性,不但求其部分的真,尚要维护其整体或大体的真。”②所以,对经典的翻译也应该以真实完整地诠释经典的本体真理为根本目的,应使译文的诠释尽可能地接近原文的本体真理,力求最大限度地诠释与传译原文的本体真理意义。

(三) 西方《尚书》英译研究与译者行为研究理论

译者在翻译中无疑具有极为重要的地位和作用。美国翻译家尤金·奈达(Eugene Albert Nida)说,译者是翻译极为重要的因素,翻译的基本规则与翻译过程以译者为中心。③许钧指出,在作者、译者、读者之间的对话中,译者处于这个活动场最中心的位置,起着最积极的作用。④因此,译者行为影响到翻译的各个方面,如译者在翻译中的决策行为直接影响到译文的构建。德国翻译理论家威尔斯(WolframWilss)认为,译者任何类型的理性决策都必须满足四个基本要求:可验证性、合理性、情境充分性和价值取向(决策因素的权衡)(Verifiability, plausibility, situational (contextual) adequacy, and value orientation (weighing of decision-making factors).)。⑤威尔斯也关注了译者的社会性一面,认为在社会层面,翻译人员是提供信息服务的有形或无形的

① [美] 成中英. 本体诠释学(一)[M]. 北京:人民大学出版社,2017 年,第 220 页。

② [美] 成中英. 本体诠释学(一)[M]. 北京:人民大学出版社,2017 年,第 110—112 页。

③ Wolfram Wilss. *Knowledge and Skills in Translator Behavior* [M]. The Netherlands: John Benjamins Publishing Co. ,1996, pp. 108 - 109.

④ 许钧. 翻译论 [M]. 南京:译林出版社,2014 年,第 244 页。

⑤ Wolfram Wilss. *Knowledge and Skills in Translator Behavior* [M]. The Netherlands: John Benjamins Publishing Co. ,1996, p. 174.

代理人，他们对社会的信息化需求作出回应。①

周领顺教授认为，译者的意志性决定其为满足某种需要而调整自己的角色，这称为译者的"角色化"过程。为满足某种社会需要，译者在"译者身份"下，除了最基本的译者角色，可以身兼多种角色，译者担任角色的不同，其行为特征也因而不同，其译文也会呈现出不同特征，或偏向于"求真"，或偏向于"务实"。译文是紧扣原文意义而求真，还是要顾及应用效果而务实，这取决于译者的选择。译者的"角色化"程度越低，就越偏向于"求真"；译者的"角色化"程度越高，就越偏向于"务实"，而且译文应该在"翻译"的范畴之内，译者的"角色"也应始终在"译者身份"之下。②

基于译者行为的语言性和社会性特征，周领顺教授构建了"求真—务实"译者行为连续统评价模式。以一种动态的分类观进行翻译描写，以"能够在'求真'和'务实'译者行为间、在'作者／原文'和'读者／社会'文本间、在'语言性'和'社会性'译者属性间、在'语言人'和'社会人'译者身份／角色间、在'文学型'和'应用型'文本类型间、在任何相互对立的翻译策略和具体方法间等，描写连续统上两极的和中间的状态，以期呈现较为客观的和全面的批评视角，借以对翻译性质和翻译活动性质有个正确的把握和认识"。③在"求真—务实"连续统评价模式中，"求真"与"务实"分布在译者行为连续统的两端，而两者之间是互为条件的辩证关系，即"求真"制约"务实"，"务实"总体上又高于"求真"，并且在一定条件下，两者可以发生转换。对译者行为的评价标准"就落实在评价译者行为的合理度上，也即落实在对求真度（译文和原文）和务实度（译文和社会）及其对二者之间平衡度的把握上"④译文和行为双向评价又细分为：文本"求真度"、效果"务实度"和译者行为"合理度"，三

① Wolfram Wilss. *Knowledge and Skills in Translator Behavior* [M]. The Netherlands: John Benjamins Publishing Co., 1996, pp. 143 - 144.

② 马冬梅，周领顺. 翻译批评理论的本土构建——周领顺教授访谈录 [J]. 北京第二外国语学院学报，2020 年第 1 期，第 57—70 页。

③ 周领顺. 译者行为批评：理论框架 [M]. 北京：商务印书馆，2014 年，第 85—87 页。

④ 周领顺. 译者行为批评：理论框架 [M]. 北京：商务印书馆，2014 年，第 105—107 页。

者相互制约。[①]

译者行为理论认为文本视域靠近的是原文意义，忠实于文本，人本视域反映的是人的社会性行为，因而是社会现象。动态人本研究的基本特征是从人的角度切入翻译研究，以人为本并对译者各相关要素进行互动关系的研究。[②] 从人本视域看问题仍需要以文本对比为基础，并不能忽略文本。译者行为研究路径是将文本与人本相结合。[③]

面对翻译材料，译者可能偏向求真，也可能偏向务实。一个简单的鉴别原则，即以译者行为为中心时，求真通过语言性求意表现，务实通过社会性求用而获得。也即求原文意义是求真，求原文用处是务实。[④]

运用译者行为理论对西方《尚书》英译进行译者行为研究，可以动态把握不同历史时期英译本的译者行为特点，从而有利于对西方《尚书》英译的特点及其演变规律的认知与把握。

（四）西方《尚书》英译研究与描述性翻译学理论

本研究主要采用描述性翻译学的研究思路，结合翻译当时的历史语境对西方《尚书》英译进行系统、全面的描述性研究。

以色列翻译理论家吉迪恩·图里（Gideon Toury，1942—2016）、美国翻译理论家玛利亚·提莫志克（Maria Tymoczko）、埃德温·根茨勒（Edwin Gentzler）等学者认为，翻译受到多种因素的影响，为了全面、准确地把握翻译的特点和规律，应注重将其重置于翻译当时的历史语境的各种因素及其相互关系中进行研究。图里在其所著《描述性翻译研究及其他》（*Descriptive Translation Studies and Beyond*）一书中提出："建立翻译文本在目标语文化内部的地位，本身并不能为进行研究提供充分的基础。任何试图对翻译文本提供详尽的描述和可行的解释都需要适当的背景化、语境化，而语境对于给定的翻译案例总是具体、

① 周领顺. 译者行为批评：理论框架［M］. 北京：商务印书馆，2014 年，第 86 页。

② 周领顺. 译者行为研究的人本性［J］. 外语研究，2022 年第 2 期，第 78—83＋112 页。

③ 周领顺. 译者行为批评理论及其应用问题——答研究者（之二）［J］. 天津外国语大学学报，2023 年第 4 期，第 62—71＋112—113 页。

④ 周领顺. 译者行为批评理论及其应用问题——答研究者（之二）［J］. 天津外国语大学学报，2023 年第 4 期，第 62—71＋112—113 页。

特定的，且绝非已充分显现。”“相反，翻译文本在一种文化中的地位的确立构成其研究本身不可分割的一部分，事实证明翻译语境的系统或子系统具备最完备的元素，可在其诸多的相互关联中，从翻译产品、基本翻译过程、翻译的功能方面对翻译作出解释说明（that (sub) system which proves to be best equipped to account for it in terms of product, underlying process and function, in all their multifarious interconnections.）。”①图里虽然认为翻译既受到目的语社会文化规则的约束也受到源语社会文化规则的约束。②提莫志克认为：“描述性翻译研究在研究翻译的过程、产物、以及功能时，会把翻译放在时代之中去研究，并通过拓展，将翻译实践置于政治、意识形态、经济、文化之中去研究。”(Descriptive translation studies—when they attend to process, product, and function—set translation practices in time and, thus by extension, in politics, ideology, economics, culture.)③但描述性翻译研究理论也存在过于注重目的语语境对翻译的影响等局限性，因此本文的研究在采用其研究思路的同时，也结合了汉学、本体诠释学等理论进行补充研究。

提莫志克和根茨勒在其《翻译和权力》(*Translation and Power*)一书中提到，1990 年巴斯内特（Susan Bassnett）和勒菲弗尔（André Lefevere, 1945—1996）的论文集《翻译、历史与文化》，已“将描述性翻译研究的研究对象重新定义为源语文化和目的语文化中文学与文学外符号网络中的文本”。④由此可见，描述性翻译研究也已关注源语和目的语双重语境对翻译的影响作用，主张结合翻译当时的学术思潮等特定历史语境对其进行充分描写与解释，并注重结合目的语的历史、文化等

---

① Gideon Toury. *Descriptive Translation Studies and Beyond* [M]. Revised Edition, Tel Aviv University John Benjamins Publishing Company, Amsterdam/Philadelphia, 2012, p. 23.

② Gideon Toury. *In Search of a Theory of Translation* [M]. Jerusalem: Israel, Academic Press, 1980, p. 51.

③ Maria Tymoczko. *Translation in a Postcolonial Context-Early Irish Literature in English Translation* [M]. Manchester: St Jerome, 1999, p. 25.

④ Maria Tymoczko and Edwin Gentzler (eds.). *Translation and Power*, *Introduction* [M]. University of Massachusette Press Amherst and Boston, 2002, p. xiii.

因素进行研究，以寻求有关翻译的规则(norms，也译为“规范”)。[①]他们强调将翻译过程、译本及翻译功能三方面研究相结合来描述翻译的本质特征，并提出应比较同一原文在不同历史时期的翻译，从中发现翻译的一般性趋势，归纳、总结出制约翻译的规则，并将之用于指导翻译实践。[②]描述性翻译研究思路与本文的主要研究目标相契合，因此本研究采用以描述性翻译研究为主的研究思路，将西方《尚书》英译置于汉学发展不同时期的历史语境之中，对其进行系统、全面的研究与描写。也即对各主要西方《尚书》英译的翻译过程、译文形态(翻译产品)及其成因、学术价值(功能)及其与汉学发展的关系、译者行为特点等进行详尽的分析与描述，并结合相关史实资料，对西方《尚书》英译的历史发展脉络进行研究、梳理，以此为基础，寻求《尚书》英译发展演变的特点与规律，为探索新时期中国典籍翻译的合理方法与科学路径提供理论与实践的参考资料与启示。

本研究注重将宏观的文化分析与微观的文本分析相结合，综合运用汉学、本体诠释学、翻译学、文化学等多学科的知识、理论与方法，主要研究并回答以下三个问题：

第一，在汉学视角下，不同时期《尚书》英译的翻译过程、学术形态(翻译产品)特点及其成因是什么?

第二，在汉学发展的不同时期，西方《尚书》英译的价值(功能)、其与西方汉学的关系如何?

第三，在汉学视域中，西方《尚书》英译的发展演变有何特点与规律?

围绕上述问题，主要进行了以下研究：首先以 1736 与 1738 年杜赫德的《中华帝国全志》两个英文译本中的《尚书》英译为代表形态，对西方汉学早期的《尚书》英译进行描述性研究。包括考察 17—18 世纪天主教耶稣会士来华传教时期的《尚书》英译的历史语境；考察与分析汉学早期《尚书》的代表性英译文本。本研究选取这一时期具有重大影响力的西方汉学代表性著作之一——杜赫德(Jean Baptiste du Halde,

① Maria Tymoczko. *Translation in a Postcolonial Context-Early Irish Literature in English Translation* [M]. Manchester: St Jerome, 1999, pp. 24 - 25.

② Gideon Toury. *Descriptive Translation Studies and Beyond* [M]. Amsterdam: Rodopi, 1995.

1674—1743)编纂的《中华帝国全志》中法国传教士马若瑟(Joseph de Prémare，1666—1736)的《尚书》法文选译的英译文本，见于1736年英国伦敦出版的《中华帝国全志》的英文选译本[①]与1738年英国伦敦出版的《中华帝国全志》英文全译本，[②]研究与描述翻译当时的社会经济文化等状况，译者的文化背景、翻译目的和翻译思想理念、翻译的方法策略，分析描写译本的本体诠释特点及其形态成因、学术价值、译者行为特点等，并探讨《尚书》英译与早期汉学的关系。

接着对西方汉学学科初创时期的《尚书》英译进行研究与描述，主要考察19世纪西方新教传教士来华时期《尚书》英译的历史背景，研究英国传教士汉学家麦都思的《尚书》英文全译本[③]与理雅各的《尚书》英文全译本，[④]分析译者的文化背景、翻译的目的与思想理念、翻译的策略与方法，探究此时期这两种具有代表性的《尚书》英译的本体诠释特点、学术价值、译文形态成因、译者行为特点等，并研究这两种英译对英国汉学创建的作用及其与西方汉学发展的关系。

接着对19世纪末至20世纪上半期的《尚书》英译进行描述性研究。考察其翻译的历史背景，分析译者文化背景、翻译目的与思想理念、翻译策略与方法。分别研究英国占星家高尔恩·欧德的《尚书》英译[⑤]与瑞典

---

① R. Brookes. *The General History of China. Containing a Geographical, Historical, Chronological, Political and Physical Description of the Empire of Chinese-Tartary, Corea and Thibet. Including an Exact and Particular Account of their Customs, Manners, Ceremonies, Religion, Arts and Sciences. The Whole Adorn'd with Curious Maps, and Variety of Copper Plates. Done from the French of P. Du Halde, Volume2 of 4volumes* [M]. London, printed for J. Watts (The first edition,1736). The third edition, 1741, pp. 134 - 135.

② Jean Baptiste Du Halde. *A Description of the Empire of China and Chinese-Tartary, together with the Kingdoms of Korea, and Tibet: Containing the Geography and History (Natural as well as Civil) of those Countries* [M]. London: T. Gardner for Edward Cave, 1738, Volume 2, pp. 402 - 408.

③ W. H. Medhurst. *The Shoo King, or The Historical Classic: Being the Most Ancient Authentic Record of the Annals of the Chinese Empire* [M]. Shanghae: The Mission Press, 1846.

④ James Legge. *The Shoo King or The Book of Historical Documents* [M]. *The Chinese Classics.* Taipei: SMC Publishing Icn., 1991.

⑤ Walter Gorn Old. *The Shu King or the Historical Classic: Being an Authentic Record of the Religion, Philosophy, Customs and Government of the Chinese from the Earliest Times* [M]. New York: The Theosophical Publishing Society, 1904.

汉学家高本汉的《尚书》英译，[①]分析两译本的本体诠释特点及其成因、学术价值及译者行为等特点，并探讨这两种英译与西方汉学现代化转变的关系。

再以21世纪20年代英国汉学家彭马田的《尚书》英译[②]为代表形态，对当代的西方《尚书》英译进行描述性翻译研究，考察其翻译的历史语境，分析译者的文化背景、翻译的目的与思想理念、翻译的策略与方法。研究译本的本体诠释特点、后现代主义特色及其成因、译文学术价值以及译者行为特点等，并考察彭氏《尚书》英译与当代汉学发展的关系。

最后，基于对西方《尚书》英译的历时性研究，对《尚书》英译的历史与学理、研究方法与文化价值的变化关系等有关问题进行探讨，以此深化对西方《尚书》英译与传播及其发展演变规律的认识。

本研究以描述性翻译研究方法为主导，综合采用多学科的研究理论与观点，采用个案分析法、对比分析法以及文献学的方法对西方的《尚书》英译进行研究与描写。

描述性的翻译研究方法注重将翻译活动置于翻译当时的历史语境之中，进行全面、历时性的描述与展示，并探索影响翻译过程的历史因素，以及翻译产品译本在目的语多元文化系统中的地位和功能。本研究选取西方汉学发展中具有代表性的《尚书》英译及相关文献进行个案研究，通过对中外《尚书》英译有关文献资料的查阅、翻译及分析考察，在汉学的视域下，对西方《尚书》英译进行历时性的研究与描写。

《尚书》的翻译涉及语言、文化、政治、历史、哲学等诸多因素，故对其研究需要综合运用有关学科的理论和方法，因此本研究综合采用了汉学、文献学、诠释学、翻译学、语言学等多学科理论与方法，对西方《尚书》英译进行多维度、全面、系统的研究与描述。

西方《尚书》英译是个历时久远的学术课题，为了把握不同时期的英译形态特点及其学术价值等，仅进行宏观的勾勒和简单的介绍显然

① Bernhard Karlgren. *The Book of Documents* [J]. *Bulletin of the Museum of Eastern Antiquities*, No. 22, 1950.

② Martin Palmer. *The Most Venerable Book* [M]. London: Penguin Group, 2014.

不够。因此,本研究在西方汉学的视域中,以 17 至 18 世纪早期的《尚书》英译为研究的起点,对不同历史时期的主要《尚书》英译本进行个案分析与文本细读研究。例如,具体考察分析了对各英译本的生成起到重要影响作用的翻译当时的历史背景,主要为对有关的社会思潮与学术形态发展的分析。主要采用本体诠释学诠释圆环理论,对各时期主要《尚书》英译本的形态特点进行个案研究,如分别分析与描述了各译本对原文语义诠释的三个层面特点,即在语言层面、理论层面及本体论层面的语义诠释特点。采用有关翻译理论分别分析、描述了不同时期《尚书》英译的翻译思想、翻译策略与方法等,并结合西方汉学史,分析了各西方《尚书》英译本在汉学发展过程中所产生的学术影响与作用等。通过微观的文本分析,系统研究、描述西方《尚书》英译在汉学不同历史阶段的形态特点,以有助于揭示西方《尚书》英译的总体特征和规律。

本研究以不同时期的汉学发展为研究视域,结合中西方的思想、语言、宗教、文化等方面因素,多处采用比较分析的方法,探析不同时期西方《尚书》英译的异同。包括对比分析不同《尚书》英译文本的诠释传真度,对比分析不同英译本的历史语境、翻译思想与方法等,对比译文与汉语原文的语义差异,对比不同时期的英译本对同一语句的翻译等,以便为新时期的中国典籍译介提供启迪与参考。通过系统考察、逐一描述汉学发展不同时期《尚书》英译的历史语境、形态特点、译介过程、学术价值与影响等,分析比较不同时期《尚书》英译的特点。

此外,本研究也采用文献学的方法,广泛搜集分析西方《尚书》英译的有关资料,内容包括西方汉学发展不同时期的《尚书》英译文本,翻译当时的历史背景资料,译者和出版者的有关资料,各个英译本的有关研究资料以及《尚书》的有关研究资料,包括不同历史时期中国学者对《尚书》的注释等,以此为基础和依据进行研究与分析。

总体而言,本研究在已有西方《尚书》英译研究的基础上,力求从研究视角、研究内容、研究方法以及新研究资料的使用等方面有所创新。首先,本研究采用了新的研究视角——汉学视角、本体诠释学视角等,将不同时期的《尚书》英译置于西方汉学的历史视域之中,考察分析其形态特点与价值，梳理西方汉学不同历史时期《尚书》英译的发展演变脉络，因此可为中国典籍的翻译与传播等研究提供新的研究视角。

鉴于已有研究尚无对《尚书》英译历史发展脉络的全面、系统性的研究，笔者首次尝试对此课题进行探索，做了较多开拓性的工作。如依据汉学发展的四个历史时期，对不同时期英译历史的回顾和译介情况的系统梳理，对不同译本的比较分析，对不同时期《尚书》英译的目的、思想理念、方法策略、形态特点及发展规律的描述性研究等。本研究首次对17—18世纪的《尚书》最初的英译文本进行研究，这些英译文本是《尚书》漫长的英译历史的开篇之作，因而具有重要的意义和价值。

笔者在研究中综合采用了多学科的研究方法，力求突破以往的《尚书》翻译研究中分析手段较为单一（主要是语言、文化分析）的做法，吸收了语言学、汉学、文献学、哲学、翻译学等多个学科领域的理论和方法，将微观的文本分析与宏观的社会历史语境分析相结合、译本研究与译者行为研究相结合、历史逻辑与学理逻辑相结合，纵横比较，融合传统、现代及后现代主义的研究，努力做到论述严谨、方法前瞻及结论可靠。

在研究过程中，除了利用中国国家图书馆等国内丰富的藏书和电子数据库资源之外，笔者在研究期间曾在美国马萨诸塞大学（University of Massachusetts）访学，因此充分利用其五校联盟的资源优势，通过校内资料查阅、馆际互借等形式获取研究所需第一手英文资料，较好地克服了以往《尚书》英译研究中有关历史资料和英文资料难以查找等方面的困难。研究所用部分英文文献如《中华帝国全志》的两个英文译本中的早期《尚书》英译文本等，在《尚书》英译研究中皆为首次使用。本研究从西方汉学的视角探寻《尚书》英译的历史发展规律和特点，据此提出了新的观点。诸如，早期的《尚书》英译体现了西方对中国知识的学习，也显示了其对中国思想文化的仰慕与借鉴；理雅各翻译《尚书》意在为基督教的权威性及其经典《圣经》进行辩护，通过质疑、缩短《尚书》所载的悠久历史，力图消除中国历史纪年早于《圣经》历史纪年的尴尬；麦氏、理氏、高氏译本固然在语言层面对原文的诠释较为准确，但在本体论层面的诠释皆存在较大缺陷；彭马田的《尚书》英译显示出后现代主义特色等。此外，本研究也针对典籍翻译中如何传真中国文化，构建中国文化的话语体系、争取国际话语权等重大现实问题，提出了一些建设性意见，如经典的翻译首先应该注重对其本体真理进行真实、完整的诠释，其次才是结合务实之需寻求合理、有效的翻译方法和翻译形式等。本研究意在有助于推动中国典籍翻译与有关研究的进一步发展，有助于在世界多元文化交流互鉴中"讲好中国故事"[①]，促进中华文化的国际传播。

① 习近平. 中央政治局第三十次集体学习讲话［R］. 2021 年 5 月 31 日。

第一章　西学东渐与中学西传：17—18世纪的《尚书》英译

14—15 世纪的航海大发现，使西方人邂逅了古老的东方文化与文明。随着西方国家大举进行海外殖民活动，西方传教士们也纷纷东渡，把在东方的传教活动视为一种远征或探险。明代末期西方传教士的来华，使东西方开始了真正意义上的文化交流。随着不断的中学西传，西方的汉学研究也在此过程中逐渐展开。在汉学发展的早期阶段，主要的研究者为耶稣会士，其来华的主要目的是传教，但在此过程中，传教士们客观上也充当了东西方文化交流的媒介，在将西方的一些先进科学知识带来中国的同时，也将中国的政治、经济、文化等信息资料传递回西方。在最初为了传教而研习中国语言文化的过程中，来华的西方传教士们初步研究译介了“四书”“五经”等在中国的社会文化生活中极具重要影响的典籍，其中包括《尚书》，由此开始了对东方文化与文明的核心载体的接触、认知及传播。

第一节　17—18 世纪的中西文化交流及其传播

17—18 世纪西方耶稣会传教士来华传教，带来了西方的基督教文化与科学知识，同时也将中国的文化与文明信息传递到西方。为了便于传教，他们利用东、西方文化概念的趋同之处，将基督教义附会、融合于当时中国社会的主流思潮——儒学，为此，他们开始了对一些中国儒家经典的研习、译介。传教士们与中国社会文化的近距离接触，促进了中西文化的交流与传播。

一、文化接触、文化概念的趋同性与文化传播

17—18 世纪，随着欧洲的社会变革和宗教改革，配合着西方在东方的殖民活动，天主教势力逐渐东扩，于是西方传教士来华传播福音，而这也为东西方文化初次的密切接触提供了机会。

（一）17—18 世纪东西方文化的接触

文艺复兴运动使欧洲的社会发生了深刻的变革，在欧洲从封建的中世纪向近代资本主义的转变过程中，人类文明史上反封建、反神权的伟大思想解放运动促生了资本主义文化，为此后的宗教改革提供了思想武器。[①]在改革宗教现状的社会诉求和人文主义思潮的影响下，至 17 世纪中期，西方先后出现德国的马丁·路德宗教改革、加尔文宗教改革、英国的宗教改革等，随之形成了路德新教、加尔文教和英国国教，这三大教派与后来由其分化出的一些教派统称新教。在席卷欧洲的宗教改革的冲击之下，天主教也进行了改革。这场社会思想革命使得西人的宗教信仰和文化价值观发生了深刻变化。天主教一统天下的局面从此被打破，基督教的改革与分裂使得罗马教皇的权力遭到很大打击。为此，罗马教廷进行了改革和调整，以西班牙和意大利为维护教皇权力的中心。在此过程中，西班牙创立的耶稣会发展迅速，积极进行海外拓展，率先来华传教。天主教势力向东方的发展，在一定程度上配合了西方的殖民扩张，但客观上对东西方文化交流起到了重要的促进作用。

1. 西方的海外扩张与早期的汉学研究

16 世纪以前，东西方交往极少，大多西人仅能从游记之类的作品中幻想中国的神奇。航海大发现之后，东西方的物质、文化交流日益增

① 吴泽义. 文艺复兴时代的巨人［M］. 北京：人民出版社，1987 年。

多，随着欧洲资本主义的海外扩张逐渐延伸到东方的日本、中国等地，西人亟须获取有关国家的语言文化等知识资料。与此同时，欧洲的基督教会也急于进一步拓展其世界版图。为此，16 世纪末期，欧洲天主教耶稣会传教士被派遣赴华传教。1582 年，意大利耶稣会传教士罗明坚（Michele Ruggieri, 1543—1607）和利玛窦（Matteo Ricci, 1552—1610）抵达肇庆，踏上基督教会再次来华传教之旅。直到 19 世纪中叶，基督教新教传教士来华传教时，天主教的传教士仍在华传教。[①] 这一时期的汉学研究者主要为西班牙、葡萄牙、意大利等国的耶稣会士。这些西方传教士对其信仰异常执着。据利玛窦记载，沙勿略当时为了能够进入中国传教，在中国禁止外国人入境的情况下甘愿冒着丧失生命或被抓住做奴役的危险，实施偷渡入华的计划，声称"为了拯救中国人，他的生命是微不足道的，铁链和苦役甚至暴死他都不顾"。[②]

西班牙传教士来华几年之后，即刊行了最初的汉学著述，即轰动欧洲的《中华大帝国史》，并被迅速翻译成多种西语译本。该书与之后的意大利传教士利玛窦的日记等著述，都对当时中国的政治、历史、物产、风俗等方面进行了百科全书式的介绍。利玛窦不仅用汉语撰写了《天主教义》等传教作品，还用拉丁文首译"四书"。[③]为了完成考察中国与传教的双重使命，在华传教士努力研习中国语言文化，试图积极融入中国的上层社会。在此过程中，耶稣会士也成为中国典籍的最初译者。正如有研究认为，"来华耶稣会士沟通中国和欧洲的一个重要成果，就是他们第一次用欧洲的语言翻译中国古代文化经典"。[④]汉学早期的著述大大推动了中学西传，对西方的社会思想等众多领域都产生了重要的影响，这些在华传教士也成为西方汉学的开拓者。

随着老一代耶稣会士主要代表的离世，以及 17 世纪晚期法国国王

---

① [意] 利玛窦，金尼阁．利玛窦中国札记（上）[M]．何高济，王遵仲等译．中译者序言．北京：中华书局，1983 年，第 24—25 页。

② [意] 利玛窦，金尼阁．利玛窦中国札记（上）[M]．何高济，王遵仲等译．中译者序言．北京：中华书局，1983 年，第 134—137 页。

③ 张西平编．欧美汉学研究的历史与现状 [M]．郑州：大象出版社，2006 年，第 119—120 页。

④ 张西平．儒学西传欧洲研究导论：16—18 世纪中学西传的轨迹与影响 [M]．北京：北京大学出版社，2016 年，第 5 页。

派遣"国王数学家"赴华执行科学任务，法国遂取代西班牙等国成为西方在华从事传教等活动的主导力量。法国传教士对中国文化进行了更为广泛的拓展研究。在耶稣会士来华初期，对中国典籍的研究主要集中于对孔子及其著述的研究。法国传教士在此基础上对孔子之后的儒家及非儒家都进行了研究。他们在科学考察方面也取得了显著成就。1814年，最终由法国人首创了西方汉学学科。

在东西方文化相遇、相识的最初，中国是世界上最繁荣富强的国度，因而西人采取了以适应中国为主的策略，于是这一时期成为东西方彼此互动、互惠、和平、平等的交流时期。[①]明清之际来华的传教士们为了赢得中国人的尊重与接纳，融入中国的社会生活，在传教之外，也向中国输入一些西方的数学、物理、天文学等科学知识，但其主要目的仍是服务于基督教的在华传播工作。为了争取西方社会对其在华传教事业的支持，在华传教士们又积极地通过各种有关中国的著述和书信，将其在中国所见的先进的经济、文化等信息传回欧洲，并试图将中国塑造为一个适合传教的国度。总体而言，在这一时期，西学东渐与中学西传成为时代的主旋律。

2. 欧洲的"中国热"及其影响

17—18世纪的欧洲，非常热衷于中国的事物，仰慕、追随着中国的文化与文明。正如有西方学者所言，他们为"中国文明的伟大时代，它所代表的稳定和强烈的物质文化引发了一种信念，即非基督教教义也能成为一个国家和社会的基础"。[②]由此引发了18世纪的"中国热"，西人喝中国茶，穿中国丝织品衣物，仿建中式庭院，讲述关于中国的故事等，这些做法一时成为当时欧洲上流社会的时髦风尚。有学者指出，这"突出地反映了这样一个事实：在相当长的时期中，各个阶层的欧洲人普遍关心和喜爱中国，关心发生在中国的事，喜爱来自中国的事物"。[③]英国学者S. A. M. 艾兹赫德在《世界历史中的中国》中也描述了

---

① [美]孟德卫. 1500—1800：中西方的伟大相遇［M］. 江文君等译. 北京：新星出版社，2007年，第188页。

② [德]傅海波. 欧洲汉学史简评［C］. 胡志宏译. 张西平. 欧美汉学研究的历史与现状. 郑州：大象出版社，2006年，第107—108页。

③ 许明龙. 欧洲18世纪中国热［M］. 太原：山西教育出版社，1999年，第121页。

"中国热"。中国清代的早、中期时值西方的启蒙时期,在世界历史和世界地理上,中国都是引人注目的存在,尤其是中国的哲学、花卉和重农思想更是受到西方密切关注,中国经验被西方视为典范,因此他认为,"世界历史上任何一个时期都没有像启蒙时期这样,使得中国的商业贸易相对而言如此重要,世界知识界对中国兴趣如此之大,中国形象在整个世界上如此有影响"。①持续近一个世纪的"中国热",对欧洲资本主义的发展意义重大,影响深远。"中国热"不仅表现在欧洲人将中国精美的物质文化纳入西方日常生活,更为重要的是西人对中国当时繁荣发展的社会思想文化的学习与借鉴。如有德国学者认为:"中国作为西方世界想象中的对应物和救世主选中的拯救对象,在骚动的欧洲知识界不时起着或永久或临时的振奋和拯救作用。"②

中国的伦理道德、科举制度、政治体制、哲学思想等都对西方产生着重要影响。例如卫匡国(Martino Martini, 1614—1661)的《中国上古史》《中国哲学家孔子》所附的中国纪年表曾在欧洲引起轰动,彻底动摇了中世纪的基督教纪年观。学者张西平认为:"借助中国和孔子,欧洲思想家们吹响了摧毁中世纪思想的号角。而伏尔泰这位 18 世纪启蒙的领袖,就是穿着孔子的外套出现在历史的舞台,他的书房叫孔庙,他的笔名是'孔庙大主持'。"③魁奈(Francois Quesnay, 1694—1774)也是推动 18 世纪"中国热"的重要人物。在中国先进的农业制度的影响下,西方形成了以奎奈等为首的重农学派。法国思想家伏尔泰曾说,中国是"人们了解的古老国家中唯一未受制于僧侣的国家""他们的帝国组织确实是世界上最好的"。④这一时期西方学界对中国的认知不尽相同,如孟德斯鸠、马勒伯朗士等认为中国人是无神论者,莱布尼茨、伏尔泰、魁奈等人则把中国人归入自然神论者,⑤但这并不妨碍他们将中国的思

① [英]S. A. M. 艾兹赫德. 世界历史中的中国 [M]. 姜智芹译. 上海:上海世纪出版集团,2009 年,第 275—276 页。

② [德] 傅海波. 欧洲汉学史简评 [C]. 胡志宏译. 张西平编. 欧美汉学研究的历史与现状. 郑州:大象出版社,2006 年,第 108 页。

③ 张西平. 儒学西传欧洲研究导论:16—18 世纪中学西传的轨迹与影响 [M]. 北京:北京大学出版社,2016 年,第 153 页。

④ 许光华. 法国汉学史 [M]. 北京:学苑出版社,2009 年,第 86—87 页。

⑤ 许光华. 法国汉学史 [M]. 北京:学苑出版社,2009 年,第 83—84 页。

想文化作为欧洲反抗封建专制与教会神权，进行社会变革的思想武器。此外，中国的工农业生产技术也被引入西方，中国古代冶炼术成了西方最大金属工业的基础；西方的王府公园出现了中国式花园庭院；中国的许多国宝文物也在西方博物馆中出现。[①]这些都反映出西方当时对中国各方面事物的极大热忱。

但西人对待中国也有着冷眼的审视，由其有关中国的著述可见一斑。杜赫德的《中华帝国全志》中既可以看到西人对中国悠久的历史文化和丰饶独特的物产等的艳羡，亦可见其评论中国人"虚伪、狭隘、自大"等不堪的描述："他们如此自足于自己的国家、风俗礼节和箴言，以至不会被说服而会认为中国之外还有任何好的东西，或者除了他们的学者们所知晓的之外，还有任何真相存在。"[②]但这些否定的观点在当时尚未成为主流。总体而言，在欧洲的"中国热"时期，西方对中国主要表现出肯定、赞赏的态度，他们曾积极主动地吸纳、借鉴中国古老的文化与文明，以此来助力自身的发展壮大。正如有学者所指出的那样："亚洲文化参与了欧洲传统本身的形成。"[③]历史不会忘记，在"中国热"时期，中国的社会经济、思想文化等都曾深刻影响过西方社会的发展。

（二）中西文化的趋同性

东西方文化虽然有着各自的传统，但在某些思想观点、价值观念上也有相近之处，表现出一定的趋同性，这也成为早期来华传教的耶稣会制定传教政策的基础。传教士们利用这些趋同性，将基督教教义融合于当时占据主流思想地位的儒家文化，或给基督教教义披上儒学的外衣，从而使其更容易让中国人产生熟悉感甚至好感，以此推动在华传教事业的发展。

---

① [法] 安田朴. 中国文化西传欧洲史 [M]. 耿昇译. 北京：商务印书馆，2000 年，第 2—3 页。

② R. Brookes. *The General History of China. Containing a Geographical, Historical, Chronological, Political and Physical Description of the Empire of Chinese-Tartary, Corea and Thibet. Including an Exact and Particular Account of their Customs, Manners, Ceremonies, Religion, Arts and Sciences. The whole Adorn'd with Curious Maps, and Variety of Copper Plates* [M]. Done from the French of P. Duhalde, Volume2 of 4volumes. (The first edition, 1736.) The third edition, 1741, pp. 134 - 135.

③ [英] 赫德逊. 欧洲与中国 [M]. 王遵仲等译. 北京：中华书局，1995 年，第 26 页。

首先，东西方文化都表现了存在超自然力量的思想。中西方都有关于超自然的神灵的概念：西方《圣经》中万能的上帝（God almighty），中国典籍中的"上帝""天"，以及当时社会生活中信奉的一些关于天、地、山川、河流、五谷等各种神灵。基督教义中的救世主耶稣是掌管一切的主宰，为信奉他的人祈求且看顾他们，[①]这种掌管天地间所有人命运的形象，与中国人所敬畏的主宰天地万物的"天""上帝"有某些类似之处。无论是西方的 God 还是中方的这些神灵，同样都是超自然的存在。

其次，基督教义的某些方面与中国的一些道德观念趋同。根据耶稣基督的《登山宝训》（马太福音第五、六、七章），其中的道德观念包括天国的圣洁、公义、爱人、施舍、爱仇敌、禁食、祷告、进入光明、勿爱钱财、毋论断人、真诚无欺、听道行道等，其中公义、爱人、真诚无欺等观念与中国儒家的德政精神、爱民为公的治政理念、注重诚信等道德修养观念皆有相近之处。基督教"十诫"[②]中有孝敬父母的诫命，如基督教十诫的第五条"Honor thy father and thy mother"，尽管这与中国的"首孝悌，次谨信""事死者，如事生"[③]等孝道不同，但都表现了对父母的敬爱。理雅各即认为基督教与儒教在如何对待父母方面是一致的，儒教中正确的成分在基督教里都有更为完全而充分的论述。[④]因而中西观念的这些趋同性也成为耶稣会士以基督教教义附会儒家经典的基础。利玛窦即在《天主实义》中说："吾天主乃古经所称上帝也，中庸引孔子曰：郊社之礼，以事上帝也。"[⑤]耶稣会士们甚至认为，"天学"不是在耶稣复活之后来到中国的，是由亚当和夏娃最初的后裔带到中国的，中国的伏羲竟

① 参见：马太福音 28:1—10、马可福音 16:1—20、路加福音 24:1—53、约翰福音 21:1—31、使徒行传 3:15、罗马书 6:9；8:11,34、哥林多前书 15:3—8、以弗所书 1:20、彼得前书 1:3,21。

② 神的"十诫"的第五条诫命：对父母和一切尊长表示尊敬，爱心，信实；顺从他们的好教导和对我们的指正，并容忍他们的软弱，因为神的旨意是要我们受他们的管教。参见：以弗所书 6:1,2,5，歌罗西书 3:18,20,22，箴言 1:8,4:1,15:20,20:20，出埃及记 21:17，罗马书 13:1。

③ 参见：弟子规，原名训蒙文，为清代康熙年间李毓秀所作。

④ James Legge. *The Religions of China*: *The Confucianism and Taoism Described and Compared with Christianity* [M]. London: Hodder and Stoughton, 1880, pp. 257 - 258. 转引自岳峰. 架设东西方的桥梁[M]. 2004 年，第 77—80 页。

⑤ [意] 利玛窦. 天主实义（解释世人错认天主）[M]. 上卷. 南京，1595 年。

被认为是西方亚当的后裔之子。这种中国人祖先的外来起源说，激怒了当时的仇教官员杨光先，[①] 1665 年，他撰写了中国历史上最有影响力的仇教作品之一《不得已》，抨击了《天学概论》。传教士利类思(Lodovico Buglio，1606—1682)在北京传教同事的帮助下，撰写了反驳杨光先的文章，双方不仅发生了论战，有关耶稣会士还因此招致了牢狱之灾。[②]由此可见，尽管东西方文化具有某些趋同性，但实际上，东西方哲学思想也存在着深刻的差异，而这也正是东西方文化交流中造成文化冲突的根本原因。

（三）东西方文化的传播者

在 17—18 世纪，东西方文化的传播者主要为西方来华的耶稣会传教士。他们被教会和国王派遣来华，肩负着传教和向欧洲收集、传递中国资料的使命。在华传教期间，为了博得当时中国的士大夫阶层的好感，他们尽量使其衣着、言行中国化，认为更重要的是要用知识和文化去打动和争取中国人，即“传道必先获华人之尊敬，以为最善之法莫若渐以学术收揽人心。”[③]欧洲人天生对中国有着极大的好奇心，耶稣会士利用了这一点来激发欧洲人的这种好奇心，从而鼓励欧洲人支持其在华的传教事业。[④]耶稣会士的确创造了学习汉语言文字的系统性方法，多方面资料都可证实耶稣会士在词典编纂、音韵学、句法和文体等方面的成就。但是，他们的汉语教与学也受到了宗教派别的限制，这种汉学知识并不向学界大众开放，因而耶稣会士可谓垄断了中国的知识信息传播，除了他们之外几乎没有人能够检验这些消息的真假。参与中国问题争论的西方人，包括早期的孟德斯鸠等批评家，无一例外地只能

① 杨光先是当时中国的仇教势力代表人物之一，杜赫德在《中华帝国全志》中称其为“基督教的可怕的敌人”(γang quang ʃian，that Formidable Enemy of Christianity)，说其残酷陷害传教士 P. Adam 等。参见 R. Brookes. *The General History of China*. 1741，p. 134.

② [美] 孟德卫. 奇异的国度：耶稣会适应政策及汉学的起源 [M]. 陈怡译. 郑州：大象出版社，2014 年，第 85 页。

③ [法] 费赖之. 入华耶稣会士列传 [M]. 第一册，第 42 页，转引自利玛窦，金尼阁. 利玛窦中国札记(上)[M]. 中译者序言，何高济，王遵仲等译. 北京：中华书局，1983 年，第 22 页。

④ [美] 孟德卫. 奇异的国度：耶稣会适应政策及汉学的起源 [M]. 陈怡译. 郑州：大象出版社，2014 年，第 1—2 页。

依赖于耶稣会士及其他教派的代表性汉学著作。1687年，耶稣会士组织翻译“四书”中的三部（即《西文四书直解》，*Confucius Sinarum Philosophus*），有学者认为此举“只是强化了这种宗教上的垄断地位。”①

来华耶稣会士发扬其传教传统，即以传教所在地的上层社会为重点目标，因而中国当时的知识分子和文人士大夫阶层被作为传教的重点对象，徐光启等当时朝廷要员即皈依了基督教。他们的在华传教不仅带动了西学东渐，也促进了中学西传的发展。传教士们重视对中国文化的研习与运用，以中国古代典籍《尚书》“四书”等为汉语学习教材，努力学会汉语之后，再用汉语撰写宣传教理的中文著述等以助传教。在学习汉语的过程中，他们翻译了一些中国典籍，并撰写了一些关于中国的著述。1636年，葡萄牙耶稣会士曾德昭（Alvaro Semedo，1586—1658）撰写了《大中国志》，向西方介绍中国的晚明社会，他认为《书经》是关于三皇五帝时代的一种历史记录。1664年，几位耶稣会士和中国教徒李祖白合写了《天学概论》，其中的第一页即将《圣经》中的创世故事用传统的中国术语来表述，以与中国文化相适应。意大利传教士卫匡国曾出版三本关于中国的拉丁文著作，即《中国新图志》《鞑靼战纪》《中国上古史》，这些著作后来又被翻译成荷兰语等西语译本，在欧洲广为传播。其《中国上古史》于1658年首版于慕尼黑，被称为“第一本用欧洲语言写的真正的中国历史书”。② 1667年，耶稣会士基歇尔（Athanasius Kircher，1602—1680）以在华传教士的第一手材料为基础，用拉丁文编写了《中国图说》（*China Illustrata*）并在阿姆斯特丹出版，随即被翻译为荷、英、法等语言的译本。该书图文并茂地描绘了中国及远东其他地区的政治、文化、社会面貌等，“在欧洲引起巨大反响，成为西方现代汉学的滥觞”。③

① [德] 朗宓榭. 西方汉学研究的语境[C]. 潘玮琳译. 中国现代学科的形成. 上海：上海古籍出版社，2007年，第2—4页。

② [美] 孟德卫. 奇异的国度：耶稣会适应政策及汉学的起源 [M]. 陈怡译. 郑州：大象出版社，2014年，第12页。

③ 维基百科，中国图说。

这一时期传教士们虽然用拉丁语、法语、德语等西方语言翻译了《大学》《中庸》《论语》以及“五经”等，对中国文化进行了一些研究，但总体而言，他们对于中国的认知尚处初始阶段，而且这种情况在当时很难得到真正改善。法国耶稣会士在中国进行的汉学研究中，由于忙于把欧洲基督教义或科学著作译成汉语，在翻译中国著述上并没有投入更大的力量，他们对中国的了解和认知并不深入。正如有学者所言，“法国国王不得不聘用一个中国人来管理中文藏书，说明在法国相关的知识并不足够先进”。[①] 17 世纪以来，虽然许多关于中国哲学的书已经出版，但这些著作只不过是一些普及性的和经过整理的书。[②] 1881 年来华的法国汉学家戴遂良(Léon Wieger, 1856—1933)说：“认为中国的过去对于我们来说再也没有什么可取的了，这纯粹是无知的傲慢，因为真正的中国，他的灵魂和文化，尚未被欧洲所认识。”[③]有学者甚至认为 17 世纪西方早期的有些汉学著述是“荒唐的”。[④]被西方视为真正严肃的中国典籍翻译数量很少，其中包括宋君荣的《书经》(1739)、冯秉正翻译的《通鉴纲目》和钱德明翻译的兵法论文等，但这些译文直到 18 世纪末才得以出版。“四书”“五经”、《孝经》等典籍的某些章节或摘要，其拉丁文、意大利文和法文的译稿大部分都未能出版，而且其中大部分仅因一些有关的评语而为西人所知。[⑤]

在西学东渐与中学西传过程中，耶稣会士们通过书信与著述等，向西方传递了中国的语言、文化、社会、历史、地理等众多领域的信息，同时也将西方的思想文化传播到中国。他们不仅是天主教的传教士，更是东西方文化的传播者。

---

① [德] 朗宓榭. 西方汉学研究的语境 [C]. 潘玮琳译. 中国现代学科的形成. 上海：上海古籍出版社，2007 年，第 2—3 页。

② 阎宗临著，阎守诚编. 传教士与法国早期汉学 [M]. 郑州：大象出版社，2003 年，第 140—148 页。

③ 阎宗临著，阎守诚编. 传教士与法国早期汉学 [M]. 郑州：大象出版社，2003 年，第 2 页。

④ [美] 孟德卫. 奇异的国度：耶稣会适应政策及汉学的起源 [M]. 陈怡译. 郑州：大象出版社，2014 年，第 147 页。

⑤ [法] 戴密微. 法国汉学研究史概述 [C]. 胡书经译. 张西平编. 欧美汉学研究的历史与现状. 郑州：大象出版社，2006 年，第 194 页。

二、东西方互相认识和探索的主要媒介

随着天主教传教士的来华，东西方的互相认识和探索有了实质性的进展，这主要得益于东西方经典著述的相互交流与传播。《利玛窦中国札记》中记载，当时中国文化昌盛，仅有少数人不会读书，中国所有学派都注重以书籍来传播知识和思想，而非以民间布教与讲演的方式。因此，他们决定借助书籍来传播基督教义，"天主教知识和传教士们传入的新鲜事物，主要是通过书籍在中国传播"。因为"在中国有许多传教士不能去的地方，书籍却能走进去"。①利玛窦等还认为儒学与基督教在一神论和道德观上具有近似性，儒家经典关于历史的最初记载中即有中国人承认和崇拜的最高神天帝，因此古代的中国人即教导了"理性之光"来自上天，人的一切活动都需听从"理性的命令"。②于是，传教士们通过散发各种关于基督教义的书籍文字来促进传教，同时特别重视与文人士大夫阶层的交往。他们在传教中通过以基督教义附会儒家经典去皈依中国社会的上层人士。此外，基督教是一个"圣书宗教"(Book Religion)，其在世界范围内的传播就是《圣经》为各种民族语言、文化所接受的过程。③这一时期，作为东、西方思想文化的重要载体，西方的《圣经》和东方的经典遂成为东西方交流的主要媒介。

(一) 西学东渐的主要媒介：西方的《圣经》

中国文化与西方宗教文化在明末清初的交流与碰撞，是东西方文化交流史与西方汉学史的重要篇章，在中国学界称之为"西学东渐"，法国汉学家则称之为"基督教对中国的冲击"。④《圣经》是记载基督教义的重要经典，也是基督传教士们的随身常备传教资料，有基督徒所到之处即《圣经》所到之处之说，来华传教的耶稣会士们自然也不例外。明

① [法] 谢和耐. 中国与基督教 [M]. 上海：上海古籍出版社，2003 年，第 2 页。

② [意] 利玛窦，金尼阁著. 利玛窦中国札记(上)[M]. 何高济，王遵仲等译. 北京：中华书局，1983 年，第 99 页。

③ 游斌. 王韬、中文圣经翻译及其解释学策略 [J]. 圣经文学研究，2007 年第 1 期，第 348—368 页。

④ 傅敬民.《圣经》汉译的文化资本解读 [M]. 上海：复旦大学出版社，2009 年，第 113 页。

朝末年,中国"三教"并存,政治、经济、思想等都发生着较大变化,与其他民族的文化交流日益增多,社会文化渐趋多元。在此语境下,明末入华的耶稣会传教士们学习汉语文化,效仿当时中国的文人,并在其帮助下,用中文撰述天主教内容,出版了大量宣传《圣经》教义的中文著述。耶稣会士罗明坚翻译了《大学》,还在翻译的基础上撰写了明末天主教第一部中文著作《天主实录》,利玛窦又将之改写成《天主实义》,其中大量引用中国典籍"四书"中的词句来阐述天主教教理。这些书籍在明清知识分子中得到了广泛流传。传教士们还广泛印发"祈祷文""十诫"《教义问答》《天主教要》(或作《圣经约录》)等传教手册。据《明清间耶稣会士译著提要》载,明清之际来华的耶稣会士出版了 195 部译著。据有学者研究,已出版的明清天主教著述包括各种天主教文献 543 部之多。①

有关研究认为,19 世纪以前,由于《圣经》在欧洲的福音传播中不重要,所以来华天主教传教士并不重视系统地翻译《圣经》,因而耶稣会士们虽然被许可用中文翻译《圣经》,但并未着手系统的翻译工作。② 1708 年,巴黎外方传教士白日升(Jean Basset, 1662—1707)和其中国助手徐若翰(? —1734)合作翻译了中文《圣经》,被认为是《圣经》汉译史上第一次系统地将哲罗姆(Jerome, 340—420)武加大本《圣经》(Biblia Vulgata)从拉丁文译成中文,称"四史攸编耶稣基利斯督福音之会编"。但此《圣经》译文并未付印,被马礼逊来华前抄去一份,这对其后来的有关翻译具有很大的参考价值。《圣经》的一些部分,如《四福音书》等的有关中文译著得到广泛流传,诸如艾儒略(Giulio Aleni, 1582—1649)的《天主降生言行纪略》《天主降生出象解》、汤若望(Johann Adam Schall von Bell, 1592—1666)的《进呈书像》,以及《圣经直解》《圣经广益》《主经体味》等《圣经》的部分翻译及其解释等。③这些《圣经》中文译文推动了明清时期天主教的在华传播。

① 游斌. 王韬、中文圣经翻译及其解释学策略 [J]. 圣经文学研究,2007 年第 1 期,第 348—368 页。

② 肖清和. 刊书传教:明末清初天主教中文编辑与出版活动初探 [A]. 天主教研究论辑,2011 年第 9 期,第 336—379 页。

③ 王硕丰. 白日昇、徐若翰汉语《圣经》研究 [J]. 世界宗教研究,2017 年第 2 期,第 122—130 页。

与早期来华传教士相比，19世纪来华传教的新教传教士们更为重视《圣经》的中文翻译与传播。1807年，英国伦敦会首位赴华新教传教士马礼逊在到达后即致力于《圣经》的汉译，于1810到1812年间先后刊行了《使徒行传》《路加福音》《使徒书信》，并于1813年用中文翻译了《新约》全书。在1819年，他又与同为伦敦会传教士的米怜合作完成《旧约》的中文翻译。1823年，在马六甲发行《新约》《旧约》合成的《神天圣书》(也称马礼逊、米怜译本)。这本新教传教士中文《圣经》的开山之作，由于语言表达的不足逐渐招致在华传教士的抵制，其中麦都思最先表达对此译本的不满，于是伦敦传道会和大英圣书公会决定对之进行修订。1835年，马礼逊译本的修订小组成立，实际基本上由麦都思一人完成。麦都思于1836年完成《新遗诏书》并于1837年发行，此后十几年间，此译本成为在华及南洋的新教教会的主要《圣经》译本，被广泛采用。[①] 1847—1850年，在华传教士各站点派代表10多人重新翻译了《圣经》，即《圣经委办本》(*the Delegation Version*)，翻译也是由麦都思主持。[②]据《中国丛报》[③]名为《中文传教出版物评论》(*Remarks on Tracts in Chinese*)的文章所载：据马礼逊统计，到1819年，新教传教士组织的"恒河外方传教团"(Ultra-Ganges Missions)用汉语翻译或出版的著述总数为140294册，分33个部分，其中有《新约汉译》(*A translation of the New Testament*)1650册，麦都思负责的布道用书65册，以及《〈天主经〉说明》(*An Exposition of the Lords Prayer*)1900册，《〈圣经〉摘录》(*Short abstracts, relative to Scriptures*, 1814)1800

① 刘立壹. 论麦都思的典籍翻译理念——以《新遗诏书》为例[J]. 重庆理工大学学报(社会科学)，2013年第8期，第52—56页。

② *Things in Shanghai*. *The Chinese Repository* [J]. July, Vol. 18, 1849, p. 388.

③《中国丛报》，*The Chinese Repository*，旧译《澳门月报》，是清末西方传教士在中国创办的一份英文期刊，该刊是当时第一份面向西方读者，以介绍、研究中国为主要内容的英文报刊，由美部会的传教士裨治文创办于1832年5月，1851年停刊，共出版发行20卷、232期，主要发行地是广州。《中国丛报》在鸦片战争期间一度搬到澳门及香港，1845年再移回广州。除了创办者裨治文之外，1833年美部会另一位传教士卫三畏开始在广州负责处理《中国丛报》的刊行事项。《丛报》二十年间从语言、文化、政治、宗教、地理、商贸等多个方面对中国的历史和现状作了详细介绍，被学术界视为"有关中国学术的宝藏"，当时许多在华传教士、外交官、商人以该刊为阵地，向英语世界译介了许多中国典籍，为当时中国典籍西传做出了重大贡献，同时也为当时西方读者全方位了解中国提供了一个重要的窗口，促进了中西文化交流。

册,《世界救赎论》(*Tract on the Redemption of the World*, Sov.)12520册。[①]这一时期基督教的在华传播被认为是"在两个独立发展起来的文化之间的第一次真正实质性接触"。[②]基督教经典《圣经》作为西方思想文化最重要的载体之一,在这一时期成为西学东渐的主要媒介。

(二)中学西传的主要媒介:东方的经典

在这一时期的东西方文化交流过程中,东方的经典深受西方的关注与重视,成为他们研习与译介的主要对象,如中国儒家经典。利玛窦来华之初即首先对中国的佛、儒、道等思想学说的社会地位进行研究。在认识到儒学在中国的统治地位之后,遂将初到广东时的僧人装扮改为儒生形象,自称"西儒",利玛窦也是最先系统地研究中国经典的西方学者。

由于儒家的有些思想观念与基督教理趋同,如法国学者谢和耐曾说:"儒教与基督教有许多相似之处,比如对自省、美德和智慧的追求,这使得中国文化和西方文化可以协调起来。"[③]耶稣会士们因此认为,传教时若将基督教义与儒家学说相融合,可使中国人产生思想的共鸣,从而易于接受外来的基督教义。因此,来华的耶稣会士们对中国古代典籍进行了诸多有关的研究,并向西方宣扬中国古代典籍中保存了中国古代信仰基督教的记录。例如,法国传教士白晋(Joachim Bouvet, 1656—1730)和傅圣泽(Jean Francoise Foucquet, 1665—1741)即尤为注重"寻究中国载籍中之传说,有裨于宗教者予以利用,发挥教理"。[④]他们一起研讨了《易经》《春秋》《淮南子》《老子》等古籍。白晋用"旧约"象征论和索隐的方法研究中国古代经典。他在给莱布尼茨(Gottfried Wilhelm Leibniz, 1646—1716)的信中说,这些中国"圣书"是带有预言

① *The Chinese Repository*. Vol. 16, 1847, pp. 371 - 376.

② [法]谢和耐. 中国与基督教[M]. 上海:上海古籍出版社,2003年,第3页。

③ Lauren F Pfister. "*some new dimensions in the study of the work of James Legge* (1815—1897: Part Ⅱ)"[J]. Sino-Western Cutural Relations Journal, xiii, 1991, p. 43. Lauren F Pfister. *The legacy of James Legge* [J]. International Bulletin of Missionary Research, vol. 22, No. 2, April, 1998, p. 81.

④ 许光华. 法国汉学史[M]. 北京:学苑出版社,2009年,第46页。

性的著作,“真正的宗教几乎全部蕴藏在中国的古籍中,而且救世主的生与死以及他的神职的基本功能,以一种预言的方式都包含在了中国古代这些不朽的著作中。”[①]这些早期的汉学研究思想对其后传教士们具有深远的影响。法国汉学家雷慕沙(Jean Pierre Abel Rémusat,1788—1832)评论说,傅圣泽对这种象征论信念的执着“眩惑之极至于迷乱,不特有中国诸经中载有明言预言,而且以为有时在其中发现基督之根本教理。竟谓中国古籍中之某山,即是耶稣被钉十字架之山,誉文王周公之词,即是誉救世主之词,中国之古帝,即是圣经中之酋长”。[②]法国学者费赖之认为,甚至像马若瑟这样在当时“以语法家成名”,且“只有宋君荣一人能与其媲美”的传教士,也有“在汉籍中寻找基督教信仰”之理论和根据的“毛病”。[③]

耶稣会士认为,由于中国的儒学等文化传统太过厚重,他们必须在一个非常高的思想水平上与中国文化传统进行竞争,才能赢得中国文人的思想和灵魂。[④]为此,耶稣会士利玛窦、罗明坚等研究制定了“耶儒融合”的传教策略,也被称为“适应政策”(Jesuit accommodation)。利玛窦等将儒家经典中的“天”“上帝”等词语作为中国古代信仰上帝 God 的证明,且对祭祖等传统礼仪习俗持宽容态度,这些做法都被证明可以有效传教。正如有学者所指出的那样,“适应”策略来自一种远见卓识,不仅与中国当时的现实相吻合,也和知者甚少的中国远古历史相结合,非常投合中国人对古代的崇敬心态。[⑤]因此,对中国古代典籍的学习、研究成为西方来华传教士们的一种重要事务。继利玛窦等早期来华的耶稣会士对《尚书》等经典的研习翻译之后,耶稣会中华会副会长里玛诺(Manual Dias, 1559—1693)也曾制定四年制汉语学习“课程计划”,

① 阎宗临著,阎守诚编. 传教士与法国早期汉学 [M]. 郑州:大象出版社,2003 年,第 44 页。
② [法] 费赖之. 在华耶稣会士列传及书目. 第 550—551 页,转引自利玛窦,金尼阁. 利玛窦中国札记 [M]. 何高济,王遵仲等译. 北京:中华书局,1983 年,第 97 页。
③ 许光华. 法国汉学史 [M]. 北京:学苑出版社,2009 年,第 77 页。
④ [美] 孟德卫. 奇异的国度:耶稣会适应政策及汉学的起源 [M]. 陈怡译. 郑州:大象出版社,2014 年,第 147—176 页。
⑤ [美] 孟德卫. 奇异的国度:耶稣会适应政策及汉学的起源 [M]. 陈怡译. 郑州:大象出版社,2014 年,第 7 页。

将《尚书》与“四书”一起作为学习的主要典籍。[①]于是，这些中国经典也因传教士们的译介而传播到西方。由此可见，中国儒家经典在当时起到了中学西传的重要媒介的作用。

第二节　早期西方的《尚书》翻译文本

随着中国的经典被耶稣会士作为中学西传的重要媒介，也产生了诸多《尚书》的早期西语翻译，主要包括金尼阁的拉丁文《尚书》译本、巴多明、宋君荣的法文《尚书》译本、马若瑟选译的法文《尚书》选译，以及由马若瑟的法语译文转译的德语、俄语、英语等西语《尚书》选译文本。正是这些早期的译介开启了《尚书》的西传之旅。

由于西方来华的耶稣会士来自不同的国家，且来华时间的先后也不同，因而西方在中国典籍的研究与翻译中所使用的语言也有时间先后的不同。较早时期的西方汉学研究者多为使用拉丁语的耶稣会士，稍后则主要是使用法语的传教士，再往后才是使用英语等语言的传教士等。从时间上看，西方对中国典籍的英译出现得较晚，以《尚书》为例，较早的拉丁文《尚书》译本产生于1626年，而较早的英译文本则翻译于1736年，可见英译比最初的拉丁文翻译约晚了一个世纪。因此，为了更好地了解与把握《尚书》在西方传播的完整历史脉络，将西方《尚书》英译的研究置于更为宏阔的汉学历史背景之中，本研究也对早期非英语的其他西语《尚书》翻译情况作简要回顾。

汉学早期产生的各种非英文西语《尚书》译介，皆是西方对《尚书》的最初的认知成果，因而对其后的《尚书》翻译等有关研究有着开拓之功。早期各种非英语《尚书》翻译的思想理念、诠释方法与译文形态，皆为其后的《尚书》英译提供了可资借鉴的理论与实践参考，是其不可或缺的诠释、传译基础，同样也对其他中国典籍的西语翻译具有重要而深远的影响。

① 王琰．汉学视域中的《论语》英译研究［M］．上海：上海外语教育出版社，2012年，第18页。

一、最早的拉丁文译本

西方早期对中国典籍的翻译,以拉丁文为主,最早的拉丁文《尚书》译本刊行于1626年,为意大利传教士利玛窦的学生与会友法国耶稣会士金尼阁所译,一般认为这是《尚书》最早的西语译本。金尼阁是第一位来华的法国传教士,他在1610年来到中国澳门,开始其在华传教生涯,金尼阁和利玛窦也是以拉丁文为中文注音的先驱。法国汉学家保罗·戴密微(Paul Demiéville,1894—1979)提到:"据说金尼阁开始编译一部中国史并翻译'五经'(1626),但是这些材料我们未能见到。"①有研究者认为:"金尼阁似乎还从事过中国史的研究,写有《中国皇帝纪年》,也可能翻译过'五经'(《中国的五经》,1626),但这些著作都没有遗留下来。"②也有研究认为,在明天启六年(1626年),金尼阁曾在杭州出版了用拉丁文翻译的《中国五经》,书中附有注解,名为"中国第一部神圣之书",这也是最早刊印于中国本土的中国典籍译本。③金尼阁的拉丁文《尚书》翻译是17世纪西方对《尚书》等中国经典的较早翻译之一。正如早期罗明坚、利玛窦的"四书"翻译成为约一个世纪之后耶稣会士翻译"四书"的基础,金尼阁的拉丁文《尚书》翻译也可谓《尚书》西语翻译的奠基之作,对其后包括《尚书》在内的中国典籍的翻译等汉学研究,皆具重要的影响作用。

二、法文的三种译本

据有关研究,1735年,巴多明"翻译六经并加注释",④其中即包

① [法] 戴密微. 法国汉学研究史概述 [C]. 胡书经译. 张西平. 欧美汉学研究的历史与现状. 郑州:大象出版社,2006年,第183—222页。

② 许光华. 法国汉学史 [M]. 北京:学苑出版社,2009年,第29页。

③ 李伟荣,李林.《尚书》诸问题及其海外传播——兼及理雅各的英译《尚书》[J]. 燕山大学学报(哲学社会科学版),2014年第2期,第77—82页。

④ 李伟荣,李林.《尚书》诸问题及其海外传播——兼及理雅各的英译《尚书》[J]. 燕山大学学报(哲学社会科学版),2014年第2期,第77—82页。

括《尚书》的法文译本。巴多明于1698年跟随法国国王数学家白晋前往中国进行科考与传教，其后在华近40年，被西人誉为"欧洲最伟大的传教士和真正学者"。①他通晓满语和汉语，在科学与哲学等方面具有卓越的才能，在当时的大清宫廷中很有威望，担任文献翻译等工作。巴多明与当时西方一些著名学者保持着通信联系，向巴黎科学院提交书简，报告其所收集的中国有关信息，其丰富而注重真实性的书简内容在西方广泛传播，其中有的部分被《耶稣会士书简集》和《中华帝国全志》收录。其关于中医学的部分书简至今仍被欧洲草药学家们视为重要参考。据有关记载，出于向欧洲学界证实中国经典文献的真实性的目的，"巴多明在写完他的古代史著作的五年之后，又给梅兰寄去了一套经典著作，在五经之中又加入了解释其内容和强调其历史文献价值的《周礼》。"②由此可知，巴多明的《尚书》法文翻译被认为是注重对原文进行真实传译的一次翻译。

第二种法文《尚书》译本出自法国汉学家宋君荣、马若瑟、刘应(Claude de Visdelou，1656—1737)等，此译本由法国汉学家德经(M. de Guignes，1721—1800)于1770年在巴黎编辑出版。译文卷首为马若瑟所著《尚书之前时代与中国神话研究》，并附有宋君荣的有关研究论文——《〈书经〉中的天文学》。③ 该译本"包括译文、注释以及编者添加的补注、插图和中国上古三皇简史"，其采用的底本是"康熙年间的孔安国古文《尚书》的满文译本"，④西方认为此译本是当时法国的"为数有限真正严肃的译文"。⑤其后19世纪英国传教士理雅各在翻译《尚书》时也参考了此译本，但他和德经认为宋君荣经常意译原文，因而不够忠实

① [英] 伊凡娜·格鲁弗. 巴多明神父的北京科学书简 [J]. 耿升译. 北京图书馆馆刊，1994年，第1/2期。

② [英] 伊凡娜·格鲁弗. 巴多明神父的北京科学书简 [J]. 耿升译. 北京图书馆馆刊，1994年，第1/2期。

③ Antoine Gaubil, et al. Le Chou-King [M]. Paris: N. M. Tillard, 1770.

④ 李伟荣，李林.《尚书》诸问题及其海外传播——兼及理雅各的英译《尚书》[J]. 燕山大学学报(哲学社会科学版)，2014年第2期，第77—82页。

⑤ [法] 戴密微. 法国汉学研究史概述 [C]. 胡书经译. 汉学研究. 北京：中国和平出版社，1996年，第1页。

于原文。[1]宋君荣在神学、希伯来文、天文、历史及哲学等方面都有卓越的成就，被誉为“欧洲最博学的耶稣会士”“18世纪法国最大的汉学家”。[2]他在北京生活过37年，精通满语和汉语，除了《尚书》之外，还翻译、注释过《易经》和《礼记》。他反对前人的谬论和白晋等在解释中国经典时的“旧约象征说”，即认为“可在中国古籍中找到希伯来主教将《圣经》教义引进中国的记述”。宋君荣对中国上古文化做过诸多研究，认为《尚书》深刻影响着中国人的精神思想和社会生活，是中国古代著述中最好的一部，其中记载了中国上古英雄们修身、治国、平天下的事迹，在中国人的心目中具有崇高的地位。[3]

第三种《尚书》法文译文出自法国耶稣会传教士马若瑟之手。他在华传教近40年，精通汉语，学习了多方面的中国文化知识，是法国选派的国王数学家之一白晋的学生。受白晋影响，马若瑟在华传教期间对中国经典的研究也采用了象征论的方法，注重在中国古代典籍中寻求中国人对God的信仰证据。其研究对其后来华的新教传教士有着重要影响。

在中西文化交流之初，中国的文化、哲学等典籍即引起西方的较多关注，耶稣会士的各种著述中往往包含对中国经典的一些译介。据研究，马若瑟参阅了中国学者的《日记》《日讲》[4]等来研究翻译《尚书》。他选译过《尚书》的一些段落，其中包括《尚书》的《大禹谟》《皋陶谟》等内容。这些译文被法国神甫杜赫德收入其《中华帝国全志》一书，这部汉学名著是根据耶稣会士寄回欧洲的书信和研究中国的手稿编纂而成。正是这部对中国的历史、地理、社会、文化等作了全面介绍的早期汉学巨著，使得马若瑟的《尚书》法文译文得以比同时期的诸多汉学成果更早地在西方传播。

① James Legge. *The Shoo King*, *The Chinese Classics* [M]. Taipei: SMC Publishing Icn., 1991.

② 张西平编. 欧美汉学研究的历史与现状 [M]. 郑州：大象出版社，2006年，第193—194页。

③ [法] 戴密微. 法国汉学研究史概述 [C]. 胡书经译. 汉学研究. 北京：中国和平出版社，1996年，第183—222页。

④ 张明明.《中华帝国全志》研究 [M]. 北京：学苑出版社，2017年，第66—67页。

三、德文、俄文及英文译本

汉学早期的德文《尚书》译文，可见于德文版《中华帝国全志》中的马若瑟的《尚书》选译，德国于1749年翻译出版了《中华帝国全志》的德文译本。俄国在1774年刊行了《中华帝国全志》的俄语译本，其中即包含译自马若瑟译文的《尚书》俄文译文。这些译本进一步扩大了《尚书》有关文本的传播范围。

较早的《尚书》英译见于1736年出版于英国伦敦的英国学者理查德·布鲁克斯（Brookes Richard，？—1763）翻译的四卷本杜赫德《中华帝国全志》英译本。此英译本也被西方出版界称作"瓦茨版（J. Watts）"①，这是英国翻译的首个《中华帝国全志》英译本。由于瓦茨版英译删减了一部分原著的内容，其中即包括所收入的马若瑟《尚书》《诗经》等中国经典选译，其中所剩《尚书》英译的文本极少，而更多的《尚书》英译文本，则见于1738年爱德华·凯夫（Edward Cave，1691—1754）②出版于英国伦敦的两卷本杜赫德《中华帝国全志》英译本，此英译本也称"凯夫版"③译本。这两种译本中所包含的《尚书》英译文本反映了汉学早期的《尚书》英译形态。

综上所述，汉学早期的《尚书》译本以拉丁文、法文为主，其他语言的译介相对较少。由于天主教会中不同派系间的纷争，以耶稣会士为主的西方学者的中国典籍翻译、研究的著述，在完成之时大都未能得到及时刊行，多在18世纪末才得以面世。宋君荣的《书经》法文译本（*Le*

---

① R. Brookes. *The General History of China. Containing a Geographical, Historical, Chronological, Political and Physical Description of the Empire of Chinese-Tartary, Corea and Thibet. Including an Exact and Particular Account of their Customs, Manners, Ceremonies, Religion, Arts and Sciences. The whole adorn'd with Curious Maps, and Variety of Copper Plates* [M]. Done from the French of P. Du Halde, Volume2 of 4volumes. London, printed for J. Watts, The first edition, 1736.

② 爱德华·凯夫（Edward Cave，1691—1754），英国出版商，编辑。他于1731年创办的《绅士杂志》（The Gentleman's Magazine）是第一本现代意义上的通俗性杂志。《绅士杂志》自1731年发行后，很快就成为当时最有影响力也最常被模仿的期刊。

③ Ibid., Du Halde. *A description of the Empire of China and Chinese-Tartary*, Volume 2 [M]. London: T. Gardner for Edward Cave, 1738.

Chou-King, 1770),以及当时一些有关中国文化的著述,如马若瑟的大量汉学著述、宋君荣的《中国年代论》(*Traité de la Chronoligir chinoise*, 1814)、冯秉正的《中国通史》(*Histire générale de la Chine, ou Annales de cet Empire*, 1777—1783)等。[①]但马若瑟等耶稣会士的包括《尚书》选译在内的一些中国经典译文,却因《中华帝国全志》的收录而得以在1735年较早面世,并很快被翻译成多种西语译文,在欧洲广为传播。耶稣会士对中国典籍的翻译方法也有着西方传统学术的特点。有学者研究了17世纪中后期耶稣会士的"四书"翻译,发现耶稣会士不仅在其撰写的注释中引用过张居正关于《尚书》的注释,还把张居正关于"四书五经"的注释都放在一起进行研究,甚至还把"四书五经"中的不同段落联系在一起进行研究以理解中国典籍,而这正是耶稣会士所熟悉的西方圣经学的研究方法。[②]

第三节 17—18世纪的西方《尚书》英译

本研究以18世纪上半期英国伦敦出版的《中华帝国全志》的两个英译本中的《尚书》译文作为早期《尚书》英译的代表形态进行研究。有关英译文本一部分见于理查德·布鲁克斯的译本,即1736年首版、1741年再版的四卷本《中华帝国全志》英译本第二卷。在书中"肥沃的土地、农业及从事农业生产的人们的尊贵地位"一节,可见选译自《尚书·尧典》后半部分的少量英译。另一部分早期《尚书》英译文本见于1738年出版的两卷本凯夫版《中华帝国全志》英译本上册,其中的"中国文学"部分(of the Chinese Literature)[③]为一部分中国古代典籍的简

① 张明明.《中华帝国全志》研究[M]. 北京:学苑出版社,2017年,第137页。

② [法] 梅谦立. 从西方灵修学的角度阅读儒家经典:耶稣会翻译的中庸[C]. 比较经学. 北京:宗教文化出版社,2013年,第2辑第61—89页。

③ Ibid., Du Halde. *A description of the Empire of China and Chinese-Tartary*[M]. London: T. Gardner for Edward Cave, 1738.

介和选译，包括“一等经书”，[1]即《易经》《尚书》《诗经》《春秋》《礼记》，“二等经书”，[2]即《大学》《中庸》《论语》《孟子》《孝经》《小学》。其中《尚书》和《诗经》的英译底本即为法国耶稣会士马若瑟的有关译文。《尚书》选译分为四段，依次收录了《大禹谟》《皋陶谟》《益稷》《仲虺之诰》《咸有一德》《说命》的部分译文。

一、《尚书》英译的历史语境

图里在其著述中指出：“任何翻译都不应脱离其产生的背景进行研究(no translation should ever be studied outside of the context in which it came into being.)。”[3]基督教的海外扩张、天主教耶稣会士的早期汉学研究、西方社会的思想解放运动、持续近百年的“中国热”等，皆对早期的《尚书》英译具有重要影响。

17—18 世纪的中国是世界上最强盛的国家，这也是当时西方对中国文化怀有极大热忱的主要原因。当时欧洲思想界的主流也对中国文化持有一种热情的态度。[4]早在 1540 年，西班牙的罗耀拉(Ignaci de Loyola /Ignatius Logla，1491—1556)(有的译为伊纳爵[5])即在欧洲创立了耶稣会(Societas Iesu)，其培养的会员多具有卓越的才能。在欧洲传教的时候，罗耀拉即指示耶稣会要采用适应当地风俗，逐渐深入的方式进行传教活动。[6]其后来华传教的耶稣会士继承了罗耀拉等的传教传统，皆采用以基督教义附会儒家经典的在华传教策略。1666 年，法国

① Ibid.，Du Halde. *A description of the Empire of China and Chinese-Tartary* [M]. London：T. Gardner for Edward Cave，1738.

② Ibid.，Du Halde. *A description of the Empire of China and Chinese-Tartary* [M]. London：T. Gardner for Edward Cave，1738.

③ Gideon Toury. *Descriptive Translation Studies and beyond* [M]. Revised edition，Tel Aviv University John Benjamins Publishing Company，Amsterdam/Philadelphia，2012，p. 22.

④ 张西平等. 20 世纪中国古代文化经典在域外的传播与影响研究 [M]. 北京：经济科学出版社，2015 年，第 328 页。

⑤ [意] 利玛窦，金尼阁. 利玛窦中国札记(上)[M]. 何高济，王遵仲等译. 中译者序言. 北京：中华书局，1983 年，第 22 页。

⑥ 刘耕华. 诠释的圆环——明末清初传教士对儒家经典的解释及其本土回应 [M]. 北京：北京大学出版社，2005 年，第 83—84 页。

成立皇家科学院(Académie royale des sciences),用以在世界各地开展天文、地理等科学考察活动。由于耶稣会士在法国的势力和高超的学养,他们便肩负起了到东方传教与考察的双重任务。法国路易大王学校(Collège de Louis le Grand)的教师洪若翰(Jean de Fontaney, 1643—1710)和四位学生:白晋(Joachim Bouvet, 1656—1730)、张诚(Gerbillon, Jean Francois, 1654—1707)、刘应(Claude de Visdelou, 1656—1737)、李明(Louis le Comte / Louis-Daniel Lecomte, 1655—1728)被封为"国王数学家",他们于1688年2月到达北京。[①]此后白晋又从法国将马若瑟等更多的传教士带到中国。马若瑟的在华传教,为其学习汉语文化等知识、研究翻译《尚书》等中国典籍提供了便利条件,使其对中国文化的研究更为深入。

随着西方宗教势力的扩张,除了耶稣会之外,基督教的其他教会也纷纷来华传教,如17世纪西班牙和意大利的方济各会和多明我会也到达了中国。他们和法国外方传教会在罗马教廷一致反对耶稣会,最终导致18世纪的"礼仪之争",所有的天主教传教士都遭到当时清政府的反对。清雍正帝登基后,传教士被禁止居留,其财产被没收。除了在北京宫廷供职的传教士之外,天主教会只好退缩到广州,之后又到澳门。[②]

西方国家在海外扩张的同时,其国家内部的社会矛盾也日趋激化。随着欧洲资产阶级日益登上历史的舞台,他们不断发起反封建的思想解放运动。欧洲启蒙运动即是继文艺复兴之后第二次大规模的思想解放运动,也是一场资产阶级和人民大众反封建、反教会的思想文化运动。启蒙运动者提倡自然法则,认为世界万物乃至人类社会都受其支配,自然法则反映在人的头脑中,便是理性,因此主张用理性反对宗教神权、以"天赋人权"反对"君权神授",希望给千年黑暗的中世纪欧洲带去自由信仰和光明前途。面对迫切需要变革的社会状况,西方需要强大的思想武器以摧毁漫长的封建专制和神权,走出蒙昧。在华传教的耶稣会士们通过对中国典籍等著述的译介,向西方传递了古老的东方

① 张国刚. 从中西初识到礼仪之争——明清传教士与中西文化交流[M]. 北京:人民出版社,2003年,第229—230页。

② 张西平编. 欧美汉学研究的历史与现状[M]. 郑州:大象出版社,2006年,第190页。

文化和文明的信息，从而引发了西方自发研习、借鉴中国文化的热潮，这对欧洲的启蒙运动，尤其是对17世纪末到18世纪初的法国社会改革具有重要影响。正如有研究者所指出，在社会各阶层的矛盾更为尖锐的18世纪中叶以后，中国的思想起到了重要作用。法国人对中国的关心是自发的，不是纯理性的，而是经常带有实践的目的，而这正是由于其面临的社会问题。[①]因而在这一时期，处于自身发展的需要，西方对中国文化的态度以欣赏、肯定、学习及借鉴为主。

二、《尚书》英译的目的理念

以色列学者图里认为译者的翻译过程受到诸多因素的影响，如译者的认知能力、文本传统等社会文化层面因素的影响，还受到处于规则(rule)、特性与偏好(idiosyncrasies)之间的诸多限制与约束(constrains)，即受到一些规范(norms)的影响和制约。[②]学者杨晓荣也认为影响翻译的因素是多方面的，其中包括译者的文化背景、对读者接受的考虑、对原作的理解、翻译原则、媒介或途径等。[③]

(一) 译者的文化背景

译者的文化背景包括教育背景、语言和美学修养、价值观、翻译观及翻译经验等因素。[④]法文译者的翻译是英译文本的底本，从而也影响到英译对原文的诠释。因此，在此一并考察法文译者马若瑟的文化背景等与翻译有关的重要因素。

《尚书》的法文选译者马若瑟在来华传教后潜心研究汉语，阅读了大量汉语书籍，对汉语非常精通。1728年，他编写了传教士的汉语教材《汉语札记》(*Notitia Lingae Sinicae*)，其中引用了中国各类书籍的

---

① [日] 小西姑子. 关于十七世纪后期介绍到欧洲的中国历史纪年(下)[J]. 曲翰章译. 东洋文化，1987年，第67卷，第60—64页。

② Gideon Toury. *In Search of a Theory of Translation*[M]. Jerusalem: Israel, Academic Press, 1980, p. 51.

③ 杨晓荣. 翻译批评导论 [M]. 北京：中国对外翻译出版公司，2005年，第187页。

④ 杨晓荣. 翻译批评导论 [M]. 北京：中国对外翻译出版公司，2005年，第187页。

引文达一万三千余条。[①]这部教材是其汉学代表作,被誉为“为欧洲人撰写的最优秀的汉语语法书”。[②] 1699—1721年,马若瑟在江西南昌传教期间,用汉文撰写了诸多关于天主教教义的宣传资料,他还使用拉丁文和法文撰写有关中国的研究著述,其《汉语札记》区分了汉语的白话与文言,对汉语语法的分析作出了摆脱传统欧洲语法影响和束缚的努力。[③]马若瑟还翻译了元代杂剧《赵氏孤儿》,于1735年发表在杜赫德的《中华帝国全志》第三卷,一度在欧洲引起轰动。

法文译文的编写者杜赫德神甫主要从事书刊编纂工作,参与编辑过世界各地耶稣会士发回欧洲的通信,其中最著名的即《中华帝国全志》。这部著作大多根据在东方的耶稣会传教士与西方学界往来的书信编写。杜赫德主要在法国耶稣会总部负责收集和整理耶稣会士寄回欧洲的报告和信件,并负责编印在海外传教的耶稣会士的通讯《有益而有趣的书信》,因此与许多耶稣会士保持着长期的通信联系,从而借工作之便直接掌握了在华耶稣会士关于中国的大量著述和译作资料。他对自己编著的作品非常自信,曾在1736年的修订版中声称,该书如此完整,以至于没有任何一个国家,甚至是欧洲的任何一个国家都不会如中国那样被更好地了解。他在《中华帝国全志》一书序言的末尾列出了所参考和选用的耶稣会士名单,共27位供稿者,其所占内容份额不均,除了安文思(Gabria Magalhãens, 1610—1677)和卫匡国两位于明末来华,其余均于清朝来华,其中包括洪若翰(Jean de Fontaney, 1643—1710)、白晋、李明、巴多明、马若瑟等,马若瑟的文稿占60页,是除了卫匡国的100页和殷弘绪(Francois-Xavier Dentrecolles,1664—1741)的220页以及赫苍璧(Julien-Placide Hervieu, 1671—1746)的300页外供稿份额最多的传教士。[④]伏尔泰曾说,杜赫德不曾离开巴黎,但他的作品

① 梅莹莹. 法国耶稣会士马若瑟及其译本《赵氏孤儿》探析 [J]. 长江丛刊,2016年第10期,第59—60页。

② [法] 戴密微. 法国汉学研究史概述 [C]. 胡书经译. 张西平. 欧美汉学研究的历史与现状. 郑州:大象出版社,2006年,第183—222页。

③ [法] 戴密微. 法国汉学研究史概述 [C]. 胡书经译. 张西平. 欧美汉学研究的历史与现状. 郑州:大象出版社,2006年,第183—222页。

④ 张明明.《中华帝国全志》研究 [M]. 北京:学苑出版社,2017年,第35—37页。

是世界上能看到的最好的描写中国的作品。[①] 1849 年的《中国丛报》评论说，尽管编者本人从未到过中国，但他的作品是由当时存在的最真实的材料组成的，从那时起就被公正地认为是对帝国的完整描述。[②]

四卷本《中华帝国全志》的英文译者布鲁克斯·理查德曾是英国北安普敦郡阿什尼教区(Rector of Ashney, Northampton shire)的一名牧师。[③]据维基百科介绍，布鲁克斯也是一位英国医生，著有关于医学、外科、自然历史和地理学的汇编和翻译，其大部分著述都经过了几次再版。如其《通用地名词典》(*General Gazetteer*, 1762)的出版填补了市场空白，此后多次再版等。布鲁克斯的其他作品包括《最显著的瘟热史》(1721)、《物理学的一般实践》(1751)、《物理学与外科导论》(1754，2 卷)等。其《自然史体系》(1763，6 卷)的第五卷以古生物学史而闻名。其主要译作包括《巧克力的自然史》(1724)、《可可和苏克雷自然史》(1719)，以及杜赫德的《中华帝国全志》(1736，4 卷)。[④]

1738 年版的两卷本《中华帝国全志》英译本，其译者没有具体的署名，仅仅署上"译者"(the translator)。该版本为伦敦出版商爱德华·凯夫(Edward Cave, 1691—1754)组织翻译。

(二) 译者对原文的理解

译者对原文的理解与诸多因素密切相关。英译者的理解依据是法文原文，因此首先考察法文译者对原文的理解。

---

① Hostetler, Laura. *A Mirror for the Monarch: A Literary Portrait of China in Eighteenth-Century France* [J]. Third Series, *Asia Major*, vol. 19, no. 1/2, 2006, pp. 368 - 369.

② List of Works upon China [J]. *The Chinese Repository*. ART. Ⅲ. Vol. 18. Aug. 1849, pp. 403.

③ R. Hooykaas, *Religion and the Rise of Modern Science*. Scottish Academic Press, Edinburgh. 1972. p. 156. 转引自 Richard Wilding, *From the Rise of the Enlightenment to the Beginnings of Romanticism* (Robert Plot, Edward Lhwyd and Richard Brookes, MD), Downloaded from http://sp. lyellcollection. org/ at University of Michigan on March 8, 2015.

④ R. Brookes. *The General History of China. Containing a Geographical, Historical, Chronological, Political and Physical Description of the Empire of Chinese-Tartary, Corea and Thibet. Including an Exact and Particular Account of their Customs, Manners, Ceremonies, Religion, Arts and Sciences. The whole adorn'd with Curious Maps, and Variety of Copper Plates* [M]. Done from the French of P. Du Halde. Volume2 of 4volumes. London, printed for J. Watts (The first edition, 1736). The third edition, 1741.

由于东西方文化具有某些趋同性，早期在华传教的利玛窦等耶稣会士即坚持认为，研究中国经典有助于揭示先儒与基督教在一神论和道德观上的近似性，并能证实中国人曾经信仰过一个唯一的神。他认为在所有异教教派中，在其上古时期，中国人犯的错误更少。从中国历史一开始，中国人即有书面记载他们所承认和崇拜的最高神，“称之为天帝，或者加以其他尊号表明他既管天又管地”。[①]耶稣会士们认为，尽管近代的中国人信奉多神论、泛神论甚至无神论，被儒学家尊为大师的中国古代圣人们却曾崇拜过一个唯一的真神。

在中国经典的解释上，白晋被人们称为“旧约象征说”者。他认为，在中国古籍原著中，可以找到希伯来主教把《圣经》教义引进中国的记载。因此，白晋及其持同样观点的会友们认为，从古代中国对至高无上的道德主宰上帝的记载中，能找到与犹太一神教中一样的上帝，并认为这种观念在基督教起源之前就传到了中国，只是后来被孔子，尤其是佛教和道教的非正统的观念改变了原有面貌。他们甚至认为，《春秋》只是“孔子将埃诺克(Enoch，《圣经》中的人物)旧预卜书改变后制作的翻版”。[②] 马若瑟深受白晋的影响，在华传教期间，采用了索隐式的方法和策略对中国经典进行研究和翻译，致力于在中国古代典籍中寻求古代中国人对 God 的信仰记录和证据。

《中华帝国全志》的凯夫版英译显示，“中国文学”部分将“五经”归为“第一流的、最重要的经典”，认为由于这些经典“依据不可动摇的原则而确立，内含崇高、永恒的学说和教义，具有最高等级的权威，为所有时代、所有宗派及信仰所尊崇，是中国所有科学和道德的源泉”。[③]他将《尚书》[④]排在“五经”的第二位，《易经》排在第一位。杜赫德在介绍所收入的《尚书》典籍的选译时说：“我们将给出这本书的一些摘录，这是早期在华传教士马若瑟收集的，他向我们保证这些文本已经被翻译得

---

① [美] 孟德卫. 奇异的国度：耶稣会适应政策及汉学的起源 [M]. 陈怡译. 郑州：大象出版社，2014年，第 52 页。

② 张西平编. 欧美汉学研究的历史与现状 [M]. 郑州：大象出版社，2006 年，第 188—189 页。

③ Ibid., Du Halde. *A Description of the Empire of China and Chinese-Tartary* [M]. London: T. Gardner for Edward Cave, 1738, pp. 395 - 400.

④《尚书》被译作 *Shu-king*，宋代后《尚书》已被称为《书经》。

非常精确和忠实。"(We shall give some extracts of this book, which P. Premare, an ancient Missionary in China, has collected, who assures us that they are translated with all the Exactness and faithfulness imaginable.)[①]在《耶稣会士书简集》33卷中,杜氏说:"他们(经典)教人认识和敬仰至高无上的存在者。"《中华帝国全志》前言中也有这种宗教意义的诠释:"他们追随这理性之光,因而他们具有真理的某些萌芽和一些初始的参与。"[②]可见其有关诠释是一种宗教意义上的理解,其对中国典籍的诠释实根植于西方的哲学思想体系。

英译者布鲁克斯等对汉语原文本的理解,一方面基于法国耶稣会士们对汉语原文的诠释,另一方面也有自己的理解和认识,这体现于其对中国的政治、经济、历史、思想文化等方面所持的立场和态度。由其译本可知,当时西方对中国的态度主要表现为赞赏与仰慕。布鲁克斯在其英译中给英国威尔士亲王弗雷德里克(His Royal Highness Frederick Prince of Wales)的献词说:"我恳请把这部作品献给殿下,它描述了东方最强大和繁荣的国家,这的确是值得一位伟大君王关注的话题,因为没有什么比一个曾经自认为是世界上最有礼仪的民族的思想、风俗、政策及宗教更易于拓展人的思维。"由此可见,译者对中国文化的肯定与赞赏。译者还特别介绍了原文本的思想文化意义与价值:"从他们帝王的历史中,你会发现你早就了解的,即当最高法官堕落为暴君或被发现不关心公众福利时,最专制的权力对他来说也不安全;善良和仁慈是王位最坚定的支撑,王者最重要的荣耀是其统治深得民心。"[③]这表明译者对《尚书》所记载的中国文化有着较为深入的理解与认同。

---

① Ibid., Edward Cave, 1738, p. 402.

② 阎宗临著,阎守诚编. 传教士与法国早期汉学[M]. 郑州:大象出版社,2003年,第53—61页。

③ R. Brookes. *The General History of China. Containing a Geographical, Historical, Chronological, Political and Physical Description of the Empire of Chinese-Tartary, Corea and Thibet. Including an Exact and Particular Account of their Customs, Manners, Ceremonies, Religion, Arts and Sciences. The whole adorn'd with Curious Maps, and Variety of Copper Plates* [M]. Dedication. Done from the French of P. Du Halde. Volume1 of 4volumes. The third edition, 1741, (The first, 1736.) pp. 134 - 135.

(三) 汉学早期《尚书》英译的目的理念

翻译行为理论(theory of translational action)认为:"任何一种翻译行为的形式,包括翻译本身,都能被看作一种行为,而所有行为都有一个目标、目的。事实上内容的安排正是由翻译的目标所决定的。"[①]早期《尚书》英译以在华耶稣会士对中国经典的研究与翻译为基础,而耶稣会士最初翻译中国典籍的一个主要目的即学习和掌握汉语文化知识,也为了能够以基督教义附会儒家典籍,利用中国儒学文化推行耶儒融合的传教策略。例如,来华传教的"国王数学家"李明[②]即声称:"中国人保持着2000年对上帝的真知,而且以堪称楷模和足以使基督徒受到教益的方式使上帝感到荣耀。""而中国的典籍即是此类断语的明证,没有任何一位传教士否认过它的价值。"[③]耶稣会士将研究和译介中国经典视为其传教工作的组成部分,其根本目的即在于助力基督教的传播。这种翻译理念也被融入其译文诠释之中。在《论语》的著名拉丁文译本《中国哲学家孔子》的前言中,译者柏应理即写道:"从大洪水时代开始——不管你用《七十子圣经》或《通俗本圣经》,中国的先民们就已经认识到真神,并且以'上帝'即'至上的皇帝',或者'天'来命名。"[④]有学者认为耶稣会士们没有在中国成为纯学者的打算,传播福音才是其真正目标,而学习汉语和传播中国文化只是服务传教的事务之一,研究中国只是他们实现其宗教目的的手段。[⑤]

此外,耶稣会士的翻译等汉学研究也是为了满足西方社会了解中国当时先进的生产文化等知识信息的需要,以便争取西方社会对其在华传教的支持。有学者指出,18世纪后半叶在华传教的一些耶稣会士为了让西方接受他们眼中的中国形象,甚至"在译介中国一些重要的哲

① 谢天振主编. 当代国外翻译理论[C]. 天津:南开大学出版社,2008年,第158—160页。

② 李明. 中国现状新志[M]. 第二卷. 巴黎:阿尼松,1696年,第141页。

③ 阎宗临著,阎守诚编. 传教士与法国早期汉学[M]. 郑州:大象出版社,2003年,第43页。

④ 张西平. 儒家思想西传欧洲的奠基性著作——《中国哲学家孔子》[J]. 中国哲学史,2016年第4期,第120—128页。

⑤ [德]傅海波:欧洲汉学史简评[C]. 胡志宏译. 张西平编. 欧美汉学研究的历史与现状. 郑州:大象出版社,2006年,第107—108页。

学和文化著作时，也采取了曲解的方式。”①

在汉学初期，英国人尚未具备如同19世纪中后期那样与中国文化密切接触的条件，所以只能亦步亦趋地翻译法国人所编辑、撰写的汉学著述，以此来了解中国的各方面情况。凯夫版的英译者在给威尔士亲王的献词中说，“中国得到君主鼓励的地理学得到广泛发展，政府和中国民众之间通过道德协约建立了优越的政治制度，这两方面都值得亲王您的关注，因为中国人使得这些研究成为科学研究的最高点，比其他民族对此都更为精通。”②由此可见，英国译者对中国的文化道德、政治制度方面持肯定、欣赏的态度，认为《尚书》所载中国文化值得其国家最高统治阶层去了解和关注，这也反映了其翻译的主要目的。包括英国在内的西方国家都非常看重中国典籍的译本，视之为了解和掌握中国知识的便捷途径。法国启蒙思想家、哲学家狄德罗(Denis Diderot, 1713—1784)说：“在此庞杂相互对立的证据中，看来人们用以发现真相的唯一办法就是通过他们的翻译来判断中国人的长处。”可见西方人认识到了中国典籍翻译的价值和功能。法国耶稣会士因翻译中国典籍方面的成果较少，而甚至被西方评论为犯了一个错误。③

英国向来注重实用性。翻译当时与中国密切接触的法国传教士们的著述，对于英国来说，即其获取中国知识的最便捷而实用的方式。英国在翻译法文版《中华帝国全志》时，还根据自身需要，对原文内容有所删减。从英译本的译者致辞中，也可以看出英国等西方国家对中国的政治、地理、文化等方面信息的极大兴趣与需求。④

---

① 许钧. 翻译论(修订本)[M]. 南京:译林出版社,2014年,第199页。

② Ibid., Du Halde. *A description of the Empire of China and Chinese-Tartary* [M]. London: T. Gardner for Edward Cave, 1738.

③ 张西平编. 欧美汉学研究的历史与现状 [M]. 郑州:大象出版社,2006年,第194—195页。

④ Ibid., R. Brookes. *The General History of China*[M]. Dedication. Done from the French of P. Du Halde, Volume1 of 4volumes. The third edition, 1741, (The first edition, 1736.) pp. 134 - 135.

三、《尚书》英译的主要方法与策略

图里在其所著《描述性翻译学及其他》一书中说："翻译的预期功能，通过其所需的文本语言构成将其与原文相联系的关系，产生并控制在所讨论的 TL（目标语言）文本制作过程中所采用的策略，因此翻译作为一个整体而运作。"[①]考察早期的《尚书》英译文本，可发现其译者主要采用了归化为主的翻译策略与意译为主的翻译方法。凯夫版的译者还采用了添加注释与旁批的翻译方法，添加评论性旁批也是其译文形态不同于其他《尚书》英译的独特之处。

（一）归化为主的翻译策略，意译为主的翻译方法

德国哲学家、古典语言学家施莱尔马赫（Friedrich Schleiermacher，1768—1834）认为："有两种翻译方法：一是译者尽可能不打扰作者的安宁，让读者去接近作者，二是译者尽可能不打扰读者的安宁，让作者去接近读者。"[②]在第一种情况下，译者试图通过自己的努力填补读者对原作语言文化的空白，"把自己在认识原作语言中所获得的印象传递给读者，在第二种情况下，翻译的目的是使外国译者像本国作者那样说话、写作，译者不仅仅要自己看懂原文，还必须使原作者进入与译作的读者直接对话的范畴"，根据施氏的观点，直译和意译可以概括为，"坚持译作顺从原作，采用的方法即直译，甚至被称为死译""坚持原作顺从译作，采用的方法就是意译、活译，甚至是无节制的自由发挥"。[③]受其影响，美国著名翻译理论家劳伦斯·韦努蒂（Lawrence Venuti）于 1995 年提出了归化、异化的翻译策略，认为归化即"把原作者带入译入语文化"，异化即"接受外语文本的语言及文化差异，把读者带入外国情

① Gideon Toury. *Descriptive Translation Studies and beyond* [M]. Revised edition, Tel Aviv University John Benjamins Publishing Company, Amsterdam/Philadelphia, 2012, pp. 6 - 7.

② A. Lefevere (ed. &. trans). *Translating Literature: The German Tradition from Luther to Rosenzweig* [M]. Assen: Van Gorcum, 1997, p. 74.

③ 谭载喜. 西方翻译简史(增订版)[M]. 北京：商务印书馆，2016 年，第 10 页。

境”。[①]归化以目的语或译文读者为归宿，将原文置于目的语的文化语境，因而归化翻译有助于增强译文的可读性，使得译作更容易被读者理解与接受。意译(free translation; paraphrase; liberal translation)，一般指根据原文的大意来翻译，不作逐字逐句的翻译，区别于基本逐句对译的直译(literal translation)。意译更能够体现出目的语语言特征，一般表现为在翻译中采用不同于原文的表达形式，译文与原文的字词顺序、句子结构等有所不同，而直译的方法则相反。

早期的《尚书》英译文本即体现了归化为主的翻译策略和意译为主的翻译方法。译者往往不严格依据原文的形式和字词语义去翻译，而以目的语的语言习惯去表达原文语义，并融入自身文化的思想理念，从而将读者带入目的语文化的情境。这些英译文本的工作底本为耶稣会士马若瑟的法文译文，其译文也体现了马若瑟等早期来华的传教士为了赢得西方社会对其在华传教的支持，而着意在翻译中融入基督教的思想观念，同时表示对中国语言文化的赞美与认同。正如有学者所言，他们“更愿意渲染中国文明中存在的光明一面”，[②]这也是耶稣会士的“耶儒融合”的传教策略的体现。例如：

例 1.1 《尚书·虞夏书·舜典》：“格！汝舜。询事考言，乃言厎可绩，三载。汝陟帝位。”(来吧！舜啊。我同你谋划政事，又考察你的言论，你提的建议一定可以成功，已经三年了，现在你就登上帝位吧。)[③]

在上例中，译者将“汝陟帝位”(现在你就登上帝位吧。)翻译成：I therefore invest you with my whole Authority... 之后，又加上一些原文本身不包含的语义表述：

Brookes 译：be rather their Father than their Master, and remember that I make you Emperor not for the People to be your Servants, but to protect them, to love them, and to assist them in their Necessity. Reign with Equity, and render them the Justice they

① 郭建中. 当代美国翻译理论 [M]. 武汉：湖北教育出版社，2000 年，第 50 页。

② 周宁著/编注. 世纪中国潮 [M]. 北京：学苑出版社，2004 年，第 200 页。

③ 江灏，钱宗武译注. 今古文尚书全译 [M]. 贵阳：贵州人民出版社，2009 年，第 10—11 页。

expect from you. [①](做他们的天父而不是他们的主人,记住我让你做皇帝不是为了让人民成为你的仆人,而是为了保护他们,爱他们,并在他们需要的时候帮助他们。用公平进行统治,让他们从你那得到所期望的正义。)[②]

上例中额外增译了尧对舜的叮嘱,即要其像天父(Father) 一样保护子民、爱子民,为他们带来正义和公平等。根据《牛津词典》对 Father 的两个解释:一指(尤指天主教和东正教)神父:(the title of a priest, especially in the Roman Catholic Church and the Orthodox Church),另一指基督徒对 God 的指称:"天父;上帝"。(used by Christians to refer to God)而《柯林斯词典》解释为专有名词:"基督教天父,上帝。"("N-PROPER", "Christians often refer to God as our Father or address him as Father .")由此可见,译者使用了西方神学思想的概念指称中国典籍中的概念,以归化的翻译策略在其诠释中融入了基督教思想,预设了西方宗教观念。再如:

例 1.2 《尚书·虞夏书·大禹谟》:"惟口出好兴戎,朕言不再。"(至于口能赞扬善良的言行,也能引起兵争,你很清楚,我就不再重复了)[③]

Cave 译:The order which I have laid before you will give peace to the World; And through you, I will subdue all mine enemies, obey it then, and you need ordain no other. [④](我在你们面前所立的诫命,将使世界太平。我将通过你们制伏我一切的仇敌,遵行这诫命,你们就用不着再立别的诫命了。)

在上例中译者使用了"ordain",牛津词典对其解释为:"1. 授予圣秩(品);授予圣职(to make sb. a priest, minister or rabbi);2. (神、法

① Ibid., R. Brookes. Dedication. *The General History of China* [M]. Done from the French of P. Du Halde, Volume1 of 4volumes. The third edition, 1741, (The first edition, 1736.) pp. 115 - 117.

② 英文例句后的括号内文本为该句的中文译文,为笔者翻译,下同。

③ 江灏,钱宗武译注. 今古文尚书全译 [M]. 贵阳:贵州人民出版社,2009 年,第 30—31 页。

④ Ibid., Du Halde. *A description of the Empire of China and Chinese-Tartary* [M]. London: T. Gardner for Edward Cave, 1738, pp. 402 - 403.

律或命运）主宰；掌握；规定。（formal）of God，the law or fate（to order or command sth; to decide sth in advance）”柯林斯词典义项之一：“授予……圣职；任命……为神职人员。（When someone is ordained，they are made a member of the clergy in a religious ceremony.）”可见，译者使用了西方神学色彩的词语来进行诠释，表现出将原文纳入基督教神学体系的诠释意图。早期英译中，此类翻译形态较为常见。又如：

例 1.3 《尚书·虞夏书·益稷》：“徯志以昭受上帝，天其申命用休。”（要等待有德的人明白地接受上帝的命令，那么，老天就会一再地赏赐休美。）①

Cave 译：Thus，you will find yourself loaded with the most illustrious Blessings of *Shang ti*，and you will have the Glory to execute his Will in the new order which he shall establish.②（这样，你会发现自己承载了上帝的无上祝福，你也将拥有在其将建立的新秩序中遵奉其意志的荣耀。）

上例中的 Blessing，牛津词典解释为：“上帝的恩宠；祝福；祝颂；（God's help and protection，or a prayer asking for this）”柯林斯词典解释为：“祈福；祷告；祈祷。（A blessing is a prayer asking God to look kindly upon the people who are present or the event that is taking place.）”可见译者将中国经文中的上天的赏赐表达为西方基督教上帝的恩宠。又如：

例 1.4 《尚书·虞夏书·大禹谟》：“降水儆予，成允成功，惟汝贤。”（洪水警告我们，你言行一致，完成了治水大业，这是你的贤能。）③

Cave 译：Your labours to remove the Deluge have touched me. You are faithful，and your Merits are great; you are wise in my eyes;...（你消除大洪水的劳作令我感动。你忠诚，富于美德，你在我的

---

① 江灏，钱宗武译注. 今古文尚书全译［M］. 贵阳：贵州人民出版社，2009 年，第 42—43 页。

② Ibid.，Du Halde. *A description of the Empire of China and Chinese-Tartary*，London：T. Gardner for Edward Cave，1738，p. 404.

③ 江灏，钱宗武译注. 今古文尚书全译［M］. 贵阳：贵州人民出版社，2009 年，第 28—29 页。

眼中很有智慧。)

由上例可见,译者用西方基督教经典《圣经》所载的大洪水 Deluge 的概念对译远早于其的大禹治水时期的洪灾,使用了具有西方文化特征的词语概念,从而将中国的历史纳入了西方历史体系进行诠释传译,具有归化翻译的特点。

上述各例都表明,在早期《尚书》英译文本中,西方宗教神学的概念经常被运用于对原文的诠释,以使西方读者容易理解来自古老东方的经典文本。由于早期的《尚书》英译者采用了归化的策略去翻译这部中国经典,《尚书》原文所含的中国语言、文化的真正语义因而并没有得到完全真实的传译。在图里看来,译者要么以原文为准则,遵循源语的语篇关系和规则,要么依据译语文化多元系统(或此系统中的一部分)的语言和文化规则,这是译者翻译之初所确立的总体标准或规则(initial norm)。[①]而大部分翻译产品处于两者之间的某一位置,较多遵循源语文化规则的翻译对于目的语来说是一种"充分翻译(adequate translation)",而较多遵循译入语文化规则的翻译对于译入语文化来说是一种"可接受的翻译(acceptable translation)"。[②]由此可见,汉学早期的《尚书》英译在翻译策略的选择上倾向于更多遵循西方的社会文化规范,如西方的宗教文化术语、概念的使用等,从而使其对于西方文化来说是一种"可接受的翻译"。由于译者的中国语言文化知识所限,及其诠释时预设了基督教等西方文化观念,导致译文与原文语义差异较大,因而这些英译文本对于源语文化即中国文化来说不是一种"充分翻译"。

这一时期《尚书》英译没有按照原文词语顺序和语义直接对译原文,其译文所使用的英文表述都非常自然流畅,符合英语的语言规范和使用习惯,因而具有明显的意译特征。例如:

例 1.5 《尚书·虞夏书·尧典》:"否德忝帝位。"(我们德行鄙陋,不配取代帝位。)[③]

① Gideon Toury. *In Search of a Theory of Translation* [M]. Jerusalem: Israel, Academic Press, 1980, p. 55.

② Gideon Toury. *In Search of a Theory of Translation* [M]. Jerusalem: Israel, Academic Press, 1980, p. 55.

③ 江灏,钱宗武译注. 今古文尚书全译 [M]. 贵阳:贵州人民出版社,2009 年,第 7—8 页。

Brookes 译：I am altogether unworthy of the Honour you design me, and I want the qualifications that are requisite for so high a Place, and so difficult to be filled with Honour;[①](我完全不值得你赋予我那样的荣誉，我缺乏身居如此高位所必需的资格，因此很难领受这种荣誉……)

上例中的英译文本，并非按照原文字句顺序和结构来翻译，也非字字对译，因而表现了意译翻译方法的特点。其译文先翻译了原文的后半句"忝帝位"(不配取代帝位)为："I am altogether unworthy of the Honour you design me"，之后才翻译前面的其他语义。译文打乱了原文字词顺序，也不完全按照字面语义进行翻译。再如：

例 1.6 《尚书·虞夏书·尧典》："格！汝舜。询事考言，乃言厎可绩，三载。汝陟帝位。"(来吧！舜啊。我同你谋划政事，又考察你的言论，你提的建议一定可以成功，已经三年了，现在你就登上帝位吧。)[②]

Brookes 译：Chun, I have for some time made a Trial of your Fidelity to satisfy myself that you would not deceive my Expectation, and that you will govern my People with Wisdom; I therefore invest you with my whole Authority, be rather their Father than their Master, and remember that I make you Emperor not for the People to be your Servants, but to protect them, to love them, and to assist them in their Necessity. Reign with Equity, and render them the Justice they expect from you. [③](舜，我曾试验你的忠心，使自己知道你必不辜负我的期望，也必用智慧治理我的百姓。因此，我将我的全部权力授予你，你要做他们的天父，而不做他们的主人，记住，我立你为帝不是为了让人民做你的仆人，而是为了保护他们，爱他们，在他们需要的时候帮助他们。为政要公平，使他们得到所期望的公正和正义。)

由上例可见，译文也未按照原文字句直接对译，原文中"询事考言，

---

① Ibid., R. Brookes. *Dedication*. *The General History of China* [M]. Done from the French of P. Du Halde, Volume1 of 4volumes. The third edition, 1741, (The first edition, 1736.) pp. 115 – 117.

② 江灏，钱宗武译注. 今古文尚书全译 [M]. 贵阳：贵州人民出版社，2009 年，第 10 页。

③ Ibid., R. Brookes. *The General History of China* [M]. 1741, pp. 115 – 117.

乃言厎可绩，三载”（我同你谋划政事，又考察你的言论，你提的建议一定可以成功，已经三年了）被译为：“我曾试验你的忠心，使自己知道你必不辜负我的期望，也必用智慧治理我的百姓”。译者对“三年”的翻译没有使用具体数字翻译为 three years，而意译为表示一段时间的“for some time”，并没有按照原文词语意义进行翻译诠释。又如：

例 1.7 《尚书·商书·说命》：“若作酒醴，尔惟曲糵；若作和羹，尔惟盐梅。”（如果我要作甜酒，你就好像是曲和糵，如果我要作汤羹，你就好像是盐和梅。）[①]

Cave 译：You know that when Wine (‡) is to be made, they throw Druggs into it, in order to ferment and give it strength; your councils have the like Effect upon me, they raise me, they give me a Courage, which I should not have, were it not for you. When a soup is prepared, you know they take care to put ingredients into it, to hinder it from becoming insipid. Your lessons have the same effect upon me, they season my Virtue. [②]（你知道，当要酿造酒时，他们会往里面扔药，以发酵并赋予其力量；你们这些谋臣对我有着同样的影响，使我得到提升，给了我勇气，如果不是因为你们，我本不会有这种勇气。当汤准备好时，你知道，他们会小心地把配料放进去，以防汤变得平淡无味。你的教导对我具有同样的作用，它们是为我的德行加了调料。）

在上例中，曲指的是酿酒或制酱时引起发酵的块状物，用某种霉菌和大麦、大豆、麸皮制成。糵，也即曲。[③]例中译文对仅仅 16 个字的原文进行了语义拓展，用多句话来诠释简短的原文，从而较好地表达了原文将曲糵对酒的作用与贤臣对君王的作用相类比之意。译文没有按照原文字词顺序及其字面语义直译，而是对原文词语所指的含义进行了解读，显然采用了意译的翻译方法。而且，原文中“盐”和“梅”的语义均未出现在译文中，“梅”，青梅，味酸，可作调味品，“盐梅”是两种有具体所

① 江灏，钱宗武译注. 今古文尚书全译［M］. 贵阳：贵州人民出版社，2009 年，第 142 页。

② Ibid., Du Halde. *A Description of the Empire of China and Chinese Tartary* ［M］. London: T. Gardner for Edward Cave, 1738, p. 408.

③ 江灏，钱宗武译注. 今古文尚书全译［M］. 贵阳：贵州人民出版社，2009 年，第 141—142 页。

指的调料，在译文中被简化意译为了“调料(ingredients)”。这种意译的翻译特点在早期《尚书》英译的译文中较为常见。

在下例中，将Cave版译文与麦都思的译文相对照，可更为明显地发现前者采用了意译为主的翻译方法：

例1.8 《尚书·虞夏书·大禹谟》：“后克艰厥后，臣克艰厥臣，政乃乂，黎民敏德。”(如果君王把当好君王看得很难，臣也把做好臣看得不容易，政事就会得到很好的治理，人民也会勉力执行德教了。)[①]

Cave译：When a King, says *yu*, knows how difficult it is to be a good King, and when a subject knows how much it costs to fulfil all his Duties faithfully; the Government is perfect, and the people make a swift Progress in the ways of Virtue.[②](大禹说，当一个国王知道当一个好国王有多难，当一个臣民知道忠实地履行其所有职责需要付出多少代价时，政府是完美的，从而人民在美德的道路上进步很快。)

麦译：Yù said, when a prince can feel the difficulties of his princedom, and a minister is able to appreciate the responsibility of his stewardship, the government will be well-regulated, and the black-haired people will speedily attain to virtue.[③](大禹说，当君王能够感受到他身为君王的困难，当大臣能够体会到他管理的责任时，政府就会得到很好的管理，黑发人民就会迅速具备美德。)

在上例中，原文“克，意为能够。乂，治理。敏，勉力。德，修德。”[④]虽然两种英译都较好地呈现了原文的语义，但麦氏译文与原文字句和结构都一一对应，表现出直译的特点，而凯夫版译文没有严格的字句对应，而是表达了原文的大意，从而表现出意译的特点。“黎民敏德”句的“敏”为勉力之意，对此，二者皆发生了望文生义的误读，将其翻译为“迅速”：麦氏将之译为“swift”，凯夫版则译为“speedily”。“政乃乂”，

① 江灏，钱宗武译注. 今古文尚书全译［M］. 贵阳：贵州人民出版社，2009年，第23—24页。

② Ibid., Du Halde. *A Description of the Empire of China and Chinese Tartary* [M]. London: T. Gardner for Edward Cave, 1738, p. 402.

③ W. H. Medhurst. *The Shoo King, or The Historical Classic: Being the Most Ancient Authentic Record of the Annals of the Chinese Empire* [M]. Shanghae: The Mission Press, 1846, p. 41.

④ 江灏，钱宗武译注. 今古文尚书全译［M］. 贵阳：贵州人民出版社，2009年，第23页。

凯夫版译为“政府是完美的”，显然误读了“乂”的“治理”之义。此类现象也反映出西方汉学早期，由于有关研究的不足，学者们往往对汉语言文化理解得不够准确。

(二) 添加脚注、旁批的翻译方法

在西方汉学早期的《尚书》英译中，译者不仅对译文添加了脚注，解释文本意义，还在译文旁边的空白处添加了批注。批注是中国文学鉴赏与批评的重要形式，也是一种传统的读书方法。它直接针对某处文本而发，多为切中肯綮的简短评论语句，以此记录表达阅读者对此的感悟和感受等，因此批注能够反映出其对某处文本的特别关注，或对某些文本的思考与重视。一般可从内容、写法、结构、语言、思想等方面给文章添加评语，可以是“眉批”“首批”(在书的正文上端的白边上批注读书心得、批语、订误、校闻和音注等)，也可以是“旁批”“侧批”(常在字、词、句的旁边，书页旁侧进行批注)，还可以是“尾批”(在一段文本或全文之后进行批注)。早期英译出现了旁批的诠释形态，这也是其他时期的《尚书》英译本都没有的一种特殊的诠释形式。布鲁克斯翻译的几段《尚书》文本并未添加注释。凯夫版的《尚书》英译文本下方则添加了两栏脚注，其脚注依次使用星号、叠加的双十字，中长的十字，双竖线等拉丁语符号为序号，这些序号后来为新教传教士麦都思所沿用，其两栏式脚注的注释形态后来为理雅各所沿用。直到 20 世纪初，添加注释的翻译方法仍然在使用。除了脚注之外，译者还在译文旁边的空白处根据译文内容添加了不少言简意赅的评论性旁批，其内容多为对译文内容的简短的概括、总结与反思评价，用以凸显原文的文化价值，帮助读者更好地理解与把握译文含义。这些注释也显示出西方当时对中国文化的赞赏、认同的态度与学习、借鉴的意图。

1. 添加脚注

总的来看，这些早期《尚书》英译的脚注主要分为以下两种：其一是对原文中的一些词语的思想文化等方面的隐含语义进行补充诠释，或介绍、说明原文某些词语的具体所指；其二是补充中国古代学者对有关词语的注释，如程颐的有关注释等，或就原文语义发表评论，引导读者

对原文的理解，引起对有关内容的关注和重视。第二种注释占了大多数。例如：

例 1.9 《尚书·商书·说命》："若作酒醴，尔惟曲糵。"

Cave 注：The Chinese Wine or rather Beer, is made of a particular Kind of Rice. When it is almost boil'd, they must put certain Drugs into it to make it ferment.（中国的酒，或者更确切地说是啤酒，是由一种特殊的大米制成的。当它几乎沸腾时，他们必须在里面放一些药物让它发酵。）

在上例的译文中，译者在译文中的"Wine（酒）"之后添加了拉丁符号(‡)作为注释标记，并在页下注中添加了对中国酒的制作过程的介绍和说明，用以补充解释原文中"酒"的有关信息。再如：

例 1.10 《尚书·虞夏书·皋陶谟》："人心惟危，道心惟微，惟精惟一，允执厥中。"

Cave 注：... that is to say the Heart of Man. This is not properly Passion ... and is as it were the inward part of mind. that is to say, the heart of *Reason*, tho' it is not properly *Reason*, but the superior part of the Soul, which enclines to the purest and rightest *Reason*. [①]（人心就是人类的心脏，这实际上不是正当的情感……它是心灵的内在部分。文中的道心也即理性之心，虽然不是正当的理性，但它是灵魂的高级部分，与最纯粹、最正确的理性紧密相连。）

由上例可见，此处英译添加了对"人心""道心"的两个注释，借此附会了基督教的思想。使用了宗教意义上"灵魂"的概念，同时也使用了西方"理性"的概念对原文进行诠释，因而表现出归化翻译的特点。

早期《尚书》英译的注释多数为对原文发表评论的内容，或解说译者自己阅读原文的感受，或对原文语义作出评价，多数注释较为简短。例如，《咸有一德》篇的译文之下，即添加了对美好的君臣关系作进一步诠释的注释：

例 1.11 《尚书·商书·咸有一德》："其难其慎，协克于一。"（这样

① Ibid., Du Halde. *A Description of the Empire of China and Chinese Tartary* [M]. London: T. Gardner for Edward Cave, 1738, p. 404.

的人很难选择，要谨慎考察，必须是能同心同德、通力合作的人，必须是始终如一的人。)①

Cave 注:... This idea of a good King and a perfect Minister *forming one undivided Whole*, was strongly imprinted upon the Heart of him or them who wrote these Books. They alledge as instances of it, *Yau* and *Shun*, *Shun* and *Yu*, *Vü wang* and *Chewkong*. But this does not extend farther. ②(一个好国王和一个完美的大臣组成一个不可分割的整体，这一观念深深地印在这些书的作者心中。他们称之为范例，如尧和舜，舜和禹，武王和周公，但这并未延伸得更远。)

由上例可见，译文通过添加注释，对原文所载中国古代重视君臣一心，保持密切合作的关系进行评价，并且补充了一些有关范例，以表明其重要性和有效性，这也显示了译者对古代中国的君臣关系的认可与关注。再如，下例中的注释也对原文的内容进行了评论:

例 1.12 《尚书·虞夏书·皋陶谟》:"皋陶曰:'宽而栗，柔而立，愿而恭，乱而敬，扰而毅，直而温，简而廉，刚而塞，强而义。'"(皋陶说:"宽宏大量却又谨小慎微，性格温和却又独立不移，老实忠厚却又严肃庄重，富有才干却又办事认真，柔和驯服却又刚毅果断，为人耿直却又待人和气，志向远大却又注重小节，刚正不阿却又实事求是，坚强不屈却又符合道义。")③

Cave 注:It is in such passages as these, where we see the sublime brevity of style in this ancient books, eighteen letters convey a clear idea of these nine virtues, with the quality each virtue ought to have to prevent its degenerating into Vice; and all these in a Manner so lovely and so fine, that it must suffer by a Translation into any European

① 江灏，钱宗武译注. 今古文尚书全译 [M]. 贵阳:贵州人民出版社，2009 年，第 112—113 页。

② Ibid., Du Halde. *A Description of the Empire of China and Chinese Tartary* [M]. London: T. Gardner for Edward Cave, 1738, p. 406.

③ 江灏，钱宗武译注. 今古文尚书全译 [M]. 贵阳:贵州人民出版社，2009 年，第 34—36 页。

language.[①](正是在这样的段落中，我们看到了这本古籍风格的简练，以十八个字传达了这九种美德的清晰概念，每种美德都应该具有防止其退化为邪恶的品质；所有这些都以一种如此优美、精细的方式去表达，以至于用任何一种欧洲语言对其进行翻译都必定会对它造成损害。)

在上例脚注中，译者评价了《尚书》古老、简洁而表意能力非凡的语言特征和优美的语言风格。清晰地表达了其对《尚书》的语言表现力和风格的由衷赞叹和欣赏。然而在有些注释评论中，译者也融入了西方文化特有的思想观念，显示了其在以西方思想框架对原文进行诠释。如下例：

例 1.13 《尚书·商书·仲虺之诰》："惟天生民有欲，无主乃乱……"

Cave 注：The ancient commentary *Ching i* speaks thus, The *Tyen* produced Man, and gave him a Body and a soul. Every Man then has a visible and material Body and a spiritual intelligent Soul. Man being formed in this manner, *Tyen* assists him. I don't mean simply, that *Tyen* after it had given him a Body and a Soul, gave him several Laws; but that it likewise assists him in a more particular manner. For Man speaks, thinks, acts, distinguishes the Good from the Bad, and the Bad from the Good... (古代程颐的注释这样说：天造了人，给了他身体和灵魂。每个人都有可见的物质身体和智慧的灵魂。以这种方式形成的人，天帮助了他。我不是简单地说，天在给了他一个身体和一个灵魂之后，给了他几条法则，但它同样以一种更特殊的方式帮助他。因为人在说话，思想，行动，分辨善恶……)

上例中的《尚书》英译对"惟天生民有欲，无主乃乱……"句的注释有两个，其一说明此处"天"指的是"天堂(Heaven)"，其二即上例中的注释，补充了古代中国学者程颐的有关论述，用西方宗教的有关概念诠

① Ibid., Du Halde. *A Description of the Empire of China and Chinese Tartary* [M]. London: T. Gardner for Edward Cave, 1738, p. 403.

释了程颐所说的"天赋予人类肉体和灵魂"等话语，以此作为注释，[①]因此具有归化翻译的特点。

2. 添加旁批

凯夫版译者在译文的每一页都添加了一些简短的旁批。有些旁批显示了其对中国的治国理政思想的关注与重视。例如：

例1.14 《尚书·虞夏书·大禹谟》："汝作士，明于五刑，以弼五教。期于予治，刑期于无刑，民协于中，时乃功，懋哉。"（因为你担任我的士官，明确五种刑罚，用来辅助五种教化。你帮助我治理政事，使用刑罚，正是期望以后不再使用刑罚，人们言行都合于中道。这都是你的功劳，应当受到鼓励啊！）[②]

Cave旁批：Character of a good idea.（一个好办法的特点。）[③]

旁批直接赞美了原文所载皋陶在政务处理中，区分用刑轻重等级，以刑罚辅助民众教化的思想，显示了译者对古代中国的法治思想文化的关注和赞同。有一些旁批则肯定了中国的政府形态、君臣关系的处理等政治文化思想。如：《尚书·虞夏书·皋陶谟》译文的旁批："精简的善政。"（Good Government to what reduceable.）"一个反面例子的国王的恶果。"（Evil Consequences of a bad Example in a king.）《尚书·虞夏书·益稷》译文的旁批："君臣间互惠互爱的必要。"（Necessity of reciprocal love betwixt the Prince and Subjects.）再如，《说命》译文的旁批："一位皇帝的顺从与一位大臣的忠诚的实例。"（Instance of Docility in an Emperor and of Honesty in a Minister.）[④]

其次，有些旁批显示了译者对中国的德政思想的关注和赞赏，对书中所载君臣德行加以评论，如：

例1.15 《尚书·虞夏书·大禹谟》："皋陶迈种德，德乃降，黎民怀

---

① Ibid., Du Halde. *A Description of the Empire of China and Chinese Tartary* [M]. London: T. Gardner for Edward Cave, 1738, p. 405.

② 江灏，钱宗武译注. 今古文尚书全译 [M]. 贵阳：贵州人民出版社，2009年，第25页。

③ Ibid., Du Halde. *A Description of the Empire of China and Chinese Tartary* [M]. London: T. Gardner for Edward Cave, 1738, p. 402.

④ Ibid., Du Halde. *A Description of the Empire of China and Chinese Tartary* [M]. London: T. Gardner for Edward Cave, 1738, pp. 404 - 408.

之。帝念哉！念兹在兹，释兹在兹，名言兹在兹，允出兹在兹，惟帝念功。"（皋陶勇往行德，德就普及了，百姓归附他。舜帝，您要考虑啊！想念这个的在于皋陶，解释这个的也在于皋陶，称道这个的也在于皋陶，真正推行这个的也在于皋陶，舜帝，您要思念皋陶的功劳呀！）①

对上句进行翻译后，凯夫版的旁批为：Encomium of the wise *Kau yau*. ②（对英明的皋陶的赞颂。）

再如：《尚书·虞夏书·益稷》译文旁批："他为中国所施的善政"（The good offices done by him to China.），"人类的幸福包含于美德之中"（The Happiness of Man consists in virtue），"对禹的赞扬"（The praise of *Yu*）。《尚书·商书·说命》译文旁批："高宗因自己的过错而强烈希望受到责备。"（The Emperor *Kau tʃong*'s great desire to be reprov'd for his faults.）③这些旁批都显示了西方译者对古代中国重视美德与个人品德修养的认可和赞赏。

其旁批也显示了译者对中国文化中的天命论的关注。如：《尚书·虞夏书·皋陶谟》的译文旁批："天堂的公正无私。"（The Justice and Impartiality of Heaven.）《尚书·商书·说命》的译文旁批："一位天堂所赐大臣的历史。"（History of a Minister given by Heaven.）还包括对中国的求知与教育方面的关注："智慧的习得所包含的内容。"（In what the study of wisdom consists.）④

由此可见，基于对《尚书》所载中国思想文化的认同与肯定，译者以旁批的诠释形式，着力彰显了原文的思想文化等价值。其对中国文化的这种态度有利于《尚书》的本体真理的诠释与揭示。

（三）音译法

汉学早期的《尚书》英译文本中没有出现汉字文本。对于原文中出

---

① 江灏，钱宗武译注．今古文尚书全译［M］．贵阳：贵州人民出版社，2009 年，第 27 页。

② Ibid., Du Halde. *A Description of the Empire of China and Chinese Tartary* [M]. London: T. Gardner for Edward Cave, 1738, p. 402.

③ Ibid., Du Halde. *A Description of the Empire of China and Chinese Tartary* [M]. London: T. Gardner for Edward Cave, 1738, pp. 404 - 408.

④ Ibid., Du Halde. *A Description of the Empire of China and Chinese Tartary* [M]. London: T. Gardner for Edward Cave, 1738, pp. 404 - 408.

现的人名、帝王等的称号等专有名词性质的词语，译者通常采用拉丁文注音的方法来传译，大写其首字母并以斜体表示。在对原文中的一些普通名词性词语进行传译时，有时也会采用音译的翻译方法，这种翻译方法为其后的西方译者们所沿用，成为常用的翻译方法之一。

1. 对人名、称号等专有名词的音译

早期《尚书》英译文本中出现了人名等专有名词性质的词语音译现象。例如：

例 1.16 《尚书·虞夏书·益稷》："禹拜曰：'都！帝，予何言？予思日孜孜。'"（禹拜谢说："啊！君王，我说什么呢？我只想每天努力工作罢了。"）①

Cave 译：What can I say, replies *Yu*, or what can I add to *Kau yau*?（禹回答说，我说些什么呢？或我能对皋陶的话补充些什么呢？）②

上例显示了大禹和皋陶的名字使用了拉丁文注音的翻译方法，分别表示为 *Yu*、*Kau yau*。再如：

例 1.17 《尚书·虞夏书·益稷》："徯志以昭受上帝……"（要等待有德的人明白地接受上帝的命令……）③

Cave 译：Thus, you will find yourself loaded with the most illustrious Blessings of *Shang ti*, ... ④（这样，你会发现自己承载了上帝的无上祝福……）

上例原文中的"上帝"一词被音译成了"*Shang ti*"。此外，还有一些如书名等专有名词也被用拉丁文注音传译，如《尚书》在宋代的书名——《书经》，被音译为 *Shu King*，"成汤王"被音译成"*Ching tang*"，"程颐"被音译为"*Ching i*"等。⑤

---

① 江灏，钱宗武译注. 今古文尚书全译［M］. 贵阳：贵州人民出版社，2009 年，第 39—40 页。

② Ibid.，Du Halde. *A Description of the Empire of China and Chinese Tartary* [M]. London：T. Gardner for Edward Cave，1738，p. 406.

③ 江灏，钱宗武译注. 今古文尚书全译［M］. 贵阳：贵州人民出版社，2009 年，第 42—43 页。

④ Ibid.，Du Halde. *A Description of the Empire of China and Chinese Tartary* [M]. London：T. Gardner for Edward Cave，1738，p. 404.

⑤ Ibid.，Du Halde. *A Description of the Empire of China and Chinese Tartary* [M]. London：T. Gardner for Edward Cave，1738，p. 405.

2. 对普通名词性词语的音译

早期《尚书》译者在翻译一些非专有名词性质的普通名词性词语，也会采用音译的方式，例如：

例 1.18 《尚书·虞夏书·大禹谟》："人心惟危，道心惟微……"（现在人心动荡不安，道心幽昧难明……）①

Cave 注：The text says, *Jin ſin*, that is to say, the Heart of Man, This is not properly Passion... *Tau ſin*, that is to say, *the Heart of Reason*...（文中说，"人心"，也就是"人类之心"，这是不恰当的情感……"道心"，也就是"理性之心"……）

上例注释将原文的"人心""道心"两个偏正结构的普通名词也进行了拉丁文注音传译，将其分别翻译为"*Jin ſin*""*Tau ſin*"。再如：

例 1.19 《尚书·虞夏书·益稷》："予乘四载，随山刊木……"（我乘坐四种交通工具，沿着山路砍削树木作为路标……）

Cave 注：The Chinese endeavoured to guess what these Vehicles were. The Text says *Tſë tſay*; it is true, the letter *Tſë* fignifies *four*; but it very difficult to explain what the other letter presents to the Eyes, it is *Kyu*, *a Chariot*, *tſay*, *of* afflictions and sufferings. ②（中国人努力猜测这些车辆是什么。文中说"四载"；"四"真的是指数字 4；但很难解释另一个字代表什么样子的事物，它是"輈"，即一种古代战车，"载"，有关于痛苦和苦难之意。）

此句的英文译文把"四载"翻译成四种交通工具（"Four Vehicles"），在译文后加括号标注了拉丁语注释符号（*），并在译文下方添加了上例中的脚注。由注释可见，原文中的普通词语组合"四载"也被音译为拉丁字母注音——"*Tſë tſay*"，译者还猜测大禹治水所乘坐的交通工具可能是一种古代战车"輈"，并音译为"*Kyu*"。

由于耶稣会士来华传教之初，罗明坚、利玛窦即开始提倡用拉丁语为汉字注音。这种做法对其后的耶稣会士马若瑟等中国典籍译者也应

---

① 江灏，钱宗武译注. 今古文尚书全译［M］. 贵阳：贵州人民出版社，2009 年，第 28—30 页。

② Ibid., Du Halde. *A Description of the Empire of China and Chinese Tartary* [M]. London: T. Gardner for Edward Cave, 1738, p. 404.

具有一定的影响作用。

四、《尚书》英译的本体诠释特点

翻译也是一种对原文语义的异语诠释。意义的诠释与传译向来是翻译中至关重要的问题。尤金·奈达说："语义是语言学家最后的堡垒之一，这并不奇怪，因为意义的结构是如此难以处理。"[①]诚然，文本意义不只是其字面所呈现的意义，而是往往由其多个层次的意义相互制约平衡而形成。许均教授指出："如果说翻译有什么标准的话，那就是一个成功的翻译不可能在一个层次完成，它应该是各个必要层次和谐统一的产物。"[②]王克非教授认为，在典籍的跨文化传播中，弥合中西之间"文化的距离"尤其困难，因而翻译需从语言和文化两个层面来认识。[③]

本体诠释学理论认为，连续性文本的意义可由其所含的诠释圆环而规定。诠释圆环包括三个层次，即语言层次、理论层次及本体真理层次，三个层次的意义彼此相互制约、相互平衡而形成文本意义，其中本体真理层次决定了其他两个层次的意义。[④]据此，《尚书》的本体真理意义即依据其文本的有关历史与理论系统等，由其所含的本体诠释学圆环的三个层次而形成对其真实与价值的观点、认识及信念等。《尚书》包含以下本体真理意义：

《尚书》承载着中华民族最初的文化、文明记忆。《虞夏书·尧典》清晰地表述了"修身、齐家、治国、平天下"的思想，与后来的《孟子》《大学》等典籍中有关儒家政治哲学思想表述的逻辑顺序完全相同。《尚书》中蕴含着历史、文化、政治、哲学等丰富的中国传统文化思想，历代诠释者都极为重视。周代的周公、召公提出的影响中国数千年的两个基本治国大法——德治与法治，从而周代最终形成了建立在天民合一的牢固基础上的天、民、德三位一体的统治体系，即周代以后儒家德治

① E. A. Nida. "*Translation*"[J]. *In T. A. Sebeok (ed.), Current Trends in Linguistics, Vol.* 12, Linguistics and Adjacent Arts and Sciences. The Hague/Paris: Mouton, p. 1058.

② 许钧. 论翻译的层次 [J]. 现代外语，1989 年第 3 期，第 65—72 页。

③ 王克非. 翻译需从语言和文化两个层面来认识 [J]. 外国语，2014 年第 6 期，第 52—54 页。

④ [美] 成中英. 本体诠释学(一)[M]. 北京：人民大学出版社，2017 年，第 223 页。

思想的基本框架。《周书·吕刑》可谓我国历史上现存的最早法典;《周书·顾命》记载了周成王的丧礼与周成王即位的礼仪,集中反映了古代圣贤周公"治礼作乐"的周礼规范。儒家的核心要义之一"礼"源于古代的祭祀,在中国文化意识中具有至高无上的地位;《周书·立政》《周书·周官》反映了周代官制,其考察政绩、选拔任用人才而使官员各称其职的记载中,任人以贤等思想穿越几千年的时空,至今仍具有重要的现实意义。《尚书》中的一些话语至今仍被奉为经世箴言,如《虞夏书·尧典》中的"百姓昭明,协和万邦",[①]《虞夏书·五子之歌》中的"民惟邦本,本固邦宁",[②]《周书·周官》中的"功崇惟志,业广惟勤"[③]等。此外,《尚书》的记载还具有文学、经济学、天文学、地理学等丰富的价值与意义。科举时代,《尚书》成为考试的重要内容,在很长的一段历史时期内,是知识分子修身进仕的重要阶梯,对于我国的知识分子培养、社会主流意识构建起到了巨大的导向作用,成为民族价值体系建立的深厚基础。

《尚书》学家钱宗武先生认为:"经典承载着古人的生存智慧,蕴含着中华民族最基本的价值诉求,通过历代的教育锻铸着一个民族的基本品格。"[④]《书》教在于疏通知远,《诗》《书》等经典的价值并不在于讲述后世所谓的历史,而是"顺承天爱人之理",承担着"道德教化"的功能,[⑤]经典的价值不仅在于传承文本,更在于经世致用。《尚书》历经历代学者的不断诠释,于传承中又有所创造,流传至明清时期,又成为中学西传的重要对象。因此,只有准确把握与体认《尚书》的本体真理意义,理解其真实意蕴与价值,才能准确完整地翻译与诠释这部中国最古老的经典。成功诠释的基础即对原文本体真理的正确认知。

依据本体诠释学的文本诠释理论,西方汉学早期《尚书》英译文本

---

① 江灏,钱宗武译注. 今古文尚书全译[M]. 贵阳:贵州人民出版社,2009年,第2页。

② 江灏,钱宗武译注. 今古文尚书全译[M]. 贵阳:贵州人民出版社,2009年,第70页。

③ 江灏,钱宗武译注. 今古文尚书全译[M]. 贵阳:贵州人民出版社,2009年,第308页。

④ 钱宗武解读. 尚书[M]. 中华传统文化百部经典,袁行霈主编. 北京:国家图书馆出版社,2017年,第25页。

⑤ 钱宗武解读. 尚书[M]. 中华传统文化百部经典,袁行霈主编. 北京:国家图书馆出版社,2017年,第25页。

也同样暗含一个本体诠释圆环，由这个诠释圆环规定了其意义，比较其意义与《尚书》原文的本体真理意义，可知其对原文的传译程度。现考察汉学早期《尚书》英译文本三个层次的意义诠释特点如下：

（一）语言层次的特点

从语言层次考察早期的《尚书》英译文本可发现，这些英译文本只是选译的一部分段落，并未真正完整地翻译某个篇章，也没有附带任何有关汉语文本，但这些英译文本都具有连续性。布鲁克斯的有关英译仅有几段对《尚书》的选译，即对《尚书·尧典》后半部某几个段落的翻译，内容较少，有关英译被标记为斜体字，作引用例证之用。在凯夫版的《中华帝国全志》英译本中，《尚书》的部分译文按照其原来的篇章顺序排列在一起，语篇之间的区分较为分明，选译了《尚书》中的《大禹谟》《皋陶谟》《益稷》等篇的一部分段落，出自这三篇的英译处于同一标题之下："来自《书经》的选译，关于古代国王们的格言的对话"，三篇选译之间没有彼此区分开的明显标记。接着是选译自《尚书》另外三篇的英译文本，各有不同的标题，彼此区分分明，依次为："据说是仲虺对皇帝成汤所作的演说""伊尹对小太甲的训诰""皇帝高宗和他的大臣傅说之间的历史会话"。[①]对《大禹谟》的英译仅有从"后克艰厥后，臣克艰厥臣，政乃乂，黎民敏德"到"俾予从欲以治，四方风动，惟乃之休"。在《尚书·虞夏书·益稷》篇翻译到"帝曰：'吁！臣哉邻哉！邻哉臣哉！'"之后，接着翻译了《尚书·虞夏书·大禹谟》中的一段，即从"帝曰：'来，禹！降水儆予，成允成功，惟汝贤。克勤于邦，克俭于家'"到"慎乃有位，敬修其可愿，四海困穷，天禄永终。惟口出好兴戎，朕言不再"。在这段译文之后就结束了该篇翻译，对《尚书·虞夏书·益稷》中余下的大部分内容并未接着翻译。[②]此种混乱在其他语篇的选译中并未再次出现。

---

① Ibid., Du Halde. *A Description of the Empire of China and Chinese Tartary* [M]. London: T. Gardner for Edward Cave, 1738, pp. 402 - 403.

② Ibid., Du Halde. *A Description of the Empire of China and Chinese Tartary* [M]. London: T. Gardner for Edward Cave, 1738, pp. 402 - 403.

由于汉学早期对汉语了解得不够深入，一些译文与汉语原文有较大差异，有些译文是望文生义式的翻译。译文总体上表现出意译的翻译方法。形式上除了个别之处，大都保留了原文的段落等形式。例如：

例 1.20 《尚书・虞夏书・尧典》："瞽子，父顽，母嚚，象傲，克谐……"（他父亲心术不正派，后母说话不忠诚，弟弟象傲慢不友好，而舜能同他们和谐相处……）[①]

Brookes 译：in the midst of a family among whom he must suffer greatly, from the bad humour of a fretful father, and the irregular behaviour of a passionate mother: his brothers are haughty, violent, and quarrelsome, with whom no body has been able to live at ease hitherto; he alone has been able to meet with peace, or rather to create it, in a house composed of such fantastic and unreasonable dispositions. [②]（在这样一个家庭里，他必须忍受一个烦躁不安的父亲的坏脾气和一个容易激动的母亲的不正常行为：他的兄弟们傲慢、暴力、爱吵架，到目前为止，没有人能和他们一起好好相处；只有他一个人能够维护这些性格怪异、不通情理的家庭成员间的和平，或者更确切地说，是创造和平。）

在上例中，象，原文指的是舜的异母弟弟，名字叫象。傲，意为傲慢无礼。但英译为："舜的兄弟们（his brothers）都很傲慢无礼、狂暴而又好争吵。"而且，原文中的后母被翻译成母亲（mother），这些显然违背了原文字句的历史文化常识意义，原文中的"瞽子"（盲人的儿子）也被漏译。由此可见，译文与原文语义的较大差异。再如：

例 1.21 《尚书・虞夏书・大禹谟》：禹曰："惠迪吉，从逆凶，惟影响。"（禹说："遵循道就吉利，顺从恶就不吉利，吉凶与善恶的关系，就如同影子同形体、回声同声音的关系一样。"）[③]

Cave 译：You may add, says *Yu*, that those who obey him are happy; and that it is a great Unhappiness to displease him; For as the Shadow follows the Body; and the Echo, the Voice, so Rewards attend

---

① 江灏，钱宗武译注. 今古文尚书全译［M］. 贵阳：贵州人民出版社，2009 年，第 8 页。

② R. Brookes. *The General History of China*［M］. Volume 2. 1741, p. 115.

③ 江灏，钱宗武译注. 今古文尚书全译［M］. 贵阳：贵州人民出版社，2009 年，第 25 页。

Virtue, and Punishments the Crimes.（大禹说，你可以说那些顺从他的人是幸福的；惹他不高兴的人极为不幸福；因为如同影子跟随身体，回声跟随着声音一样，奖赏随同美德，惩罚随同罪恶。）①

惠：顺。迪，道理。《孔传》："迪，道也。"《孔传》："吉凶之报，若影之随形，响之应声。"② 译文如果用 happy、Unhappiness 对译"吉""凶"尚可理解，但将"迪"翻译为 obey him，显然与原文语义有较大的不符。译者表现出没有理解中国文化中"道"的概念，而将之人格化，翻译为了 him，这些译文均显示了对原文语义的偏离或误读。再如：

例 1.22 《尚书·虞夏书·皋陶谟》："无旷庶官，天工，人其代之。"（不要虚设各种职位，老天命定的工作，应该由人代替完成。）③

Cave 译：The subaltern officers ought likewise to watch without any relaxation, reflecting that Heaven devolves its power upon the king, and that the King instructs his with them, and that consequently they are in its place, that whatever they do may be considered as the work of Heaven. ④（下级军官也应当毫不松懈地警戒，因为他们认为，天堂将权力移交给国王，国王又将他的权力下放给他们，因此他们既已就位，无论他们做什么，都可以看作天堂的工作。）

上例中，旷，意为空，空设。庶官，众官。天工："《汉书·律历志》作'天功'，谓天命的事。"⑤译文将"庶官"译为"下级军官（The subaltern officers）"，"天工"译为"天堂的工作事务（the work of Heaven）"，"无旷"翻译为"就位（they are in its place）"，这些译文都不符合汉语的历史与常识意义，表现出因望文生义而对原文的误读，从而导致整个句子的译文跟原文语义大相径庭。又如：

例 1.23 《尚书·虞夏书·皋陶谟》："天明畏，自我民明威。达于

① Ibid., Du Halde. *A Description of the Empire of China and Chinese Tartary* [M]. London: T. Gardner for Edward Cave, 1738, p. 402.

② 钱宗武解读. 尚书 [M]. 北京：国家图书馆出版社，2017 年，第 59 页。

③ 钱宗武解读. 尚书 [M]. 北京：国家图书馆出版社，2017 年，第 37 页。

④ Ibid., Du Halde. *A Description of the Empire of China and Chinese Tartary* [M]. London: T. Gardner for Edward Cave, 1738, p. 403.

⑤ 钱宗武解读. 尚书 [M]. 北京：国家图书馆出版社，2017 年，第 74 页。

上下，敬哉，有土！”（表彰好人、惩治坏人，是根据臣民的意见表彰和惩治的。老天的意旨和臣民的意见是相通的，要谨慎啊，有国土的君王！）[①]

Cave 译：Heaven is always terrible, but an oppress People rouses it to Vengeance. It chastises great and small without Distinction, but Kings have a thousand times more to dread than other Men. What I have told you, Sir, is the purest Truth, but the main Point is to reduce it to Practice.[②]

（天堂总是可怕的，但一个受压制的民族会激起它的报复。无论贵贱上下，它不加区别地加以惩罚，但是国王有比其他人多一千倍的恐惧。我告诉先生您的，是最纯粹的真理，但主要的一点是在实践中减少这种情况。）

关于上例，孙星衍的《今古文尚书注疏》注：“‘畏’，作‘威’。”[③]《书集传》：“明者显其善，畏者威其恶。”“威，古文作畏，二字通用。”“敬，心无所慢，有土，有民社也。言天人一理，通达无间。”[④]明是表彰好人，畏是惩治坏人。而上例将“明畏”翻译为“可怕的”，可见译者误读了词句的语义，类似情况在早期《尚书》英译中出现较多。又如：

例 1.24 《尚书·虞夏书·益稷》：“安汝止，惟几惟康。”（要尽到你的职责，考虑到大臣的安危。）[⑤]

Cave 译：Place your happiness in Virtue alone, Beware of the least thing that can discompose this valuable Happiness;[⑥]（将你的幸福单独放置于美德之中，提防哪怕最小的可能破坏这宝贵幸福之事。）

上例中，安汝止，郑玄注释为：“安汝之所止，无妄动，动则扰民。”

---

① 江灏，钱宗武译注. 今古文尚书全译［M］. 贵阳：贵州人民出版社，2009 年，第 37—38 页。

② Ibid., Du Halde. *A Description of the Empire of China and Chinese Tartary* ［M］. London: T. Gardner for Edward Cave, 1738, p. 403.

③［清］孙星衍. 尚书今古文注疏［M］. 北京：中华书局，1986 年，第 87 页。

④［南宋］蔡沈. 书集传［M］. 钱宗武，钱忠弼整理. 南京：凤凰出版社，2010 年，第 31 页。

⑤ 江灏，钱宗武译注. 今古文尚书全译［M］. 贵阳：贵州人民出版社，2009 年，第 41 页。

⑥ Ibid., Du Halde. *A Description of the Empire of China and Chinese Tartary* ［M］. London: T. Gardner for Edward Cave, 1738, p. 404.

止，职责。意即安于职责，不要轻举妄动。惟，思。几，危险。康，安康。[①]而译者显然将句中的“安”翻译为安放，安置(place)，从而导致对原文词语的诠释不当。

再次，早期的两种英译对《尚书》原文的内容有所改动。有学者研究认为：“杜赫德对《书经》的内容按照自己的方式进行了一番整理，在第二卷356—358页：《大禹谟》《皋陶谟》相混淆，经过了一番改造。”[②]其所说的整理和改造，即大致与上文所述凯夫版《益稷》与《大禹谟》的译文的混合拼接有关，但这种情形仅此一例。早期译者在译意过程中对原文语义内容也有一定改动。在《中华帝国全志》的四卷本英译本中，即有引用《尚书》中尧帝选贤任能与议定、考察帝位继承人等文本的译文。此处以斜体字表示对《尚书》原文的引用，用以例证神农氏及其后的历代皇帝都重视农业生产，当时的务农者拥有崇高的社会地位。《尚书》中此处还有关于尧把两个女儿嫁给舜以考察舜的德才的记载，但是英译没有此内容，仅简要交代了经过几年时间的观察，并在交付给舜的各种事务中对舜的德行进行了考察。英译中还增加了尧对舜的告诫和叮嘱，这些话语具有基督教的思想特征，[③]其英文译文也没有对有关文本的详细注释。但《尚书》原文中关于尧对舜的叮嘱，仅仅为两个字“钦哉”(严肃谨慎地处理政务吧)。[④]这些增译或删减现象都影响了对原文语义的真实诠释。

总体而言，早期英译表现出对原文的历史、语言学、文化学等常识意义的一定程度的偏离，仅部分地诠释传译了原文的语义。

(二) 理论层次的特点

分析研究早期《尚书》英译文本，可发现译者在诠释中所预设的理论与观点。《尚书》英译文本在理论概念层次的意义，也受到语言层次意义的影响，并受到本体论层次意义的制约。

---

① 江灏，钱宗武译注. 今古文尚书全译[M]. 贵阳：贵州人民出版社，2009年，第41页。

② 阎宗临著，阎守诚编. 传教士与法国早期汉学[M]. 郑州：大象出版社，2003年，第65页。

③ Ibid., R. Brookes. *The General History of China* [M]. Volume 2. 1741, pp. 115 - 117.

④ 江灏，钱宗武译注. 今古文尚书全译[M]. 贵阳：贵州人民出版社，2009年，第9页。

首先,译者预设了历史理论,即关于中国古代历史为真的观念。例如,《中华帝国全志》的英译版载有:“中国在早于耶稣诞生 2155 年之前就有人居住,这已为《中国历史》及 1729 年出版的关于那年发生日食现象的天文观测记录所证实,可以确信,在 4000 年里,只有这个帝国的宝座无间断地被传承了下来。”(Thus for 4000 Years and mere this Imperial Throne has been enjoyed, without interruption.)①由此可见,译者认为中国古老而不间断的历史是真实存在的。

其次,这一时期《尚书》英译表现出对《尚书》所含道德、政治、经济、哲学等思想文化的关注,显然译者在对原文本的诠释中预设了王道、德政、修身等儒学思想观念。例如:

例 1.25 《尚书·虞夏书·大禹谟》:“帝曰:俞!允若兹,嘉言罔攸伏,野无遗贤,万邦咸宁。稽于众,舍己从人,不虐无告,不废困穷,惟帝时克。”(舜帝说:“是啊!如果真是这样,好的意见就不至被埋没,贤德的人也不会隐居在民间,万国都会太平。参考众人的意见,抛弃自己的错误部分,采纳别人的正确部分,不虐待鳏寡孤独没有依靠的人,不抛弃困苦贫穷的人,只有尧帝能够这样做。”)②

Cave 旁批:“治理和服从的箴言。”(Maxims of Government and Obedience.)

再如:《尚书·商书·仲虺之诰》的译文旁批:“亲王品行端正的益处。”(Advantages of good conduct in a prince.)

《尚书·商书·仲虺之诰》的译文旁批:“执政箴言。”(Maxims of Government.)③

在上述各例中,从译者的旁批可以看出其对儒家所提倡的贤德君主的品行、儒家的执政观、用人观等的认同和赞许,因此可说其在以鉴赏与学习的态度来诠释儒家经典,从而预设了儒学的观念及有关理论。

再次,译者也预设了基督教神学和西方理性主义的理论观念。杜

---

① Ibid., R. Brookes. *The General History of China* [M]. Volume 2, 1741, pp. 2 - 3.

② 江灏,钱宗武译注. 今古文尚书全译 [M]. 贵阳:贵州人民出版社,2009 年,第 25 页。

③ Ibid., Du Halde. *A Description of the Empire of China and Chinese Tartary* [M]. *Volume* 2. London: T. Gardner for Edward Cave, 1738, pp. 402 - 405.

赫德依据来华耶稣会士的书简报道等编著《中华帝国全志》，可见其认同这些传教士们关于中国经典蕴含基督教义等观点。他在《耶稣会士书简集》33卷中说“他们（经典）教人认识和敬仰至高无上者的存在”，并在《中华帝国全志》前言中说：“他们追随这理性之光，因而他们具有真理的某些萌芽和一些初始的参与。”[①] 早期《尚书》的英译也体现了这些西方宗教思想理论等预设。例如：

例1.26 《尚书·商书·仲虺之诰》：“惟天生民有欲，无主乃乱……”（天生下老百姓就有七情六欲，如果没有君主，就会乱起来……）[②]

Cave译：Prince! what do you say? It is the *Tyen* which gives life to Men: As they are(†) subject to a thousand different Passions; if they had not a Master to keep them in their Duty, they could not live in Peace: But Heaven sends them a very wise King, and by means of him, renders them good and happy.[③]（王子！你说呢？是天给了人生命：因为人受一千种不同的情感的支配；如果没有一个主人来指导他们，他们就不能过平静的生活。但是上天给了他们一个非常聪明的国王，通过他，他们生活得很好，很幸福。）

在上例中，首先，译文添加了对“天”的注释：天堂（Heaven），这一具有神学色彩的词语此后一直为传教士等译者沿用至今。麦都思、理雅各、高本汉、彭马田等都使用了Heaven对译“天、上天”等词；其次，译文还添加了大段注释：“古代程颐评论说，天创造了人，给了他一个身体和一个灵魂，每个人都有一个看得见的物质的身体和一个精神上的智慧灵魂。天帮助以这种方式形成的人。”（The ancient Commentary *Ching i* speaks thus, The *Tyen* produced Man, and gave him a Body and a Soul. Every Man then has a visible and material Body; and a spiritual intelligent Soul. Man being formed in this Manner, *Tyen*

① [美]孟德卫．奇异的国度：耶稣会适应政策及汉学的起源[M]．陈怡译．郑州：大象出版社，2014年，第5页。

② 江灏，钱宗武译注．今古文尚书全译[M]．贵阳：贵州人民出版社，2009年，第84—85页。

③ Ibid., Du Halde. *A description of the Empire of China and Chinese-Tartary* [M]. Edward Cave, 1738, p. 405.

assists him....)[①]宋代学者程颐在《周易程氏传》中说:"天道运行,生育万物也。"[②]可见,此处的英译注释试图对中国学者的观点加以归化地阐释。不但将经文中的"天"等同于西方宗教常见概念天堂(Heaven),还使用了具有基督教思想特征的词汇来诠释原文,如使用了"Soul""spirit"(灵魂)等。基督教认为人有肉体和灵魂,肉体死亡后,灵魂依然存在。Master一词也具有宗教色彩,牛津词典对其解释为:"对宗教导师或领袖的称谓,大师,师傅。"(a title used for speaking to or about some religious teachers or leaders)柯林斯词典:"信徒对宗教法师或领袖的称呼,长老。"(Master is sometimes used by the followers of a male religious teacher or leader as a way of referring to him or addressing him.)这些富于宗教意蕴的词汇的使用,也为中国古代文化添加了基督教的元素,显示出译者以基督教义附会于儒家典籍的诠释意图,因而译文偏离了原文语义。这正如有学者所言:"译者的社会性行为会因为融入主动的目的性因素和被动的环境性因素而使译文在一定程度上偏离原文。"[③]显而易见,西方译者的这种宗教神学观念的预设与《尚书》的真实意义并不相符。这种对中国经典的诠释,正如有学者所言,实际上"掩盖了另外一个文化传统和其哲学思考"。[④]有学者研究了同属于这一汉学早期阶段的中国典籍译文,即译于17世纪后期的《论语》的拉丁文译本《中国哲学家孔子》,认为译文"所描述的理性之国也反映出欧洲当时的理性与秩序"。而在这类文献中,中国"失去了自己的独特性""也失去了中国文化、宗教的独特魅力"。[⑤]这种以西方思想文化框架去诠释中国文本的情形,在其后的西方《尚书》英译中依然存在。

---

① Ibid., Du Halde. *A description of the Empire of China and Chinese-Tartary* [M]. Edward Cave, 1738, p. 405.

② [北宋] 程颐. 周易程氏传 [M]. 卷一. 北京:中华书局,1981年,第697页。

③ 周领顺. 译者行为批评的理论问题 [J]. 外国语文,2019年第5期,第118—123页。

④ [美] 成中英. 本体诠释学[M]. 北京:中国人民大学出版社,2017年,第103页。

⑤ 欧洲传教士文献里的中国——梅谦立在上图讲座·章培恒讲座的讲演 [J]. 文汇报,2014年1月6日第012版。

(三) 本体真理层次的特点

西方对《尚书》的诠释历史可追溯至 16 世纪末期。来华的耶稣会士为了学习汉语，而翻译《尚书》等经典著作以作教材之用。有学者认为这些早期对中国古代典籍的翻译，译文与原文差异较大，但语言流畅、表达清晰易懂，然而毕竟是有“讹”的成分在内，因而不能准确地再现原文的思想。[①]《尚书》的早期英译也有此类表现。例如，凯夫版中的《尚书》英译文本，因译文的语言层次诠释不力，与原文语义存在较大差异。加之理论层次也有所偏离原文的理论预设，从而最终导致译文诠释圆环的三个层次失去平衡，整个诠释圆环的语义诠释有效性、真实性大打折扣，无法准确地对原文的本体论真理进行诠释与传译。例如：

例 1.27 《尚书·虞夏书·大禹谟》：“人心惟危，道心惟微，惟精惟一，允执厥中。”(现在人心动荡不安，道心幽昧难明，只有精诚专一，实实在在地实行中正之道。)[②]

Cave 译：Remember there is nothing to fear but one Passion, and right Reason is of infinite Delicacy. It must be simple, and always preserve a just Mean. [③](记住，除了一种激情之外没有什么让人恐惧，而正确的理性是无限微妙的。它必须简单，并且始终保持一种中正之道。)

《尚书·虞夏书·大禹谟》中的这句话被中国学界视为宋明理学的根基，然译者显然没有读懂其真正的意蕴，因而以西方的理性(right reason)概念对其进行归化的诠释。《尚书正义》载：“危则难安，微则难明，故戒以精一，信执其中。”[④]《书集传》解释：“心者，人之知觉主于中而应于外者也。指其发于形气者而言，则谓人心；指其发于义理者而言，

---

① 范祥涛. 早期儒家典籍英语转译中的文化传播研究 [J]. 外语教学与研究，2018 年第 5 期，第 770—778. 页。

② 江灏，钱宗武译注. 今古文尚书全译 [M]. 贵阳：贵州人民出版社，2009 年，第 28—30 页。

③ Ibid., Du Halde. *A description of the Empire of China and Chinese-Tartary* [M]. Edward Cave, 1738, pp. 402 - 403.

④ [汉] 孔安国传，[唐] 孔颖达疏. 尚书正义[M]. [清] 阮元校刻. 十三经注疏. 北京：中华书局，1980 年，第 136 页。

则谓之道心。人心易私而难公，故危；道心难明而易昧，故微。惟能精而察之，而不杂形气之私，一以守之，而纯乎义理之正道。心常为之主，而人心听命焉。则危者安，微者著。动静云为，自无过不及之差，而信能执其中矣。""允执其中"是指"圣人将以天下与人，未尝不以其治之法并而传之。"[①]可见，"道心"是中国特有的文化概念，而西方译者使用了"理性"这一西方哲学概念[②]对其进行诠释，将其纳入西方的思想体系，而这显然违背了原文语义。这类现象在早期译文中并非偶见，从而影响了对原文本体真理的真实诠释。再如：

例 1.28 《尚书·虞夏书·益稷》："徯志以昭受上帝，天其申命用休。"（要等待有德的人明白地接受上帝的命令，那么，老天就会再三地赐予您休美。）[③]

Cave 译：Thus, you will find yourself loaded with the most illustrious Blessings of *Shang ti*, and you will have the Glory to execute his Will in the new Order which he shall establish.[④]（这样，你会发现自己负载着上帝的无上祝福，你将荣幸地在他所要建立的新秩序中执行其意愿。）

上例中，译文所使用的词语 Blessing，Glory 等都具有神学色彩。译者以基督教至高神附会中国经典中的"上帝"，表现了其在翻译中融入了宗教思想，这也是所有中国文化并不存在的思想观念，而这类情形在译文中较为常见，从而导致译文对原文本体真理的偏离。虽然早期的英译者在语言层次上的诠释存在客观不足，也采用了归化的策略对原文进行了一些异于中国文化思想的诠释，但这一时期的译者基于对中国文化的一种仰慕心态，仍然显示出对经典的本体真理进行诠释的努力。例如，译者不仅在译文中添加了脚注，还添加了旁注，通过这些方式，着意对原文的本体真理价值进行彰显。例如，《尚书·虞夏

---

① [南宋] 蔡沈. 书集传 [M]. 钱宗武，钱忠弼整理. 南京：凤凰出版社，2010 年，第 24 页。

② 古罗马斯多葛学派哲学家塞内卡（Lucius Annaeus Seneca，约前 4—65）有关于 right reason 的名言：Virtue is nothing else than right reason. 美德无过于正确的理性。

③ 江灏，钱宗武译注. 今古文尚书全译 [M]. 贵阳：贵州人民出版社，2009 年，第 42—43 页。

④ Ibid.，Du Halde. *A description of the Empire of China and Chinese-Tartary* [M]. Edward Cave, 1738, p. 404.

书·皋陶谟》译文的旁批:君主必须具备的九种美德。(Nine Virtues necessary to a sovereign)再如:《咸有一德》译文的旁批:美德的赞歌。(Encomium of Virtue)这些旁批皆显示了西方译者对于《尚书》中的思想文化和价值观的认同,从而有利于对原文本体真理的诠释与传译。

综上所述,汉学早期的《尚书》英译表现出对原文本体真理价值的认同和凸显,故而其理论层次的诠释有较为恰当之处,其不当之处即预设了西方宗教等思想观念,加上语言层次较多的语义诠释失真,从而导致译文诠释偏离了原文,影响了对原文本体真理的真实与完整诠释。由此可见,这一时期的《尚书》英译总体上虽然存在诠释的不足,但是译者对于原文的本体真理已然有了一定的认知与传译,并且以对其凸显的译文形态将其传播到西方,原文的本体真理仍然得到了一定程度的诠释与彰显。因此,虽然由于语言层次的诠释不力与理论预设的不当而导致诠释的部分失真,这一时期的译文依然具有重要的文化交流与传播的价值。当初正是这些被努力诠释传译的中国文化和智慧为西方带去了其所亟须的思想文化的养分与社会变革的能量。

五、《尚书》英译的形态成因

这一时期《尚书》的英译形态主要受到翻译当时所处社会历史语境的影响,同时也与译者的文化背景及其运用了西方思想文化框架有关。

(一) 社会历史语境的影响

译者翻译当时的社会历史语境对译文的生成具有重要影响。早期《尚书》英译的社会历史语境主要包括西方翻译思潮、汉学思潮的影响以及西方海外传教策略等。

1. 西方翻译思潮的影响

西方古典时期的翻译理论主要受古希腊先哲们的哲学和美学等思想理论影响,尤其是亚里士多德(Aristotle,384—322BC)的《修辞学》(Rhetoric)、《诗学》(Poetics)。受泰勒斯美学的影响,西塞罗(Marcus Tullius Cicero,106—43BC)提出反对"词对词"的翻译,认为那样损害了自然美和气势美，坚持运用“审美标准”(aesthetic criteria)，寻求“意义对意义”的翻译。后世的修辞学家昆蒂良(MFAuintilian, 35—95)受其影响也主张意译。西方古典哲学—美学译论的继承者杰罗姆(Saint Jerome, 347—420)[①]传承西塞罗的译风，提倡译文的自然论，即为了行文流畅，应突破原文句法形式约束，但必须在语素级上对应，忠实于原文。其后天主教思想家奥古斯丁(Saint Augustine, 354—430)基于“美是适宜”“秩序”“和谐”“一体性”等美学命题，主张译文优势，比杰罗姆更重视形式，同时又执着于语义在义素(meaningful morpheme, sememe)级的对应。[②]随着基督教的发展，4—17 世纪，《圣经》的翻译成为学界关注的中心。1380—1384 年间，约翰 · 威克里夫(John Wycliffe, 1328—1384)翻译了第一部英文《圣经》，提出译文应平易可读的主张，质疑教会的翻译，其信徒继而提出译者应遵循“句译”(即整体意义)原则，不能仅仅墨守词义，以使译文明晰流畅不逊于拉丁原文。这些主张成为始于 14 世纪的欧洲文艺复兴(Renaissance)的先声。这些研究推动了翻译的不断发展。16 世纪，最有影响的《圣经》翻译家马丁 · 路德提出恪守“意义的真值”，在审美上应有“令人满意的本土风格”。稍后，英国《荷马史诗》翻译家查普曼(George Chapman, 1559—1634)提出了翻译的成功在于必须抓住原作的“神”(spirit)“韵”(tone)使得译文的神韵犹如原作的“投胎转世”(transmigration)。[③]当时的有关文化思潮也在《尚书》译文中留下一定的印迹。

受到当时翻译理论的影响，早期译者采用了意译的方法与归化的策略，在进行文本诠释的同时，也注重流畅的译文表达形式。从译文的注释可见，译者注重对原文形式的传译，对原文的韵律之美和凝练的风格大为赞叹：“正是在这些古籍经文中，我们看到了令人赞叹的精简风格，仅 18 字就表达了九种美德及其防止恶行发生的特点，所有这些都以一种如此生动而简练的形式呈现，以至于任何一种欧洲语言都难以

① 哲罗姆是 5 世纪西方的翻译家，《旧约全书》(*the Old Testament*)的拉丁文译者，其译本被誉为《圣经通行本》(*The Vulgate*)，也是天主教教廷所唯一承认的文本。

② 刘宓庆. 翻译美学导论(第二版)[M]. 北京：中国对外翻译出版有限公司，2012 年，第 35—40 页。

③ 刘宓庆. 翻译美学导论(第二版)[M]. 北京：中国对外翻译出版有限公司，2012 年，第 35—40 页。

表述。”(in such passages as these, where we see the sublime brevity of style in these ancient Books. Eighteen Letters convey a clear idea of these nine Virtues, with the quality each Virtue ought to have to prevent its degenerating into Vice; and all this in a Manner so lively and so fine, that it must suffer by a Translation into any European Language.)①这也体现了译者的翻译审美倾向。这一时期的译文尽管语言层次的诠释有某些失真之处,但表达流畅自然,符合当时的翻译审美要求,即具有“令人满意的本土风格”。

2. 早期汉学思潮的影响

上文所述西方的“中国热”也包括西人对中国文化的热忱。早期来华的耶稣会士作为中学西传的重要媒介,在研究与译介中国文化典籍方面发挥了主要的作用,其有关中国的著述中对中国社会文化等方面有诸多赞美和欣赏,如利玛窦即在其札记中称赞中国人的勤劳,称中国人以普遍讲究温文有礼而闻名于世,在尊师敬老方面都超过了西方人,不仅在道德哲学上,而且在天文学和很多数学的分支方面都取得了很大的进步。他还认为,孔子是伟大而博学的哲学家,以自己的身教言传激励国人追求道德,并认为“四书”“五经”为国家未来的美好和社会发展而集道德教诫之大成。②由于这些早期汉学思潮的影响,这一时期《尚书》译者在翻译中强调与突出了中国思想文化的诸多优越之处,并竭力对其本体真理进行了凸显性诠释。但值得注意的是,也有些学者如利玛窦等传教士,并不因这些值得欣赏之处而认同中国的道德哲学,而是相反,囿于其西方宗教的思想框架。以利玛窦为代表的耶稣会士仍然认为中国的文化思想存在重要缺陷,需要西方基督教义与理性精神的指引和拯救,中国人只有皈依基督教才能走出思想的迷途。利玛窦在札记中写道:“中国所熟习的唯一较高深的哲理科学即道德哲学,但是在这方面他们由于引入了错误观念,似乎非但没有把事情弄明白,反倒

① Ibid., Du Halde. *A description of the Empire of China and Chinese-Tartary* [M]. Edward Cave, 1738, p. 404.

② [意] 利玛窦,金尼阁. 利玛窦中国札记(上)[M]. 何高济,王遵仲等译. 北京:中华书局,1983 年,第 10—12 页。

弄糊涂了”“他们没有逻辑规则的概念”“在他们那里，伦理学这门科学只是他们在理性之光的指引下所达到的一系列混乱的格言和推论”。[①]对原文的基督教神学思想和西方理性主义思想等归化的诠释，也在一定程度上影响了传教士译者对中国典籍本体真理的诠释。

3. 西方海外传教策略的影响

来华传教的耶稣会士为了推行“耶儒融合”的传教策略，在翻译中国典籍时着意将中国塑造为适合接受基督教教化的文明之邦，以寻求西方本土对其在华传教的支持。正如杜赫德在其书中所言，其编著的目的即在于“寻求王室、学界和民众的支持”。[②]耶稣会士翻译儒家经典，也是在借助中国当时社会的主流形态——儒学的影响，融基督教义于儒学，以有利于在华传教的顺利进行。正如有学者所指出：在这个“东风西渐的时代”，西方的“神学家用中国典籍证明基督教”“哲学家有可能用中国典籍证明无神论”。[③]对杜赫德的法文版《中华帝国志》的研究也表明，以基督教思想附会儒家典籍是西方传教士翻译中国古代典籍的重要目的。[④] 由此可见，早期《尚书》英译中的西方宗教色彩，与法文底本译者马若瑟的翻译目的与思想理念有着非常重要的关系。而英文译者的译介目的与法文译者又有所不同。当时，英国为了进一步进行海外殖民扩张与传播福音，急需获取东方国家的有关信息，其中包括中国。但当时与中国密切接触的主要是法国的耶稣会，为了解有关东方的社会、思想、文化等各个领域的知识与信息，以满足国家的政治、贸易与宗教向中国的拓展之需，只好翻译法国的汉学著作。这正如布鲁克斯在四卷本英译本第二卷献给英国下议院议长亚瑟·安斯洛（Arthur Onslow, Efq）的《献词》（*Dedication*）中说：“没有什么比精通一切有用的学问更能使您的品格更完美，且您对文人墨客素来敬重，正由于这些原因，我想这部描述中国那样勤奋好学的国家的作品，也许是您可以接

---

① [意] 利玛窦，金尼阁. 利玛窦中国札记（上）[M]. 何高济，王遵仲等译. 北京：中华书局，1983年，第31页。

② 张明明.《中华帝国全志》成书历程试探 [J]. 国际汉学，2015年第3期，第92—98，202页。

③ 周宁著/编注. 世纪中国潮 [M]. 北京：学苑出版社，2004年，第78—97页。

④ 张明明.《中华帝国全志》研究 [M]. 北京：学苑出版社，2017年，第92—98，202页。

受的礼物。”[1]凯夫版的献词也有此类对中国知识的推荐，如译者在献给英国威尔士亲王弗莱德里克的致辞中说：“构成这部著述的主体部分的地图和法令来自伟大的中国王朝，是由令人敬佩的康熙皇帝下令完成的。首先是其没有国家的支持就不可能取得的地理学的巨大进步，其次是其政府与人民建立在道德协约上的政府制度，法律和机构是如此健全，保证了国王和人民双方的幸福，这些都值得您的了解。”[2] 这些话语显示了以英译者为代表的西方学界对中国文化的学习与借鉴的意图与赞赏，而这也直接影响了其对《尚书》的英译方法策略的选择。

（二）译者文化背景的影响

译者的文化背景如教育背景、语言文化等能力与素养、翻译价值观、翻译经验等，皆对翻译起到重要的制约作用。[3]首先，如前文所述，《尚书》的法文译者马若瑟是一名博学多才的耶稣会士，其对汉语言文化的掌握程度在当时算是非常好的，被认为精通汉语。其汉学学养有助于其对《尚书》文本的诠释。但总体而言，汉学形成期的译者囿于当时的汉学研究尚属初级阶段，汉语言文化等方面的知识储备仍不充足，正如《中国丛报》[4]所评论的那样：这部作品中的大部分都是在译者学习汉语的早期阶段完成的，虽然不是完全的初学者，但他们的知识远没有想要的那么丰富和全面。（Much of this work, too, was performed while the translators were in the earlier stages of their Chinese studies, not indeed novices, but with knowledge far less matured and extended than was desirable.）[5]再者，西方对《尚书》的翻

① R. Brookes. *The General History of China* [M]. Du Halde. Volume 2. *Dedication*, *London*, 1741, pp. 4 - 6. 原文为：there is nothing contributes to compleat Your Character more than Your Proficiency in all useful Learning, and Your Regard for Men of Letters for which Reason I imagin'd the Description of a Nation so studious as that of the Chinese, might prove no unacceptable present.

② Ibid., Du Halde. *A description of the Empire of China and Chinese-Tartary* [M]. Edward Cave, 1738.

③ 杨晓荣. 翻译批评导论 [M]. 北京：中国对外翻译出版公司，2005 年，第 187 页。

④《中国丛报》(*the Chinese Repository*)，美国传教士裨治文 1832 年于广东创办，持续发行至 1851 年，有“关于中国情报的矿藏，在华商人与传教士的喉舌”之称。

⑤ Things in Shanghai [J]. *The Chinese Repository*, July, Vol. 18, 1849, p. 388.

译尚属首次，并无有关翻译经验与资料可供参考与借鉴，这些因素皆影响、制约着此时期《尚书》翻译的真实与准确性。而作为底本的《尚书》法文译文对英文译者的翻译具有重要的影响，从而导致了英文译者亦未能对原文语义进行真实恰当的诠释。

其次，早期的《尚书》英译的底本是由法国耶稣会士马若瑟翻译的法文选译。在华传教士是当时向西方传递东方先进文化与文明信息的主要媒介，因此马若瑟在华传教士的身份也对其中国经典《尚书》等的译介具有重要的影响。一方面基督教神学的诠释思想框架影响着其对原文语义的理解与传译；另一方面，由于身为传教士，译者需要使其译文有助于在华传教策略的推行。这些因素都使得其译文以归化翻译为主，因而其对原文本体真理的诠释也有某种程度的缺陷。

《尚书》的英译者在译本前言中对中国文化的热情介绍和推荐，也反映了其对中国文化有着较为深入的理解和认识，而译者对原文的理解与认识也势必对其翻译与诠释有着重要的影响与制约作用。

（三）西方哲学思想体系的影响

如前文所述，这一时期的《尚书》英译采用归化的翻译策略，体现了西方译者将这部中国经典的翻译纳入了西方哲学思想框架，运用了与原文不同的西方思想文化概念与元素进行诠释与翻译，而这也影响了其对原文本体真理的真实、恰当的诠释。

首先，西方基督教文化所认为的世界本体是“它在”的，一切取决于上帝的意志，这种观念可溯源至古希腊柏拉图的思想理念。正如成中英先生所言：“西方文化具有强烈的上帝观和上帝意识”，是“二元对立”的，“具有冲突的因子”，[①]而中国的哲学传统则认为宇宙阴阳二气化生世间万物，天人合一，世界的存在是个生生不息地变化、演进的过程。因此，当西方译者们翻译中国经典的时候，他们往往运用自身的哲学思维框架来诠释中国经典文本，这导致了其将中国古代对上天的崇敬跟

---

① [美] 成中英. 西方文化对中国文化之需要 [J]. 东方论坛，2004 年第 5 期，第 6—13 页。

西方人对上帝的崇拜混为一谈，将中国的人格神“上帝”等同于他们的上帝 God。这显然不符合原文的语义所指。

其次，西方文化中的理性和中国文化中的理性也是两个不同的概念。源自古希腊的理性主义（Rationalism）在西方有着悠久的传统，是西方认识论（Epistemology）（或称知识论）中的一个重要概念和方法，此理论 17、18 世纪在欧洲大陆得以传播。天赋的知识观念是理性主义的一个重要特征，即将人的认知能力归于上帝所赋予，而且无须对此有怀疑，这种观念如同是建立在不证自明的公理的基础之上。所谓的笛卡尔（René Descartes，1596—1650）第一原理，也是根植于西方基督教文化的一种观念。而中国宋明时期的程朱理学则构建了以“理”为中心概念的理学知识体系，认为理是人类万物的本质和主宰，认为“理”“命”“心”“性”是存在于不同事物载体中的同一个主体事物，即“理一分殊”说。“心”和“性”不同，心是人的认知思维活动，性则是人生来具有的意识能力。体即性，也即道心，与人心有动静之分、体用之别。

早期西方译者翻译中国经典《尚书》中的“人心”这一概念时，将之翻译为正确的理性（Right Reason），并在注释中称之为“最纯正、正确的理性（The Purest and Rightest Reason）”。西方人在认识论发展的过程中确立了主体与客体、思维与存在的二元对立关系。理性主义的代表之一笛卡尔还认为人的身心也是二元对立的。而中国文化则如成中英先生所言，是“整体一元的”“具有中和因素”。[①]理性主义的代表人物之一莱布尼茨认为人类的一切思想行为都来自它自己的内部，即天赋的，而不是来自主体感觉经验。西方译者在诠释中国典籍《尚书》时，预设了自身哲学体系中的理性概念。由于中西方有关哲学思想理念并不相同，其预设的思想观念在中国古代典籍里面实际上并不存在，从而导致其诠释偏离原文的本体真理。

成中英先生总结西方形上学时说道，“总之，西方的形而上学就是超越的本体和外在的本体，也就是神学化或者科学化，而没有体现出人

① [美] 成中英. 西方文化对中国文化之需要 [J]. 东方论坛，2004 年第 5 期，第 6—13 页。

的内在性层面的超越过程和超越层面。西方文明的发展途径就是基于内在性的需求来追求外在的超越，产生外在性的知识和内在性的野心，产生西方文明的霸道和科技的强势。"①他说："基于我所阐释的对本体的认识，人的本体包含了人文（道德）和科技（知识）两个相面，也就是内在性和外在性两个相面，并在超越层面上导向终极价值中真理与智慧的统一。"②由成先生的论述可见东西方思想体系的根本性差异。而在此时期的《尚书》翻译中，译者在诠释中采用西方的思想框架，从而影响了其对原文本体真理的体认，这也是其译文的诠释偏离原文本体真理的根本原因，因而也导致这些早期译文未能对《尚书》原文进行真实准确的诠释。

六、《尚书》英译的译者行为特点

译者行为理论认为，译者既要对原文进行内部语义求真，又要务实于文本的外部语境。务实即译者在对原文语言所负载的意义全部或部分求真的基础上为满足务实性需要所采取的态度和方法。③"求真—务实"构成一个译者行为的连续统，译者的务实与原文本、译者自身因素、译者对读者的关注、出版赞助者等方面都密切相关。④由上述有关研究可知，汉学早期《尚书》英译的译者行为较为注重"语境务实"，译文显示了其对《尚书》的翻译务实于当时的传教策略之需。⑤

在对原文的内部语义求真方面，由于在早期《尚书》英译语言层次的诠释上，其语义与汉语原文词语语义存在较大差异，在理论层次与本体论层次的诠释上，译文融入了原文不存在的西方宗教神学和理性主义思想，从而使得译文的语义诠释偏离了原文的本体真理意义。因此，依据译者行为理论，《尚书》英译的译者行为表现出对原文的内部语义

---

① [美] 成中英. 本体诠释学（一）[M]. 北京：人民大学出版社，2017 年，第 106—108 页。

② [美] 成中英. 本体诠释学（一）[M]. 北京：人民大学出版社，2017 年，第 103 页。

③ 周领顺. 译者行为批评：理论框架 [M]. 北京：商务印书馆，2014 年，第 76—77 页。

④ 周领顺. 语义求真与语境务实 [J]. 中国翻译，2018 年第 5 期，第 116—119 页。

⑤ 由于上文对有关内容有所论及，故在此不再细述。此处译者行为分析仅作简要概述，拟后续研究再行专文探讨，下文的译者行为分析亦如此。

求真的不足。

在外部语境务实方面，由于译文显示了译者对这些《尚书》原文所含思想文化的欣赏、赞同和热情推荐，如其在译文中注重采用脚注、旁批等方法凸显原文的思想文化价值，以便于西人对其的把握与理解等。因此，译者行为表现出倾向于注重对社会语境的务实。而且，由于这一时期《尚书》英译底本的译者为法国传教士，为了争取西方对其在华传教的支持，法文译者也在译文诠释中融入了基督教等西方思想元素，进行了归化诠释，这也显示了其对在华传教的社会语境的务实，而这些对原文的语义诠释内容也被英文译者相应地呈现于英译之中。因此，总体而言，汉学早期《尚书》英译的译者行为主要表现出务实大于求真的特点。

第四节 17—18世纪的《尚书》英译与西方汉学的早期发展

在东学西传之初，对《尚书》等中国典籍的译介是汉学研究的一部分，这些早期的汉学研究不但加深了西方对中国文化的认知，也为其后的中国典籍译介等有关汉学研究，积累了最初的宝贵翻译经验与实践资料，参与推动了西方汉学研究的早期发展，为19世纪西方汉学学科的建立奠定了基础。

一、西方对东方文化的认知深化

《尚书》《论语》《大学》《中庸》等皆为最早走入西方学界的重要中国历史文化经典，开始对其的研究和翻译主要是为了用作传教士的教材。但正是对中国典籍初次的西语翻译，使得西人对中国文化开始有了实质性的了解，对中国的思想文化和民族精神有了一定的探索，从而加深了西方对东方文化的认知。罗明坚翻译的儒家经典是已知西方对中国经典的最早翻译。正如有学者所言："从罗明坚在澳门写出第一个汉字起，欧洲的传教士汉学就拉开了它的序幕。”[①]继罗明坚用西班牙文和拉丁文翻译“四书”之后，利玛窦不仅向西方介绍儒家文化，还翻译了儒家经典“四书”。利玛窦等耶稣会士坚信古代中国人“已经通过理性获得了对于上帝的真正认识”，并且将这种理性认识付诸崇拜上帝的实践活动。[②]以柏应理为代表的传教士当时已逐渐认识到，他们所面对的中国思想自身有着一个体系，即“中国知识”(Sinensis Scientia)，其经典体系即《四书》，如殷铎泽即以“中国知识”作为《中庸》译文的标题。同时，耶稣会士们也试图寻求将西方知识与不同于自身体系的“中国知识”相融合的途径。[③]

这一时期，法国国王路易十四曾派遣大批耶稣会士来华，在大约200年的时间内，来华耶稣会士多达456人，“其中多数人成为御用数学家、地理学家、画家或园林设计家，照顾了151个堂区，出版了成百上千部中文著作。他们向欧洲输送了大量有关中国的报道，并带回了中国的工艺品，这对欧洲的艺术产生了深远影响，并在欧洲掀起了中国热。”[④]

17—18世纪的“礼仪之争”成为中欧之间的重大外交事件。[⑤]在这场争论中，由于各个修会都需要为自己的传教路线进行辩护，因而对中国文化的介绍成为其中的重要内容。于是，17世纪末，欧洲掀起了一场对中国的历史、文化著作以及对中国哲学、宗教、礼仪的大规模的介绍，这也成为欧洲文化思想界全面关注和认识中国的起点。[⑥]这场争论的主要引发者意大利籍耶稣会士龙华民(Ncccolò Longobardi，1559—1654)所著的《关于上帝、天神和灵魂之争论的简单回答》中介绍了《礼

① 张西平. 欧洲早期汉学史［M］. 北京：中华书局，2009年，第41页。

② 梅谦立，孙赫. 16至18世纪中西文明互鉴的影响及其意义——以亚里士多德主义和宋明儒学为基础［J］. 北京行政学院学报，2023年第1期，第121—128页。

③ 欧洲传教士文献里的中国——梅谦立在上图讲座·章培恒讲座的讲演［J］. 文汇报，2014年1月6日第012版。

④ 张西平. 儒学西传欧洲研究导论：16—18世纪中学西传的轨迹与影响［M］. 北京：北京大学出版社，2016年，第64页。

⑤ 李天纲. 中国礼仪之争：历史、文献、意义［M］. 上海：上海古籍出版社，1998年，第2,345页。

⑥ 张西平. 儒学西传欧洲研究导论：16—18世纪中学西传的轨迹与影响［M］. 北京：北京大学出版社，2016年，第68—69页。

记》《中庸》《论语》《诗经》的许多观点，大量引证了明代重要儒学著作《性理大全》，意在证明中国文化是无神论的，和基督教文化不同，不应实行“合儒路线”。“礼仪之争”本质上是西方宗教文化第一次面对中国文化时的宗教困惑和文化碰撞，[①]这场争论客观上加深了西方对东方文化的认知。

1724 年，清雍正帝继位之后下令禁止传教士在中国内地活动，只有少数传教士作为专家留下，其余退居澳门等地。耶稣会士解散前后，1776—1814 年间出版了法文汉学巨著《中国杂纂》，其前 15 卷出版于 1776—1791 年，为法国耶稣会士钱德明等编撰，内容涵括了中国经史子集等诸多领域，对中国文化等进行了更为真实准确的介绍。耶稣会士们包括典籍翻译在内的中国文化研究使得西方对中国的认知推进到精神阶段，[②]他们将具有中国特色的思想文化传播到西方，成为当时西方新兴力量突破宗教与封建思想桎梏的有效武器之一。正如德国埃尔朗根—纽伦堡大学汉学系教授朗宓榭（Michael Lackner）所言，当时在中国那里，“理性尚未被忏悔的宗教束缚所污染——也成了造就欧洲启蒙的一项工具。1650 到 1750 年间的所谓‘欧洲的中国’，如果抛开了这个动机将是无法想象的。而这种动机在一些 19 世纪早期的汉学家的著作里仍然切实存在着。”[③]

二、中国典籍英译的基础奠定

早期来华传教的西方天主教传教士认为，他们一旦掌握了孔子哲学，便可以得心应手地把中国人置于福音的灵光之下。[④]因此，他们在传教的同时也对中国的语言文化等进行了一些研究，其中包括耶稣会士们对《尚书》等中国经典的翻译与研究。这些翻译研究皆为此后的中国

---

① 林金水. 明清之际士大夫与中西礼仪之争［J］. 历史研究，1993 年第 2 期，第 20—36 页。

② 张西平. 儒学西传欧洲研究导论：16—18 世纪中学西传的轨迹与影响［M］. 北京：北京大学出版社，2016 年，第 111—119 页。

③［德］朗宓榭. 西方汉学研究的语境［C］. 潘玮琳译. 中国现代学科的形成. 上海：上海古籍出版社，2007 年，第 8 页。

④ 阎宗临著，阎守诚编. 传教士与法国早期汉学［M］. 郑州：大象出版社，2003 年，第 1—2 页。

典籍英译奠定了基础。

中国典籍较早的西译本为比利时的传教士金尼阁的"五经"(*Pentabiblion Sinense*)[①],其中包括《尚书》拉丁文译本。1662—1771年间,"四书"的翻译成果有关的拉丁语著作有四部,其中包括1662年耶稣会士郭纳爵(Ignatius da Costa, 1599—1666)翻译的《大学》,题为"中国智慧"(*Sapientia Sinica*)。1687年,比利时传教士柏应理在巴黎出版《中国哲学家孔子》。18世纪法国耶稣会士入华后,对中国典籍的翻译范围在不断扩大,有关成果首先发表于杜赫德的《中华帝国全志》,其中包括《易经》《尚书》《春秋》《礼记》《大学》《中庸》《论语》《孟子》《孝经》等的选译;同时西人也开始了对《尚书》等中国典籍的思想文化的进一步探索与研究。随着《中华帝国全志》英译本的流传,英语世界了解到更多的中国文化,如《中华帝国全志》的英译本中介绍说:"从他们的一本名叫《书经》的典籍中可以看出,这个天或第一个存在,是公开崇拜的对象,是万物的原则、人民之父,绝对独立、全能,无所不知,甚至知道心灵的秘密,他监视宇宙的运行,不允许任何违背他意志的行为,他是神圣的,没有偏袒,是人类美德的保持者,极其公正……"[②]

耶稣会士关于《尚书》《论语》《大学》等中国经典的介绍和编译,以各种西语文本在欧洲广为传播。有学者研究发现:"绝大部分的汉语文本都被译成了拉丁文,基于二手材料的中国研究,也大都是用拉丁文写的,汉语言与文化的研究完全由拉丁文主导。由于拉丁文的运用使得这些文本能够被更多的饱学之士读到。"[③]这一时期的诸多对中国著述的翻译,进一步促进了东西文化的交流。尽管最初的中国典籍翻译具有宗教动机,但中国哲学却成为了之后汉学家们的中心课题。正如有学者所言:"即便在后来诸多研究语言、文学和历史的迫切需要之下,哲学一直都是西方中国研究中的一个重心。"[④]因此,中国古代典籍也一直

① 方豪. 方豪六十自定稿[M]. 台湾:学生书局,1969年,第190页。
② Ibid., Brookes. *The General History of China* (P. Du Halde) [M]. Volume 3, 1741, p. 17.
③ [德]朗宓榭. 西方汉学研究的语境[C]. 潘玮琳译. 中国现代学科的形成. 上海:上海古籍出版社,2007年,第2—4页。
④ [德]朗宓榭. 西方汉学研究的语境[C]. 潘玮琳译. 中国现代学科的形成. 上海:上海古籍出版社,2007年,第3页。

吸引着西方关注的目光，其对《尚书》之类蕴含着丰富的中国思想文化与文明智慧的典籍的关注，从这一时期开始一直持续了已近4个世纪。这表现在西方汉学发展的各个时期，都有新的《尚书》翻译问世，尤其是其英译。由于英语在世界范围内的广泛使用，也使得这些承载着中国文化的典籍得以广为流传。这些早期来华耶稣会士的包括《尚书》在内的典籍翻译，也为之后的有关翻译与研究积累了初步的研究经验，奠定了对于一些典籍的认知基础。早期汉学中对中国古代典籍的《旧约》象征论和索隐的研究方法，译文加注释的翻译方法与形态，以归化为主的翻译策略等，皆对其后来华的传教士们具有深刻影响。其后的传教士们也多倾向于以基督教神学思想诠释中国的典籍，有些翻译方法策略也为其后的西方译者们所传承、沿用。

三、西方汉学的雏形初现

传教士们对《尚书》等中国典籍的翻译与研究，对有关汉语词典、词汇等工具书的编纂，皆促进了西方汉学学科的孕育与形成，为19世纪西方汉学的建立奠定了重要基础，对其后的汉学研究具有深远影响。

17—18世纪耶稣会士对"四书""五经"等中国典籍的翻译研究为其后的有关研究积累了诸多的理论和实践资料，如西方早期使用拉丁语、法语等西语对诸多文化典籍的翻译和研究等。而这些译介研究在西方的传播也促进了西方对中国的历史、思想、文化等诸多领域的进一步研究和探索，如西方对中国历史纪年等方面进行的研究等。这些由包括《尚书》《论语》等典籍的翻译而不断拓展的有关研究，皆使得西方对有关领域的认识不断深化，从而推动着早期汉学研究的发展。

18世纪后期，随着耶稣会士们的汉学研究的进一步发展，不但研究范围更为广泛，对中国典籍的翻译与有关研究也比中学西传之初的翻译更为学术化、客观化。此时期《中国杂纂》发表的有关研究成果"已经堪称一部以学术性论文为主的大型'论文丛书'"，这些研究推动了早期汉学的学术化发展。因此有研究者认为，"尽管其中仍然带有以前留下的宗教影响，但已经开始向学术化的方向迈进，这一时期的作品和欧洲汉学的开端直接相联系”。①

早期来华传教的耶稣会士们在东西方文化交流中作出了重要贡献，其所进行的诸多具有开拓意义的汉学研究影响深远。在耶稣会士来华 300 多年后，英国著名中国科技史专家李约瑟(Joseph Terence Montgomery Needham，1900—1995)评论道：“在文化交流史上，看来没有一件足以和 17 世纪耶稣会传教士那样一批欧洲人的入华相比，因为他们充满了宗教的热情，同时又精通那些随欧洲文艺复兴和资本主义兴起而发展起来的科学。”他认为，即使这些传教士将欧洲的科学和数学带到中国仅仅是为了达到传教的目的，由于当时东西方文明仍互相隔绝，“这种交流作为两大文明之间文化联系的最高范例，仍然是永垂不朽的。”②耶稣会士作为当时东西方文化交流的主要媒介，促进了东西方文化的进一步相互了解。正如张西平教授所言：“直到大航海时代后，以耶稣会士入华为标志，中国和欧洲才开始了真正思想文化意义上的交流，中国古代文化典籍中所包含的人类共同的文化价值和意义，才第一次在欧洲大陆两端同时彰显出来。”③在欧洲启蒙时期，随着《中华帝国全志》及其英文译本等西语译本的出版，其中所含的《尚书》译文也随之在西方得到快速、广泛的传播。

对于译文是否忠实地传译了原文，美国翻译理论家奈达等认为，应“首先从意义上，其次从风格上”④来考量，也即以内容(“意义”)为第一，以形式(“风格”)为第二。⑤考察《中华帝国全志》英译本，可发现其中《尚书》英译无论意义上还是形式上都与原文有着较大差异。在译文的语言层次，早期英译文本并非完整语篇的译文，且对原文的语义求真不足；在理论层次，译者虽然预设了中国历史的真实性，也对文本所蕴含的思想文化等本体真理有一定的认识，并在诠释中予以凸显，但是其诠

---

① 王琰. 汉学视域中的《论语》英译研究 [M]. 上海：上海外语教育出版社，2012 年，第 37 页。

② 杨桂青，张以瑾. 汉学：在与世界其他文明的对话中认识自己 [J]. 中国教育报，2007 年第 3 期，第 30 页。

③ 张西平. 儒家思想早期在欧洲的传播 [J]. 中国文化研究，秋之卷. 2016 年，第 160—170 页。

④ Eugene. A. Nida et al. *The Theory and Practice of Translation* [M]. Leiden：E. J. Brill，1982，p. 12.

⑤ 辜正坤，史忠义. 国际翻译学新探 [M]. 天津：百花文艺出版社，2007 年，第 93—106 页。

释所运用的思想理论框架仍属西方的哲学思想体系，加之汉学早期对中国的语言文化认识不足，译文语义与原文差异较大，导致原文的本体真理意义的诠释受到影响。尽管西方早期的《尚书》诠释与传译存在一定缺陷，但仍对促进东西方文化的交流具有积极而重要的影响作用。

西方对中国典籍《尚书》等的翻译，是以西方的思想框架进行有关中国知识的生产。这一时期《尚书》英译的目的、理念主要为传递令西方仰慕的中国文化信息，同时以便以基督教义附会中国经典，助力耶稣会在华传教及得到西方的支持等。受到翻译当时社会历史语境的影响，如当时西方的反封建思潮、中国文化热、《圣经》的翻译等，译文主要采用了归化为主的翻译策略和意译为主的翻译方法。《尚书》的法文选译者马若瑟的在华传教士的身份及其索隐法的汉学研究等，影响了其对中国典籍本体真理的诠释，并在以其法文译文为底本的英文翻译中也有表现。因此，这一时期《尚书》英译的译者行为总体上更偏重于语境务实。

17—18 世纪的《尚书》英译等中国经典译介推动了早期汉学的发展，为其后的汉学研究积累了最初宝贵的理论与实践经验，对 19 世纪初西方汉学学科的建立具有重要促进作用。

第二章　西方汉学的建立:19世纪的《尚书》英译

从18世纪晚期到19世纪,随着科技进步与工业革命的兴起,西方国家国力大增,而中国等东方国家发展相对滞后。西方科技发展和世界性殖民扩张使得世界的政治、经济格局发生了重要的变化。东西方的文化交往也不复往昔的平等互惠。有学者认为:“东西方关系发生了根本性的逆转。除了日本,亚洲基本为欧洲人所控制。”① 18世纪的“中国热”烟消云散,西方中心主义在各个领域迅速蔓延,西方对中国的态度发生了根本性的改变。由于殖民和传教等在华事务所需,这一时期有关中国的资料被更快地传递到西方,汉学研究的范围也在不断扩展。19世纪初,法国率先创立了汉学学科,此后一些西方国家的汉学学科也先后建立。英国的汉学学科虽然在19世纪30年代一度开设,但由于国家对汉学不够重视等原因,几年后即处于停滞状态,直到19世纪70年代末,理雅各等海外传教士和外交官回国后在牛津、剑桥等大学任教,英国汉学才真正地建立起来。

随着英国海外殖民扩张取得很大进展,英国汉学研究在19世纪中后期也得到迅速发展,英国的海外扩张活动超过了法国等欧洲国家,英语成为世界首要的语言,英国遂成为西方汉学研究的中心。在英国对中国的外交和殖民活动中,英国新教传教士麦都思、理雅各等取得了更

① 张西平等. 20世纪中国古代文化经典在域外的传播与影响研究[M]. 北京:经济科学出版社,2015年,第329页。

多的在华活动权力，得以扩大了在中国一些地区的传教等活动范围，从而获得了与中国文化密切接触的机会，以外交家、传教士等为主的汉学研究者们在这一时期取得了丰硕成果。19世纪后期，英国汉学空前繁荣，出现了伟烈亚力[①](Alexander Wylie, 1815—1887)、艾约瑟(Joseph Edkins, 1823—1905)、理雅各、翟里斯[②](Herbert Allen Giles, 1845—1935)等为英国汉学赢得世界声誉的汉学家。英国的儒家典籍翻译研究取得了巨大进展，《尚书》的两个重要的英译本也在这一时期先后产生。19世纪晚期，法国的学院式汉学研究不断拓展。与此同时，英国汉学蓬勃发展，出现了被称为"理雅各时代"[③]的繁荣局面。随着东方文化的认识实践的展开，英国汉学走向专业化。这一时期《尚书》英译的翻译目的理念、方法策略、诠释传译特点等皆与汉学初期有很大的不同。

第一节　东方文化的认识实践

从19世纪中期开始，随着中国外交的开放，欧洲领事机构以及1854年大清国海关外国领事处的成立，欧洲又重新开始学习汉语。[④]由于殖民和传教等活动所需，西方对东方文化的认识实践活动得到进一步发展，一些国家的汉学学科也先后建立，英国的传教士汉学逐渐走向专业化。

---

① 伟烈亚力(Alexander Wylie, 1815—1887)，1847年8月作为英国伦敦会传教士来到上海麦都思创办的墨海书馆，担任监理之职直至1860年，在华活动近30年，在繁忙的印刷、传教和译书之余，伟烈亚力还致力于中国研究，涉及文献目录学、数学、天文学、地理学、宗教、历史与考古等学科，其有关汉语书目著作《中国文献记略》(1867年出版)尤受西方汉学界的推崇。此前，1846年理雅各因病回英国，受麦都思的委托，代为面试了伟烈亚力，并安排其到他那里进修过中文。参见：胡优静著，阎纯德，吴志良主编. 英国19世纪的汉学史研究［M］. 北京：学苑出版社，2009年，第31—37页。

② 翟理斯：英国的领事，精通清代文体，有"最显赫的英国汉学家"之誉。1873年，翟理斯首次尝试翻译了《三字经》和《千字文》，其对中国文学传播上的成就主要体现在小说、古文和诗歌，1877年出版了《佛国记》，1878年，翟理斯完成了《聊斋志异》的英文选译。1892年在上海出版了《英汉词典》第一版，1912年出版了第二版。1897年，翟理斯继威妥玛之后成为英国剑桥大学中文教授。

③ 王琰. 汉学视域中的《论语》英译研究［M］. 上海：上海外语教育出版社，2012年，第47页。

④［德］傅吾康. 19世纪的欧洲汉学［C］. 陈燕，袁媛译. 张西平编. 欧美汉学研究的历史与现状，郑州：大象出版社，2006年，第122页。

一、西方汉学的初步建立

18世纪的汉学研究主要是一些有关中国的概括性、介绍性的著述,后半期虽然有了一些学术性研究,但总体而言,汉学尚属初步发展阶段。18世纪末,巴黎、伦敦和圣彼得堡等地的学院倾其人力物力,走出先前耶稣会士的影响而开始独立发展。学院派汉学研究者中最有影响力的是法国汉学家雷慕莎。① 1814年,法国的法兰西学院(Collège de France)首开"中国、鞑靼、满洲语文与文学讲座",由雷慕莎②首任汉学教授,成立了世界最早的汉学研究与教学机构,该机构遂成为法国和欧洲的汉学教学和汉学家的培养基地,法国汉学研究率先进入了学科化发展阶段。雷慕莎1815年被提名为碑刻铭文学会(the Academy of Inscriptions)会员,最终于1824年成为皇家图书馆东方手稿收藏的负责人。1822年,雷慕莎创立了亚洲学会(the Asiatic Society),并担任秘书长一职直至1832年逝世。亚洲学会与亚洲文会(the British Royal Asiatic Society)可算作较早的专业学术团体,后来其他国家也先后成立了此类学术组织,如1845年德国成立东方学会(Deutsche Morgenlandische Gesellschaft)。1795年,德·萨西(Sylvestre de Sacy)在巴黎创立的东方语言学院也是一个早期专业学术机构,它在制度上是独立的,但又与整个学术界保持着紧密联系。③

欧洲数个图书馆的中文藏书库的设立,意味着更开放的、真正意义上的汉学学术研究逐渐产生。通过这些藏书,西方人开始从事关于中国及其语言、文化的系统性研究,西方的中国典籍译本也通过逐渐设立的图书馆和学院进入公共领域。由于在学院里可以进行公开的论战和

① [德]朗宓榭. 西方汉学研究的语境[C]. 潘玮琳译. 中国现代学科的形成. 上海:上海古籍出版社,2007年,第2—4页。

② 雷慕莎,法国汉学讲座的第一任教授,将汉语研究引入西方语言学界的倡导者之一。他从未到过中国,却通汉语、蒙古语和满语,翻译出版了《中庸》《太上感应篇》《玉娇梨》《法显撰〈佛国记〉》等,还出版了颇为实用的语法书《汉文文法纲要:古文与官话纲要》。

③ [德]朗宓榭. 西方汉学研究的语境[C]. 潘玮琳译. 中国现代学科的形成. 上海:上海古籍出版社,2007年,第3—4页。

辩论，因此学院成为西方汉学进一步发展的核心。雷慕莎、儒莲(Stanislas Julien，1797—1873)[①]、巴赞(Antoine Bazin，1799—1863)[②]、毕欧(E. Biot，1803—1850)[③]等一批职业汉学家，在中国的历史、文献、语言等研究方面均取得了卓越成就。法国的学院式汉学研究进一步发展，建立了一些汉语教学、研究机构与学会，并创办了有关汉学刊物，收集了大量资料。[④]

19世纪的汉学研究较之前有了显著进展，学术性增强，专业化的研究也开始展开。在早期耶稣会士汉学研究的基础上，自然科学的一些研究方法如实验、观察、实地考察等也被运用于社会科学领域，汉学研究取得了研究方法上的突破。较之早期耶稣会士为主的汉学研究活动，19世纪的汉学研究范围进一步扩大，对道家、佛教、小说、戏剧、医学、农业、手工业等诸多领域的研究与翻译皆成效显著，有关汉语词典的编纂、汉语语法等研究也有了新进展。如雷慕莎、儒莲研究并翻译了《太上感应篇》《道德经》《授时通考》的"桑蚕篇"等，还撰写了汉语语法著作，研究了中国陶瓷制作，研究翻译了中国的小说和戏剧等，如《赵氏孤儿》《西厢记》等即于此时期被译介到西方。

二、英国汉学的专业化发展

随着法国"入华耶稣会士中最后一位汉学家"钱德明(Joseph-Marie Amiot，1718—1793)的离世，西方汉学研究的中心也逐渐由法国转移到当时与中国密切接触的英国，英国汉学遂成为19世纪西方汉学的主力。在法国汉学家儒莲去世后，西方汉学进入了"理雅各时代"。[⑤]这一

① 儒莲是雷慕莎的得意门生，跟随雷慕莎学习了汉文和满文，在雷慕莎去世后，接替了他在法兰西学院的汉学教授之职，监督指导法国汉学约半个世纪之久。其译著有译自满文的《孟子》《大唐西域记》《太上感应篇》《道德经》《天工开物》和《授时通考》的"桑蚕篇"、《赵氏孤儿》《西厢记》《白蛇精记》等，还著有《中国瓷器的制造及其历史》《汉语新句法》《汉文指南》等。

② 巴赞，法国国家东方现代语言学院(成立于1795年)的第一任中文教授，1843年起开始教授汉语口语，与雷慕莎、儒莲一样从未到过中国。

③ 毕欧，1851年在巴黎出版了法文版《周礼》，目前仍然是这部著作的唯一全译本。

④ 许光华. 法国汉学史［M］. 北京：学苑出版社，2009年，第90—98页。

⑤ 王琰. 汉学视域中的《论语》英译研究［M］. 上海：上海外语教育出版社，2012年，第47页。

时期英国在儒家经典英译与研究领域取得了划时代的学术成就，尤其是理雅各的系列中国经典英译等。以在华新教传教士为主的汉学研究发生了专业化的转变，推动了英国汉学学科的真正建立，促进了西方汉学的进一步发展。

19世纪，以英国为主的来华传教士，将研究中国文化知识与翻译儒家经典作为一项极具价值而又紧迫的使命。这一时期的汉学领域，“最杰出、经久不衰的成果是翻译、词典及其他参考工具书等领域，翻译的对象主要是儒家经典”。①麦都思的《英汉词典》(*Dictionaries and Lexicons*)甚至被认为“包括了中华帝国词典中的所有字词”。(containing all the words in the Chinese imperial dictionary)②

1846年，英国新教传教士麦都思首次依据汉语原文全译了古文《尚书》。在麦氏首部英文全译本之后，1865年，英国新教传教士理雅各推出又一《尚书》英文全译本。该英译本属于其《中国经典》英译系列，是继《论语》《孟子》英译之后的第三卷译著，其中国经典英译成果被《中国评论》称为“西方汉学史上的里程碑”。英国汉学家艾约瑟(Joseph Edkins，1823—1905)评论理氏的英译：这样的工程实为罕见，也许一个世纪里不可能有第二次；翟里斯也在其论文中赞扬理氏的《中国经典》英译，认为其在汉学研究方面是“一种空前的贡献，将被永远记忆和钻研”。③理雅各的中国经典英译本面世后，被学界奉为这些中国典籍的标准译本。理氏也成为第一位系统翻译中国儒家、道家及佛家典籍的西方人。曾任剑桥大学中文教授的翟理斯，被慕阿德(Moule，Arthur Christopher，1873—1957)④誉为英国汉学家中最显赫的人物，与德庇时、理雅各并称“19世纪英国汉学三大星座”。其对中国文学的传播成就斐然，汉学研究主要为小说、古文和诗歌。1878年，翟理斯用

① [德] 傅吾康. 19世纪的欧洲汉学 [C]. 陈燕，袁媛译. 张西平编. 欧美汉学研究的历史与现状，郑州：大象出版社，2006年，第123页。

② *Chinese and English Dictionary*. *The Chinese Repository* [J]. Vol. 12，1843，p. 496.

③ 阎振瀛. 理雅各氏英译论语之研究 [M]. 台北：台湾商务印书馆，1971年，第13—14页。

④ 剑桥大学第三任汉学教授慕阿德(A. C. Moule)或译为穆尔，于1933年至1938年任职剑桥，是一位有世界影响的、与法国汉学家伯希和(P. Pelliot)齐名的汉学家、中西交流史家。1924年发表了研究指南车的专题论文，并根据《宋史》的文献记载给出了具体的复原方案。1938年，与伯希和编订过《马可·波罗游记》。

英文选译了《聊斋志异》并于两年后出版，在英国乃至欧洲都引起了轰动。

在这一时期的东方文化认知实践中，西方进行了诸多中国知识的生产，翻译中国典籍即为其中重要的一部分。有西方学者认为，汉学被逐渐接受为一门学科并不是西方出于愿意更多了解中国文化、文明与历史的动机，而是出于其他考虑，其中包括“完全出于语言上的兴趣”与“由殖民扩张所唤醒的实际需要”。[①]有学者认为，法国关于中国的知识生产，实际是在“以欧洲之眼塑造中国”。[②]随着工业革命以来的迅速崛起，19 世纪“英国第一次成为西方人刻画中国形象的领导者（此前多为葡萄牙、西班牙及法国的耶稣会士）”。[③]在这种历史语境中，麦都思、理雅各的《尚书》英译反映了当时西方对中国知识的需求，显示了当时西方对中国文化的研究与认知特点。

第二节　麦都思的《尚书》英译

1846 年，以英国对中国进行殖民和传教活动为历史背景，中国经典《尚书》的首部译自汉语底本的英文全译本由英国新教传教士麦都思完成。其《尚书》英译本名为《书经，或历史经典：中华帝国最古老真实的历史记载》（*The Shoo King, or The Historical Classic: Being the Most Ancient Authentic Record of the Annals of the Chinese Empire*），共 58 篇译文。

---

① ［德］傅吾康. 19 世纪的欧洲汉学［C］. 陈燕，袁媛译. 张西平编. 欧美汉学研究的历史与现状，郑州：大象出版社，2006 年，第 128—129 页。

② Laura Hostetler. *A Mirror for the Monarch: A Literary Portrait of China in Eighteenth-Century France* [J]. Third Series, *Asia Major*, vol. 19, no. 1/2, 2006, pp. 349 - 376. 原文为：The French production of knowledge about China had indeed created China in the eyes of Europe. Europe had defined China and would redefine China.

③ 胡优静. 英国 19 世纪的汉学史研究［M］. 北京：学苑出版社，2009 年，第 1 页。

一、麦都思《尚书》英译的历史语境

19世纪，随着一些存在广泛影响、且存在时间相对较久的汉学刊物的相继出现，汉学研究也得到了更快的发展。如1832—1851年间，创刊于广东被称为在华英美传教士和官商的喉舌的《中国丛报》(*The Chinese Repository*)等。欧德里主持的创刊地在香港的《中国评论》(*The China Review*)成为西方世界最早、真正的汉学期刊，其主要使用的语言不再是18世纪和19世纪上半期西方汉学研究发达的意大利、葡萄牙、西班牙、德国、法国等欧洲大陆的语言，而是英语。这一变化反映出从19世纪下半期开始，欧洲汉学研究的中心已经从欧洲大陆转移到英国和正在逐渐崛起的美国。①中国的古代文献在这一时期成为西方汉学研究的中心。有学者指出，西方国家除了促进比较研究而引导增设汉学之外，传教士们的汉学研究也逐渐出于一种"超世俗性的学术上的好奇心"。②此外，西方国家海外贸易和殖民扩张也需要进行有关汉学研究，如当时在中国的殖民当局迫切需要中文译员等。西方汉学的发展为《尚书》英译提供了契机。随着欧洲中心主义思想的日益盛行，在学术思想领域，也出现了对中国的否定与轻视的现象。如有学者所言："一些19世纪乐观地看待中国的观点后来大半被否定的态度所取代，中国开始被认为是落后的，因此需要西方施予现代化影响。"③

(一) 西方的殖民贸易与传教

欧洲凭借经济、政治、军事等优势，在对东方展开殖民贸易的同时也大力开展传教活动。据英国传教士的有关记载，自1765年起，蒸汽

① 段怀清. 丹尼士(Dennys, N. B.)、欧德里(E. J. Eitel, 1838—1908)、波乃耶(J. Dyer Ball, 1847—1919):中国评论(*The China Review: or, Notes and queries on the Far East*, 1872—1901.)[C]. 前言. 北京:国家图书出版社,2010年,第1—5页。

② [德] 傅海波. 欧洲汉学史简评 [C]. 胡志宏译. 张西平编. 欧美汉学研究的历史与现状,郑州:大象出版社,2006年,第108页。

③ [德] 傅海波. 欧洲汉学史简评 [C]. 胡志宏译. 张西平编. 欧美汉学研究的历史与现状,郑州:大象出版社,2006年,第108页。

机的发明等科技进展使得英国新兴资产阶级经济实力快速稳定增长，社会地位得到显著提升。随着大量廉价产品的生产，海外销售市场的不断扩大，英国19世纪的商业贸易因此得到了令人惊叹的增长，进一步促进了资本主义的发展。与此同时，基督教也伴随着资本主义海外殖民扩张的脚步得以在世界范围内广泛传播。①

18世纪后半叶，西方对中国的热情已经散去，在伏尔泰等法国启蒙主义者将中国奉为一种理想并将达到极端的同时，西方对中国的否定和蔑视也在不断增长。1793年的马戛尔尼使团的出使报告写道："处于工业化过程中高度自信的西方现在以一种与他们的先辈们完全不同的眼光看到了一个正在衰落的中国，而之前不久，其先辈们看到的是一个正处于鼎盛时期的帝国。"②继伏尔泰之后法国的又一位伟大思想家《人类精神进步史表纲要》的作者也认为中国和中华民族是愚昧、落后的。在这一时期，西方资本主义的快速发展与殖民扩张，使得西人顿生优越感，转瞬忘记了曾经对中国文化与文明的热切仰慕和诸多借鉴，对待中国的态度迅速转变。正如有学者所言，法国大革命之后，启蒙运动时代欧洲"历时两个世纪之久的中国热情，在一场革命之后荡然无存""欧洲人的态度的转变令人吃惊。除了贬抑与厌恶之外，更可怕的是遗忘，很少有人再关注中国"。③如有学者发现，"在1834年，法国奥拉托利学会中通用的哲学教科书中还包括对道教、儒教及其发展的一种尚可令人满意的分析，可是有关中国哲学的任何记载在以后几年中都消失了"。④如此恶劣的西方中心主义的姿态，也对西方的汉学研究产生重要影响。

19世纪，随着世界政治经济形势发生变化，西方国家在东方的殖

---

① Rev. Wardlaw Thompson and Rev. A. N. Johnson, M. A.. *British Foreign Missions* 1837—1897 [M]. *Introduction*, *The Victoria Era Series*, London: Blackie & Son, Limited, 50 Old Bailey, E. C. Glasgow and Dublin, 1899, pp. 7 - 8.（原文为：Meanwhile a silent but potent leaven of religious awakening and change was at work, which, when the time came, was to make use of the great mechanical discoveries and of the industrial developments for the propagation of Christianity in the remotest parts of the earth.）

② 胡优静. 英国19世纪的汉学史研究 [M]. 北京：学苑出版社，2009年，第2页。

③ 周宁著/编注. 世纪中国潮 [M]. 北京：学苑出版社，2004年，第202—204页。

④ 张西平编. 欧美汉学研究的历史与现状 [M]. 郑州：大象出版社，2006年，第38—39页。

民活动取得很大进展，其殖民侵略也扩张到了中国。由于政治经济地位的不平等，西方对待中国文化也迅速失去了之前的仰慕、赞赏的态度。正如有学者所言，这一时期，“中西文化交往也开始发生颠覆性的变化。”[①]英国由于率先发展了资本主义，加之政治和社会变革的需要，同时受到英国经验论的哲学传统与清高孤傲的民族特性的影响，从而“对中国文化的热情普遍下降”。[②]西人发文称，感受到了中国政府曾经具有的那种高傲的风度、称霸世界的特点已经丧失，只能被迫屈服于西方。中国之前在对外关系中曾经具有的优势已经消失，在很大程度上遵守着其他国家的惯例。由于中国之前紧闭的国门被迫打开，主权沦丧，因而外国人感觉在中国将像在欧洲大陆一样自由、安全。西方人对其取得的在华贸易等特权与对华交往中的优势感到满意，但却对中国的思想文化道德等感到不满而对其进行了全面否定，如他们认为中国各方面的道德都是腐败的，宗教也是错误的（In all parts its morals are corrupt and its religions false）。[③] 1845 年的《中国丛报》上的一篇文章评论说：“所有这些都表明，中国政府是一个非常软弱和糟糕的政府，所有政府成员都在互相欺骗，最高层的人在欺骗皇帝。遗憾的是，这种事情在整个国家都有发生，中国官员对政府的美德和其他所有优秀品质都一无所知。”[④]由此可见，在对华殖民时期，在西方人的心目中，中国文化的价值和影响力迅速衰落。

（二）西方中心主义思潮

科技和海外殖民的快速发展使得欧洲人以世界的中心自居，欧洲中心主义思潮席卷了各种领域。有学者指出，“随着权力的史无前例的

---

① 张国刚. 从中西初识到礼仪之争——明清传教士与中西文化交流［M］. 北京：人民出版社，2003 年，第 141 页。

② 葛桂录. 雾外的远音：英国作家与中国文化［M］. 宁川：宁夏人民出版社，2002 年，第 15 页。

③ Journal of Occurrences [J]. *The Chinese Repository*. Vol. 14, 1845, p. 56.

④ Morrison Education Society[J]. *The Chinese Repository*. Vol. 14, 1845, p 509.（原文为：All these things show that the Chinese government is a very weak and bad one, and every member of the government is cheating every other; and those of the highest rank are deceiving his majesty the emperor. It is lamented that such things occur throughout the whole country. I regret very much that the Chinese officers are so ignorant of virtue and all other excellent attributes of government.）

集中,欧亚大陆的一个半岛已经成了世界的中心”[①]“从地理大发现到启蒙运动,东方一度具有了可疑的正面形象,到 19 世纪又转向反面”“在传统想象的否定性特征基础上,又加上了停滞、古旧、腐朽、混乱、衰亡、非理性的特征”。[②]

在宗教文化等领域,西人普遍认为欧洲之外的文明都不值得研究,中国人是土著居民,既没有历史也没有文明,只不过是忽视了上帝,等待被西人拯救的异教徒。西人甚至宣称:“在真正称得上智慧而有道德之人的所有方面,中国人都远远落后于基督教国家。”(... the Chinese are so far behind Christian nations in all that is truly worthy of intellectual and moral beings.)[③]当时有西人发文称,中国人是一个很无知的民族,几乎不知道创造他们的上帝,不知道上帝对其所要求的服务以及上帝所昭示的命运,认为中国人的愚蠢(Their stupidity)使其没有按照上帝的指引去追求真理,没有意识到异教对他们的精神束缚和道德奴役(Their spiritual bondage and moral servitude),因而需要基督的救赎。西方各基督教派视皈依中国人甚至实现全人类的基督教化为基督徒的责任。[④]

在欧洲学术领域,西方中心主义也表现得非常明显。黑格尔(G. W. F. Hegel,1770—1831)认为中国没有历史,[⑤]他还对汉语文字进行贬低。卢梭在对于世界上所有语言的三个等级的划分中,将汉语划归野蛮语言。[⑥]他们的有关评论被欧洲学者奉为权威,尤其在德国,一直延续到 20 世纪中期,甚至在 20 世纪 60 年代,当德国的一所大学在讨论是否设立中国历史教席时,仍因黑格尔的偏见而遭到否决。当然也有一些个人和机构出于不同的目的,仍然遵循早期欧洲对中国语言、文

---

① [美] 斯塔夫里阿诺斯. 全球通史:1500 年以后的世界 [M]. 吴象婴等译. 上海:上海社会科学院出版社,1999 年,第 562 页。

② 周宁. 东方主义:理论与论争 [J]. 厦门大学学报(哲学社会科学版),2003 年第 1 期,第 15—21 页。

③ The New Year[J]. *The Chinese Repository*. Vol. 17, Jan., 1848, pp. 1 - 2.

④ ART. I [J]. *The Chinese Repository*. Vol. 16, July, 1847, pp. 321 - 322 页。

⑤ [德] 傅吾康. 19 世纪的欧洲汉学 [C]. 陈燕,袁媛译. 张西平编. 欧美汉学研究的历史与现状,郑州:大象出版社,2006 年,第 120 页。

⑥ 顾明栋. 走出语言研究的语音中心主义——对汉民族文字本质的哲学思考 [J]. 复旦学报(社会科学版),2015 年第 3 期,第 80—89 页。

明、历史表现出来的开明传统及其兴趣在进行着汉学研究。[①]

(三) 新教在华传教条件的改善

1837年,除了广东允许外国人在规定的范围内活动,中国对外依然是完全封闭的,连东印度公司都只能通过在中国的商务分支机构卑微地申请,才能与广东当地的官员打交道。在这种情况下几乎不可能进行在华传教工作。最先到华的马礼逊没有获许对中国人传教,只能在东印度公司的工厂范围内活动,编写字典,翻译《圣经》。而6年后到达的米怜却连广东也不能留,而只好去了马拉卡(Malacca)。当时的福音海外传播受阻严重,较大部分地区完全封闭而无法交流,或由于种种原因难以进入。马礼逊的传教活动也仅限于在东印度公司保护之下的广东。1834年,马礼逊在广东去世之后,外国人被中国全国拒之门外的形势更是空前严峻。传教人员被迫撤离,等待着进入中国传教的时机。[②]

随着中国在鸦片战争后沦为英国的殖民地,基督教也取得了在华传教的有利条件,英国新教随之得以进入中国内地。1842年《南京条约》签订之后,英国伦敦会理事会决定筹募庞大的基金,展开对华的传教活动。新的传教条件和前景也进一步推动了西人对中国语言文化的学习与研究,其中包括对中国古代典籍《尚书》《论语》《易经》等的研究与英译活动。第一次鸦片战争(first opium war)之后,中国的五个港口全都被伦敦传教士协会、英国长老会和卫斯理教等迅速占领。[③]当时的东印度公司为了满足其职员学习汉语的需要,曾资助马礼逊刊行其汉学著述,马礼逊等传教士的《汉语语法》和字典、词典,客观上促进了英国汉学的发展和东西方文化的交流。[④] 1844年,英国迫使清政府颁布容

---

① [德] 傅吾康. 19世纪的欧洲汉学 [C]. 陈燕,袁媛译. 张西平编. 欧美汉学研究的历史与现状,郑州:大象出版社,2006年,第120—121页。

② Rev. Wardlaw Thompson and Rev. A. N. Johnson, M. A.. *British Foreign Missions* 1837—1897 [M]. *Introduction*, *The Victoria Era Series*, London: Blackie & Son, Limited, 50 Old Bailey, E. C. Glasgow and Dublin, 1899, pp. 20 - 21.

③ Growth in India and the East, The Victoria Era Series [J]. *The Chinese Repository*. Vol. 16, July, 1847, pp. 48 - 54.

④ 刘立壹. 麦都思的翻译、学术及宣教活动 [D]. 山东大学博士学位论文,2013年,第201—202页。

教敕令。新教在华地位合法后，基督教在华传教活动得到了更多的自由和保护，从而改变了第一代新教传教士马礼逊时期的受阻状态。从当时传教士主办的报刊的有关报道可见，这一时期西人对传教前景态度乐观。1845年的《中国丛报》载："虽然在华的新教传教士还很少，但已经准备好去完成很多有益的事情了。广州、厦门、福州、舟山、宁波、上海等地，人们可以自由地出入，让数百万人了解福音。"①西人认为，新港口的开放为知识的增长和宗教的扩展提供了有利的服务，可以为中国人直接传播福音。②新教在华传教条件的改善，使其能够与中国文化更为密切地接触，从而为英国传教士的典籍翻译研究提供了便利的条件。

（四）《圣经》的中文翻译与中国典籍研究

为了适应新的在华传教形势，西人需要更适合于在华传教的中文版《圣经》。在对已有版本进行修订和翻译过程中，在关于God的译名之争中，西人为了搞清楚中国的宗教信仰状况，为God寻求一个恰当、对等而容易被中国人接受的中文译名，各抒己见，展开旷日持久的论战。他们迫切需要了解中国的语言文化、历史、宗教等，从而对这些方面所需的中国知识展开了较之前一时期更为深入、广泛的考察与探索。由此也产生了数量众多的有关研究与翻译成果，其中即包括麦都思和理雅各的《尚书》英译。《圣经》早期中译史上的"译名之争"可以追溯到清代前期发生的"礼仪之争"，所有新教传教士都在不同程度上参加了论战，后来连英、美圣经会、西方外交官等也卷入其中。英美传教士围绕着God或Theos等基督教核心名词如何中译进行争论。1843—1851年，这种争论在基督教新教传教士集体合作修订《圣经》中译本期间达到高潮。

从1845年开始，在广州出版的英文报纸《中国丛报》成为"译名之争"双方笔战的论坛，直至其1851年终刊。麦都思、裨治文、文惠廉等

① Protestant Missions in China. Journal of Occurrences [J]. *The Chinese Repository*. Vol. 14, 1845, p. 248.

② Journal of Occurrences [J]. *The Chinese Repository*. Vol. 14, 1845, pp. 149 - 150.

纷纷在报上发表长篇论文，阐述各自的见解，驳斥对方的观点。美国长老会传教士娄礼华从1845年3月到1847年1月，连续在《中国丛报》上发表5篇文章，为"神"这一译名辩护，反对使用"上帝"，而麦都思等也发文反驳对方。麦都思正是在从事传教士的中文版《新约》的翻译之余，翻译并出版了《尚书》的英文全译本。中文版《新约》的修订和重译工作为当时的传教要务，因而用于《尚书》翻译的时间相对有限。理雅各指出麦氏《尚书》翻译显得仓促，正如麦氏在《书经》译本的前言中所说："我不得不从其他更为重大和紧迫的任务中忙中偷闲来准备这部译本的付印。"(Having been obliged to steal a few moments of time from other more weighty and pressing duties, for the preparation of the following pages for the press...)①

有些西方学者认为，尽管之前耶稣会士们向西方传递了关于中国的多种知识信息，他们其实并未真正了解中国。1845年，《中国丛报》的一篇文章认为："对于外国人来说，中国很大程度上仍然是一本未开启的书。"(To foreigners, China is yet, to a great extent, a sealed book.)②显然西人意识到在东方的外交、贸易、传教等殖民活动中，语言文化的差异依然是不可忽视的障碍。为此，新教在华传教士们对中国语言文化进行了更为广泛深入的研究。

二、麦都思《尚书》英译的目的理念

杨晓荣教授认为，翻译的制约因素包括不同的文化背景、语言能力、价值观和翻译观、对汉语原文的理解和对读者接受的考虑等，译者翻译的目的与思想理念的形成受到这些因素的综合影响。③因此，从这些方面对麦都思的英译进行考察研究，可发现其《尚书》英译的目的与

---

① W. H. Medhurst. Preface, by the Translator. *The Shoo King, or the Historical Classic: Being the Most Ancient Authentic Record of the Annals of the Chinese Empire: Illustrated by Later Commentators*[M]. Shanghai: The Mission Press. 1846, p. ix.

② James Finn. The Jews in China: their Synagogue, their Scriptures, their History, &c. [J]. *The Chinese Repository*. Vol. 14, ART. Ⅲ. 1845, p. 388.

③ 杨晓荣. 翻译批评导论[M]. 北京:中国对外翻译出版公司,2005年,第187页。

思想理念。

(一) 麦都思的文化背景

麦都思早期只在圣保罗教堂学校受过几年初等教育，此后再没机会接受系统教育。1816 年，他以印刷工身份被英国伦敦会派往马六甲。麦都思的英语修养不仅比修德差，比起马礼逊和米怜也稍逊色，更近浅白。[①]他曾在伦敦传教协会的语言培训中心学习过中文，在英华书院工作期间又跟随米怜和马礼逊学习过中文。他还利用业余时间研究中文、日文、朝鲜文的基础词汇并出版了有关词典，有时他还充当殖民当局的华人事务顾问和翻译。[②] 1819 年，麦都思在马六甲被任命为牧师。麦都思在马六甲学会了马来语、汉语和多种中国方言，研究了中国的历史和文化，并帮助编辑近代第一份中文刊物《察世俗每月统记传》，还发表了各种中文和马来文的传教册子。来华之前，麦氏曾在东南亚地区的华人中传教。《察世俗每月统记传》停刊后，他在巴达维亚续办此刊，名之为《特选撮要每月纪传》，后又参与印刷发行《东西洋考每月统计传》。在马六甲、槟城和巴达维亚传教期间，麦氏用雕版法和石印法先后印行 30 种中文书籍，也是首个试图去泰国传教的新教传教士。[③]

一份基督教新教对华传教时间表显示，麦都思于 1817 年被派出，其名字位于 1807 年派出的马礼逊(Robert Morrison, 1782—1834)和 1813 年派出的米怜(William Milne, 1785—1822)之后，是第三位被派赴华的新教传教士。他们都属于英国伦敦会(the London Missionary Society)。[④] 1829 年，麦氏写作了比较历史体例的史书《东西史记和合》，对中西方的历史进行了研究。1835 年，麦氏到达中国广州，并游历了浙江等地，在此过程中考察研究中国的社会历史文化，曾在广州编印过中文月刊《各国消息》。1838 年麦都思在伦敦发表了有关中国的历史文

① 刘立壹. 麦都思的翻译、学术及宣教活动［D］. 山东大学博士学位论文，2013 年，第 22—23 页。

②［荷］包罗史. 拓荒者和饮水者：莱顿大学的早期汉学家(1853—1911)［C］. 王筱云译. 张西平编. 欧美汉学研究的历史与现状，郑州：大象出版社，2006 年。

③ Siam[J]. *The Chinese Repository*. Vol. 1, Oct. ,1832, p. 226.

④ List of Protestant Missionaries to the Chinese [J]. *The Chinese Repository*. Vol. 20, Aug. to Dec. ,1851, p. 514.

化等的研究著述《中国前景与现状》(*China: Its State and Prospects*)。麦氏除了在1837年出版了《新遗诏书》《路加传福音书》之外，1847—1854年，还主持完成了中文《圣经》"委办译本"(*Delegates' Version*)的翻译。在传教和汉学研究中，麦都思成为"他那时代汉学家中的领袖……传教士中的巨匠"。[①]麦氏的这些翻译研究等实践经历，也为其诠释与翻译中国经典《尚书》奠定了重要基础。

1843年，麦氏到达上海，成为首位到达上海的外国传教士。他和美魏茶、慕维廉(william muirhead, 1822—1900)、艾约瑟(Joseph Edkins, 1823—1905)等传教士在上海创建墨海书馆(the Mission Press)，自号墨海老人，印刷出版中文书籍。墨海书馆也是外国人在华开办的第一个现代化出版机构。1846年，麦氏的《尚书》英译即在墨海书馆出版。麦都思与墨海书馆当时还向中国知识界介绍了西方新学。麦都思尽管努力地学习汉语，研究中国典籍文化，并利用汉语言文化来襄助新教的在华传教工作，但其对中国的态度仍然受到了当时流行的西方中心主义的影响，认为中国需要西方的宗教信仰的拯救。有学者指出，"甚至像英国人麦都思那样在中国居住过并用汉文撰写了五十九部著作的著名汉学家，在当时也会认为中国应该被征服而绝不是被理解。"[②]

除宣教外，麦都思还致力于汉英等双语词典的编纂，对汉语的词汇有较为深入的研究。翟理斯(Herbert Allen Giles, 1845—1935)认为，"从1816到1874年，有关中国字典编纂的最高荣誉属于马礼逊和麦都思两位英国人。"[③]对于马礼逊的字典编纂事业，麦都思于继承中有创新，在汉英词典的编纂方面取得了超前成果。麦都思在词典的编纂中使用了西方语言学知识对汉语词汇进行研究。除了词汇研究，麦都思还对汉语语法做过研究。他在其著述中专列一章介绍了中国的语言文化，认为"中国的词是单音节的，字具有象征性"(their words are all

---

① 岳峰. 架设东西方的桥梁 [M]. 福州：福建人民出版社，2004年，第159页。

② [法] 雅克·布洛斯. 从西方发现中国到国际汉学的缘起 [C]. 李东日译. 国际汉学，北京：商务印书馆，1995年。

③ Charles Aylmer. *The Memoirs of H. A. Giles* [J], *East Asian History*. No. 13 - 14, June-December, 1997, p. 39.

monosyllabic, and their characters symbolic)。[①]他评论说:"在语法学方面,中国人没有进步;在整个士人阶层,没有人去关注这一学问。"[②]他认为在中国,古人被认为比现代人更有智慧和美德,试图超越他们会被认为大逆不道,因而人民的思想受此束缚,科学没有进展。[③]

麦氏在华传教过程中,一向注重将基督教义融入中国文化,率先使用《三字经》和《论语》的对话体传播基督教。他在一篇文章中指出:"我们来到这个国家是为了传播宗教,这样做是为了利用人民之间已经建立的交流媒介,利用人们普遍使用的术语,把我们的思想穿上大众熟悉并可以理解的外衣。"(we come to this country in order to disseminate religion, and in so doing, it's to avail ourselves of the medium of communication already established among the people, using terms in the sense in which they are generally employed, and clothing our ideas in a dress which is familiar and intelligible to the generality.)[④]

(二) 麦都思对《尚书》文本的理解

麦氏采用了蔡沈《书集传》为翻译的底本,译文内容为 58 篇古文《尚书》,还翻译了蔡沈所写的《序》以及与《尚书》有关的一些历史资料。《书集传》为宋代《尚书》学集大成之作,清代科举考试的官定教材,麦氏认为这是较之前更为完整的版本。他还认为《尚书》文本简洁却又不容易翻译,有些部分文本由于在流传过程中经过改动而语义变得难以理解。[⑤]

麦都思认为《尚书》是真实可信的。他没有同理雅各那样在其译本中讨论今、古文《尚书》的真伪,也没有怀疑其文本的真实性,而是将二者看作一个整体,对书中所载内容确信无疑。他在《尚书》的书名翻译中使用了"最真实的中国编年史",即表明他认为《尚书》的内容是真实

① W. H. Medhurst. *China: Its State and Prospects* [M]. London: John Snow. 1838, p. 148.
② 刘立壹. 麦都思的翻译、学术及宣教活动 [D]. 山东大学博士学位论文,2013 年,第 216—217 页。
③ W. H. Medhurst. *China: Its State and Prospects* [M]. London, John Snow. 1838, p. 180.
④ W. H. Medhurst. Reply to Dr. Boone's Essay. *The Chinese Repository* [J]. Vol. 17, Oct., 1848, p. 610.
⑤ Ibid., W. H. Medhurst. *The Shoo King, or The Historical Classic* [M]. 1846, P. iv.

的中国历史记录。此外,麦氏还通过添加译文之外的有关历史材料的译文和研究材料来进一步证明《尚书》所载内容的真实可靠。麦都思在其《尚书》英译的序言中谈到,书中记载了从公元前 2356 年尧开始到周平王公元前 721 年去世,约 1630 年的历史,认为所载历史皆真实存在,尽管其研究者们对此有过怀疑和纷争。麦氏批评 1839 年《中国丛报》的一篇对《尚书》的历史真实性表示质疑的文章,认为其鲁莽、轻率。他认为《尚书》与其他异教徒所写的那些著名的作品一样古老,一样真实可靠。①

麦都思对《尚书》在中国古代文化中的地位及其现时的价值都有较为深入的了解,并有着自己的认识和判断。麦氏认为中国最著名的作品是"五经(five classics)"和"四书(four books)"。这些书在中国具有崇高的地位(are highly prized by the Chinese),也是学校的教材和国家文化考试的基础著作,中国学生的首要任务就是背熟这些书,否则无法考试成功。他认为,儒学较之道、佛,更受中国人重视。②其《尚书》英译本的序言开篇即指出,"《书经》或称《历史经典》,被中国人赋予非常崇高的地位"(The *Shoo-king*, *or Historical Classic*, is held in great veneration by the Chinese)。③麦氏在《尚书》英译序言中介绍了《尚书》的成书及流传经过,还介绍了中国音乐的发展情况,赞叹远古时代大禹所掌握的高超测绘技术。麦氏还提到书中所显示的道德哲学和政治经济内容,认为其中所包含的实践智慧经验适用于所有的时代和国家。(The lessons of practical wisdom therein contained are applicable to all ages and nations.)即便在当时达到很高知识水平的欧洲,在世界的文明发达时期,也能够从书中有所收获。麦氏还断言,只要这个世界存在高、低阶层间、贫富之间的区别和关系,那么《书经》中所制定的彼此公正相待、互爱、尊敬与顺从的原则就仍会发挥作用。他认为"四书""五经"这九本中国典籍零散如同《新约》(*New Testament*),大多为孔子与

---

① Ibid., W. H. Medhurst. *The Shoo King*, *or The Historical Classic* [M]. 1846, p. iv.

② W. H. Medhurst. *China*: *Its State and Prospects* [M]. London: John Snow. 1838, pp. 158 - 159.

③ W. H. Medhurst. *The Shoo King*, *or The Historical Classic*: *Being the Most Ancient Authentic Record of the Annals of the Chinese Empire* [M]. *Preface*. Shanghae: The Mission Press, 1846, p. iii.

其学生们所编纂，其中“五经”包括《易经》《诗经》《礼记》《书经》《春秋》。《书经》包含了中国最早的三个朝代的历史，描写了古代的重大事件，一直写到周文王和周武王时期。这三个朝代的记录始自尧、舜，在传统时期与诺亚(Noah)同一时期。[①]由此可见他将中国历史纳入西方历史的框架进行了研究。

麦氏认为诠释该书有一定难度但也并非不可以诠释。在译本序言的最后，麦氏评论说：“《尚书》如此古老难懂，远非为当代中国人所熟悉，仅仅作为法律行政人员的应试资料使用，除了一些单独的引用和有辨识度的原理为所有学者所熟知外，对于中国的普通大众来说无异于一纸空文。”(the *Shoo-King* remains, as to the generality of the Chinese, a dead letter.)[②]由此可见，尽管麦氏认识到《尚书》在中国古代文化中具有重要的价值和尊崇的地位，但是他仍主要视之为一种使用编年体记载的中国古代历史资料，麦氏对《尚书》的翻译也是基于这些认识和理解。

其次，早期来华传教的耶稣会士对中国古代经典的介绍，尤其是象征论和索隐派的观点，对其后麦都思等传教士对中国经典的理解产生了深远影响。第一代新教传教士米怜认为：“一些人断言，中国的早期著作包含着神圣存在的观点明确、公正，我认为这或可证实。但承认此点并不意味着这些观点现在还为中国人所秉持；因为所说的作品如‘五经’，尤其《尚书》是远古时代人的作品，那时传统的启示之光还未被偶像崇拜和迷信所遮蔽。”[③]在关于 God 中文译名的辩论中，麦都思曾引用杜赫德的有关观点，即认为中国古代经典中载有古代中国人对基督教的信仰。(Du Halde then refers to Chinese history, in order to show what was the practice of the ancients with regard to the worship of this

① W. H. Medhurst. *China: Its State and Prospects* [M]. London: John Snow, 1838, pp. 158 - 159.

② W. H. Medhurst, *The Shoo King, or The Historical Classic: Being the Most Ancient Authentic Record of the Annals of the Chinese Empire*. [M]. *Preface*. Shanghae: The Mission Press, 1846.

③ William Milne. *A Retrospect of the First Ten Years of the Protestant to China* [J]. p. 25. 参见：刘立壹. 麦都思的翻译、学术及宣教活动 [D]. 山东大学博士学位论文，2013 年，第 192 页。

being.)[①]这也反映出麦氏认同之前关于中国文化典籍的宗教思想观。在翻译《尚书》之前，麦氏对中国古代经典进行过诸多宗教历史研究。他在有关研究中提及："如果我们不被他们不连贯的表达方式所迷惑，并对他们的物质化倾向感到震惊的话，从这些关于'天''至高无上的统治者'以及'秩序原则'的表述中，我们可以推断，中国人对宇宙的统治者有着一定的了解，并如此尊敬他。"[②]在传教士关于God译名之争的辩论中，麦氏在反驳美国传教士文惠廉(William Jones Boone, 1811—1864)[③]的文章中写道："我们将大量引用文献证明我们对这些词语的理解。中国人可以被认为是一神教者，因为他们信仰一个上帝，万物的创造者和主宰者。"[④]麦氏在序言中也指出："《尚书》这本历史经典有一个缺陷，即宗教成分不足(The Historical Classic, however has one defect, and that is the want of religion ...)，虽然书中有时提及那个监督人类事务的至高无上者，但是作为庄严主宰的天往往与物质的天相同，并与观念中的山川河流的神灵、祖先和英雄们的魂灵联系在一起，而对上帝耶稣的信奉却不曾被反复教导。书中虽然树立了我们所熟悉的具有独立源头的自然宗教的典范，但这在维护人类精神的永恒追求的所有方面仍然严重不足。"[⑤]他对中国的孔子如此注重孝道，却忽视了对天主(Father)的敬畏感到不解。他说："包括孔子的'生死有命富贵在天'等暗示天堂的言论在内，各种指称都提到一位最高的主宰者。古

---

① W. H. Medhurst. Reply to Dr. Boone's Essay[J]. *The Chinese Repository*. Vol. 17, Oct., 1848, p. 518.

② W. H. Medhurst. *China: Its States and Prospects with Especial Reference to the Spread of the Gospel: Containing Allusions to the Antiquity, Extent, Population, Civilization, Literature and the Religion of the Chinese* [M]. London: J. Snow, 1838. p. 187. 亦可参见 *Essay on the term for Deity* [J]. *The Chinese Repository*. *Vol*. 17, *Jan*., 1848, pp. 29-45.

③ William Jones Boone(1811—1864)，中文名文惠廉，美国圣公会最早派往中国的传教士之一。1837年7月，文惠廉到了新加坡，学习汉语并向当地华人传教。1842年进入厦门，1843年成为主教，1845年进入上海，1848年向上海道台要求开辟美国居留地，得到苏州河北岸的虹口，1853年在上海建成救主堂，1864年7月16日文惠廉在上海去世。

④ W. H. Medhurst. Reply to Dr Boone's Essay [J]. *The Chinese Repository*. Vol. 17, Oct., 1848, p. 489.

⑤ W. H. Medhurst. *The Shoo King, or The Historical Classic: Being the Most Ancient Authentic Record of the Annals of the Chinese Empire* [M]. *Preface*. Shanghae: The Mission Press, 1846. p. iii.

代经典中的'上帝'在某种程度上对应于基督教的上帝概念，显示了他的至高无上，权威和威严，但更多的是让人畏惧，与世俗君主的统治需要等相关联，一些儒家学者也习惯于认为至高无上的统治者是天地的同义词；这样就把造物主和他的创造物混淆了。如果这些错误是可以预防的，很可能中国人将通过使用名词'上帝'和其他词语，对God形成明确的概念。"①由此可见，麦都思认为《尚书》中没有明确记载对上帝God的信仰，这是其不足之处，但他还是认为书中所载古代中国人的信仰与对上帝的信仰趋同，虽然也表现出某些差异，而这些差异只是中国人在信仰西方上帝的过程中犯下的错误。

(三) 麦都思《尚书》英译的目的理念

麦氏翻译《尚书》的根本目的理念表现为使西方读者能够读懂《尚书》中每一个字，并从中了解中国的古代历史文化知识，继而能够利用其中的历史、语言、文化等知识服务于西方的传教等活动。正如麦氏在其有关中国的著述中指出："当我们考虑将一种新的宗教引入这个国家时，自然需要了解他们对神圣和永恒事物的当前看法是什么；并展示其自身体系的缺陷，作为引入其他体系的前奏。"(as we contemplate the introduction of a new religion into the country, it is natural to enquire, what are their present views of divine and eternal things; and to shew the defects of their own systems, as a prelude to the recommendation of another ...)②这表明麦都思翻译《尚书》也是为了把握中国人的信仰状况，以知己知彼，实现其传教的目标。而这也正如西人所言："特别是基督教传教士，需要这样的一项工作，使其熟悉中国人的思想与这里反对真理传播的错误体系的运作。"(The Christian missionary especially, needs such a work, to make him acquainted with the operations of the Chinese mind, and the systems of error which here oppose the

① W. H. Medhurst. *China: Its State and Prospects* [M]. London: John Snow, 1838, pp. 187 - 191.
② W. H. Medhurst. *China: Its State and Prospects* [M]. London: John Snow. 1838, p. iv.

progress of truth ...)[①]正如有学者所言："传教士翻译中国经典的直接动机无疑还是为传播基督教服务。"[②]麦都思认为："用基督教皈依中国人必须被视为一个值得尽一切努力去实现的目标。(The conversion of the Chinese to the Christian faith must be viewed as an object every way desirable.)"[③]

由前文所述麦氏对《尚书》的理解可知，麦氏对《尚书》的诠释主要采用了历史学与宗教学的西方思想框架，如麦氏对《尚书》进行的历史与宗教上的研究与考量等。此外，正如其《尚书》英译序言所述，麦氏认为《尚书》作为历史资料，可以帮助西人了解中国的音乐、地理、道德哲学等领域的历史成就。但其翻译目的与早期英译的目的不同，并非对中国思想文化的学习、借鉴。相反，他认为《尚书》在当时的中国社会已经过时，除了作为科举考试内容之一，别无价值。由此可见，麦氏忽视了《尚书》作为经典的本体价值，主要关注其中记载的中国的历史文化知识，其译本也显示了其有关的目的理念。

麦氏在其《尚书》译本前言中也谈到其翻译《尚书》的另一个原因：德经所修订的宋君荣的《尚书》法文译本翻译得太随意，在很多方面都存在错误，且译文在英国从未被普遍知晓。(... too free, and in many respects faulty, and never having been commonly known in England.)[④]可见，更为客观、准确地传译《尚书》也是麦氏翻译的重要目的、理念之一。

作为马礼逊[⑤]等之后的第二代中文《圣经》译者，麦都思等更强调

---

① Remarks on the Philosophy of the Chinese, and the desirableness of having their Classical and Standard Authors translated into English [J]. *The Chinese Repository*. Vol. 18, Jan., 1849, p. 44.

② 刘立壹. 麦都思的翻译、学术及宣教活动 [D]. 山东大学博士学位论文，2013 年，第 191 页。

③ Ibid., W. H. Medhurst. *China: Its State and Prospects* [M]. 1838, p. 1.

④ W. H. Medhurst. *The Shoo King, or The Historical Classic* [M]. *Preface*. 1846, pp. iv-ix.

⑤ 马礼逊(Robert Marrison)，英国人，西方派到中国大陆的首位基督新教传教士，在华 25 年。1807 年，他成为牧师，接受伦敦传教会指示，要求其将《圣经》译成中文并编纂《华英字典》，同年 9 月他抵达广州。1823 年，21 卷《圣经》中译本出版，书名《神天圣书》，为第一部中文全译本，又称马礼逊译本，马礼逊独自编纂的《华英字典》至此全部出版，共 6 册，为欧洲第一部中英大字典。1827 年，马礼逊写信给美国教会，要求派遣美国传教士到中国传教。1830 年，首批美国传教士抵达中国，裨治文牧师为终身在华传教的美国传教士，马礼逊尽力帮助新来的美国传教士。参见[英] 艾莉莎. 马礼逊(Eliza Morrison)：马礼逊回忆录(两卷) [M]. 外国名人传记名人名言. 郑州：大象出版社，2008 年。

译文的“简洁”“扼要”，提出好的中文翻译应超越语汇、句法的翻译，使句子简洁、雅致。当时以克陛存（CuBertson M. C.，1819—1862）和裨治文（Elijah Coleman Bridgman，1801—1861）为代表的传教士主张通俗译法，认为福音应该传给贫穷的人，因而应该以一种能为穷人所理解的方式来表述；而麦都思则主张雅致译法，认为应该改用一种学者式风格（scholar-like style）来翻译，这样“既不会令中国士人反感，又能使那些识文墨之人易于理解”。① 他认为翻译应关注读者的接受度，批评马礼逊中文《圣经》译本翻译风格粗俗，习语翻译拗口难懂，认为应根据具体文化语境，灵活、流畅地进行翻译，甚至“为了译文的流畅性，在必要时可以用代词替换名词，比喻可以换用其他说法，如直译读者难以理解，则可以加解释性短句等”。②然而，同样的翻译理念和方法却不见于其《尚书》英译。麦氏甚至在《尚书》英译序言中说：“为了有益于汉语的学习者，在原文之中穿插、夹杂着译文，这是为了给每个汉字提供一个非常精确的线索。”（For the benefit of students in Chinese, the text is interspersed with the translation, so as to afford a pretty correct clue to the meaning of each particular character.）这种试图完整保留原文，并标注序号，用英语词语依次对译汉语原文的做法，使得麦氏译文表现出“英语表达上的呆板（... more stiff than it otherwise would have been）”，虽然知道这种后果，但麦氏认为这样做，对学习者的益处会“远远抵消这个缺陷（more than counterbalance this defect），而且英语读者能够忽略那些汉字来进行阅读”。③其翻译《圣经》的目的自然是为了使其中的基督教思想教义易于为中国人所理解并接受，着意于译文思想文化的有效传达，希望中国人接受译文包含的基督教义，摆脱儒学传统的影响，皈依基督教。而其翻译《尚书》的目的却显示出不同的特点，表现出主要是为了提供一种让西方了解中国语言、历史等的工具，以有助于其传教与殖民活动的发展。麦氏说：“我们发现了久负盛名的孔子学

---

① Patrick Hanan, *The Bible as Chinese literature: Medhurst, Wang Tao, and the Delegates' Version* [J]. *Harvard Journal of Asiatic Studies*, Vol. 63, 2003, p. 222. 参见游斌. 中文圣经翻译及其解释学策略，圣经文学研究，第一辑。

② 刘立壹. 麦都思的翻译、学术与宣教研究[D]. 山东大学博士学位论文，2013年。

③ W. H. Medhurst. *The Shoo King, or The Historical Classic* [M]. *Preface*. 1846, pp. iv－ix.

派在两个重要方面存在不足，即上帝的存在和对来世的兴趣，他们教导一种毫无生气、冷酷无情、没有影响力的体系，既对现状无能为力，又对未来世界毫无希望。"[①]由此可见，麦氏翻译《尚书》的主要目的并非为了向西方传播中国典籍所蕴含的中国儒学思想文化，使之被学习与借鉴，因为当时的历史语境已经消解了中国文化和文明的价值。其文本形态也反映出，麦氏翻译的主要目的是为西人提供一部关于中国历史和语言的英汉词典式工具书，不仅可以用来查阅汉语词语意义，还可以查阅中国的历史文化知识，因此其翻译的主要思想理念在于准确地对译原文词语的语义，同时让西方人了解其中的有关历史文化知识。这种准确、大量地进行中国知识生产的翻译目的理念，为其后理雅各所传承。

三、麦都思《尚书》英译的主要方法与策略

麦都思用作其翻译底本的《书集传》是宋代《尚书》研究的集大成之作，为宋代之后历代封建王朝所推崇，清代更被收入《钦定书经传说汇纂》，也是《尚书》研究的必备参考。麦氏《尚书》英译本含有中文原文，英译分为四个部分，即前言、正文、《纲鉴易知录》选译及附录。前言有两篇，一篇为作者自己所作的序言，另一篇为宋代蔡沈所作《书集传》序言的英译。《纲鉴易知录》选译了与《尚书》有关的部分内容，主要为尧、舜与夏、商、周时期的历史，如《帝尧陶唐氏》《夏纪・大禹》《商纪・成汤》《周纪・武王》等。两篇附录分别为《中国 28 个星座表》和《〈尚书〉中的天文学》。麦氏的《尚书》译文注释多依据蔡沈《书集传》的有关注释，译文正文配有近 70 张关于中国古代的器物、中国古代地图，以及中国天文研究等方面的图片。其译文和页下注均为汉语原文与英语译文交错排印，非常方便读者查找原文字词语义，尽管并非严格字字对译，但这种译文形态和功能也近似一部中英双语词典。考察其译文可发现，麦都思主要采用了归化为主的翻译策略和直译为主的翻译方法，并采用了添加大量注释与添加历史图片的翻译方法。因而麦氏《尚书》英

---

① W. H. Medhurst. *China: Its State and Prospects* [M]. London: John Snow, 1838, pp. 158 - 159.

译成为一种非常独特的译本形态，其形态也凸显了译者的翻译目的理念。

（一）归化为主的翻译策略，直译为主的翻译方法

在《尚书》的英译中，除了依据原文字句进行翻译并采用中国学者的有关注释之外，麦氏在译文诠释中也融入了西方思想文化概念，因而总体上呈现出归化翻译的特点。如其在译文序言中对《尚书》中古代中国人的宗教信仰的基督教思想的关照与评论，在翻译中使用具有宗教色彩的词语对译原文的词语“天”“上帝”“皇天上帝”等，皆显示了其对中国经典《尚书》的研究与翻译融入了西方宗教学的思想观念；而且，麦氏译文也显示出其将《尚书》的翻译纳入了西方编年史的研究，[①]可见麦都思实际上以西方的思维框架研究与翻译了《尚书》，以当时西方对中国文化的主流认知观念，重新打造、形塑了《尚书》，使其作为经典的价值被消解，而以一种新的面貌进入英语文化之中。

例 2.1 《尚书·周书·微子之命》：“上帝时歆，下民祇协。”（上帝时常享受你的祭祀，百姓和谐。）[②]

麦译：上帝 The Supreme Ruler 时 has frequently 歆 enjoyed（your sacrifices.）下 while the lower 民 people （have thereby become）祇 reverential，协 and harmonious。[③]

上例中，汉语原文中的“上帝”一词，本来指古代中国人的天命论中的抽象概念，中国文化没有人格神，而麦氏将其翻译为人格神 The Supreme Ruler（至高无上的统治者），从而其译文显现出宗教色彩；但麦氏没有直接将“上帝”一词等同于 God，而理雅各则在此处译文和注释中都直接用 God 对译了“上帝”。[④]

再如，翻译《尚书·周书·召诰》：“呜呼！皇天上帝改厥元子，兹大

① 刘立壹. 经学·史学·汉学：麦都思《书经》英译研究［J］. 国际汉学，2019 年第 2 期，第 169—207 页。

② 江灏，钱宗武译注. 今古文尚书全译［M］. 贵阳：贵州人民出版社，2009 年，第 211—212 页。

③ Ibid.，W. H. Medhurst. *The Shoo King*［M］. 1846，p. 223.

④ James Legge. *The Shoo King or The Book of Historical Documents*［M］. *The Chinese Classics*. Taipei：SMC Publishing Icn.，1991. pp. 378 - 379.

国殷之命。”（唉！皇天上帝改变了他的长子，结束了大国殷的福命。）“王来绍上帝，自服于土中”（王来占卜问上帝，在洛邑亲自治理天下），[①]麦氏译文分别为 2.2、2.3：

例 2.2　呜呼 Oh yes! 皇 Imperial 天 Heaven's 上帝 Supreme Ruler 改 has changed (the decree in favour of) 厥 his 元 chief 子 son, (the sovereign) 兹 of this 犬 great 国 country 殷之命 Yin（啊！皇宫天堂的最高统治者已经改变了支持其长子，这个大国殷的君主的法令）。[②]

例 2.3 王 Let the king 来 now come 绍 to carry out (the authority of) 上 the Supreme 帝 Ruler，自服 and subdue himself 于 in 土中 this central land。（让国王来执行最高统治者的权威，在这片中心地带制服自己。）[③]

由例 2.2 和 2.3 的译文可见，麦都思将中国典籍中的“皇天上帝”和“上帝”翻译为“皇宫天堂的最高统治者”（Imperial Heaven's Supreme Ruler）和“最高统治者”（Supreme Ruler），将“天”翻译为天国、天堂之义的 Heaven，因而使其译文融入了西方宗教色彩。

《说文解字》有：“天，巅也，至高无上，从一大声。”可见“天”的本义一般指天空，在中国古代殷商文化中，“天”的意义逐渐发展为一种象征着至高无上的主宰和神秘的力量，在周代“天”被推崇为拥有庇佑有德，惩罚无道，主宰人间吉凶祸福的最高权威。在今文《尚书》的 19 篇《周书》中，有 17 篇出现了天字，作为此种意义的天字出现了 100 多次。而 Heaven 在西方的《朗文当代英文词典》《柯林斯英语词典》等权威词典中的释义为宗教中的天堂、天国以及基督教等宗教中的上帝，具有鲜明的宗教色彩。据统计，《尚书·周书·召诰》篇中“天”字出现 17 次。麦氏除了将其中两例译为天空之意的 celestial，一例在“天下”的组合中被翻译为 the empire 之外，其余 14 例皆译为 Heaven。这些译文也都显示了麦氏在诠释中运用了西方宗教的思想观念。这正如有学者所言，

---

① 江灏，钱宗武译注. 今古文尚书全译［M］. 贵阳：贵州人民出版社，2009 年，第 242—245 页。

② Ibid., W. H. Medhurst. *The Shoo King* ［M］. 1846, p. 243.

③ Ibid., W. H. Medhurst. *The Shoo King* ［M］. 1846, P. 245.

受到基督教史观的影响,麦氏译文具有局限性。[①] 由此可见,译者将原文中具有中国文化特色的概念进行了归化翻译。

麦都思的《尚书》译文基本与原文字句对应,表现出以直译为主的翻译方法,从形式风格到字词意义都力图与原文保持一致,尽管自知这种直译有损译文表达的流畅性,有损译文的可读性,但为了便于读者学习汉语,麦氏仍然认为这种直译的翻译很有必要。

麦氏在英译中国经典《尚书》的同时,还在主持在华传教会的《圣经》汉译工作。1836 年 10 月,麦氏在写给英国和国外圣公会的信中反映了中国读者对已有汉译《圣经》的阅读感受,其中一名读者是中国的福音传播者梁阿发,他认为已有译本尽管努力呈现经文原意,但译文在他看来非常奇怪,且读起来拗口(very strange, and the reading of it disagreeable to a Chinese ear...),因而他认为这样的译文应该予以全面改造,否则将难以达到传福音的预期目的。[②]从《新遗诏书》到"委办译本",再到"南京官话译本",麦氏主导下的《圣经》汉译,基本都以便于目的语读者理解基督教的教义为旨归,倾向于意译。为坚持意译、归化的翻译,麦氏甚至不惜冒着失去《圣经》公会赞助的危险。[③]而与《圣经》的汉译相反,麦都思的《尚书》英译却表现出以直译为主、注重字词对译的特点,这也显示了其对两种翻译的不同的翻译目的理念。例如,麦氏翻译《尚书・虞书・益稷》中的:"徯志以昭受上帝,天其申命用休……"(要等待有德的人明白地接受上帝的命令,那么,老天就会再三地赞美你……)[④]其译文如下:

例 2.4　麦译:徯 of those who wait for 志 your schemes, 以 in order to 昭 shew clearly 受 that you have received (the decree) 上帝 of the Great Supreme, while 天 high Heaven, 其 should it 申 again

① 刘立壹. 经学・史学・汉学:麦都思《书经》英译研究 [J]. 国际汉学,2019 年第 2 期,第 169—207 页。

② W. H. Medhurst. *Memorial and Addressed to the British and Foreign Bible Society* (on a new version of the Chinese Scriptures)[J]. October 28, 1836. 参见:Lauren F. Pfister. "*Striving for 'the Whole Duty of Man'——James Legge and the Scottish Protestant Encounter with China*" [M]. Volume Ⅰ, Frankfurt am Main: Peter Lang, 2004, pp. 158 - 159.

③ 刘立壹. 麦都思的翻译、学术及宣教活动 [D]. 山东大学博士学位论文,2013 年,第 193 页。

④ 江灏,钱宗武译注. 今古文尚书全译 [M]. 贵阳:贵州人民出版社,2009 年,第 41—43 页。

declare 命 its will, would do it 用 in the employment of 休 excellent blessing... ①

由上例可见,麦氏英译字字对译原文的形态,显示了其直译为主的翻译方法。只是依据《十三经注疏》本的《尚书正义》,例句 2.1 中麦氏的断句与理解有误,也许是其所依据的底本版本的缘故。《十三经注疏》中该句的断句为:"徯志以昭受上帝,天其申命用休"。"志"意为"德,这里指有德的人",②麦氏译为 your schemes(你的谋划),可见其误解了原文语义。在上例中,原文的"上帝"一词被翻译成 the Great Supreme(伟大的至高无上者),"天"被对译为 high Heaven(天堂)。这些词语的翻译都带有宗教神学的色彩,因而译文也显示了归化翻译策略的特点。再如:

例 2.5 《尚书·虞夏书·皋陶谟》篇:"知人则哲,能官人。安民则惠,黎民怀之。"(理解臣下就显得明智,能任人唯贤。安定民心就受人爱戴,百姓都会怀念他。)③

麦译:He who 知 knows 人 mankind 则 is 哲 intelligent, and he who 能 can 官 rule 人 men and 安 tranquillize 民 the people 则 is 惠 kind, while the 黎 black-haired 民 race 怀 would sensible 之 of it。④

在上例中,麦氏将"知"对译为 knows,"人"译为 mankind,"哲"译为 intelligent,"能"对译 can,"官"对译 rule 等。如此,原文字词后紧跟英译,基本上逐字对应,英汉夹杂,彼此语义对应而临近,呈现出夹注式的诠释特点,十分便于读者查找与学习对应的汉语词语语义,因而也具备了近乎一部汉英词典的知识工具效果。虽然麦氏对诸多词语的翻译较为恰当,如"哲"译为 intelligent,"民"译为 the people 等,但是将原文具有"臣民"之义的"人"对译为人类(mankind),显然语义有不当之处,而将任人唯贤之义的"官人"译为"统治人"(rule men),将平民百姓之义的"黎民"译为"黑发种族"(black-haired race),也都表现出其字字对译的呆板的一面,因而其一些译文与原文词语的语义仍有一定的差异。

---

① Ibid., W. H. Medhurst. *The Shoo King* [M]. 1846, p. 68.

② 江灏,钱宗武译注. 今古文尚书全译 [M]. 贵阳:贵州人民出版社,2009 年,第 41 页。

③ 江灏,钱宗武译注. 今古文尚书全译 [M]. 贵阳:贵州人民出版社,2009 年,第 33—34 页。

④ Ibid., W. H. Medhurst. *The Shoo King, or The Historical Classic* [M]. 1846, p. 59.

再如:《尚书·虞夏书·禹贡》篇:“禹敷土,随山刊木,奠高山大川。”(禹分别土地的疆界,顺着山势砍削树木作为路标,以高山大河奠定界域。)①

例 2.6　麦译:禹 Yù 敷 divided 土 the land, and 随 following 山 the range of the hills 刊 he cut down 木 the wood, 奠 fixing as boundaries 高 the high 山 hills and 大 great 川 channels。②

上例 2.6 中,麦氏译文将“禹”音译为 Yù,“敷”对译为 divided,“土”对译为 the land,“随”对译 following,“木”对译 wood,“山”对译 hills,等等,其翻译皆比较符合原文词语的语义,也显示了鲜明的字字对译的直译翻译方法的特点。再如,《尚书·虞夏书·益稷》:“帝曰,臣作朕肱股耳目。”(舜帝说:“大臣是我的得力帮手。”)③麦氏译为:

例 2.7　帝 The Emperor 曰 continued, 臣 You ministers 作 constitute 朕 my 肱 legs and 股 arms, 耳 my ears and 目 eyes。④

上例麦氏译文直译了原文的每一个字,如“朕”对译 my,“臣”对译 You ministers,“作”对译 constitute,尤其是对“肱股耳目”的翻译,分别直译为每个汉字的本义,即胳膊、腿、耳朵和眼睛,而没有传译出这四个汉字的组合的整体语义,即意为非常得力的助手,因此这种直译未能诠释出原文特有的文化含义。

又如,《尚书·周书·大诰》:“宁王遗我大宝龟。”(用文王留给我们的大宝龟。)“宁王”即文王。古时宁、文形近易混。⑤

麦译:

例 2.8　宁 The tranquillizing 王 monarch 遗 bequeathed 我 to me 大 the great 宝 and valuable 龟 tortoise。⑥

由上例可见,麦氏将“宁”对译为 tranquillizing,“王”对译为 monarch,生硬地把“宁王”这一称号译成:平静的君主,并为该词添加了

① 江灏,钱宗武译注. 今古文尚书全译[M]. 贵阳:贵州人民出版社,2009 年,第 48—50 页。
② Ibid., W. H. Medhurst. *The Shoo King, or The Historical Classic* [M]. 1846, p. 82.
③ 江灏,钱宗武译注. 今古文尚书全译[M]. 贵阳:贵州人民出版社,2009 年,第 41—43 页。
④ Ibid., W. H. Medhurst. *The Shoo King, or The Historical Classic* [M]. 1846, p. 68.
⑤ 江灏,钱宗武译注. 今古文尚书全译[M]. 贵阳:贵州人民出版社,2009 年,第 204 页。
⑥ Ibid., W. H. Medhurst. *The Shoo King, or The Historical Classic* [M]. 1846, p. 217.

注释:武王。其译文也同样显示了直译的特点。

总体而言,在麦氏的英译中,直译为最主要的翻译方法,也辅以一些意译。译者在对原文字句依次进行对译的同时,也尽量传译了汉语的句法结构特点,对原文的语义和形式都作了比之前英译更为准确完整的传译。但是,麦氏译文也表现出对原文字词所在的句、段乃至语篇的整体语义与历史文化语境有所忽视,从而导致对一些词语翻译不当,甚至发生一些误读,这也影响了其对原文的准确传译。

(二) 添加大量注释的翻译方法

麦都思的《尚书》英译采用了译文加厚重注释的翻译方法。其译文注释较为丰富,数量往往超过译文。麦氏大致依据蔡沈的《书集传》进行注释,其译文添加的注释,在数量和范围上都比早期《尚书》英译的注释有大幅度增加,这种大量添加注释的翻译方法也为其后理雅各在中国经典的翻译中所沿用。其注释内容多为择取《书集传》有关注释中的一部分翻译而成,并辅以少量的其他注释。其所添加的《书集传》之外的注释,往往加上中括号以示与蔡注的区别,注释内容包括对一些蔡注没有使用的有关资料的引用,译者自己对原文的观点看法,以及对原文的某些文本的特别说明等。麦氏所作的译文注释采用位于译文同页面下方的脚注的形式,与译文对应地皆以拉丁语符号为标记,依次标记为星号、双星号、十字号,双十字号,以及四个十字号等。这些标记与汉学早期的《中华帝国全志》的凯夫版英译文本中所使用的注释标记符号基本相同。麦氏添加注释的位置主要依据《书集传》的注释位置。一些译文的脚注占据了译文页面一倍以上的篇幅,如译本的前 10 页《尧典》篇的译文注释,第 107 至 113 页《禹贡》篇的注释等等。麦氏添加的丰富的文内注释,使得其译文形态较之汉学早期的《尚书》译文形态更为厚重,但理雅各认为麦氏的译文注释也存在明显的不足,注释参考范围太狭窄,甚至还不如汉学早期译本的注释:"似乎除蔡沈之外,麦都思没有参考其他中国学者的注解,比宋君荣的《尚书》译文注释差很多。"[①]有鉴于此,理雅各在翻

---

① James Legge. *The Shoo King*, *The Chinese Classics* [M]. Vol. Ⅰ, Vol. Ⅱ. &Vol. Ⅲ. Taipei: SMC Publishing Icn., 1991.

译《尚书》时添加了范围更为广泛、数量更多的有关注释资料。麦氏注释主要包括以下三个方面：

1. 翻译《书集传》的部分注释

麦氏《尚书》英译的注释大多数为选取蔡沈的有关注释翻译而来，注释中夹杂着汉语字词，其内容大多取自《书集传》，表现出删繁就简的特点。如其对一些较为复杂的、包含对原文的儒学诠释的注释进行了删减，或仅取其大意进行意译，或截取其中一小部分。注释采用了直译加译意的方法进行翻译。以《尚书·虞夏书·禹贡》篇为例，译文的第一个注释即关于《夏书》的介绍：

例 2.9　麦译注：Hëa was the national title assumed by Yù on his ascending the throne. This book contains four sections. The Tribute of Yù was composed in the time of Shún, and is joined on to the Book of Hëa, because Yù's attaining the empire originated with the undertaking here referred to。①

由上例中的麦氏注释可见，此处即由蔡沈《书集传》的注释翻译而来："夏，禹有天下之号也。书凡四篇，《禹贡》作于虞时而系之《夏书》者，禹之王以是功也。"②注释的译文采用了直译为主辅以译意的翻译方法。再如其第二个注释：

例 2.10　麦译注：When superiors take anything of their inferiors it is called taxation, and when inferiors present anything to their superiors, it is called tribute. In this section both taxation and tribute are referred to ... The editions in both the modern and ancient hand writings contain this section。③（当地位高者收取其下属的任何东西时，称之为赋税，而当地位低者向长官献出任何东西时，称之为贡献。此部分中赋税与贡献都被用来指称……此部分在古代和现代文版本中都有。）

由上例可见，《禹贡》译文的第二个脚注也直接全部翻译了蔡沈的

① Ibid., W. H. Medhurst. *The Shoo King, or The Historical Classic* [M]. 1846, p. 82.
② [南宋] 蔡沈. 书集传 [M]. 钱宗武，钱忠弼整理. 南京：凤凰出版社，2010 年，第 40 页。
③ Ibid., W. H. Medhurst. *The Shoo King, or The Historical Classic* [M]. 1846, p. 82.

注释:"上之所取,谓之赋;下之所供,谓之贡,是篇有贡、赋而独以'贡'名篇者,《孟子》曰:'夏后氏五十而贡。'贡者,较数岁之中以为常,则贡又夏后氏天赋之总名。今文、古文皆有。"①

麦氏的注释往往删去了《书集传》中有关注解等引文的出处,这大概也是理雅各认为其注释较差的原因之一。理氏《尚书》英译等中国典籍注释,即包含了对注释所引用的参考资料来源的较细致的说明。麦氏《尚书》英译的多数注释翻译了《书集传》注释中有关中国的农耕、地理、历史、文化、天文等知识的介绍。麦氏对《禹贡》篇"厥土惟白壤"等句的注释,②其内容即取自蔡沈的注释,诠释了中国古代关于土壤性状的分类辨识,以及用牛、鹿等的粪便对土质的养护等古代农耕知识与经验。但麦氏注释并未按照蔡注那样标明所引用的有关文本的出处,如此处麦氏添加的注释即删去了蔡注中的"汉孔氏""颜氏""夏氏""《尚书・周官・大司徒》""曾氏"③等引用注释资料的出处,仅仅翻译了大部分注解土壤性状的内容。再如,《禹贡》篇的注释:"济河惟兖州。"麦氏略去了《书集传》中的"林氏"和《说文》对"济"的解释;其对"九河既道"句的注释,略去了蔡沈引用的《舆地记》和《寰宇记》的有关注释,以及对词语"既道"的解释;又如,其对"滩、沮会同"句的注释,既没有说明蔡注所引用的《尔雅》的出处,又删减了蔡注的诸多内容,仅仅截取其中两句简短的关于"滩""沮"名称概念的有关注释,而对蔡注中"会同"等词语的注释都没有选用。

麦氏对有关注释的取舍也显示了其对中国有关历史、地理、农业生产等知识的关注与重视。麦氏《禹贡》篇译文关于原文地名的注释,大部分依据蔡沈的注释进行了较为详细的翻译,并增添了标有汉语地名的有关区域的大幅中国地图以辅助说明,如添加了"江西全图""江南全图"等地图。④

麦氏《尚书》英译的注释,有的仅仅是参考了蔡注的有关观点,总结

① [南宋] 蔡沈. 书集传 [M]. 钱宗武,钱忠弼整理. 南京:凤凰出版社,2010 年,第 40 页。

② Ibid., W. H. Medhurst. *The Shoo King, or The Historical Classic* [M]. 1846, p. 85.

③ [南宋] 蔡沈. 书集传 [M]. 钱宗武,钱忠弼整理. 南京:凤凰出版社,2010 年,第 42 页。

④ Ibid., W. H. Medhurst. *The Shoo King, or The Historical Classic* [M]. 1846, pp. 88 - 99.

其大意翻译而来，而非直接对其注释原句进行翻译。如《尚书·周书·大诰》"宁王遗我大宝龟"（用文王留给我们的大宝龟），与"殷小腆诞敢纪其叙"（殷国的小主竟敢组织他的残余力量），[①]分别添加了两个极短的注释："Woô-wǎng."（武王）与"This refers to Woô-kǎng."（这是指武庚）[②]而蔡沈此处的注释则为关于"绍介天命，以定吉凶"，"是武庚未叛之时，而龟之兆盖已预告矣，此及果蠢蠢然而动"等占卜预兆的阐释，以及关于武庚"知我国有三叔疵隙，民心不安。故敢言我将复殷业"等对文中有关时局情势等的说明。而麦氏译文注释对这些内容皆未选用，仅仅添加了原文所指为武王和武庚的注释。

2. 增添《书集传》之外的注释

麦氏的《尚书》英译注释中，也包括了一些以译者的身份添加的对原文的介绍与说明。注释《尚书·虞夏书·尧典》："分命羲仲，宅嵎夷，曰旸谷。寅宾出日，平秩东作。日中，星鸟，以殷仲春。厥民析，鸟兽孳尾。"麦氏对"星鸟"的注释，在翻译了蔡沈的有关注释之后，竟然添加了约2倍于其的译者注（Translator），其注释颇具历史考证的意味："如果鹑火星（Quial fire or Cor Hydra）在尧时代的春分日日落时达到顶点，那么那天中午子午线上的星座一定是金牛座的昴宿星。现在，随着春分的逆转，黄道十二宫的恒星在2000年内回到一个完整的星座，太阳在春分的时候位于昴宿星星座中需要4000年，这大约在据说是尧兴盛的时候，因此有力地证实了中国纪年的真实性……"（If Cor Hydra culminated at sunset on the day of the vernal equinox in the time of Yaou, the constellation on the meridian at noon of that day must have been Pleiades in Taurus. Now as by the retrocession of the equinoxes the stars of the zodiac go back a whole sign in 2000 years, it would take 4000 years for the sun to be in Pleiades at the time of the vernal equinox, which is about the time when Yao is said to have flourished, and affords a strong confirmation of the truth of Chinese chronology. ...）[③]再如

① 江灏，钱宗武译注. 今古文尚书全译［M］. 贵阳：贵州人民出版社，2009年，第204—205页。

② Ibid., W. H. Medhurst. *The Shoo King, or The Historical Classic* [M]. 1846, p. 217.

③ Ibid., W. H. Medhurst. *The Shoo King, or The Historical Classic* [M]. 1846, p. 4.

对《尧典》:“帝曰:咨,四岳……”句的注释,麦氏在翻译了蔡注中的“官名,一人而总四岳诸侯之事也。”之后,又用方括号添加了蔡注之外的注释:“在尧的时期,中国人认为中国有四座大山;周朝以来,他们说的是五座大山。”(In the days of Yaou, the Chinese recognized four great mountains in China; since the time of the Chow dynasty they speak of five.)①

再如,翻译《尚书·虞夏书·舜典》:“八音克谐,无相夺伦,神人以和。”对此句的注释,麦氏先说明此处引用《礼记》中的有关解释会更清楚(to render the above passage a little more clear),之后接着翻译了其中关于“宫、商、角、徵、羽”等的文本及其有关注释,如宫代表君王、商代表大臣、角代表人民等内容,并附上有关图片。此处注释占据了近三页篇幅之多,补充了有关的历史记载,但这样以大段的其他注释直接代替蔡注的情况较少,其译文注释基本仍以蔡注为主。这种注释也凸显了译者的翻译目的和关注点。被麦氏弃而不用的此处《书集传》的注释为对“《周礼·司乐》掌成均之法以教国子弟”,孔子的“兴于诗,成于乐”,以及“圣人作乐以养性情,育人才,事神祇,和上下”“不相侵乱,失其伦次,可奏之朝廷,而神人以和”等大段有关儒学思想的阐释,②以及对此处应为《益稷》之文的简编脱落的判语等。③这些内容皆被麦氏删去不译,这也反映了其着意传译关于中国的历史、地理、音乐等知识,而对原文所含儒学思想的诠释并不注重,而儒学思想文化及其价值属于原文的本体真理意义,麦氏即如此忽略对其的诠释。

(三) 添加图片的翻译方法

麦都思的《尚书》英译不同于其他《尚书》英译本的一个显著特点,即在译文中添加了有关的近70幅大幅整页的多种历史性图片,还在注释中添加了与译文有关的诸多小图片。其图片内容包括标注有汉字的多幅地图,还包括诸多有关器物、音乐、天文等方面的图片,这些图片看

① Ibid., W. H. Medhurst. *The Shoo King, or The Historical Classic* [M]. 1846, p. 10.
② [南宋]蔡沈. 书集传 [M]. 钱宗武,钱忠弼整理. 南京:凤凰出版社,2010年,第17页。
③ Ibid., W. H. Medhurst. *The Shoo King, or The Historical Classic* [M]. 1846, p. 38.

起来为中国古代绘制流传而来，被麦都思搜集复制到其译本中。这些图片的内容包括中国古代浑天仪图，宫、商、角、徵、羽关系图，古代官员服装图案，古代乐器图，尧制五服图，九畴本洛书数图，九道之图，日月冬夏、春夏秋冬星座图，二十八星宿图等。

例如，翻译《尚书·虞夏书·尧典》中的“在璇玑玉衡”句时，麦氏即在译文后附上了中国浑天仪图；再如，在翻译《尚书·虞夏书·舜典》篇时，麦氏在“圭”的页下注的文字注释之后，附有古代用以区分贵族等级的5种不同形状的圭的图片。[①]

又如，翻译《尚书·虞夏书·益稷》中的句子：“予欲观古人之象，日、月、星辰、山、龙、华虫作会；宗彝、藻、火、粉米、黼、黻……”[②]麦氏在译文和注释之后，附上了整页关于中国古代官服上的12种图案的插图，皆为古代中国人绘制流传下来的有关图案，按照从右向左的顺序排列，每张小图片上方标有“日、月、星辰、山、龙、华虫、宗彝、藻、火、粉米、黼、黻”，[③]这些图片生动地传递了有关汉语词语的语义信息，令读者可一目了然地对照图片辨别汉语文字所对应的事物，从而大大增加了读者对原文有关词语的感性认识，非常有利于西方人对有关汉语文化知识的学习与掌握，表现出一种汉语历史文化教材的特点。麦氏所补充的有关历史性图片资料，使得其译文的诠释力度大为增强，给读者留下非常深刻的印象。

又如，在翻译《尚书·夏书·禹贡》篇时，麦氏译文中即附上了有关的11幅中国古代区域全图，包括“直隶全图”“山东全图”“江西全图”“江南全图”“浙江全图”“湖北全图”“湖南全图”“河南全图”“四川全图”“陕西全图”“甘肃全图”。这些地图都标有汉字，显然为中国人所绘制使用。《尚书·夏书·禹贡》被西人称为“中国历史上最早出现的自然地理考察著作”。[④]麦氏通过添加中国区域地图的方法，明了、清晰地诠释了这篇文章中的有关地理概念，从而起到了文字诠释所无法比拟的

① Ibid., W. H. Medhurst. *The Shoo King, or The Historical Classic*[M]. 1846, p. 19.

② 江灏，钱宗武译注. 今古文尚书全译［M］. 贵阳：贵州人民出版社，2009年，第41页。

③ Ibid., W. H. Medhurst. *The Shoo King, or The Historical Classic* [M]. 1846, p. 70.

④ ［英］李约瑟. 中国科学技术史（第五卷）［M］. 地学. 北京：科学出版社，1976年，第14—15页。

传译效果。通过运用有选择地添加注释、大量添加历史性图片等诠释、翻译方法，麦都思构建了一种独具特色的《尚书》英译形态。

第三节　理雅各的《尚书》英译

英国新教传教士、苏格兰汉学家理雅各(James Legge，1815—1897)与法国学者顾赛芬(Séraphin Couvreur，1835—1919)、德国学者卫礼贤(Richard Wilhelm，1873—1930)并称汉籍的“欧译三大师”，其英译《中国经典》一经面世，即在汉学界引起轰动。理氏的《中国经典》系列英译出版后，在西方造成空前的影响。1893 年至 1895 年，理氏修订了《中国经典》并再版。其后又多次以不同形式再版。理氏对中国经典的系统翻译形成两个系列，第一个系列为五卷本的《中国经典》:《论语》《大学》《中庸》《孟子》《尚书》《诗经》《春秋》;第二个系列为六卷本的《中国圣书》，马克斯·穆勒(F. Max Müller，1823—1900)主编的《东方圣书》中的中国部分) 包括《书》《诗》中有关宗教的部分、《易经》《礼记》及两部道家文献。理雅各也因此成为一位著名的汉学家。

理氏《尚书》英译本的译名为《书经或历史文献》(*The Shoo King or the Book of Historical Documents*)①，为理氏系列儒家典籍译本《中国经典》(*The Chinese Classics*)的第三卷，1865 年出版于中国香港的传教机构。在中国学者王韬等的帮助下，理氏以《十三经注疏》中的《尚书注疏》(孔安国注、孔颖达疏)为底本，以当时中国学者的权威注解尤其是蔡沈的《书集传》等为重要参考，并参考了国外的一些有关翻译等资料。麦氏、理氏所处的英国维多利亚时代，素重严格忠实于原文本的直译法，因而同麦氏的《尚书》英译一样，理氏也主要采用了以直译为主的翻译方法，同时也辅以译意的翻译方法，其译文表达比麦氏译文更为流畅而符合英语语言的规范。在翻译中，理氏对《尚书》文本做了大量的研究与考证工作。他在《尚书》英译序言中称，希望自己的译文远远比

---

① James Legge. *The Shoo King or The Book of Historical Documents* [M]. *The Chinese Classics*. Taipei：SMC Publishing Icn.，1991.

已有的两个译本，即法国宋君荣的译本和麦氏译本，更贴近原文。理氏声称，其译文“内容之广博、翻译之艰难，能为其延迟面世做一些辩解”。[①]理氏译文下方附有比麦氏更为丰富厚重的注释，增添了《尚书》的历史考据资料、长篇的绪论和附录等，更为全面、细致地对《尚书》的 58 篇文章进行了英文诠释与传译。理雅各的《尚书》英译比其前的《尚书》英译包含了更为丰富广泛的中国知识，显示了专业化的学术特点，极大地满足了西方对中国知识的需求。正如有学者所言：“在 19 世纪，这种对其他文化的了解传播得更快。作为传教士，理雅各在向北大西洋世界的热心读者传播关于中国的新知识方面起到了关键作用。打开了其基督徒同胞的眼界，让其见识了东亚丰富的宗教和哲学遗产。”[②]

一、理雅各《尚书》英译的历史语境

麦氏的《尚书》英译产生于第一次鸦片战争之后，而理氏英译《尚书》已经是第二次鸦片战争之后，故其翻译的历史语境与麦氏又有所不同，主要表现在以下两个方面：

（一）西方的殖民与传教

1856 年，英、法在第一次鸦片战争签订的《南京条约》期满之后，为了进一步打开中国市场，扩大在华侵略权益，提出了修订条约的无理要求，继而发动了第二次鸦片战争，中国在政治经济等方面遭受了更为严重的打击与失败。1860 年 10 月，英法联军攻入北京，第二次鸦片战争结束后，俄、美坐收了渔人之利。俄、美、英、法四国强迫清政府签订了《天津条约》《北京条约》等不平等条约，中国丧失了更多的领土和主权，西人侵华势力扩大到沿海各省和长江中下游地区。[③]中国社会的半封建半殖民地化程度进一步加深。按照条约规定，传教士可以在中国

---

① [英] 理雅各. 中国经典（第三卷）序言[J]. 沈建青，李敏辞译. 理雅各《中国经典》序言集. 国际汉学，2013 年第 1 期，第 203 页。

② John Berthrong. *Book Review* [J]. *Journal of Chinese Philosophy* 31:3, September 2004, p. 416.

③ 刘瀛璐，赵省伟. 第二次鸦片战争战地纪实 [J]. 国家人文历史，2017 年第 5 期，第 22—27 页。

任何地方居住，并有权租赁土地和建筑。

首先进入中国的就是英国的伦敦会。1843 年，伦敦会将其印刷机构从马拉卡半岛搬迁到香港，并建立了神学研究的大学，理雅各成为首位到香港的传教士。接下来的 34 年里，在该殖民地建立了一个充满活力的本地基督教教堂。①这也表明理雅各有了更多的机会去接触中国文化，获取有关翻译研究所需资料。

这一时期，西方新教的在华传教较之前有了新的进展。据《中国丛报》报道，19 世纪中期香港的传教活动出现繁荣局面。一篇有关报道称，1849 年在香港的新教教会学校由伦敦传教会的理雅各负责。在香港举行的所有中文宗教仪式的总出席人数约为四百人，而皈依者约有六十人，六七人是传道者。也有报道称，在厦门，1841 年开始的阿贝尔、文惠廉与他们的同事们在赢得民众的亲善方面从未遭受过严重的失败。②

（二）God 译名之争与西方对中国古代典籍的大量研究

19 世纪中期，在华传教士们组织代表团致力于修订与翻译中文版《圣经》，理氏也参与其中。在《新约》委办本的翻译过程中，God 的中文译名问题，在西方学界引起了激烈的争论，参与翻译的英美传教士代表们与其他诸多西方学者参与了有关论辩。他们纷纷从各种中国古代典籍中寻求为各自观点进行辩护的例证，进行了大量的有关研究。法国来华的耶稣会士的汉学研究也取得了进一步发展。这些都促进了西方对中国古代文化研究的拓展。

1. 旷日持久的 God 中文译名之争

在重新修订《圣经》中文译本的过程中，西方传教士内部乃至从事与中国有关事务的其他世俗人员对 God 的中文译名皆存在意见分歧，各方各自依据中国典籍等进行辩论，学界的有关争论，主要围绕汉语中

① Rev. Wardlaw Thompson and Rev. A. N. Johnson, M. A., *British Foreign Missions* 1837—1897, *Growth in India and the East* [M]. *The Victoria Era Series*, London: Blackie & Son, Limited, 50 Old Bailey, E. C. Glasgow and Dublin, 1899, pp. 55 - 56.

② Protestant Missions in China[J]. *The Chinese Repository*. Jan. Vol. 18, 1849, p. 51.

的上帝、帝、神等与信仰有关的词语是否适合对译 God 展开。[①] 麦都思和施敦力都认为中文词语上帝适合对译 God，理氏后来发文表示赞同麦都思所使用的上帝中译名。以美国传教士文惠廉、波乃耶为首的传教士反对使用上帝，认为汉语中的神对译 God 最合适。[②] 卫三畏(Samuel Wells Williams)曾概括双方的争论情况为，除了少数的例外，所有主张使用“上帝”作为 God 译名的传教士都来自伦敦会，而所有美国人都支持美部会传教士使用“神”。宁波和福州的所有传教士都主张用“神”，而厦门的所有传教士都用“上帝”。[③]

传教士们研究各种中国文献，就译名问题展开旷日持久的论战。如有学者所言：“传教士们平时积累的中国语言文化知识在这场争论中有了用武之地。一时之间，对中国的《四书》《五经》、子书、类书、文集等的探讨与诠释在传教士当中蔚为风尚，麦都思、文惠廉、娄礼华等的论文征引的中国文献都达数十种之多。双方都企图从中找出最有力的论据。”[④]

在西方学者为此论战的过程中，《尚书》《诗经》等中国典籍中的语句被大量引用。例如，有西人曾发文称：“我们引用现在摆在面前的这些典籍的篇章达一百多次，其中‘上帝’被直接或间接称为‘神’。”麦氏的观点主要为：在中国词语中，“神”单用时是复数，不具唯一性，而“上帝”才能表达唯一的、值得敬畏的概念。[⑤] 1848 年，麦氏在《中国丛报》上发表了一系列有关文章，应对文惠廉等反对派的论战。他引用了《礼记》《春秋》《说文》《尔雅》《诗经》《大学》《中庸》《论语》《孟子》《广博物志》《三教全书》《六书故》《白虎通》《易经》《礼记》等中国典籍，其中包括其翻译的《尚书》中的 10 多例。他认为，在这些中国古代典籍中，“上

---

① Essay on the term for Deity[J]. *The Chinese Repository*. Jan. Vol. 17, 1848, pp. 50 - 54.

② Essay on the term for Deity[J]. *The Chinese Repository*. Jan. Vol. 17, 1848, p. 48.

③ F. W. Williams (ed.), The Life and Letters of Samuel Wells Williams (NewYork, 1889), p. 175.

④ 吴义雄. 译名之争与早期的《圣经》中译[J]. 近代史研究，2000 年第 2 期，第 3，205—222 页。

⑤ Medhurst and others. *Remarks on Shingti and Shin* [J]. *The Chinese Repository*. Vol. 16, Jan. 1847, pp. 36 - 37.

帝"是天堂之主和最高统治者，比神更具至高无上的权威性和唯一性。[①]麦氏甚至认为"上帝"即指God。他在回复文惠廉的文章中说："这样做的同时，我们将必然从文中大量引用，有时再次谈到以前处理过的主题时，我们的回复将比原本设想的还要大为扩展。虽然中国人同时也信仰一些可见的神灵，但他们可以被认为是一神教者，因为他们信仰一个上帝、万物的创造者和主宰者。"麦都思声称："在中国的每一本著名而重要的书籍中，(单独使用，没有任何前缀的)'上帝'一词始终不变地意味着那个唯一至高无上的存在，在找到一个更好的术语之前，不能放弃使用该词。"[②]麦都思还引用西人早期的汉学研究为例，在回复文惠廉关于God译名的文章中说："为了证明古人关于信奉这个'存在'的实践是什么，杜赫德于是引用了中国的历史。"[③]

关于God译名的论战甚至在1880年又一次引发开来。[④]理雅各也和麦都思一起参与了《圣经》中文译本的修订与重译工作。在译名辩论中，理氏对麦都思的观点表示赞同，坚称对译God最好的词应该为Shang-Ti(上帝)或者Ti(帝)。[⑤]他强调说："永远要记住，只有当真神God被象征的时候，'上帝'才被认为是最合适的术语。每当异教徒通用的伪神，或任何具体伪神的名字受到质疑时，'神'这个词不仅恰当，而且是必要的。一方面，'神'这个词太低级，太宽泛，因而不适用于真神；另一方面，'上帝'这个词太崇高，太具有唯一性，故不适用于任何不

---

① 麦都思引用了其翻译的《书经》的第33、35、145、223页等含有"神"和"上帝"的语句，回复文惠廉反对用"上帝"的文章。参见 *The Chinese Repository*. Vol. 17, 1848, pp. 105 - 133, pp. 161 - 168, pp. 209 - 217, pp. 601 - 608, pp. 611 - 620, pp. 646 - 659.

② Medhurst and others. Remarks in favor of Shángtí and against Shin, as the proper term to denote the true God, addressed to the Editor of the Chinese Repository, ART. V. [J]. *The Chinese Repository*. Vol. 16, Jan. 1847, p. 34.

③ Medhurst and others. Remarks in favor of Shángtí and against Shin, as the proper term to denote the true God, addressed to the Editor of the Chinese Repository, ART. V. [J]. *The Chinese Repository*. Vol. 16, Jan. 1847, p. 34.

④ 指的是仍有人发信进行辩论，信件署名"质疑者"，发给马克斯·穆勒教授，后发表在1880年的《中国纪事和传教士杂志》(*Chinese Recorder and Missionary Journal*)第5—6期。理雅各为此也发表了一封信进行驳辩。他在信中认为，天是中国人称呼至高无上者(Supreme Being)的一个名词，根本不是指具体的天，并引用宋代学者杨夫及程颐的话作证明。参见：[英]理雅各(Legge, H. E.)著. 汉学家理雅各[M]. 马清河译. 北京：学苑出版社，2011年，第73页。

⑤ [英]理雅各(Legge, H. E.). 汉学家理雅各[M]. 马清河译. 北京：学苑出版社，2011年，第70页。

高尚的目的。”①

对此，反对用‘上帝’等词对译《圣经》中God的文惠廉等发文称：“已经证明，中国的异教民族通过其具有崇高地位的著作者把神理解为一个或多个神，为众神的通称。如果理雅各能以同样的方式例证上帝即我们所说的God，是真正的God，如果他引用的任何一个例句中的上帝可被证明就是God，则可以承认其他语篇里的上帝都指God，而这正是理雅各需要证明的关键点，他显然有责任给出这种证据。”文氏发文质问理氏等：“中国人了解上帝或任何真正可恰当地被称为上帝的存在吗？”对此理雅各回答：“他们了解：‘上帝’即为万有之上的永远神圣的上帝God。”②(Do the Chinese know the true God, or any Being who may truly and properly be called God? To this question Dr. Legge answers, “They do: Shang-ti is God over all, blessed for ever.”)有关西方的上帝与古代中国人的信仰问题的辩论非常激烈。文惠廉又列举了关于God的3种定义，以此质疑理雅各等的观点，并引用麦都思的关于可以推断出中国人对God有一定的了解，并对其非常尊崇等论述，对此表示质疑。他指出，麦都思的论述与基督教教义的矛盾之处，即一方面认为中国人了解并信奉一个至高无上者，一方面又发现中国人有唯物主义、无神论、多神论的倾向，认为这不符合对God的信仰要求。因此，文惠廉认为，既然麦都思观察到了中国每个教派都采用“众神、多主”的教义，在中国，找到神比找到人更容易(“Gods many and lords many” are adopted by every sect, and it is more easy to find a god than a man in China.)，那么中国人是无法将无神论和多神论等不可调和的概念结合在一起的，因此他们的信仰不能等同于对God的信仰。文惠廉还引用宝宁(John Bowring, 1792—1872)的观点来印证自己的论点，从而试图通过否定麦氏和理氏的立论基础，即中国人原本信仰上帝，来

① W. J. Boone. Defense of an Essay[J]. *The Chinese Repository*. Art. I, Vol. 19, July, 1850, p. 357.

② W. J. Boone. Defense of an Essay[J]. *The Chinese Repository*. Art. I, Vol. 19, July, 1850, pp. 357 - 360.

否定二者的 God 译名主张。[1] 1849 年，任英国驻广州领事的宝宁致信《中国丛报》，参与中文《圣经》的 God 中文译名辩论。他完全否定了早期传教士们在其著述中的传统说法，即中国古代经典中有信仰上帝的记录。他认为，中国人从没信仰过 God，故中文中没有一个词可以表示 God。[2]

19 世纪关于上帝、神与 God 译名的大辩论，在 50 年代中后期尤为激烈，麦都思为此不仅在报纸上发文维护自己的观点，还经过大量研究中国古代著述，发表了《中国人的神学观》等论著。[3]理雅各也始终坚持自己的观点。他在 1852 年的一封信中辩称："我的对手让我证明中国确实存在对上帝的认知的可信证据，他们认为人是天与地所创生，是独立、智慧的存在。这个存在被称为'神'，但事实是这个存在被称为'一个神'，若是如他们所说那样有一个阶层的神，通过各自的渠道从属于上帝(Shang-Ti)，就把至尊的上帝变成了一个谎言。"[4]

这一时期的辩论，一方面激发了学者们研究、探索中国古代典籍的热情，另一方面也反映了西人对中国文化的认知分歧。诸多的有关研究和辩论也推动了西人对中国经典的进一步研究。

---

① W. J. Boone. Defense of an Essay &c [J]. *The Chinese Repository*. Art. I, Vol. 19, July, 1850, pp. 358 - 365.

② John Bowring. Thoughts upon the manner of expressing the word for God in the Chinese language [J]. *The Chinese Repository*. Jan. Vol. 18, 1849, p. 600.（原文为：Sir, I have read such portions as have been accessible to me of the long-pending controversy respecting the most appropriate sign to be adopted for communicating to the Chinese the Christian idea of the true God. There is much to admire in the ingenuity—much to instruct in the erudition of the disputants, but it appears to me the solution of the question has been little advanced by its discussion. The partisans of the various terms proposed have seldom failed in demolishing the theories of their opponents, but have had very little success in establishing their own. How indeed should they have succeeded? They have been struggling through incompetent means for an unattainable end; they have been seeking in the Chinese mind, and in the Chinese language, for what was never there. In order that an idea should exhibit itself by some external symbol, some expression, some formula, the idea itself must have a previous existence. Nemo - nihil dat quod non habet. Neither man nor angel can convey what they do not possess.）宝宁(John Bowring, 1792—1872)(又译为宝灵、包令)，英国派驻香港的第 4 任港督，1829 年于格罗宁根(Groningen)获法学博士学位。1835 年至 1837 年在克莱德(Clyde)市选举中成为英国下院议员。1849 年来华任英国驻广州领事，1852 年到香港任代理商务总监，1854 年 4 月升任为港督、兼任驻港英军陆军司令、海军中将及对华全权代表、商务监督。

③ 参见 1843—1851 年《中国丛报》(*The Chinese Repository*)的有关内容。

④［英］理雅各(Legge, H. E.). 汉学家理雅各［M］. 马清河译. 北京：学苑出版社，2011 年，第 70 页。

2. 西方传教士对中国文化的进一步研究

在麦都思英译《尚书》之时，西人对于中国的历史文化已经有了诸多探索。对《易经》"四书"《尔雅》等都已经有了不少译介与研究。1849年前后的《中国丛报》可见有关中国的语言、文化、历史、经济贸易等讨论，其中的一篇文章中统计了1849年之前关于中国的英语和法语著述，共有373种。[①] 1814年，罗马重建耶稣会，在1840年鸦片战争之后，法国的传教士包括耶稣会士凭借获得的政治特权再次进入中国传教。19世纪中叶起，耶稣会在中国的传教中心为当时的北方直隶河间府（今河北献县）和上海的徐家汇。法国耶稣会在徐家汇设有一个印刷厂。耶稣会士的作品多收入70多卷的《汉学杂纂》，神甫费赖之（A. Pfister，1833—1891）在徐家汇建立了一个重要的图书馆，编纂了《在华耶稣会士传略及书目提要》。该书于其去世后出版。耶稣会传教士顾塞芬（Seraphin Couvren，1835—1919）[②]神甫是当时河间府的传教士，其汉学研究著述甚丰，与19世纪英国汉学家理雅各、德国汉学家卫礼贤并称"欧译三大师"。[③]

尽管已经有了诸多研究成果，但是西人对已有的关于中国的哲学、思想、文化等方面的研究仍感到不够系统、全面，尤其是对于古代的中国知识。西人学者表示，尤其需要从古至今彻底地把握中国历史、思想、文化等状况。1849年《中国丛报》一篇谈论中国哲学的文章谈到，恩菲尔德（William Enfield，1741—1797）只在哲学史的一个简短附录中提到了汉语，认为中国古代书籍的晦涩，耶稣会传教士带给欧洲的报告真实性的可疑，以及欧洲人对中国语言和文字的不完全了解，使得很难确定当前中国的状况，他们的神性观念一直是争论的焦点。一些人认为中国人的"上帝"象征着一个至高无上的造物主和统治者；另一些人则认为中国的自然体系接近无神论；而还有些人坚持他们的信念，认

① List of Works upon China [J]. *The Chinese Repository*. ART. Ⅲ. Aug. 1849, pp. 402 - 403.

② 顾赛芬在1895—1916年间，"翻译了几乎所有的中国古籍"，包括"四书"（1895）、《诗经》（1896）、《尚书》（1897）、《礼记》（1899）、《春秋左传》（1914）、《仪礼》（1916）。这些译本具有重要的学术价值，20世纪50年代在巴黎再版。戴密微曾称赞顾塞芬的法文与拉丁文翻译"准确优美，无可挑剔"。参见：张西平编. 欧美汉学研究的历史与现状 [M]. 郑州：大象出版社，2006年，第207—208页。

③ 张西平编. 欧美汉学研究的历史与现状 [M]. 郑州：大象出版社，2006年，第207—208页。

为在可见的天空中存在着一个生生不息、强大的自然(如灵魂处于身体之中),由此产生了第二神性,即世界的统治者,通过他们来崇拜至高无上的神。而且,在当时的外国人中,关于中国哲学、文学及其研究等状况的信息非常匮乏。此时西人对中国知识的认知不足已经有所反思,提出以追溯中国的宗教、哲学思想等领域的概念和实践的历史,以及深入系统地研究中国知识的目标。[①]

1849年,《中国丛报》的一篇文章称,西人迫切地"想知道孔子兴起时有哪些文献,写了些什么,在臭名昭著的秦始皇引发的大火中幸存下来的有哪些,以及从那以后到现在的研究有何进展"。[②]当时的西方人迫切希望通过阅读与研究中国历代流传下来的各种重要作品以及当时的中国著述,研究中国的著名学者,据此充分了解与把握中国人的所有行为背后的思想文化与历史根源。他们在对这些中国著述进行阅读与研究时,非常注重系统性,要求以时间为序进行,要从最早开始的研究直到当时的中国著述等资料。其研究范围包括中国古代经典在内的所有文本资料,尤其强调对中国权威经典《五经》和《四书》进行"最严格的、可能的查考",[③]也包括对每一本书的写作时间和作者进行研究。由此可见西方人对中国经典知识的了解与掌握的需求程度,他们需要真实的有关中国的知识。除了这几部在中国地位极为尊崇的经典著作之外,西方人还建议选择研究那些获得普遍认可的中国作品,以及对中国文化领域卓有成就的一些学者进行考察研究,并要求这些研究行为要从古代到当时一直不断地进行,对有关中国历史文化等知识的重要领

---

① Remarks on the Philosophy of the Chinese, and the Desirableness of Having their Classical and Standard Authors Translated into English[J]. *The Chinese Repository*. Vol. 18. ART. VI. 1849, pp. 43 - 49.

② Remarks on the Philosophy of the Chinese, and the desirableness of having their Classical and Standard Authors translated into English [J]. *The Chinese Repository*. Vol. 18. ART. VI. 1849, p. 44.

③ Remarks on the Philosophy of the Chinese, and the desirableness of having their Classical and Standard Authors translated into English [J]. *The Chinese Repository*. Vol. 18. ART. VI. 1849, p. 44.

域进行广泛彻底的“考察、判断和描述”。[①]并呼吁招募最有能力的人去进行这些研究工作，要求必须细致入微，分为不同的部分，由各方面的人员分别完成。西人感到已有的中国著述的西语翻译并不能适应当时所需，如有西人学者即提出：“虽然已经有了柯大卫（David Collie—1828）的《四书》翻译和麦都思的带有中文原文的《书经》英译，但这两种经典都需要更为丰富的注释加以说明。”（Both these, however, need to be illustrated by much more copious notes.）[②]因此，他们认为亟需对中国经典等一系列著作重新进行研究与翻译，以获取更多更真实的中国知识，因而要求在有关研究中竭力研究、展现这些中国文本的本来面貌，以有利于对当时的中国人的状况作出正确的判断。例如，西人在其发表的文章中写道：“现在将有另一个目标，是时候询问并尽可能确定中国人拥有多少知识了。我们需要一个全面而公正的展现，一个对知识和道德现象的考察的忠实叙述。我们希望更多地了解中国人的思想和整个行动的历史，只要能从流传至今的最古老的书面文件中收集到的都要了解。”[③]恩菲尔德也在文章中肯定了中国历史资料的研究价值和作用。他认为：“从哲学史与当前观点的比较中，我们可以预料到，它将导致对许多概念和实践起源的全面发现，由于这些概念和实践，除了它们的古老历史资料之外，没有其他证据支撑，因而也会导致更多重要的改革与改进。”[④]由此可见，由于当时西方殖民贸易与传教等的发展，使其产生了对中国历史文化等知识更为深入、系统地了解、把握的迫切需求。

---

① Remarks on the Philosophy of the Chinese, and the Desirableness of Having their Classical and Standard Authors Translated into English [J]. *The Chinese Repository*. Vol. 18. ART. VI. 1849, p. 44.

② Remarks on the Philosophy of the Chinese, and the Desirableness of Having their Classical and Standard Authors Translated into English [J]. *The Chinese Repository*. Vol. 18. ART. VI. 1849, p. 44.

③ Remarks on the Philosophy of the Chinese, and the Desirableness of Having their Classical and Standard Authors Translated into English [J]. *The Chinese Repository*. Vol. 18. ART. VI. 1849, p. 44.

④ Remarks on the Philosophy of the Chinese, and the Desirableness of Having their Classical and Standard Authors Translated into English [J]. *The Chinese Repository*. Vol. 18. ART. VI. 1849, p. 44.

二、理雅各《尚书》英译的目的理念

理雅各翻译《尚书》的基本理念主要是比之前译文更为准确严谨地翻译原文,同时为西人提供更多的有关中国语言文化等知识,也通过对这部重要的中国古代政史经典的诠释,来达到维护基督教权威,有益于基督教事业长远发展的目的。在牛津大学设立汉语教席的就职演讲中,理氏谈到自己坚定的信仰,以及系统、严谨地翻译中国经典对于传教事业的重要性:"1839 年,我作为派给中国人的传教士到达东方,除了将毕生献给传教事业之外没有其他的想法。我直接从事传教工作长达 20 多年。但在中国传教不到一年,我就开始认识到:为了我们事业永久性的成功,所有的中国经典——这些经典涵盖了中国圣贤涉足的全部思想领域,包括了中国人的宗教、道德、社会和政治生活的基础,应该由某位学者加以更为全面、严谨地翻译和研究,而不是像以前那样分别由不同的人东鳞西爪地进行。"①他坚信翻译中国经典很有必要:"这是一项很有价值的工作,甚至对在中国的传教事业的成功也是必需的,这是我从来都没有动摇过的信念。"②

理氏《尚书》英译总体上显示了其注重对原文词语意义的求真传译。他在《论语》的译本前言中说:"译者没有改动的自由,除非译自原文的译文完全不能被看懂。"③但理氏也在《尚书》英译的序言(*Preface*)中声称:"希望我在翻译过程中做一些关于中国经典的观念的探索,相信这样做将会为中华民族提供最好的服务,并促进基督教为中国的学者和民众所接受。"④较之已有译文,理氏译文的确显示了其对

① [英] 理雅各(James Legge). 牛津大学设立汉语教席的就职演 [J]. 沈建青,李敏辞译. 国际汉学,2015 年第 3 期,第 104 卷第 19—24 页。

② [英] 理雅各(James Legge). 牛津大学设立汉语教席的就职演 [J]. 沈建青,李敏辞译. 国际汉学,2015 年第 3 期,第 104 卷第 19—24 页。

③ James Legge. *The Shoo King*. *The Chinese Classics*, *with a Translation*, *Critical and Exegetical notes*, *Prolegomena*, *and Copious Indexes* [M]. London: Oxford University Press, 1939(伦敦会香港印刷所影印), volume Ⅰ, *prolegomena*.

④ James Legge. *The Shoo King or The Book of Historical Documents* [M]. *Preface*. Taipei: SMC Publishing Icn., 1991, p. vii.

原文进行了诸多的新诠释。

(一) 理雅各的文化背景

理雅各的有关文化背景主要包括:其虔诚的宗教信仰与苏格兰精神,严肃而理性的中国经典研究,以及批判求真的学术精神与早期西方典籍翻译经验。

1. 虔诚的宗教信仰与独立开放的苏格兰精神

1815 年,理雅各出生于有着浓厚宗教兴趣的苏格兰小镇亨特利(Huntly)的一个有基督教独立教会(independent church)信仰的家庭。亨特利地区重视将宗教和教育相联系,理雅各从小就被父亲安排接受专门的宗教教育,日常生活也具有基督徒家庭的习惯和特点。[①] 1796—1825 年苏格兰曾出现 60 多个亨特利传教会(Huntly Missionary Society),传教士的英雄形象一直影响着理雅各的童年。他在学校讨论、阅读这些内容,并参与祈祷集会、教堂服务等。他们的朋友传教士威廉·米怜(William Milne)所写的中文书就摆放在家里的书架上。[②]

理氏中学时期曾就读于教区学校(Parish school)。该校由苏格兰正统教会支持设立,他在该校受到了很好的拉丁语语言教育,尤其是拉丁语与英语的互译训练。1830 年,14 岁左右的理雅各又在拜伦(Byron)曾就读过的阿伯丁文法学校(Aberdeen Grammar School)学习,这所学校以很高的学术声誉而闻名。理雅各在入学时的分班翻译测试中取得了最好成绩,表现出非凡的语言天赋,曾师从著名的拉丁语学者梅尔文博士(Dr. Melvin)学习拉丁语。1831—1835 年,理雅各在阿伯丁大学国王学院(King's College)学习的第一学期就以拉丁语第一、希腊语第二的成绩获得奖学金,其间继续获得奖学金,直到最后一年获得最高奖赫顿奖(Hutton prize)。1837 年,理雅各学校教育的最后阶段在非国教神学院希格伯利神学院(Highbury Theological college)

---

① Marilyn Laura Bowman. *James Legge and the Chinese Classics: A Brilliant Scot in the Trmoil of Colonial Hong Kong* [M]. Part 1, Chapter 1 - 2, Friesen Press, 2016, pp. 21 - 22.

② Lauren F. Pfister. *Striving For "the Whole Duty of Man"—— James Legge and the Scottish Protestant Encounter with China* [M]. Volume 1, Peter Lang, 2004, pp. 42 - 44.

学习神学。1838 年，理雅各加入伦敦会，决心到海外传教。

英国基督教新教传教士米怜（William Milne，1785—1822）、基德（Rev. Samuel Kidd，1799—1843）对理氏也有一定的影响。米怜 1813 年即去马拉卡（Malacca）传教，1822 年因病离世。理雅各曾与米怜的双胞胎儿子同学。米怜曾给理雅各一家邮寄过一些信和自己所写的中文著述，理雅各对那些中文书很着迷。[①] 1839 年，伦敦会派理雅各跟随伦敦大学（University College，London）的首任中文教授、海外传教士基德[②]学习了几个月的汉语，使用马礼逊的英汉词典等作教材，这些教材在汉语读写方面都存在不少错误。理雅各在学习过程中对汉语产生了浓厚的兴趣。[③]

苏格兰的教育提供给受教育者一种全球视野。除了传统课程之外，还教授地理、自然科学和其他一些选修课。在小镇的语法学校，不同年龄、背景的学生定期共同接受一位特别校长的教导。这种教育会提供给学生一种具体实例以扩充其视野，意指所有的人都分享一种共同的生活常识经验（a common experience of life），这种教育一直延伸到苏格兰的大学教育。理氏大学时接触到的启示语篇谈及对大众的关怀，因为人（man）作为人类的总称，忽略而不否认种族、宗教信仰、性别及背景。这种基本观念和一些由其导致的必然结果无疑反映了基督教的影响，并将在 19 世纪中期的基督教福音传播中再次出现。由此可推知，理雅各从小所受的教育会对其具有多方面的影响，并为其面对作为"人类同胞"（fellow human beings）的中国人，以及在非中国人的眼前打开多种新维度的中国传统文化世界做好了准备。家人的巨大影响也是导致他走上赴华传教之路的重要因素，尤其是其哥哥乔治（George Legge）对其的影响。理雅各认为乔治具有君子的品行，富于理性思考

① Marilyn Laura Bowman. *James Legge and the Chinese Classics*: *A brilliant Scot in the Trmoil of Colonial Hong Kong* [M]. Part 1, Chapter 1 - 2, Friesen Press, 2016, pp. 21 - 22.

② Samuel Kidd，萨缪尔·修德，或称萨缪尔·基德，英国新教传教士，汉学家，1824 年赴马六甲，历任英华书院中文教师、院长等职。回英国后，任伦敦大学首位汉学教授。

③ Marilyn Laura Bowman. *James Legge and the Chinese Classics*: *A brilliant Scot in the Trmoil of Colonial Hong Kong* [M]. Part 1, Chapter 1 - 2, Friesen Press, 2016, p. 158.

和求疑思想(questioning mind)。[①]

除了虔诚的基督教信仰,苏格兰人思想中的独立、开放的精神,使得理雅各能够理解与欣赏中国文化的某些方面,而非当时西方盛行的西方中心主义者那样,对中国文化一味轻蔑。在理雅各即将离开香港返回英国之际,香港各界华人赠送给他一块中文牌匾,写道:"大不列颠的詹姆斯·理雅各首先到达马六甲,在任职英华书院期间,就以其勤奋和成绩著称,他自始至终,坚定而勤奋不倦地致力于传授《圣经》和传播福音……他不仅天赋出众,且善于穷究事理;他投身研究中国古代典籍和古代文化著作,将它们译成英文,向世界传播,使世界得益。"[②]由此可见,理氏在传教和从事中国文化研究,尤其是中国经典英译方面所作出的卓越成就,以及因此而在中国及世界范围内产生的重要影响,而这一切也与其对中国语言文化的浓厚兴趣和不倦的热忱密切相关。他在一次演讲中谈到自己对中国文化的热衷,认为中国的文化与文明历史悠久,从遥远的上古时代开始,中国人即有自己的栖息地和名字,文明高度发达,文学丰富多彩。并认为中国人通过强有力的社会准则和道德规范而维系在一起,社会各方面不断发展而人口众多。因此,他认为"中国历史记录了占人类如此巨大比例的中国人的行为和思想,一定有宝贵的经验教训"[③]有待他们通过研究去汲取。理氏认为,如果不研究中国历史,对人性的认识就无法达到应有的程度。在漫长的历史中,在描写中华帝国的地理、艺术、制造业,以及哲学思辨、诗歌与其他高雅文学等方面,中国人的思想一直很活跃,在众多的领域都有研究,很多道德与社会问题都已经先于西方人而被探讨过。因而他感佩中国人在这过程中所表现出的冷静与智慧。他很欣赏一些杰出的汉语著述中汉语的表达魅力,评价说:"在汉语的佳作妙品里,作家所表达的意思与任

① Lauren F. Pfister. *Striving For "the Whole Duty of Man"— James Legge and the Scottish Protestant Encounter with China* [M]. Volume 1, Peter Lang, 2004, p. 40.

② [英] 海伦·理雅各(Legge, H. E.). 汉学家理雅各 [M]. 马清河译. 北京:学苑出版社,2011年,第197页。

③ [英] 理雅各(James Legge). 牛津大学设立汉语教席的就职演讲 [J]. 沈建青,李敏辞译. 国际汉学,2015年第3期,第104卷第19—24页。

何一种字母语言中最为雄辩的语句一样，使人的心灵受到强烈震撼。"[①]他也赞叹过中国历史文献的古老而可信："现存的中国文献巨著，其历史可以追溯到公元前两千多年，文献上面还盖有真实可信的印章，这是其他古文献所无法呈现的。"[②]他认为中国的历史文献记载了相当长时期的历史，具有非常详细可靠的特点，能够栩栩如生地展现所发生的历史事件。他评论中国历史时说："自从公元前 3 世纪末封建制的废除，以及随后取而代之的专制统治的兴起和逐步稳固，中国历史的溪流沿着一条日益宽阔的河道继续前进。其文献记载了二十多个王朝的历史事件，其真实程度和完整性是其他国家的史册所无法比拟的。"[③]

2. 严谨而理性的古代经典研究

传教士理雅各认为："只有全面掌握中国的经典，并且亲自考察中国圣贤所涉足的全部思想领域——从中可以了解到中国人道德生活、社会生活和政治生活的基础，才能胜任自己的职责。"[④]理氏对《尚书》的理解，既借助了中国学者的有关注释，又有自己独立的观点。他在译本序言中说："如果没有中国本土学者的评注，根本不能弄清经文的意思。"他认为这部书很难，因为自己做的工作太辛苦，但同时这部书也不是不可以理解，但总体上看，若不参考中国学者们的有关评注会很困难，而学者们的这些评注的分歧是非常常见的，但这样就说此书的意义无法确定，就会像不同译者因对许多文本有类似分歧，即断言《圣经》是不可理解的一样。他说："我有义务提出新的观点，也在很多地方这么做了，但更会尽可能听从一些本土学者的意见而非自己创新。"[⑤]这表明理氏的翻译包含其个人的独立见解。正如有学者所言："受西方文化熏

① [英] 理雅各. 牛津大学设立汉语教席的就职演讲 [J]. 沈建青，李敏辞译. 国际汉学，2015 年第 3 期，第 104 卷第 19—24 页。

② [英] 理雅各. 牛津大学设立汉语教席的就职演讲 [J]. 沈建青，李敏辞译. 国际汉学，2015 年第 3 期，第 104 卷第 19—24 页。

③ [英] 理雅各. 牛津大学设立汉语教席的就职演讲 [J]. 沈建青，李敏辞译. 国际汉学，2015 年第 3 期，第 104 卷第 19—24 页。

④ [英] 理雅各. 中国经典（第一卷）1861 年版序言[J]. 沈建青，李敏辞译. 理雅各《中国经典》序言集. 国际汉学，2013 年第 1 期，第 197—206 页。

⑤ James Legge. *The Shoo King or The Book of Historical Documents* [M]. *Preface*. Taipei: SMC Publishing Icn., 1991, pp. vi - vii.

陶的理雅各，在认为信仰不需要理性的证明的前提下，又以极其理性的思维方式解读、论证中国古代文献，表现出极强的逻辑思辨能力。”①美国学者诺曼·吉瑞德（Norman Girardot）认为法国汉学家葛兰言（Marcrel Granet）对理雅各的批判是不正确的，因为后者认为理雅各的翻译是没有规矩的。②这正说明葛兰言并不认同理氏在翻译中关于原文的一些新的诠释见解。而施古德（G. Shclegel）却说：“理雅各确实是最早以注释圣经般的严肃态度研究儒家经典的人。”③理氏的《尚书》译文以对原文语言和文化的大量研究为基础，由于主要按照原文词语语义及其形式进行直译，译文甚至被认为“如实、冗长、呆板”。④

3. 批判求真的西方经典翻译经验

理雅各认为，中国人是非常有学识而尊崇学问的民族，尽管中西文化非常不同，但中国已经远远脱离蛮荒，蓬勃发展了 4000 多年。那些也许比中国更具优越特质的民族，如亚述、波斯、希腊、罗马以及一些新兴起的帝国，他们在兴盛之后全都衰落了，而唯独中华帝国仍然屹立。理氏思考这个问题之后认为，在中国人民中，一定存在某种极伟大而有力的道德和社会准则。他还发现没有任何一个国家像中国那样尊崇学术。⑤

在阿伯丁文化学校学习时期，理雅各即阅读了一些用拉丁语写的苏格兰历史等著作，对拉丁语和希腊语作品的翻译非常着迷。这所学校还教会了理雅各一种新的翻译方法，即强调翻译应该为“意义的精神”而作，而非提供一种原文字面的译文（His new teacher stressed that translation should be done for “the spirit of the meaning”, rather than provide a literal rendering）。此后，他将这一原则运用于近 60 年的中

① 岳峰. 架设东西方的桥梁［M］. 福州：福建人民出版社，2004 年，第 82 页。

② Norman J Girardot. *The Victorian Translation of China*: *James Legge's Oriental Pilgrimage*［M］. Berkeley: University of California Press, 2002, p. 9. 参见岳峰. 架设东西方的桥梁［M］. 福州：福建人民出版社，2004 年，第 133 页。

③ 马祖毅.“四书”“五经”的英译者理雅各［J］. 翻译通讯，1983 年第 6 期，第 45—51 页。

④［英］理雅各英译. 四书［M］. 杨伯峻今译. 长沙：湖南出版社，1996 年，第 598 页。

⑤［英］海伦·理雅各（Legge, H. E.）. 汉学家理雅各［M］. 马清河译. 北京：学苑出版社，2011 年，第 28—31 页。

国经典的翻译。[1]

据美国学者费乐仁研究,1831年理雅各遭遇车祸。在家学习期间,阅读了一位他喜爱的拉丁学者乔治・布坎南(George Buchanan)的关于苏格兰历史的书,书中对早期历史资料采取批判和警惕谨慎的态度(critical and cautious about many early sources)。这种历史研究方法与其他著作不同,理雅各从中学习了其对古老文本敏锐的批判性思想,以及在神秘、腐朽和历史的误判中寻求真理的精神,布坎南的著作更为理雅各提供了一种可以依照的模式。在自学期间,理雅各找来布坎南著作的拉丁文和英文两个版本作为提升翻译技能的练习,先从拉丁文译为英文,再做相反练习。这些翻译练习使得他获得了诸多翻译的技巧和经验,为其后来翻译中国经典奠定了基础,使其能够对古老的汉语文本进行多样化的、独立的翻译。[2]

在大学的最后一年,理雅各除了学习拉丁语等,还学习了一门道德哲学课(moral philosophy)。在这门课上,斯科特教授(Professor Scott)回顾了苏格兰学者杜加尔・斯图尔特(Dugald Stewart)和托马斯・里德(Thomas Reid)传授的苏格兰常识哲学(Scottish "common-sense" philosophy)与自然实在论(natural realism)。他们反对伯克来大主教的理想主义(idealism)和大卫・休谟(David Hume, 1711—1776)的怀疑主义(scepticism)。休谟认为,我们所知道的一切只能来自感觉(senses),因此永远无法真正知晓上帝(God)和外在的事实(external reality)。而里德和斯图尔特[3]正相反,认为大脑也是推理的

---

① Marilyn Laura Bowman. *James Legge and the Chinese Classics: A brilliant Scot in the Trmoil of Colonial Hong Kong* [M]. Part 1, Chapter 1 - 2, Friesen Press, 2016, pp. 21 - 22.

② Lauren F. Pfister. *Striving For "the Whole Duty of Man"—— James Legge and the Scottish Protestant Encounter with China* [M]. Volume 1, Peter Lang, 2004, pp. 51 - 52.

③ 苏格兰现实主义流行于十八世纪和十九世纪的英国,它试图用常识哲学和自然现实主义来克服大卫・休谟(1711—1776)的启蒙哲学的认识论、形而上学和道德怀疑主义。苏格兰现实主义的创始人是一位温和的(与福音派相反)长老会牧师托马斯・里德(Thomas Reid,1710—1796),1751年成为阿伯丁国王学院的教授。里德因研究休谟的《人性论》(1739年)而感到不安,他认为休谟的《人性论》否定了外部物体的客观存在、因果关系的原则和精神的统一。他反驳说,人类的大脑通过直觉知识直接感知外部物体。我们了解现实是通过对自然的直接判断,因为我们的思想是由上帝构成的,直接了解现实。这些"原始的和自然的判断"(通过这些判断,我们了解真实的物体)构成了所谓的人类常识;这些第一原则不能也不需要被证明:它们对于人类的共同经验是"不言而喻的"。参见:D F Kelly, *Elwell Evangelical Dictionary*。

器官，常识使得我们可以通过推理来辨识有价值的知识，并通过合理、有意义的方式在行为中使用关于现实的观念，认为即使真正的关于世界的知识和各种事件之间的关联不可能被确切地知晓，这并不证明否认了可见的世界中的事实。理雅各学习了18世纪和19世纪反休谟苏格兰现实主义哲学，[①]他认为上帝的存在是无须怀疑和论证的。他的著述和行为都反映了他那个时代苏格兰新教徒的哲学思考。[②]

理雅各的父亲希望他成为一名传教士。他们所信仰的自由教派也有要求信徒到异邦传福音的有关教义。还在大学时期的理雅各就明确了前去东方的最终决定，伦敦圣公会接受了他的请求。[③]在回答伦敦会的测试问答题时，最后一题问的是关于信念的问题，理雅各回答说，为了传教，他的首要目标是先学会异教徒的语言，直至能够如同说汉语的当地人般谈话和写作，其他都是次要的。他期待掌握汉语给他带来财富和世界声誉所无法带来的快乐。他还强调，一个来华布道者不仅要懂得中国的语言，还应该知晓该国的历史、宗教哲学、风俗、诗歌、礼仪等。这就是22岁的理雅各对自己兴趣的详细表述，这种兴趣伴随了其一生。[④]

在中国的古代典籍被译介到欧洲之后，《尚书》的上古史记载引起西方高度关注。一些欧洲人充分肯定其作为古代记录的价值，但认为其中所载并非中国建立国家的历史事实，甚至认为关于古代帝王的事迹和记载是借用了《旧约》中创造世界和人类的主题，讲的是人类共同祖先的故事。天主教耶稣会意大利籍传教士汉学家卫匡国(Martino Martini，1614—1661)1658年出版的编年体历史著作《中国上古史》，

---

① Marilyn Laura Bowman. *James Legge and the Chinese Classics*: *A Brilliant Scot in the Trmoil of Colonial Hong Kong* [M]. Part 1, Chapter 1 - 2, Friesen Press, 2016, pp. 26 - 31.

② Lauren F. Pfister. *Making Time for Changes*: *Searching for Wisdom in Qobelet and Wilhelm's Post-World War I Translations*, *At Home in Many Worlds*: *Reading*, *Writing and Translating from Chinese and Jewish Cultures Essays in Honour of Irene Eber edited by Raoul David Findeisen*, *Gad C. Isay*, *Amira Katz-Goehr*, *Yuri Pines and Lihi Yariv-Laor* [M]. Wiesbaden: Harrassowita Verlag. 2009, p. 104.

③ [英]海伦·理雅各(Legge, H. E.). 汉学家理雅各[M]. 马清河译. 北京:学苑出版社,2011年,第9页。

④ Marilyn Laura Bowman. *James Legge and the Chinese Classics*: *A Brilliant Scot in the Trmoil of Colonial Hong Kong* [M]. Part 1, Friesen Press, 2016, pp. 42 - 43.

第二年又以拉丁文在阿姆斯特丹再版。卫匡国想把传统的中国历史引入欧洲史学体系中去，引入到《圣经》的编年史中，把中国史当成脱离《圣经》的另一部历史。由于他确认中国远古皇帝伏羲即位的年代较之《旧约圣经》所载的挪亚洪水发生时间早了600年，从而引起学界对《圣经》的质疑。1687年，比利时汉学家柏应理(Philippe Couplet，1623—1693)编辑出版的《中国哲学家孔子》附有卫匡国的中国纪年表。随着这些历史研究的广泛传播，引发了欧洲思想界关于《圣经》记载的可靠性和中国历史纪年的长期争论。[①]《圣经》创世说陷于窘境，动摇了被罗马教廷奉为经典的拉丁文本《圣经》和基督教会的权威，并直接为欧洲启蒙思想家进行历史批判提供了依据。

有学者评论卫匡国的史学研究说："看来这种说法是要把中国史硬嵌入《旧约》的框子，否认中国有自己古老的历史。"[②]在早期来华传教士的象征论和索隐法研究中国典籍的影响之下，理雅各实际上同样表现出否认中国历史的古老，并意在将中国经典《尚书》所记载的历史阐释为西方基督教的早期历史，这由其译文及其注释可知，如其反复诠释并认定原文中存在基督教真神God等。

理雅各于1840年到达马六甲，担任过英华书院的院长。1843年7月，他和一些中国传教士到达香港，英华书院也随之迁至香港。理氏在香港进行了深入研究和翻译中国古代经典的工作。1861—1872年间，他的《中国经典》第一版陆续在香港出版。1861年出版的第一卷《中国经典》英译本前言中说，理氏的研究与翻译在10年前就已开始。第一、二两卷"四书"英译的刊行，为理氏的汉语研究和翻译积累了诸多知识和经验，也为其接下来进行的《尚书》英译奠定了重要基础。

(二) 理雅各《尚书》英译的目的与思想理念

理雅各翻译《尚书》的根本目的和思想理念即维护基督教的权威与

① [日]小西姑子. 关于十七世纪后期介绍到欧洲的中国历史纪年(下)[J]. 曲翰章译. 东洋文化，1987年，第67卷，第60—64页。

② [日]小西姑子. 关于十七世纪后期介绍到欧洲的中国历史纪年(下)[J]. 曲翰章译. 东洋文化，1987年，第67卷，第60—64页。

长远利益，帮助西方传教士们更多地了解与把握中国社会历史、思想文化等知识，以知己知彼，更好地完成在华传播基督教的使命，从而理氏英译也表现出将《尚书》的英译纳入西方宗教比较研究体系的思想理念。

首先，其翻译表现出对中国最古老的经典《尚书》的历史真实性及其经典价值的否定与消解，其目的即在于消除其中所载中国历史纪年与基督教经典拉丁文版《圣经》的历史纪年的矛盾，以维护《圣经》的历史纪年，从而维护基督教的权威，以有利于在中国及在世界各地传教事业的长远发展。如果说麦都思的译本名（*The Shoo King, or The Historical Classic*）使用了"经典的"（classic）一词，尚且保留了《尚书》的经典意味，而理雅各译本（*The Shoo King or The Book of Historical Documents*）则直接无视经典的价值与概念，使用了"文件、资料"（documents）一词，从而在一定程度上消解了原文经典的意义和价值。理氏也没有像麦氏那样在其译本序言中对中国的音乐、地理学与道德价值等表示重视和欣赏之意，而代之以对原文诸多方面的质疑，并一再强调其对原文的新探索和新见解。①

其次，理氏的《尚书》英译注释丰富，涉及众多领域的中国知识，表现出为西方人尤其是传教士们提供便于其全面了解与掌握中国知识的工具的目的。正如有学者所言，理氏对中国经典的研究与英译是"为了让西方人了解中国文化，从而为传教士准备必要的文化背景知识以得到更好的传教效果"。②理氏对中国经典进行研究与英译皆为了促进传教事业的发展，因而将传教士群体作为这些经典英译本的主要目标读者与传播受众，并坚信其译本对传教士们会有很大帮助。正如理氏女儿在传记中所写："他感到，做这件事情是完成了对传教士和学习中国语言文化的其他学生的一件真正的服务工作，同样也是为西方的读者和学者们服务。对于持有《孟子》或《书经》而又苦于无法理解的读者，理雅各的著作是最可靠、最实用的服务工具。在他开始此工作之时，即

① James Legge. *The Shoo King or The Book of Historical Documents* [M]. *Preface*. *The Chinese Classics*. Taipei: SMC Publishing Icn., 1991. pp. vi - vii.

② 岳峰. 架设东西方的桥梁 [M]. 福州：福建人民出版社，2004 年，第 12 页。

定下了不能背离的出发点，即直接满足传教士们的需要并让他们成为他的作品的主要受益者。”[①]理氏对其以翻译助力传教的目标有着长远的规划。他说：“翻译能使世界上其他地方的人们了解这个伟大的帝国，我们的传教士才能有充分的智慧获得长久可靠的结果。我认为将孔子著作的译文与注释全部出版会大大促进未来的传教工作。”[②]

再次，为了服务于基督教传教事业，理氏传承了之前在华传教士翻译与研究中国著述的索隐法的传统，特别注重在中国经典的研究与英译中融入基督教的思想观念，以此引导传教士们在传教中充分利用中国的语言文化知识，使得基督教更容易为中国人所接受，以取得更好的传教效果。这正如对理氏的中国经典英译做过诸多重要研究的美国学者费乐仁所言，理雅各翻译中国经典是一种作为传教策略的学术研究(scholarship as a missiological strategy)。[③]理氏女儿在其书中所言也印证了这一点：“他相信并肯定，其经年累月地努力研究的中国典籍揭示出：这个民族的先贤们知道上帝的存在。因此，他努力克服语言障碍，冲破当时的偏见和愚昧，力求接近中国人的内心。”[④]为了翻译《尚书》，理氏研究了大量的中外有关文献资料，仅其译本中列出的中文参考书即有58种，非中文的也有11种之多。为了帮助传教士等西方人更深入地了解有着悠久的历史文化的中华民族，从根本上掌握其语言文化等知识，他苦心孤诣地在《尚书》等典籍的翻译中添加丰富的注释，力图尽可能多地呈现出中国的社会、政治、历史、地理、风俗、宗教等众多领域文化知识，以助西人了解中国，从而利于传教事业的发展。他将儒家经典视为“开启中华民族思想文化传统的钥匙”。[⑤]理氏的《尚书》英译即包含了大量与原文词语有关的语言、历史、地理等注释，其篇幅远超译文本身。这也正因为其认为：“如果想引起一个民族的注意，而不

---

① Helen Edith Legge. *James Legge*: *Missionary and scholar* [M]. London: The Religious Tract Society. 1905, pp. 211 - 212.

② 岳峰. 架设东西方的桥梁 [M]. 福州：福建人民出版社，2004年，第119页。

③ Lauren F. Pfister. *The Legacy of James Legge*, *International Bulletin of Missinary Research* [J]. April, 1998, pp. 79 - 80.

④ Helen Edith Legge. *James Legge*: *Missionary and scholar* [M]. London: The Religious Tract Society. 1905, pp. 211 - 212.

⑤ 段怀清. 理雅各与儒家经典 [J]. 孔子研究，2006年第6期，第52—63页。

试图去了解那个民族，将会是一个悲剧。”[①]理氏翻译《尚书》除了服务于传教的主要目的之外，也有出于个人求知兴趣的目的在内。他在日记中写道：“中国对我来说是一个伟大的故事，我渴望了解其语言、历史、文学、伦理与社会形态。”[②]

此外，受中国传统经学的影响，理雅各也采用了与儒家诠释学相契合的翻译思想理念。理雅各每以孟子的话作为《尚书》等《中国经典》系列译本的卷首语：“不以文害辞，不以辞害志，以意逆志，是为得之。”这也表明了其对文本的诠释理念，即不拘泥于字词的字面之意而曲解经文本义，多方面探求经文本义，努力把握作者原意，并以此为基础和依据来寻求作者言语的内涵意蕴。而这也正与朱熹所主张的通过圣贤之言把握圣贤之意并阐发义理相一致。

美国汉学家费乐仁在论及理雅各的翻译时说，他“如果觉得朱熹的观点不妥，就提出自己的观点，但仍然把朱熹的观点列入注释，这是他的一贯作风。他翻译《尚书》的时候，同样引用自己不接受的学者的意见。对于译文的许多解释，理雅各时有自己的新观点，但他尽量避免如此，总体来说，以中国学者诠释的观点为主。”[③]理雅各为了准确诠释经文，作了大量的考察和研究。不论理雅各最终采用朱熹的注解与否，其诠释理念与朱熹是一致的，即都强调义理的阐发必须依据经文及作者本义，不囿于先儒旧说或权威注解。若其一味采用朱熹的注解而不参考其他合理的观点，反而有违朱熹的诠释观念。可见理雅各努力探求其所译经文本源，力求详尽地诠释文本原义及其内涵，而这也正是朱熹的儒家诠释学的一贯主张。

以理氏对《尚书·虞夏书·大禹谟》的注释为例：在一开始的注释中，理雅各分别解释了“谟”和“大禹”，补充了中国古代的文体常识，提供了文本的历史视域：“先解释‘谟’，通过《说文》解释‘谟’的意义，指出‘谟’是《尚书》六体之一，典、谟、誓、诰、训、命等六种文体，‘谟’是其中

① 顾长声. 从马礼逊到司徒雷登［M］. 上海：上海人民出版社，1985年，第126页。
② 岳峰. 架设东西方的桥梁［M］. 福州：福建人民出版社，2004年，第118页。
③ 岳峰. 架设东西方的桥梁［M］. 福州：福建人民出版社，2004年，第162页。

第二种，以记载君臣之间的谈话、谋议”。[①]理雅各对《尚书》文本的丰富而多维度的注释，既有学术的严谨和精准，又蕴含着哲学的诠释理念。这种翻译策略补充、提供了所诠释的文本的历史视域，客观上促进了诠释者视域与圣贤经文视域最大限度的融合，而通过注释补充所译文本相关信息，对理解者与文本视域的充分融合起到重要的作用，这种融合的程度决定了诠释的力度和精准度。从理雅各《尚书》译本行世后所得到的认可和所获得的学术地位，可见这种跨时空的视域融合是必要而有效的。朱熹强调“理解”，且须“得圣贤本意”“更在后人推究，演而伸，触而长”。[②]与此相类，理雅各补充的经文背景知识也是促进理解文本本义和内涵的重要条件之一，从而与朱熹的诠释理念可谓异曲同工。

三、理雅各《尚书》英译的主要方法与策略

考察理氏的《尚书》英译文本及其注释可发现，在语言层面，其英译贴近原文词语语义与形式，具有儒家诠释学的方法特点，但译文也采用了在诠释中融入基督教神学思想的归化翻译策略，并表现出英国早期经验主义、实证主义的方法等特点。

(一) 融入儒家诠释学特征的以经为本的翻译方法

西方学界对朱熹的儒学研究非常重视，如杜赫德即将朱熹作为“学问之王”推荐给西方，认为他被确立为儒学类研究的“正统的标准”。(Chu tsz, the individual mentioned by Du Halde, as the prince of learning, and who has been well styled “the Standard of orthodoxy” with this sect of the learned)[③]理雅各在翻译《尚书》的过程中，也常参考朱熹的《尚书》学，对其诠释思想深表认同，赞佩其诠释的风格与力度。其英译显示，其对《尚书》的翻译理念、策略和文本的具体转换，皆具朱熹儒家诠释学的特征。

---

① 陆振慧. 跨文化传播语境下的理雅各《尚书》译本研究［D］. 扬州大学博士学位论文，2010 年。

② ［南宋］黎靖德. 朱子语类［M］. 卷十九. 北京：中华书局，1986 年。

③ Essay on the Item for Deity[J]. *The Chinese Repository*. Vol. 17, Jan., 1848, p. 49.

宋明理学的代表人物朱熹是南宋理学的集大成者，被誉为孔子之后最博学的儒家代表，曾研究、注释过"四书""五经"等诸多儒家经典，传承并发展了儒家的经学思想，创建了独具理学特色的儒家释诠学。朱熹的注释和有关论述历来是解读儒家经典的范本和首要参考，在西方汉学家们翻译儒家经典的过程中也起到了至关重要的参考作用。法国汉学家宋君荣(Father Gaubil)的《尚书》法文译本、英国汉学家麦都思的《尚书》英文译本等，都在翻译过程中参考了朱熹的有关注解。英国传教士理雅各翻译《尚书》时也以《御纂朱子全书》和朱熹的学生蔡沈所著《书集传》的注释为重要参考。

朱熹倾尽毕生之力注解"四书"，注重将经文的训诂注释与义理阐发相融合。其独具特色的儒家诠释学理念对社会文化、政治、教育及哲学等众多领域都产生着深远影响。宋代之前，中国儒家文献解释的经典范式主要是章句训诂和考据，诸如注音、释义、辨句读、分章节、补校典籍材料等，往往重训诂考据而忽略义理探讨。至宋代，传统的儒家经典解释学渐处困境。为寻求新的解经路径，以朱熹为代表的宋代新儒家，"在对四书的注释中创造出了新的解释方法—诠释。与传统经典解释方法不同，诠释具有形上依据—'理'。在宋儒那里，'理'与圣人之言、圣人之意是三位一体的，经典是圣人之言，体现了圣人之意，同时也是'理'的体现。对儒家经典进行解释必须以'理'为依据，符合'理'的即是合理的解释，否则就是对经典的误解。"① 这种融合经文、义理于一体的诠释理念彰显了经学修齐治平的真正价值，也渐具高度的哲学思维。

朱熹说，"读书以观圣贤之意；因圣贤之意，以观自然之理"②"大抵圣人之学，本心以穷理，而顺理以应物"。③可见与汉唐经典解释方法不同，朱熹的诠释理念独具理学特色。朱熹认为："《诗》《易》等经典，已被先儒穿凿附会的解说所坏，故使后人不明圣贤作经之本旨，要求得圣贤作经之本义，即经书之本义，就需超越先儒旧说，一切以经文本义为准，

① 康宇．儒家解释学的产生与发展［M］．哈尔滨：黑龙江大学出版社，2012年，第122—123页。
②［南宋］黎靖德．朱子语类［M］．卷十，北京：中华书局，1986年。
③［南宋］朱熹．朱子公文集［M］．卷六十七，观心说．北京：中华书局，1985年。

而不以先儒对经书的解说为准。"[①]因此，朱熹的诠释学强调经典诠释的基础和依据必须是经文及其本义，由经文本义阐发出义理。

朱熹的儒家诠释学在注解经典中，一方面对字词、章句进行训释和分析，考究经文本义，另一方面通过添加序言、导语、文章主旨分析、引文等多种内容，多维度探讨、阐发经文所蕴含的义理。这种诠释方式成为儒家诠释学的经典范式。

真实准确地诠释对于翻译至关重要。理雅各在翻译"四书"时主要参考了朱熹的注释来诠释儒家经典。理雅各在《中国经典》的总序里谈到翻译的情形时说："起初我反对按照宋代著名批评家与哲学家朱熹的观点来翻译。但我苦苦寻找原著的意思时，很快意识到朱熹风格的俊美和力度，就其分析的正确性以及思想的深度，应该说他的思想与经典原文总体上是一致的，应该接受朱熹的分析。"[②]理雅各对朱熹的诠释与其思想的赞叹和折服表明朱熹的儒家诠释学对其产生了重要的影响。其对《尚书》的翻译，即表现出了与朱熹的儒家诠释学相契合的风格和特点。

美国当代诠释学翻译理论的重要代表乔治·斯坦纳（George Steiner）在《通天塔之后——语言与翻译面面观》中以阐释学为理论基础，提出"领悟一种意义，即为翻译"。[③]为了把握原文的语义，跨越中西、古今文化的鸿沟，搭建理解与沟通的桥梁。理雅各在《尚书》翻译中，不遗余力地研究文本，考察经文本义，以经为本，为这部儒家经典提供了丰富多元的文化诠释。考察其《尚书》译本，可以发现其英译策略和文本转换方法皆与朱熹等的儒经诠释学的思想较为契合。在《中国经典》一、二卷的再版前言中，理雅各表明自己在对中国经典的诠释过程中，一直将朱熹的有关观点作为很重要的参考。他认为，朱熹不仅是一个

① 蔡方鹿. 朱熹经典解释学之我见［J]. 文史哲，2003 年第 2 期，第 44 页。

② Lauren F. Pfister. "*Serving or Suffocating the Sage? Reviewing the Efforts of Three Nineteenth Century Translators of the FourBooks*, with Special Emphasis on James Legge（A. D. 1815—1897)"，转引自岳峰. 架设东西方的桥梁［M]. 福州：福建人民出版社，2004 年，第 162 页。

③ George Steiner. *Après Babel: une poétique du dire et de la traduction*［M]. Paris: Albin Miche1998, p. 17.

古代经典思想的传承者,也是一个伟大的批评家和哲学家。[①]

1. 长篇序言和文内注释的翻译方法

理雅各认为最激动人心的翻译是"有意识地诠释、加注"。[②]因此,其包括《尚书》在内的中国经典的英译都不仅带有厚重的注释而且更重要的是带有长篇绪论。其《尚书》英译绪论的内容主要表现为质疑中国上古历史记载的真实性。此外,还附有其他有关中国上古史记载的译文,通过对不同古代文本对同一段上古历史的不同记录的对照,更容易引发很多对中国知识知之不多的西方人对《尚书》历史真实性的怀疑。其注释内容广泛涉及中国的政治、经济、思想、文化等众多领域,为西人对中国知识的学习和理解,提供了百科全书式工具书。美国学者费乐仁评论说:"这种学术型译文有利于西方学者的研究,即便对中国语言文化知之不多的学者。因此可以说,当时再无其他译者能在译文中为研究者提供同样多的信息。"[③]《中国评论》(*China Review*)声称:"当译本被展现在我们面前的时候,我们的感觉相当于读者面对着原作的感觉。"[④]理氏的《中国经典》英译倍受西方学界的重视,"历经一个多世纪,至今仍被西方奉为标准译本"。[⑤]余英时认为理氏的《中国经典》全译本"自行世以来即已成为西方有关中国学术的经典作品,至今不能废"。[⑥]但也有法国汉学家对理氏的翻译并不以为然。戴密微即在评论顾赛芬的译本时说过,"译者严格忠于当时中国官方推崇的朱熹学派的诠注,没有任何独出心裁的解释或个人评论的意图,因为理雅各早就想

① 段怀清. 理雅各"中国经典"翻译缘起及体例考略[J]. 浙江大学学报,2005年第3期,第91—98页。

② Lauren Pfister. *Reassessing Max Weber's Evaluation of Confucian Classics. The Sociology of Sacred Texts* [M]. eds. Jon Davies and Isabel Wollaston, Sheffield: Sheffield Academic Press, 1993, pp. 99 - 110.

③ Lauren Pfister. "*Serving or Suffocating the Sage? Reviewing the Efforts of Three Nineteen Century Translators of the Four Books, with Special Emphases on James Legge* (*A. D.* 1815—1897)" [J]. *The Hong Kong Linguist*, Spring & Autumn, 1990, p. 43.

④ Helen Edith Legge. *James Legge: Missionary and Scholar* [M]. London: The Religious Tract Society. 1905, pp. 211 - 212.

⑤ Norman Girardot. *The Victorian's Translation of China: James Legge's Oriental Pilgrimage* [M]. Berkeley: University of California Press. 2002, p. 355.

⑥ 陆振慧. 跨文化传播语境下的理雅各《尚书》译本研究[D]. 扬州大学博士学位论文,2010年,第11页。

在他的英译本中这样做”。[1]可见其对理氏译文忠实于原文的质疑。

理雅各在《尚书》翻译中，充分利用各种注解，竭力发挥翻译的诠释作用，这些注解既有对字词、章句的注解又有对经文本义和内涵的多方探讨。他说：“也许在一百个读者中有九十九个不愿搭理我做的那些长篇的评论式注释，但只要有第一百个读者关注注释，我就要为他辛苦一番。”[2]这些注释也是理氏英译《尚书》的重要特色。通过这些注释客观上极大地促进了作为诠释者的主体与客体文本双方视域的融合，增强了诠释的力度。理雅各的《尚书》译本包括 4 页《序》和目录，多达 208 页的《绪论》分章节介绍了《尚书》的有关历史知识，从而提供了大量的与原文有关的历史视域：

第一章介绍了《尚书》的基本常识与传播简史，分为以下三个部分：

第一部分的内容包括焚《书》、《书》名的形成、《书》的编纂、《书》的篇目内容以及《书》的来源等；第二部分介绍了从公元前 212 年到公元 1130 年朱熹时期的关于《尚书》的历史情况，主要包括《书》的流传、诠释情况研究，如对伏生的介绍，对清代学者的有关辨伪争议，研究《书》的学派等；第三部分介绍了从朱熹时期到译本翻译时《尚书》的有关情况，包括对朱熹本人并未评论过《尚书》，汉代学者孔安国为《尚书》所作的传不可信等分析。

第二章对《尚书》所载内容的真实性提出质疑，认为较之其余三部分，第一、二部分内容不可信，因为其内容多为上古传说；评论尧、舜、禹三位传说中的人物，最后一位被视为中华帝国的创建者；本章还论述了禹最伟大的贡献是曾经治理水患、调研勘测和划分行政区域。

第三章讨论了《尚书》的主要篇目的写作时间、历史上的三个朝代、尧舜时期与中国历史纪元。[3]附录部分收录了湛约翰的《中国古代的天文学》。

第四章是关于《竹书纪年》的翻译与研究分析。

---

① 张西平编. 欧美汉学研究的历史与现状［M］. 郑州：大象出版社，2006 年，第 207—208 页。

② 岳峰. 架设东西方的桥梁［M］. 福州：福建人民出版社，2004 年，第 164—165 页。

③ James Legge. *The Chinese Classics* [M]. *Prolegomena*, Vol. Ⅲ, Taipei: SMC Publishing Icn., 1991, pp. 1 - 34.

第五章简述了中国古代的王国，中国人早期的定居部落群体如何发展为国家，宗教与迷信，政府的形态和相关问题。

第六章是译本的参考书目。内容包括58种中国著作与11种非中文译本及著作。

在长篇《绪论》之后是孔子为《尚书》写的《书序》的英译与注释，其后才是《尚书》的第一部分《唐书》的译文与注释。由此可见，理雅各拓展了《尚书》的历史视域，其细致、多维度的诠释对于经文本义和内涵的理解起到了极为重要的作用。

除了长篇《绪论》之外，理雅各在《尚书》的文本转换中也注重对经文意义进行详尽的诠释和探索。首先是通过大量的文内注释来诠释文本，正如有学者所言，理雅各《尚书》译本中的"语码转换+文化诠释"的策略，具有"厚译"的性质。[①]

以《高宗肜日》为例，对该篇的翻译，译文仅有150左右单词，而对文本的注解却是译文的十几倍。例如，其对文章标题的注释：[②]

首先解释了题目《高宗肜日》的含义："高宗肜日""即高宗的补充祭拜。据我所见，高宗为武丁在其祖庙中的称号。司马迁说，这个称号是武丁的儿子和继承人祖庚为他所封，并提到了本文所述的祭祀典礼—因祭拜中一只野鸡以当时那种情形出现时，高宗即被开导应秉持仁德之行。司马迁还说，本文是在祭祀当时所记，原与另一篇名为《高宗之训》的文章编在一起，但那篇已佚失。本文并非武丁在位时所写，这从文中出现了'高宗'这一谥号即可被充分证明，就'高宗'在文中出现的有关情形来看，授予'高宗'谥号这件事是绝对不可能发生的。"

在文内注释之中，理雅各引用司马迁的说法解释了高宗称号的由来，补充了该文成文之初的历史面貌，接下来注释"肜"，先引用了清代王鸣盛《尚书后案》所录郑玄的注解"祭明日又祭"。接着，理雅各试图解释肜的成因和发展，列出郑玄的注解说明肜这种祭祀是中国古代在

---

① 陆振慧，崔卉. 论理雅各《尚书》译本中的"语码转换+文化诠释"策略［J］. 山东外语教学，2011年第6期，第99—104页。

② James Legge. *The Shoo King* [M]. *The Chinese Classics*, Vol. Ⅲ, Taipei: SMC Publishing Icn., 1991, pp. 264 - 265.

祭祀天地、山川、神灵、祖先时的常见习俗，延续至周代，称之“绎”，后来被废弃。又讨论中国学者对“高宗”究竟指的是祭祀者还是被祭者的争议，认为也许题目该翻译成“对高宗的再一次祭拜”，即应指高宗被其子祭拜，并援引法国学者冯秉正和中国元代的学者邹季友等对此说的支持为证。除了上述对文本标题的解读之外，对字词的注解也是字字考究清楚，仍以《高宗肜日》篇为例：[①]

在第一部分的内容总结“雉的出现”之后是对文本字词的注释。第一个被注释的字是“越”，理雅各在注释中先说明：“我们无法翻译‘越’字”，然后先后引用了《御制日讲书经解义》和孔颖达的注释解释了“越”的语法功能和意义，再引用《说文》解释“雊”本义为“雄雉鸣叫”，接着引用司马迁等有关这种鸣叫的说法，解释文中所述雉鸣事件的文化内涵。

文内注释对有关历史背景的补充，对促进译者的视域与原文作者视域的融合至关重要，从而使得文本的诠释更加精准，增强了译本的学术性。理雅各译文注释的内容包括对原文字词的注解与对原文历史视域的拓展，而这种诠释策略正类似于朱熹的儒家诠释范式。

2. *以经为本的诠释与传译方法*

朱熹等宋儒的诠释策略和方法，即以经文为本，从文本字词章句出发，训释、寻求经文本义，务求文本的意义有根据，个人不妄加揣测。他认为，“大抵义理，须是且虚心随他本文正意看”“六经不作可也，里面著一点私意不得”。[②]对照朱熹等常用的“诠释”方法与策略：“融合章句训诂与义理发挥，对经典进行简略、谨严、质朴的注释，对字、词语进行准确训释”。[③]理氏的《尚书》英译在翻译策略和方法上也表现出以经为本、以直译原文词语为主的特点。有学者认为：理氏在翻译中“解经先识字，译典信为本”[④]“对于译文的许多解释，理雅各时有自己的新观点，但

---

① James Legge. *The Shoo King*, *The Chinese Classics* [M]. Vol. Ⅲ, Taipei: SMC Publishing Icn., 1991, p. 265.

② [宋] 黎靖德. 朱子语类 [M]. 北京：中华书局，1986 年。

③ 康宇. 儒家解释学的产生和发展 [M]. 哈尔滨：黑龙江大学出版社，2012 年，第 124 页。

④ 陆振慧，崔卉，付鸣芳. 解经先识字，译典信为本——简评理雅各《尚书》译本的翻译理念 [J]. 齐鲁师范学院学报，2011 年第 6 期，第 82—85 页。

他尽量避免如此，总体来说，以中国学者诠释的观点为主”。[①]理氏曾经三次翻译《尚书》，[②]对经文原文字句及其蕴含意义再三考量，大量研究与参照中外有关《尚书》的注释及其翻译的参考资料，因而能够为原文本字句提供大量的相关信息，有助于读者对于有关文本的全面了解。对于理氏的中国经典英译，其中国助手王韬评论："先生独不惮其难，注全力于十三经，贯串考覆，考流溯源，别具见解，不随凡俗。"[③]

理氏对待儒家经典的翻译，向来主张直译。他认为意译不是科学的翻译方法，只有直译才能够最大限度地贴近原文。在《尚书》译本的前言中，他批评了宋君荣的《尚书》翻译，[④]认为宋君荣的《尚书》译本注释中有不少宋氏自己的个人注解。理氏评论麦都思的《尚书》译本道："他对《书经》所进行的工作是仓促的，似乎除蔡沈之外并未参考其他中国学者的注解，其注释比宋君荣差得多。"[⑤]理氏在其《中国经典》英译第一卷序言中说，他曾想过用一种更简洁、更富修饰技巧的风格对译本进行改译。但经过再次思考后，他决定保持原貌，因为他一贯的目标是忠实于中文原文，而不是追求译文文字的漂亮。他对译文文字优雅、地道的重要性并非无动于衷，希望自己能够在很大程度上将准确的翻译与合意的文风结合起来。[⑥] 理氏《尚书》英译主要采用直译的方法，并以译意为辅助，在内容和形式上均表现出了贴近原文的努力。有研究者认为其译文"义无所越""形神兼备"，[⑦]非常重视准确和忠实。[⑧]其译文由于竭力直译，有时影响了表达的流畅等，被辜鸿铭多次批评为死板生

① 岳峰. 架设东西方的桥梁 [M]. 福州：福建人民出版社，2004 年，第 162 页。
② 岳峰. 架设东西方的桥梁 [M]. 福州：福建人民出版社，2004 年，第 167 页。
③ 岳峰. 架设东西方的桥梁 [M]. 福州：福建人民出版社，2004 年，第 9 页。
④ 理氏原话："It was published at Paris in 1770, under the editorship of M. De Guinge, who interspersed not a few notes of his own among those of the author, besides making other additions to the Work."
⑤ James Legge. *The Chinese Classics*[M]. *Preface*, Vol. Ⅲ, Taipei, SMC Publishing Icn., 1991, pp. ⅴ-ⅵ.
⑥ [英] 理雅各. 中国经典(第一卷)1861 年版序言[J]. 沈建青，李敏辞译. 理雅各《中国经典》序言集. 国际汉学，2013 年第 1 期，第 201 页。
⑦ 陆振慧. 跨文化传播语境下的理雅各《尚书》译本研究 [D]. 扬州大学博士学位论文，2010 年。
⑧ 郑丽钦. 与古典的邂逅：解读理雅各的《尚书》译本 [D]. 福建师范大学硕士学位论文，2006 年。

硬。[①]例如：

例 2.11 《尚书·虞夏书·尧典》："允恭克让，光被四表，格于上下……"（他确实对人恭敬，能够让贤，他的光辉普照四方，至于上下。）[②]

理译：He was sincerely courteous, and capable of all complaisance. The display of these qualities reached to the four extremities of the empire, and extended from earth to heaven. [③]（他能够真诚地恭敬有礼，这些品质显示到帝国的四极，并从大地延伸至天堂。）

由上例可见，该句英译在结构上直接对应原句的字句结构，语义的转换也是以文本字词意义为基础，直接对译，译文语义简明而完整，读者可以结合对应的字句结构来体认汉语字词意义。再如：

例 2.12 《尚书·虞夏书·益稷》：帝曰："臣作朕股肱耳目。"（大臣是我的得力帮手。）[④]

理译：The emperor said, "My ministers constitute my legs and arms, my ears and eyes."（国王说：我的大臣们构成了我的双腿和手臂，以及我的耳朵和眼睛。）[⑤]

杜译：The emperor went on: "The ministers are indispensable to my administration."（国王接着说："大臣们对于我的执政是不可或缺的。"）[⑥]

由上例可见，较之杜润清的译文，理氏译文中股肱翻译为 legs and arms，直译为该词语的汉语字面意义：腿与手臂。在中国文化中，股肱还含有以身体重要部位腿、手臂之于整个身体的重要性喻其所具不可缺少的重要作用。理氏的直接对译保留了原语文化的语义要素和特

---

① 辜鸿铭：*The Discourses and Sayings of Confucius* [M]. 前言. 昆明：云南人民出版社，2011 年。

② 江灏，钱宗武译注. 今古文尚书全译[M]. 贵阳：贵州人民出版社，2009 年，第 2—3 页。

③ James Legge. *The Chinese Classics* [M]. *Preface*, Vol. Ⅲ, Taipei: SMC Publishing Icn., 1991, pp. 2 - 3.

④ 同注②，第 41 页。

⑤ James Legge. *The Chinese Classics* [M]. *Preface*, Vol. Ⅲ, Taipei: SMC Publishing Icn., 1991, p. 79.

⑥ 王世舜今译，杜瑞清英译. 尚书(儒学经典译丛)[M]. 山东友谊出版社，1998 年，第 39 页。

点，从而词语的文化内涵更容易被认知，更加具有“以经为本”的特色。杜氏译文却直接用“are indispensable to my administration”（对我的管理是不可或缺的）意译了股肱一词，而没有诠释该词的本义，这样异语读者就可能因此失去体认此类词语文化含义的线索。由此可见，理雅各与朱熹的相同之处即在于：二者都致力于以经为本，力图再现原文的本来面目，挖掘原文的字句本义及其内涵。“长期的研究中，他经常反复查证他已经接受的观点”，[①]并“通过大量的研究与考证，对先前的译本提出不少异议，力图纠正其中种种失误与缺憾。”[②]因此，理氏的翻译总体上显示了对原文词语语义较好的把握，正如有学者所言：“在理雅各与其他学者争论其翻译的准确性以及历史、哲学诠释中，几乎总是显示了理雅各才是更好的学者型译者（the better scholar-translator）。”[③]

（二）融入基督教思想的归化翻译策略与直译为主、意译为辅的翻译方法

正如法国学者贝尔曼所指出的那样：一定的翻译环境内化于译者的内心，构建了译者的翻译准则和翻译立场，“译者的翻译动机，翻译目的，他所采取的翻译立场，他所制定的翻译方案，他的态度、方法和立场一旦选择，一旦确立，译者也就为自己定了位置，他译出的‘每一个字都成为了一种誓言’”。[④] 麦氏和理氏在翻译中所采用的策略方法与其翻译的目的密切相关。从中文《圣经》修订过程中关于God的中文译名的辩论中可以看出，支持麦都思等传教士所用“上帝”译名的理雅各，其思想可谓与早期的西方传教士们戴着神学的有色眼镜解读中国经典的传统一脉相承。从早期来华传教的利玛窦的耶儒糅合的传教“适应策略”，到杜赫德等在著述中宣称《尚书》等中国古代经典之中保持着中国古代信仰真神God的证据，马若瑟、白晋等对中国经典进行索隐式和象

---

① 岳峰. 架设东西方的桥梁［M］. 福州：福建人民出版社，2004年，第126—127页。

② 岳峰. 架设东西方的桥梁［M］. 福州：福建人民出版社，2004年，第126—127页。

③ John Berthrong. *Book Review* ［J］. *Journal of Chinese Philosophy*, September 2004, pp. 405－417.

④ Antoine Berman. Pour une cirtique des traductions: John Donne, Paris: Gallimard, 1995. p75. 转引自：许钧. 翻译论（修订本）［M］. 南京：译林出版社，2014年，第241页。

征论研究，[①]“在中国文献中寻找中国文化与基督教文化原为一体的依据”，[②]再到麦都思对杜赫德的话深信不疑，而批评《尚书》对有关上帝的信仰记载不足，认为这是一个严重的缺陷。而到了理雅各这里，则表现出坚信古代经典中的“上帝”就是西方基督教的唯一真神 God 本尊。理氏也因此而遭到文惠廉、宝宁等西方学者的质疑，被要求提供足够的证据来证明其观点。于是，理雅各即开始对中国经典更为系统的翻译研究。他用了十几年的时间研究翻译了“四书”《尚书》等中国古代经典。由其《尚书》英译本可见，其对原文的诠释中融合了基督教神学思想，试图以此证明当年在“上帝”译名辩论中其观点的正确，并将《尚书》的翻译纳入西方比较宗教学的研究。法国学者葛兰言批评理雅各的翻译“是没有规矩的”。[③]戴密微也在评论顾赛芬的中国经典翻译时，以理雅各为对照，认为理氏早就在汉语典籍英译本中“表现出加入其独出心裁的解释或个人评论的意图”。[④]

理氏的译文和评论性的注释表现了意在为 God 译名之争中所持观点寻求证据的意图。他在翻译中坚持认为：中国经典中的“上帝”即 God。例如：“帝尧曰放勋。”(《尚书·虞夏书·尧典》)理氏注释为“帝”是“天堂”(Heaven)的同义词，实际指 God。(“帝”is a synonym of Heaven, and properly denotes ‘God’...)[⑤]理氏在注释《虞夏书·舜典》“肆类于上帝”时评论说：“通过‘上帝’，我们将理解至高无上的 God。直到周朝，所有可以发现的一切都使我们只能把‘上帝’看作那个至高无上者。”(By 上帝 we are to understand God, the supreme Ruler. It is not till we come done to the times of the Chow dyn. that anything can be discovered to lead us to think of Shang Te as other than one and supreme.)理氏又评论说：“王肃只将此处的‘上帝’简单地等同于‘天’，

---

① [法] 戴密微. 法国汉学研究史概述 [M]. 胡书经译. 汉学研究，第 1 集. 北京：中国和平出版社，1996 年。

② 岳峰. 架设东西方的桥梁 [M]. 福州：福建人民出版社，2004 年。

③ 胡优静. 英国 19 世纪的汉学史研究 [M]. 北京：学苑出版社，2009 年，第 79 页。

④ [法] 戴密微. 法国汉学研究史概述 [C]. 胡书经译. 张西平编. 欧美汉学研究的历史与现状，郑州：大象出版社，2006 年，第 185—194 页。

⑤ James Legge. *The Shoo King or The Book of Historical Documents* [M]. *The Chinese Classics*. Taipei: SMC Publishing Icn. , 1991, p. 16.

孔安国将其自定义为‘天及五帝’。我只能认定此处‘上帝’正是真正的God的名字。”(Wang Suh made Shang Te here simply to be synonymous with Heaven; and Gan-kwŏ himself had defined the name as “Heaven and the five Tes”. I can not doubt but Shang Te is here the name of the true God.)。[①]

理雅各在译文和注释中直接使用God来指称汉语文本中的上帝一词。如:

例2.13 《尚书·商书·汤诰》:“惟皇上帝,降衷于下民。”(伟大的上帝,赐福给我们下民。)[②]

理译:The great God has conferred even on the inferior people a moral sense...[③](伟大的上帝甚至赋予下层的人一种道德感……)

上例显示,理雅各将“皇上帝”翻译为“伟大的God”(The great God),并在注释中说:“麦都思将其翻译成‘至高无上的统治者’(the great Supreme),宋君荣将其翻译为‘令人敬畏的上帝’,(L‘auguste Chang-ti)并注释为‘至上的大师’(Souverain Maitre)。其在此文中的表述与天堂(Heaven)的名字互通,这足以告诉我们,那个‘至高无上的统治者’和‘令人敬畏的上帝’是谁。我总是将上帝和帝在同样运用时翻译为God,相信我们词语中的根本思想和中国人的相同,即那种至高无上的统治的思想。(I always translate 上帝 and also 帝, when used with the same application, by God, believing the radical idea in our word to be the same as that in the Chinese, —the idea of supreme rule.)麦都思参照蔡沈的注释,将‘衷’译为适中(the due medium),朱熹说‘衷只是中’,但是God所授予的不是如同没有人的东西一样的适中,而是能够欣赏这种责任的标准和规则的思想,可参见中庸的有关注释。宋君荣把‘衷’翻译为‘理由’(la‘raison),我认为‘一种道德感’似乎比任何我能想到的词项都更接近该词的所指。”(A moral sense

① James Legge. *The Shoo King or The Book of Historical Documents* [M]. *The Chinese Classics*. Taipei: SMC PublishingIcn., 1991, p. 34.

② 江灏,钱宗武译注. 今古文尚书全译 [M]. 贵阳:贵州人民出版社,2009年,第89—90页。

③ James Legge. *The Shoo King or The Book of Historical Documents* [M]. *The Chinese Classics*. Taipei: SMC Publishing Icn., 1991, p. 185.

appears to come nearer to the signification than any other term in English I can think of.)[①]由上述翻译和注释可见,理雅各对《尚书》文本所进行的旗帜鲜明的基督教思想的诠释,直接将《尚书》文本的翻译纳入了西方宗教历史研究框架。

再如,《尚书·周书·微子之命》:"上帝时歆,"(上帝时常享受你的祭祀)[②]理氏译为:God will always enjoy your offerings,并在注释中解释道:"K'e, being the representative of the sovereigns of Shang, had the privilege of offering the great solstitial sacrifice to God. It is with reference to this that it is said God would always or at the appointed season of sacrifice, accept this offerings."[③](作为商朝君主的代表,启有权向God献祭冬至大礼。正是参照此事,God被认为将一直或在指定的献祭季节接受这些祭品。)上述翻译和注释也直接使用了God对译原文中的"上帝"一词。

又如:

例2.14 《尚书·周书·召诰》:"呜呼!皇天上帝改厥元子,兹大国殷之命。"(唉!皇天上帝改变了他的长子,结束了大国殷的福命。)[④]

理译:Oh! God dwelling in the great heavens has changed his decree in favour of his eldest son, and this great dynasty of Yin.(啊!居于天堂的God已经改变了支持其长子和此大殷朝的法令。)

由上例可见,理氏译文也是直接用God对译中国经典中的"皇天上帝"。其译文主要按照原文的字词顺序直译了原文,如将"皇天上帝"对译为"God dwelling in the great heavens",将"改厥元子",对译为"has changed his decree in favour of his eldest son",因而也显示出了直译为主的特点。再如:

例2.15 《尚书·周书·召诰》:"王来绍上帝,自服于土中。"(王来

① James Legge. *The Chinese Classics* [M]. *Preface*, Vol. Ⅲ, Taipei: SMC Publishing Icn., 1991, p. 185.

② 江灏,钱宗武译注. 今古文尚书全译[M]. 贵阳:贵州人民出版社,2009年,第211—212页。

③ James Legge. *The Chinese Classics*[M]. *Preface*, Vol. Ⅲ, Taipei: SMC Publishing Icn., 1991, pp. 378-379.

④ 江灏,钱宗武译注. 今古文尚书全译[M]. 贵阳:贵州人民出版社,2009年,第242—243页。

占卜问上帝，在洛邑亲自治理天下。）[1]

理译：Let the king come here as the vicegerent of God, and undertake himself the duties of government in the centre of the land.[2]（让国王作为上帝的子民来到这里，在这片土地的中央承担起理政的职责。）

由上例译文可见，理氏也以直译为主、意译为辅的翻译方法翻译了原文，在基本按照原文的词语顺序进行传译的同时，也进行了一些语义补充、拓展，如将“绍上帝”意译为“come here as the vicegerent of God”，将“自服”意译为“undertake himself the duties of government”。

由有关译文可见，麦都思将《尚书》中的“上帝”一词译为最高统治者 Supreme Ruler 或 the Supreme，较之麦都思的英译，理氏明确地将中国经文中的上帝等同于西方宗教中的 God，从而对原文进行了神学思想的归化诠释。麦氏和理氏皆使用了 Heaven 对译天。《牛津词典》解释 Heaven：“不可数名词，不与 the 连用，在某些宗教中那个地点即 God 的家，好人（good people）死后会去那里。”《柯林斯词典》的解释：“专有名词，在一些宗教中，天堂据说是 God 生活的地方，好人死后去的地方，每个人都很快乐。”由此可见，理氏等传教士译者在翻译中采用了归化的翻译策略，对东西方根本不同的文化概念进行了融合与置换，如东方的上帝、帝与西方的 God，东方的上天、皇天、天等与西方的 Heaven。随着这些中国文化典籍英译在西方的广泛传播，这种将西方的思想理念与中国经典的糅合诠释与传译，对原文语义有所改变，因而也具有一种对中国文化与形象的重塑作用。

（三）融入英国经验主义与早期实证主义思想的翻译方法

理雅各的英译与当时的历史语境密切相关。18 世纪英国《圣经》翻译家和翻译思想家坎贝尔（George Campbell，1719—1796）提出了《圣经》翻译三原则：即准确地再现原作的语义；在符合译作语言特征

---

① 江灏，钱宗武译注．今古文尚书全译［M］．贵阳：贵州人民出版社，2009 年，第 242—245 页。

② James Legge. *The Shoo King or The Book of Historical Documents* ［M］. *The Chinese Classics*. vol. Ⅲ. Taipei：SMC Publishing Icn.，1991，pp. 425 - 428.

的前提下，尽可能移植原作的精神与风格；使译作像原作那样自然、流畅。泰特勒（Alexander Tytler，1749—1814）也提出了极其相似的论点。① 18 世纪和 19 世纪英国流行苏格兰现实主义思潮，理雅各学习过有关哲学理论，认为上帝的存在是无须怀疑和论证的，具有一个苏格兰新教徒的哲学思考。②

天主教耶稣会士卫匡国对中国上古史的研究，确认了中国的历史纪年早于《旧约圣经》所载挪亚洪水发生的时间，③从而引发了欧洲学界对中西历史纪年矛盾的关注。学界对《圣经》记载的可靠性和中国纪年进行了长期争论，一些希腊文版七十子《圣经》的维护者也参与其中，认为希腊文版才是真实可信的，愈发加剧了其中的矛盾。正如有学者所言："关于中国纪年的长期争论，结果使《圣经》的权威扫地，同时削弱了基督教的绝对权力和控制能力。"④而这应是身为虔诚的基督传教士的理雅各所不愿看到的，其《尚书》英译即体现了上述社会历史语境的重要影响。

首先，在英国经验主义和早期实证主义思潮的影响下，理氏《尚书》英译方法和策略也表现出了有关特点，即通过大量收集中国学者的重要注疏等有关互文资料，对其加以选用并评述，以此诠释原文有关文本，因而显示出早期实证主义的特征。其所采用的直译为主，结合意译的翻译方法，也体现了当时流行的《圣经》翻译思想的影响，即注重忠实地再现原文意义、精神及形式。其直译为主的方法，使得理氏的《尚书》译文非常贴近原文的形式和意义，因此在"传递原文语义、再现语体风

---

① 任东升，井琼洁. 圣经汉译与"信达雅"——吕振中圣经翻译思想探究 [J]. 翻译界，2016 年第 2 期，第 55—68 页。

② Lauren F. Pfister. *Making Time for Changes：Searching for Wisdom in Qobelet and Wilhelm's Post-World War I Translations*，*At Home in Many Worlds：Reading*，*Writing and Translating from Chinese and Jewish Cultures Essays in Honour of Irene Eber edited by Raoul David Findeisen*，*Gad C. Isay*，*Amira Katz-Goehr*，*Yuri Pines and Lihi Yariv-Laor* [M]. Wiesbaden：Harrassowita Verlag. 2009，p. 104.

③ [日]小西姑子. 关于十七世纪后期介绍到欧洲的中国历史纪年(下)[J]. 曲翰章译. 东洋文化，1987 年，第 67 卷，第 60—64 页。

④ [日]小西姑子. 关于十七世纪后期介绍到欧洲的中国历史纪年(下)[J]. 曲翰章译. 东洋文化，1987 年，第 67 卷，第 60—64 页。

格和文体风格方面”，总体上表现出“义无所越”“形神兼备”的特点，[①]其诠释思想也受到当时中国主流儒学思想的影响，表现出宋代新儒学的诠释特点。就理氏英译所提供的有关语言文化的信息量，译文与原文的贴近程度，以及英译的学术性等方面而言，皆达到了前所未有的新高度。因此，当代美国学者评论说：“几代学生都感激理雅各煞费苦心、(painstakingly)谨慎(meticulous)、精心地翻译了中国古典文学，使得他们可使用有关译文的电子资料。他对儒家文献的翻译仍然经常被引用，人们对他的学术质量深表赞赏。”[②]

其次，在当时的西方中心主义与中国经学研究传统的双重影响下，理氏译本显示出对《尚书》经典价值的忽视与消解。译者倾向于否定孔子编书之前的古老历史，并企图利用中国另一历史文本《竹书纪年》的有关记载作对比，以缩短《尚书》所载历史纪年，缩小中西历史纪年间的时间差，从而达到长远地维护基督教的利益与《圣经》的权威地位之目的。在理氏之前，麦都思已经对有关中西纪年的矛盾进行了研究，他“于 1829 年写作了《东西史记和合》一书，这本比较历史体例的史书以中国史、欧洲史对参，欲以此证明西史和中国史同样悠久”。[③]而理氏《尚书》英译对《竹书纪年》的翻译与诠释评论也表现出同样的企图。理氏译本的《绪论》首先对《尚书》的历史真实性进行了多维度的质疑，表现出意在消解《尚书》文本的真实及其价值的目的。理氏在《竹书纪年》的有关研究中宣称，《尚书》所载中国历史纪年不可信，而较之短了 211 年的《竹书纪年》的历史纪年才更为可信。

理氏很重视历史年代研究，其《尚书》译本《绪论》的第三章专门讨论了《书经》中记载的历史年代。他还邀天文历法专家湛约翰(Rev. John Chalmers)撰写关于中国古代天文历法的文章作为附录。理雅各《尚书》译本中附有《竹书纪年》的翻译研究。他一再引用《竹书纪年》

① 陆振慧．跨文化传播语境下的理雅各《尚书》译本研究［D］．扬州大学博士学位论文，2010 年。

② John Berthrong. *Book Review*［J］. *Journal of Chinese Philosophy*, September 2004, pp. 405－417.

③ 刘立壹．经学・史学・汉学：麦都思《书经》英译研究［J］．国际汉学，2019 年第 2 期，第 169—207 页。

的材料，以与其他文献材料作比较研究。他虽然不完全相信《竹书纪年》中所记的年代，但认为以《竹书纪年》与《尚书》作对照，有利于理解中国上古的历史。理氏谈到其之所以翻译《竹书纪年》，是因为他认为此书在记述尧、舜、禹的史事方面比《尚书》更为可信。①

在《尚书》英译本的《绪论》(*Prolegomena*)②中，理氏运用了英国著名经验主义者洛克的思想理论，即词所指示的不是事物，而是观念，特别是通名，指示了"类观念"。③据此，理氏从书名到内容对《尚书》提出了诸多方面的质疑。理氏将《尚书》书名译为："*The Shoo King, or the Book of Historical Documents*"，视之为一部"历史文献集"，从而使《尚书》原文的经典意义更加淡化。理氏又在《绪论》中对《尚书》的汉语书名进行去经典化的诠释。例如，理氏从"书"的本义"聿曰"开始其论证，首先引用中国古代文化中的有关解释："聿"，"一种写字的工具"，"曰"即"说"。那么"书"就是"聿曰"二字合起来的意思"笔说"(the pencil speaking)，因而"书"经常被用来作为这种语言的书面文字的通称。接着，引用了《说文》的有关解释："仓颉之初作书，盖依类象形，故谓之文，其后形声相益，即谓之字，字者，孳乳而寖多也，著之竹帛，谓之书，书者如也。"并用注释介绍了《说文》及其著者许慎的历史背景，并言之凿凿地推理："从'书'的这种运用于书法和书籍的作用来看，很容易将其用法转变为用于任何一种连续的作品。我们发现在孔子之前'书'尤指古代的历史遗迹，以区别于诗歌、礼仪的叙述以及前时代的纪念物。墨子《明鬼篇》：'周书大雅有之。'这说明并不是别的文献不能使用这个通名(general name)。但是，该词指称具体事物的意义被特别地确立起来一直保留至今。孔子口中的'书'，指的是包括其国家自古以来直到其所处时代的所有文件。汉代起，它被用来表示这种文集，认为是(不论对否，我们现在要调查)所有圣人的作品。我在第一部中国经典译

① 刘家和. 理雅各英译《书经》及《竹书纪年》析论［C］. 史学、经学与思想：在世界史背景下对于中国古代历史文化的思考. 北京：北京师范大学出版社，2005 年，第 109 页。

② James Legge. *The Shoo King or The Book of Historical Documents* [M]. *The Chinese Classics*. Taipei: SMC Publishing Icn., 1991, pp. 1-15.

③ 王寅. 语言哲学研究：21 世纪中国后语言哲学沉思录(上)[M]. 北京：北京大学出版社，2014 年，第 53—57 页。

文《绪论》中称《尚书》为历史书(*The Book of History*),而麦都思将之设计为《书经,或历史经典:中华帝国最古老而真实的纪年录》(*The Shoo King, or The Historical Classic: Being the Most Ancient Authentic Record of the Annals of the Chinese Empire*),但是这两种指称都会导致对读者的误导。这部书,就算出自孔子之手,也绝不能妄称包括了中国的历史,更谈不上在其中寻找那段历史的纪年。”(The book, even as it is said to have come from the hand of Confucius, never professed to contain a history of China; and much less are we to look in it for the annals of that history.)[①]至此,理氏意在通过西人所熟悉的推理逻辑,使得英语读者相信“书”并无特殊、重要的价值意义,仅为一个类称,似乎颇有说服力。

理氏接着继续讨论了“尚书”名称的出现时间,认为最初“尚书”用于口头和书面皆在秦始皇焚书之后,伏胜之前,[②]他还再次例证了古代的“书”为通称,并无经典的重要价值含义,尽管他了解到“尚”“有古老和赋予价值”的意味。继而得出结论:孔子在其著述中引述古书的时候,其所用“书曰”也并非指《尚书》,而可能是指某一篇古代文章或某一部语录里的一篇。理氏还质疑了孔子编《尚书》100 篇并为之作序的说法,认为对此没有证据可查,孔子、孟子等著述中也没有提及,之后又论述了《尚书》在孔子之后成为古代文集,认为其并无经典教义的含义,只是一些普通文献汇编,并引用孟子所言“尽信书则不如无书,吾于武成取二三策而已矣”,用以证明《尚书》不具有难以理解的深刻意蕴。接下来,理氏又认为周代才有史官等分工制度,之前没有证据证明有专门的历史记录者,以此质疑孔子当初编辑 100 篇之说。[③]除了质疑《尚书》的成书过程及其真实性之外,理氏还质疑书中所载内容,认为尧舜禹等故事都只是神话传说,如理氏写道:“就我个人而言,我不能承认禹确实到

① James Legge. *The Shoo King or The Book of Historical Documents* [M]. *Prolegomena*. *The Chinese Classics*. Taipei: SMC Publishing Icn. , 1991, p. 2.

② 伏胜,也称伏生。生,为尊崇有识之人的称呼,伏胜为秦代博士,秦代焚书后,首位在民间讲授、传播记忆中的《尚书》之人。

③ James Legge. *The Shoo King or The Book of Historical Documents* [M]. *Prolegomena*. *The Chinese Classics*. Taipei: SMC Publishing Icn. , 1991, pp. 1 – 15.

达了据说他所做工作的所有地点，我也不能找到这个庞大的中国族群逐渐占领这个国家的确切的顺序。”(For myself, I cannot admit that Yu really visited all the points which he is said to have done, nor can I find the order in which the great Chinese colony actually proceeded to occupy the country.)①

再如：在译本《绪论》的第三部分《关于〈书〉中主要年代》(*On the Principal Eras in the Shoo*)中，理氏在论证的最后总结道：“从我对不同时期中国历史的考察来看，公元前 775 年是可以确定的最早时间。具体周代何时开始尚未可知。若追溯时间之流，中国人自身的两个分支体系彼此是如此的相互背离，但我们哪一个都不相信。第一个国家统治者大禹的登位，可能在公元前 19 世纪；在此之前有首领舜和尧。公元前 20 世纪中华民族开始出现。而试图将其早期的历史推至一个更古老的时期，是没有任何正当历史依据的。”理氏还写道：“25 年前，我在决定来中国传教之前就已经接受七十子希腊文本《圣经》(Septuagint)较之希伯来文版《圣经》更为接近事实的观点。”“但是按照最短的经文年表，任何人都不需因中国历史纪年而尴尬。”②由此，理氏企图否定《尚书》历史纪年而维护基督教权威的良苦用心昭然若揭。

理雅各还在《尚书》译文之前加入了《竹书纪年》的译文，并在译文的评论中以诸多小标题凸显、总结自己的观点，诸如“《竹书纪年》中的结论和《尚书》的较早部分不一致(Conclusion from the Annals against the earlier portions of the *Shoo*)”“《竹书纪年》与其他中国历史通常观点的差异(Differences between the Annals and the common views of Chinese History)”③“《竹书纪年》比《尚书》对尧舜禹时期的记载更为可信(The Annals are more credible than the Shoo on the period of Yaou,

① James Legge. *The Shoo King or The Book of Historical Documents* [M]. *The Chinese Classics*. Taipei: SMC Publishing Icn., 1991, pp. 62 - 66.

② James Legge. *The Shoo King or The Book of Historical Documents* [M]. *Prolegomena*. *The Chinese Classics*. Taipei: SMC Publishing Icn., 1991, pp. 89 - 90.

③ James Legge. *The Shoo King or The Book of Historical Documents* [M]. *Prolegomena*. *The Chinese Classics*. Taipei: SMC Publishing Icn., 1991, p. 179.

Shun, and Yu)"[1]等等。在有关评论的最后，理氏直接点明了在译本《绪论》中翻译《竹书纪年》的真正用意："如果说我在《绪论》中给予《竹书纪年》一席之地显得过分，那么用它们来支持我基于其他证据而得出的结论，一定就是我的理由。"(If the space which I have given in these *prolegomena* to *the Bamboo Annals* appear excessive, the use to which I have turned them, to support the conclusions which I had been led on other grounds to form, must be my excuse.)理氏还在此附上一份"古代中国编年表"(Table of Ancient Chinese Chronology)，其中左右两栏式对照列出了通常的纪年体系(Common Scheme.)与《竹书纪年》(Bamboo Annals)中的纪年体系。其所列编年表显示，在通常的历史纪年体系中，尧帝的统治年代为公元前 2356 年甲辰年(BC. 2356)，而《竹书纪年》所载有关时间则为公元前 2145 年丙子年(BC. 2145)，比《尚书》的纪年晚了 211 年。[2]经过这些操作，理雅各通过其《尚书》英译重塑了中国的历史纪年，这等于否定了卫匡国的中国历史纪年早于《圣经》纪年的观点，支持了麦都思的中西历史纪年同步的说法。

第四节　19 世纪西方《尚书》英译的特点

德国慕尼黑大学教授弗兰克认为，英国 19 世纪的汉学研究有三种密不可分的动机：贸易、外交及新教的传教，[3] 19 世纪的西方《尚书》英译也因而具有与前一时期汉学不同的特点。从本体诠释学的视角考察新教传教士《尚书》英译的语义求真特点可发现：较之早期英译，19 世纪新教传教士麦都思和理雅各的《尚书》英译，在文本完整性、连续性及语义传译的真实性方面都有了显著提高，但这两种英译在诸多因素的

① James Legge. *The Shoo King or The Book of Historical Documents* [M]. *Prolegomena*. *The Chinese Classics*. Taipei: SMC Publishing Icn., 1991, p. 182.

② James Legge. *The Shoo King or The Book of Historical Documents* [M]. *Prolegomena*, *The Annals of the Bamboo Books*, Taipei: SMC Publishing Icn., 1991, pp. 178 - 188.

③ 熊文华. 英国汉学史 [M]. 北京：学苑出版社，2007 年，第 22 页。

影响下也都存在对原文的本体真理诠释不当的缺陷。两种《尚书》英译皆采用了归化的翻译策略与以直译为主的翻译方法。其译文形态的成因主要为历史语境和译者文化背景等因素的影响和制约。麦氏、理氏的《尚书》英译为英国汉学积累了丰富的资料和专业化研究经验，促进了英国汉学的建立和发展，并对英国汉学在19世纪晚期走向繁荣具有重要推动作用。

一、麦都思、理雅各《尚书》英译的本体诠释特点

前后相隔20年，英国新教传教士麦都思和理雅各先后推出了各自的《尚书》英文全译本，皆在19世纪的西方汉学史上谱写了中国经典英译的重要篇章。翻译也是对原文的诠释，本体诠释学文本诠释圆环理论从语言、理论、本体论三个层次阐述文本的诠释状况，有利于从不同层次分析翻译文本的诠释特点，有助于《尚书》英译的全面描写，现以此为依据，分析19世纪两种主要的《尚书》英译文本的诠释特点。

（一）语言层次特点

本体诠释学文本诠释圆环理论认为，文本的语言层次的意义主要由词语的词源学、语法语用规则等方面所规定。理氏、麦氏英译的语言层次意义诠释均比早期的英译文本更为准确，更好地传译了原文的真实语义，显示了两位译者高超的汉学造诣。他们都采用了直译的翻译方法，并带有大量的注释。理氏的译文注释尤为丰富厚重，由于以对《尚书》有关资料的更为广泛、全面的研究为基础，其译文语言层次的诠释往往比麦氏译文提供了更为广阔的文化背景，译文对原文语义的诠释往往更为得当。二者的译文皆为对《尚书》语篇的连续、完整翻译。从二者的注释内容来看，由于麦氏英译以蔡沈的《书集传》为工作底本，故其注释主要源自蔡沈为主的新儒家观点，往往较之理氏英译的注释更为客观而更贴近原文语义。例如：

例2.16 《尚书·虞夏书·尧典》："瞽子，父顽，母嚚，象傲，克谐。"（他父亲心术不正派，后母说话不忠诚，弟弟象傲慢不友好，而舜能同他

们和谐相处……)①

麦译：瞽 He is a blind man's 子 son，父 his father 顽 is stupid，母 his mother 嚚 insincere，while 象 Sēang (his brother) 傲 overbearing; but he 克 has been able 谐 to harmonize them...(他是一个瞎子的儿子，他的父亲愚蠢，他的母亲不真诚，而他名为象的弟弟专横傲慢，但他已经能够与他们和谐相处……)②

理译：He is the son of a blind man. His father was obstinately unprincipled; his step-mother was insincere; his half brother Seang was arrogant. He has been able, however, by his filial piety to live in harmony with them...(他是一个盲人的儿子，他的父亲顽固而没有道德原则，他的后母不真诚；他的异母弟弟象傲慢无礼，然而他都能通过尽孝道与他们和谐地生活在一起。)③

由上例可见，直到理雅各，西方译者才首次在译文中传递了原文中"母"与"弟"的真正意义，即舜的后母与异母弟弟。虽然麦氏和欧德在译文注释中都对此给予了说明，但其译文并未如理氏那样对此有所体现。麦氏在此处依然采取几乎字字对译的直译方法，但理氏却采用了直译与意译相结合的方法。如，"克谐"句，麦氏翻译为："but he 克 has been able 谐 to harmonize them。"而理氏翻译为："He has been able, however, by his filial piety to live in harmony with them。"从字面意义到文化内涵，理氏的译文诠释显然比麦氏的直译表达更为贴切得当。这种既依据字面而又不死译的翻译方法，也显示了早年的西方典籍翻译训练对其的重要影响，即在翻译时注重"意义的精神"。理氏译文兼顾了原文本的字面义及其在文化语境之中所蕴含的特定语义，经过综合把握文本字里行间的多层意蕴，较好地诠释了仅以直译不足以完全传译的语义。再如：

---

① 江灏，钱宗武译注. 今古文尚书全译［M］. 贵阳：贵州人民出版社，2009 年，第 8 页。

② W. H. Medhurst. *The Shoo King, or The Historical Classic: Being the Most Ancient Authentic Record of the Annals of the Chinese Empire*. ［M］. Shanghae: The Mission Press, 1846, p11.

③ James Legge. *The Shoo King or The Book of Historical Documents* ［M］. *The Chinese Classics*. Taipei: SMC Publishing Icn., 1991, p. 26.

例2.17 《尚书·虞夏书·益稷》:“予欲观古人之象,日、月、星辰、山、龙、华虫作会;宗彝、藻、火、粉米、黼、黻……”(我想显示古人衣服上的图像,用日、月、星辰、山、龙、雉六种图形绘在上衣上,用虎、水草、火、白米、黑白相间的斧形花纹、黑青相间的“己”字花纹绣在下裳上……)[①]

麦译:予 Should I 欲 wish 观 to observe 古人之象, the forms made by the ancients, such as 日 the sun, 月 moon, and 星辰 stars, with 山 the hills, 龙 dragons, and 华 flowery 虫 insects, which 作会 were painted; with 宗彝、the monkey, 藻 the water plant, 火 the fire 粉米 the white rice, 黼 the hatchet, and 黻, the double hook, ... (如果我想观察古人制作出的多种形状,如太阳、月亮、星星、山、龙、有花纹的虫,用猴子、水草、火、白米、斧头、双钩的图案……)[②]

理译: I wish to see the emblematic figures of the ancients, —the sun, the moon, the stars, the mountain, the dragon, and the flowery fowl, which are depicted on the upper garment; the temple-cup, the aquatic grass, the flames, the grains of rice, the hatchet, ... (我想看看古人的象征性形象,太阳、月亮、星星、山、龙、有花纹的鸟,这些都被描绘在上装上;宗庙杯、水草、火焰、米粒、斧头……)[③]

在上例中,“观”为显示之义。《周礼·考工记》:“嘉量既成,以观四国。”郑玄注:“示四方。”“象”,衣服上的图像。[④]由二者译文可见,麦氏和理氏对“观”的翻译分别为“观察”(to observe)和“看”(to see),译文显然皆不符合原文语义。宗彝,古代宗庙祭祀用的青铜礼器。这里指虎。[⑤]孙星衍注释:马氏以宗彝为虎。[⑥]麦氏将“宗彝”译为“猴子”(monkey),而理氏则译为“宗庙杯”(temple-cup)。二者都通过注释,提供了有关服饰的详细说明,麦氏还提供了有关历史图案,即两只分别带

① 江灏,钱宗武译注. 今古文尚书全译 [M]. 贵阳:贵州人民出版社,2009 年,第 41 页。

② W. H. Medhurst. *The Shoo King, or The Historical Classic: Being the Most Ancient Authentic Record of the Annals of the Chinese Empire*. [M]. Shanghae: The Mission Press, 1846, p. 69.

③ James Legge. *The Shoo King or The Book of Historical Documents* [M]. *The Chinese Classics*. Taipei: SMC Publishing Icn., 1991, pp. 16 - 17.

④ 江灏,钱宗武译注. 今古文尚书全译 [M]. 贵阳:贵州人民出版社,2009 年,第 41 页。

⑤ 江灏,钱宗武译注. 今古文尚书全译 [M]. 贵阳:贵州人民出版社,2009 年,第 42 页。

⑥ [清] 孙星衍. 尚书今古文注疏 [M]. 北京:中华书局,1986 年,第 98 页。

有虎和猴子图案的杯子，并在注释里翻译了蔡沈对“宗彝”的注释：“虎蜼以孝故其图案被采用”。对此，理氏仅说明其为宗庙里的一对杯子上的虎、猴图案，并没有进一步诠释图案的有关孝的文化意义。虽然二者诠释得皆不够恰当，但麦氏的译文注释显然因译自《书集传》而传译了更多的有关文化意义。“华虫”，《礼记·月令》：“虫是鸟兽之总名也。”孔颖达认为华虫就是雉。[①]理氏注释华虫为“杂色的动物”(the variegated animal)，认为虫并非仅用于指昆虫，而是一切活着的生物的总称。理氏将之译为“有花纹的鸟”(flowery fowl)，而麦氏将“华虫”译为“有花纹的虫”(flowery insects)，显然理氏比麦氏译文更符合原文语义。

由于英、汉两种语言表达习惯的差异，如语序等方面的差异等，这两种译文往往由于直译原文而不够符合英语表达习惯。由于注重直译，其译文大多亦步亦趋地跟随原文的语言形式。有些译文不仅传译了原文的对话体的特点，也较好地再现了原文的句式和语气，显示了二者不仅注重传译原文的语义，也力求在译文中再现原文的形式。如：

例2.18 《尚书·虞夏书·益稷》：“予欲左右有民，汝翼。予欲宣力四方，汝为。”(我想帮助白象，你辅佐我。我想花力气治理好四方，你帮助我。)[②]

麦译：予 Should I 欲 wish 左右 to aid 有民 the people，汝 you must 翼 assist me；予 Should I 欲 wish 宣 to spread 力 my power 四方 abroad，汝 you must act for me. 为。[③]

理译：I wish to help and support my people; —you give effect to my wishes. I wish to spread the influence of my government through the four quarters; —you are my agents. [④]

上例中，麦氏采用两个相同的英文句式来翻译汉语原文的两个排比句，对称工整，模拟了原文的语气，再现了原文的形式，也较为贴近原

① 江灏，钱宗武译注. 今古文尚书全译［M］. 贵阳：贵州人民出版社，2009年，第41页。
② 江灏，钱宗武译注. 今古文尚书全译［M］. 贵阳：贵州人民出版社，2009年，第41—42页。
③ Ibid.，W. H. Medhurst. *The Shoo King, or The Historical Classic*［M］. 1846，p. 69.
④ Ibid.，James Legge. *The Shoo King*［M］. 1991，p. 79.

文语义。理氏基本按照原句的词语顺序进行了对应的翻译。再如：

例 2.19 《尚书·虞夏书·皋陶谟》："天命有德，五服五章哉！天讨有罪，五刑五用哉！"（老天任命有德之人，用天子、诸侯、卿、大夫、士五等礼服表彰这五种人。老天惩罚有罪的人，用墨、劓、剕、宫、大辟五种刑罚处治犯了各种罪行的人。）①

麦译：天 Heaven 命 encourages 有德 the virtuous, but (use) 五 the five kinds of 服 clothing (as rewards,) and then 五章哉 oh how illustrious will be the five displays! 天 Heaven 讨 punishes 有罪 the wicked, but use 五 the five kinds of 刑 punishments, and then 五用哉 oh how serviceable will be the five applications ! ②

理译：Heaven graciously distinguishes the virtuous; —are there not the five habiliments, five decorations of them? Heaven punishes the guilty; —are there not the five punishments to be severally used for that purpose? ③

由上例译文可见，麦氏除了逐字对应翻译之外，还使用了一组感叹句式"oh how... !"对译了"五章哉""五用哉"，生动地再现了原文的句型和语气特点。理氏也采用了一组相同的句式，却是用反义疑问句来表达肯定之义。"章"，彰的古字。显扬，表彰。麦氏将"五章哉"译为：这五种展示是多么卓著啊！(how illustrious will be the five displays!)较为符合原文语义。而理氏则翻译为：他们的五种装饰(five decorations of them)。显然望文生义将"章"当作花纹之类的装饰而不是彰显、表彰之义。可见麦氏此处的翻译比理氏更为准确，显示了其在汉语词汇研究方面的非凡造诣。又如：

例 2.20 《尚书·虞夏书·咸有一德》："德无常师，主善为师。善无常主，协于克一。"（德没有固定不变的榜样，以善为标准的德就可以做榜样，善没有固定不变的标准，能够符合纯一的就是标准。）④

---

① 江灏，钱宗武译注. 今古文尚书全译［M］. 贵阳：贵州人民出版社，2009 年，第 36—37 页。

② Ibid., W. H. Medhurst. *The Shoo King, or The Historical Classic* [M]. 1846, p. 63.

③ Ibid., James Legge. *The Shoo King* [M]. 1991, p. 74.

④ 江灏，钱宗武译注. 今古文尚书全译［M］. 贵阳：贵州人民出版社，2009 年，第 112—113 页。

麦译：德 Virtue 无 has no 常 invariable 师 rule，主 but fixes on 善 that which is good 为 as 师 its law；善 goodness 无 has no 常 constant 主 resting place，协 but it accords 于 with 克 perfect 一 sincerity.①(美德没有一成不变的规则，而是固定在作为其规则的善上；善没有固定的处所，但它符合完美的诚意。)

理译：Virtue has no invariable model；— a supreme regard to what is good gives the model of it. What is good has no invariable characteristic to be supremely regarded；— it is found where there is conformity to the uniform decision of the mind.②(美德并无一成不变的模式，对善的至高无上的尊敬赋予其模式；善没有不变的极受尊敬的特性，它见于头脑统一决策的一致之处。)

由上例可见，二者不但注重对原文词语语义的准确对译，也都注重对原文形式的传译。麦氏译文基本上严格按照汉语文本的语序进行翻译，采用简洁、适宜的句式表达了原文的形式，再现了原文的风格。理氏则采用直译结合意译的翻译方法，译文更为恰当、流畅地表达了原文语义，译文形式也较为贴近原文。

理氏的《尚书》译文依次以序号标示出每句对应的中英文，同页面由上到下依次为原文、英译及注释，以不同字号排版，注释包括对原文的分段、各段大意，特别强调对每个汉语字词意义的研究与诠释，以直译为主的特点非常明显，加之结合了意译，因而其译文诠释也更为流畅，深得西方学界的认可。《中国评论》(*China Review*)的编辑欧德理(Ernest Johann Eitel，1838—1905)评论说：理氏"翻译特别忠实于原文，以词源学规则和法国评论家统称为语言'精神'的清晰的概念为基础。"(eminently faithful to the original, and was based on sound etymological principle and clear conception of what French critics generally call 'spirit' of language.)③传教士汉学家湛约翰认为中国经

① Ibid.，W. H. Medhurst. *The Shoo King，or The Historical Classic* [M]. 1846，pp. 153 - 154.

② Ibid.，James Legge. *The Shoo King* [M]. 1991，pp. 217 - 218.

③ Norman J. Girardot. *The victorian translation of China：James Legge's Oriental pilgrimage* [M]. Berkeley：University of California Press，2002，pp. 74 - 75.

典的翻译"标志着理雅各博士作为一个译者彻底忠实的态度,而且这并不意味着他是逐字逐句地照译。有时候,他可能这样做了,以挑战英语的习惯用语。但更多时候,特别是在后面几卷,他把一个中文单字,扩展翻译成一个完整的英语句子,这就需要对中国经典的莫测高深进行不懈的思索考证。"牛津大学中文教授汉学家苏慧廉(William Edward Soothill,1861—1935)说:"理雅各博士对于中国经典里程碑式的贡献太知名了,以至于已经难以引起人们的更多关注。他曾经是我的引路人、哲学家和友人。我读他的译文越多,越是为他的渊博的学术造诣、他通过艰辛劳动绞尽脑汁而得来的精确、他的令人瞩目的研究探索以及他在表达上的清晰明白而感动。"①

虽然麦氏、理氏译文皆对原文词语进行了大量的研究和严谨的对译,但是二者的译文诠释也都存在一些与汉语的历史、常规等意义的不符之处。如,《尚书·舜典》"慎徽五典,五典克从"的英译。麦氏:"He was 慎 careful 徽 to beautify 五 the five 典 canons,五 the five 典 canons 克 could all 从 be observed。"②麦氏对"五典"的注释是"五种恒常的美德,如父母和孩子间的爱、夫妇间的责任分别、长幼的次序、亲戚朋友间的真诚,舜这时被作为公众的指导者"。③理氏译为:"Shun carefully set forth the beauty of the five cardinal duties; and they came to be universally observed." ④英文下方是注释,"五典"译为"five cardinal duties",注释为"五教,五常",即夫妇、父子、君臣、兄弟及朋友的关系。但"五常之教"的意义通常为"父义、母慈、兄友、弟恭、子孝"。⑤可见麦氏、理氏都误读了有关词语的历史、常规的语境信息。但麦氏、理氏注重对原文的语义求真,总体而言,这种误读较少,其译文和注释由于建立在大量的汉语词汇文化研究的基础之上,因而比较贴近原文语义。有研究者评论理氏的翻译:"把当时能解决的问题明确地译出来,同时把尚待研究的疑难如实地记录在注释中",体现了"考据上所

① 段怀清. 理雅各与儒家经典[J]. 孔子研究,2006年第6期,第52—63页。
② W. H. Medhurst. *The Shoo King, or The Historical Classic* [M]. 1846, p. 13.
③ W. H. Medhurst. *The Shoo King, or The Historical Classic* [M]. 1846, p. 13.
④ 江灏,钱宗武译注. 今古文尚书全译[M]. 贵阳:贵州人民出版社,2009年,第11页。
⑤ 江灏,钱宗武译注. 今古文尚书全译[M]. 贵阳:贵州人民出版社,2009年,第11页。

具有的熟练技能和清晰头脑。”①

理氏在英译过程中对《尚书》的注释等有关互文本进行了更为深入、广泛的研究，因而较之麦氏英译，其注释提供了更为丰富、多维度的信息。在其译文注释中，理氏还纠正了麦氏译本的一些不当之处。例如，在《禹贡》的“既修太原，至于岳阳”句的注释中，经过对有关地理名称的研究和考证，理氏指出麦译注释中将冀州对应于山西(Shan se)的范围是错误的，其范围当更广，包括当时的直隶和山西，并彰德、卫辉、怀庆三个地区。②再如，《禹贡》:“桑土既蚕”句(能够栽种桑树的地方都已经养蚕③)，理氏指出麦氏译文“桑土被养了蚕”(supplied with silkworms)翻译得不恰当，需要提供更好的诠释:“土地被治理得适合养蚕。”(were made fit for silkworms)④可见其对原文文化语境的理解往往较麦氏更为全面、细致。

(二) 理论层次特点

依据本体诠释学理论，一个文本所包含的所有意义，总是取决于其作者写作该文本时所遵循的以独立理性为基础的某种理论和原则，文本语义受到这些理论和原则的限定与制约。而后人在对这些文本进行语义诠释时，不同诠释者往往自行对所诠释的文本预设或假设某种基础理论和观点，作为其语义生成的基础，并据此构建文本语义。⑤但在文本诠释实践中，往往存在诠释所预设的理论原则与原文作者实际运用的理论原则并不一致的情形，这也是对于同一文本，不同诠释者对其的语义诠释往往会不同的主要原因。麦都思对《尚书》原文的诠释即预设了与原文并不一致的理论与观念。首先，麦氏译文显示，在其译文的概念或理论层次，主要预设了西方历史学的概念；理氏的译文诠释也表现

① 刘家和. 理雅各英译《书经》及《竹书纪年》析论［C］. 史学、经学与思想:在世界史背景下对于中国古代历史文化的思考. 北京:北京师范大学出版社，2005 年，第 132 页。

② James Legge. *The Shoo King*, *The Chinese Classics* ［M］. Vol. Ⅲ, Taipei, SMC Publishing Icn., 1991, pp. 94 - 95.

③ 江灏，钱宗武译注. 今古文尚书全译［M］. 贵阳:贵州人民出版社，2009 年，第 50—51 页。

④ Ibid., James Legge. *The Shoo King*, *The Chinese Classics* ［M］. 1991, p. 101.

⑤［美］成中英. 本体诠释学［M］. 北京:中国人民大学出版社，2017 年，第 110 页。

了历史学的理论预设。由麦都思的《尚书》英译书名:《书经,或历史经典:最古老真实的中华帝国编年史》,可见其理论层次与早期英译同样认为原文本是可信的中国历史记录,表现了对原文的真实历史文本的定位。正如有学者所认为的那样,麦氏意在"把汉语话语系统中之儒家经学典籍《书经》,建构成一部中国古代编年体史书,开启了近代以西方历史方法研究经学的路向。"[①]而理雅各却不认为所有的记载都是可信的。在其英译本《绪言》(*Prolegomena*)中,理氏对于《尚书》的书名,成书过程及其所载纪年等都进行了历史考证研究,如序言的第二章《关于〈书经〉记载的可信度》的开头即指出,《尚书》的第一、二两个部分比其余三部分的可信度低,其内容有很多尧、舜、禹的传说。[②]如上文所述,理氏还在《绪言》第一章《〈书经〉的历史》中阐述了其对《尚书》的有关历史的怀疑,甚至怀疑《孔子》的引用语"书曰(The Shoo says)"中"书"的所指,认为其中的"书"也许并不特指《尚书》,而是指任何一本古代的书而已。[③]上述理氏对中国经典的诸多质疑,与中国国内经学研究中的疑古思潮颇为类似。由于真实性遭到怀疑,《尚书》作为经典的地位遭到动摇,其原有的经典价值也被贬低。在理氏看来,《尚书》并非重要的经典,未必具有经典的价值,这些思想表现在其译文的语言层次往往并未依据中国传统经学对原文的本体论诠释,而表现出一定程度的主观化。

其次,麦氏认为《尚书》是中国的重要经典,并对其文本预设了道德哲学等概念。麦氏认为《尚书》文本具有重要的价值,其译本前言开篇即指出,《书经》或称《历史经典》被中国人赋予非常崇高的地位(The Shoo-king, or Historical Classic, is held in great veneration by the Chinese)[④]。他特别重视书中的道德哲学和政治经济内容,认为其中所包含的实践智慧与经验适用于所有的时代和国家,即便在当时具有很

---

① 刘立壹. 经学·史学·汉学:麦都思《书经》英译研究 [J]. 国际汉学,2019 年第 2 期,第 169—207 页。

② James Legge. *The Shoo King or The Book of Historical Documents* [M]. *The Chinese Classics*, Taipei: SMC Publishing Icn., 1991, p. 47.

③ James Legge. *The Shoo King or The Book of Historical Documents* [M]. *The Chinese Classics*, Taipei: SMC Publishing Icn., *Prolegomena*, 1991, pp. 1-10.

④ W. H. Medhurst. *The Shoo King, or The Historical Classic: Being the Most Ancient Authentic Record of the Annals of the Chinese Empire* [M]. *Preface*. Shanghae: The Mission Press, 1846, p. iii.

高知识水平的欧洲，在世界的文明发达时期，也能够从书中有所收获，认为只要这个世界存在高、低阶层、贫富之间的差别和关系，《书经》中所流传的彼此公平以待、互爱、尊敬、顺从等原则就会起到根本的作用。[①]可见其认识到并诠释了《尚书》所具有的超越时空的思想文化价值。而理雅各的英译本则未见此类明确的肯定与赞赏，仅在《尚书》英译《序言》里解释过书名的"尚"指的是"古老而有价值(antiquity and value)"。[②]

再次，麦氏和理氏同为新教传教士，与早期英译一样，他们在译文诠释中也预设了基督教神学的理论观点。麦氏甚至据此认为《尚书》作为历史经典，缺少宗教成分是个严重的缺陷，因为书中不曾极力主张对上帝耶稣的敬爱。[③]在翻译中，麦氏对于并非指称具体人间帝王的上帝和帝，往往使用 Supreme Ruler 对译，或多使用 the Supreme 进行翻译。此类词语多集中在《周书》部分，全书有 20 多处。而理雅各的《尚书》英译比麦氏具有更为鲜明的基督教神学思想。[④]如："肆类于上帝"(《虞夏书·舜典》)，麦氏译文为："肆 then offered a 类 sacrifice of the same class(with the border sacrifice)于 to the 上帝 Supreme Ruler"[⑤](然后向至高无上的统治者献上祭天同样等级的祭礼)；理氏此句的译文为："Thereafter, he sacrificed specially, but with the ordinary forms, to God;"(在那之后，他特别向 God 献祭，但用的是普通形式)可见二者皆以西方宗教的思想归化诠释了原文。麦氏比较隐晦，而理氏则直接使用 God 翻译上帝，并在注释里继续强调此处的"上帝"只能理解为 God。[⑥]理

① W. H. Medhurst. *The Shoo King, or The Historical Classic: Being the Most Ancient Authentic Record of the Annals of the Chinese Empire*[M]. *Preface*. Shanghae: The Mission Press, 1846, pp. iii - iv.

② James Legge. *The Shoo King or The Book of Historical Documents* [M]. *The Chinese Classics*, Taipei: SMC Publishing Icn., *Prolegomena*, 1991, p. 3.

③ Ibid., W. H. Medhurst. *The Shoo King* [M]. *Preface*. 1846.

④ 沈思芹. 理雅各与高本汉的《尚书》注释比较研究 [J]. 海外华文教育，2017 年第 12 期，第 1708—1719 页。

⑤ Ibid., W. H. Medhurst. *The Shoo King* [M]. *Preface*. 1846, pp. 17 - 18.

⑥ James Legge. *The Shoo King or The Book of Historical Documents* [M]. *The Chinese Classics*, Taipei: SMC Publishing Icn., *Prolegomena*. 1991, p. 83.

氏欲从中国经典中反映出中华民族的祖先是"知道上帝的",[①]遂在译文中将原文抽象的帝和上帝等全部翻译为God,从而直接用西方的神学概念置换了中国的文化概念。

(三) 本体真理层次特点

成中英先生指出,"至于一个解释者应该经常重视哪个层次的问题,毫无疑问,本体诠释学将回答说,应该重视本体论的层次。"[②]而在西方中心主义思潮的影响之下,译者们对《尚书》的本体论层次意义的认识与重视不够,对其所具有的历史文化、思想价值没有作出应有的诠释,而是表现出对其的忽略和消解。理氏甚至试图否定《尚书》上古历史记载的真实性,将其翻译纳入西方比较宗教学研究,这种对原文本体真理的认识和态度最终导致两种译文的本体论层次诠释的缺陷,而译者对《尚书》本体论意义的认识与诠释的不足,也制约着其对原文的理论预设与语言层次的具体表述,从而导致了译文对原文语义的误读或曲解。

汉学发展到麦都思和理雅各的时代,西人对中国语言、文化等的了解与研究更为深入广泛,汉学研究逐渐过渡到专业化研究阶段,有关翻译也更具学术性。对比二者本体论层次的诠释,可见麦氏更为客观地对原文的本体真理进行了一定的诠释与呈现,主要体现于其采用了《蔡传》的大部分注释,且少有个人的主观评论与推断。麦氏对原文的诠释虽然主要参照蔡沈《书集传》的有关注释,然蔡沈乃宋代集大成的儒家学者,其注释已然包含众多中国儒学的主要观点。但囿于西方的思想体系,麦氏译文使用了具有神学色彩的词语,也难免存在语言与文化方面的误读,这些都影响了其对原文本体真理的诠释;而理氏的注释虽然数量更多,广泛涉及包括中国学者的有关注释在内的更多领域的有关信息,但其并未完全依照中国学者的观点进行诠释,其注释往往含有基于西方思想理论的一些主观化的评论与推断。正如有学者所言:理

① 段怀清. 对异邦文化的不同态度:理雅各和王韬[J]. 二十一世纪月刊,2005年第91期,第60页。
② [美] 成中英. 本体诠释学(一)[M]. 北京:人民大学出版社,2017年,第112—113页。

氏“一方面费尽心力地去弄懂原文意思，但在参考那些阐释者的意见方面，他又自觉地保持着独立”，①因而不利于对《尚书》本体真理的诠释与传译。例如：

例 2.21 《尚书·虞夏书·大禹谟》：“人心惟危，道心惟微，惟精惟一，允执厥中。”（现在人心动荡不安，道心幽昧难明，只有精诚专一，实实在在地实行中正之道。）②

麦译：人 The carnal 心 mind 惟 危 treacherous, while 道 the viruous 心 feeling 惟 exists only 微 in a small degree; 惟 be you therefore 精 minute in distinguishing, 惟 and be — uniform in maintaining, while you 允 firmly 执 grasp 厥 the due 中 medium。（人的私欲之心有潜在的危险，而道德感仅在很小的程度上存在，因此你在牢牢抓住正中的同时要辨别入微，保持一致。）③

理译：The mind of man is restless, —prone to err; its affinity for the right way is small. Be discriminating, be undivided, that you may sincerely hold fast the mean.（人的思想是不安定的，易于犯错，而对正确的道路疏于亲近。要有鉴别力，要专一，这样你就可以真正守住中庸之道。）④

二者对《虞夏书·大禹谟》中这段文本的翻译，麦氏译文的注释是翻译了《书集传》有关注释的前半部分：“心者，人之知觉主于中而应于外者也。指其发于形气者而言，则谓之人心；指其发于义理者而言，则谓之道心。人心易私而难公，故危；道心难明而易昧，故微。惟能精以察之，以不杂形气之私，一以守之，而纯乎义理之正道，心常为之主，而人心听命焉。则危者安，微者著。动静云为，自无过不及之差，而信能执其中矣。”⑤在注释的翻译中，麦氏将“人心”译为《新约》中的用语

① 段怀清. 理雅各“中国经典”翻译缘起及体例考略［J］. 浙江大学学报，2005 年第 3 期，第 91—98 页。

② 江灏，钱宗武译注. 今古文尚书全译［M］. 贵阳：贵州人民出版社，2009 年，第 28—30 页。

③ Ibid., W. H. Medhurst. *The Shoo King*［M］. 1846, p. 51.

④ James Legge. *The Shoo King or The Book of Historical Documents*［M］. *The Chinese Classics*, Taipei: SMC Publishing Icn., 1991, pp. 61 - 62.

⑤ Ibid., W. H. Medhurst. *The Shoo King*［M］. 1846, p. 51.

"carnal mind"(俗欲思想),将"道心"诠释为"心所展现的正直的原则",称之为"道德感"(its exhibition in the principles of rectitude, it is called virtuous feeling),显示出其采用了归化的翻译策略。理氏则将"道心"译为正确的道路(the right way),同麦氏所译的"道德感"一样皆未能恰当地诠释其真正意义。但理氏将"危"译为不安的(restless),比麦氏所译的"有潜在危险的"(treacherous)更贴近原文语义。理氏对该句的注释提供了更丰富的有关信息,拓展了有关认知,他引用了麦氏的有关翻译,并引用了宋君荣的译文:"人的心充满着浅滩,道(Taou)的心是简单而稀薄(thin)的。"理氏还介绍了宋氏的注释:"这里的人心与道相反,文中有两种心,其一是不受激情牵连的,另一是简单而非常纯正的。"但理氏也同样采用归化的策略,认为:"道表达了正确的理性。这自然让人想到一位上帝(God),纯正简单,且是人类之主,这种想法正是这些话的来源。"①因此,他否定了二者的诠释,认为:"这两种翻译都不好,注释总体可谓独出心裁的想象。第一句确实对基督教徒读者暗示了《新约》中的'俗欲'(carnal mind),但该词与人心并不一致。危,更不是潜在危险之义,而是不安全,摇摇欲坠,或是一种坠落的威胁。当这句话和下一句联系起来,我们就有了关于'俗欲'的概念。道心,实际上是不同的表达。我们似乎在'道'之中缺少一些人的实体或与人的一致性,但那是不可能的。道心仍是人心,即人对其与责任之路的关系的思想。这两句话真实地告诉我们,人对什么是好的、善的并不确定,也易变,更可能一不谨慎地自我约束便坠入罪恶之途(the way of evil)。"理氏又引用了一些中国学者的有关看法并加以评论:"孔颖达在解释孔安国的观点时似乎将人等同于民,似乎说舜在警告大禹关于人民对做坏事的倾向。朱熹和其他宋代学者就此撰有好多著述,其中一位学者吴澄说:'人心不定表明人的欲望,源于不喜爱天理(heavenly principle)。'(《集说》)朱熹说:'口、鼻、耳、目、四肢都属于人体,他们是人自身所有,不像权利和责任(道)等信念属于个人与其他人之间。这样即有了自私的根源,而且有自私的倾向;然而这并非其自身私欲是坏的,那只是坏的根

① James Legge. *The Shoo King or The Book of Historical Documents* [M]. *The Chinese Classics*, Taipei: SMC Publishing Icn., 1991, p. 61.

源’。‘如果这里所谓的人心被约束和控制，就拥有了道心，放之则得人心。’关于圣人的思想是否也不确定与易犯错的问题，朱熹回答说，由于他们对正确的喜好占有优势，以至于能够控制住自己而不犯错误。（见《集说》）惟精惟一，这些都是表示思想活动和意志的力量，通过它们，‘人心’可以保持不扰乱‘道心’，那就要运用严格与中庸（mean）保持一致的方法，这个过程等同于所谓的正确性。”①理氏还注释了原文的有关历史互文信息，诸如他补充评论说：“‘允执厥中’可见于《论语》第20，剩下的语句由晋代梅赜编自《荀子·解蔽篇》，我们当然在那里发现了被作为引用自《道经》的‘人心之危，道心之微，’其上下文中还出现了‘精于道’和‘一于道’，如果记得载有这些语句的《尚书》而荀子却什么都没写过，这不可能。另一方面，这前三句话一定是一个伪造者编写自荀子语篇。所谓荀子引用《道经》的说法是不准确的，在这个问题上，正如我们提到《圣经》时会说‘真理之言’和‘真理之书’，上述词语也可表示被冠以类似名称的《尚书》。有一件事是确定的，即这些句子在梅赜之前就被放在一起了，因为马融在他的《忠经》里引用了‘惟精惟一，允执厥中’（见《尚书冤词》）。”理氏还补充了学界对有关文本的观点和看法：“这些话不仅为我所指的批判的理由所质疑，还被怀疑包含了异端邪说。元代的王充耘和明代的梅鷟尤其认为，这种关于人性的思想违背了正统真理……”②

由理氏的上述长篇注释可见，除了提供对句子有关解释之外，理氏还考证了有关词语的出处。他将“道心”和“人心”诠释为：“道心仍是人心，即人对其与责任之路的关系的思考。这两句话真实地告诉我们，人的思想对什么是好的、善的并不确定，也易变，更可能一不谨慎地自我约束便坠入罪恶之途。”（the mind of man uncertain, unstable in what is good, is ever more likely, without a careful self-government, to fall into the way of evil）而原文意为：人心会由于私欲而动荡不安，道心因

① James Legge. *The Shoo King or The Book of Historical Documents* [M]. *The Chinese Classics*, Taipei: SMC Publishing Icn., 1991, p. 61.

② James Legge. *The Shoo King or The Book of Historical Documents* [M]. *The Chinese Classics*, Taipei: SMC Publishing Icn., 1991, p. 61.

而昧暗不明，由此可知，"道心"是存在的，只是有时会因人心不安而不够明晰，其与"人心"是两个不同概念。理氏的诠释不但将道心和人心混为一谈，甚至有否定道心存在之意，这种诠释显然不符合原文语义。而且其注释对人会坠入罪恶之途的诠释，也暗含了《新约》中关于耶稣讲述迷途之羊的有关教义，表现出以神学思想附会原文的意图。此外，尽管引用了朱子等儒学权威的观点，但理氏仍认为关于这些文本与荀子引用《道经》有关的说法并不准确，中国学者对此仍有争议，以此质疑原文的经典价值。

《虞夏书·大禹谟》中"人心惟危，道心惟微，惟精惟一，允执厥中"，这"十六字心传"是代表宋明陆王心学的源头，这句话甚至被认为是整个中国文化道统的原理之所在。陆九渊诠释经典目的即是实现其对先秦儒家精神的回归，因而既依据经典又不受制于经典。西人译者将此处意蕴丰富的经文简单地等同于道德感之类的概念，可见他们尚未正确认识与理解原文所蕴含的文化思想，因而也未能诠释出其真正意蕴，其诠释表现出主观化倾向，较大地偏离了原文的本体真理。再如：

例 2.22 《虞夏书·咸有一德》："德无常师，主善为师。善无常主，协于克一。"（德没有固定不变的榜样，以善为标准的德就可以做榜样。善没有固定不变的标准，能够符合纯一的就是标准。）①

麦译：德 Virtue 无 has no 常 invariable 师 rule，主 but fixes on 善 that which is good 为 as 师 its law；善 goodness 无 has no 常 constant 主 resting place，协 but it accords 于 with 克 perfect 一 sincerity。（美德不是一成不变的规则，而是以善为其法规；美德没有不变的归宿，但它与完美，即纯粹相一致。）②

理译：Virtue has no invariable model; — a supreme regard to what is good gives the model of it. What is good has no invariable characteristic to be supremely regarded; — it is found where there is conformity to the uniform decision of the mind.（美德并无一成不变的

① 江灏，钱宗武译注. 今古文尚书全译［M］. 贵阳：贵州人民出版社，2009 年，第 112—113 页。

② Ibid.，W. H. Medhurst. *The Shoo King*，*or The Historical Classic*［M］. 1846，pp. 153 - 154.

模式，对善的至高无上的尊敬赋予其模式；善没有不变的极受重视的特性，它在于服从头脑的统一决定。）[①]

麦氏的有关注释基本翻译了《书集传》的一部分注释："无常者，不可执一之谓。德者，善之总称。善者，德之实行。德兼众善，不主于善，则无以得一本万殊之理；善源于一，不协于一，则无以达万殊一本之妙。博而求之于不一之善，约而会之于至一之理，此圣学始终条理之序，与夫子所谓'一贯者'几矣。太甲至是而得与闻焉，亦异乎常人之改过者欤。张氏曰：《虞书》精一数语之外，惟此为精密。"[②]理氏对以上例句的注释显示了其译文依据了自己的主观判断："德无常师的师被认为有'法'之义，即'法律'（law）或'模式'（model），如所谓'孔子何常师之有'，（《论语》第19）。但这里更好的诠释是按照我的译文。"然而，理氏的注释显示其对原文语义并未真正理解，其注释为："德或美德用在这里作为所有行为的总称，一个人依据什么模式规范自己的行为而使之始终符合美德呢？没有不变的模式能提供给他。但是他对此有一个首要的关注点，即他的行为是善的，且他不会犯太大错误（and he will not go far wrong）。主，如其在〈论语〉第1章中之意。（主忠信：以忠信为主。笔者注。）但是什么是好或善的决定性特点呢？这个问题的答案在最后一个分句：协于克一，即保持与那个'一'的和谐一致。难以准确地说出这句话是什么意思。蔡沈说这种思想和孔子的一句名言相差无几，即'吾道一以贯之（《论语》第4章）'。一，指的是一德，即这篇文章的标题。人的心中有一种关于善与恶的监视器（Man has a monitor in regard to what is good and what is evil in his breast），使其统一听从这个监视器，从而他的全部行为将接受符合美德的指令。"[③]

师：师法，榜样。主善：以善为正。《国语·周语》注："主，正也。"正：准则。一：纯一。[④]而从麦氏和理氏的注释可见，麦氏参考了蔡沈的

① James Legge. *The Shoo King or The Book of Historical Documents* [M]. *The Chinese Classics*, Taipei: SMC Publishing Icn., 1991, p. 217.

② Ibid., W. H. Medhurst. *The Shoo King*[M]. 1846, pp. 153-154.

③ James Legge. *The Shoo King or The Book of Historical Documents* [M]. *The Chinese Classics*, Taipei: SMC Publishing Icn., 1991, pp. 217-218.

④ 江灏，钱宗武译注. 今古文尚书全译 [M]. 贵阳：贵州人民出版社，2009年，第113页。

儒学诠释，并对有关注释进行了翻译，其译文用"纯粹"（sincerity）对译"一"，较为贴近原文。而理氏则用"服从头脑的统一决定"（conformity to the uniform decision of the mind.），而且在注释中也未能解释清楚其含义，仅确定其为"一德"，可见其未能恰当地诠释原文。"主"，麦氏对译为"固定之处"（resting place），而理氏译为"极受重视的特性"（characteristic to be supremely regarded），二者皆不够准确。理氏的注释虽然提供了蔡沈、《论语》的有关解释，但仍声称自己的解释更好，却又未提供可靠的依据，因而表现得较为主观化。总体而言，理氏译文并未真正诠释出这句话所蕴含的纯一与变化的关系与原理。类似的注释也反映出理氏对原文的本体意义的理解与诠释缺陷。相较之下，由于麦氏较为客观地传译了新儒家的有关阐释，虽然其译文存在一些不符合原文语义之处，但其注释少有个人的主观评论，因而往往更有利于对原文本体真理的诠释。

成中英先生认为："《尚书》的中心思想是德化论。""'德化'为政道的起点与理想，治道为达致政道理想与目的的方法与过程，治道过程中'德、政、治、法'是合一的。西方政治哲学在形而上学层面上强调的是天人两分的二元论立场，其政治理论是'契约论'，与中国'德化论'并非同一起源，反映了'内在超越'思想与'外在超越'思想的差异。"[①]由此可见中西方思想体系的不同，这对西方译者理解《尚书》具有重要影响，也应是麦氏、理氏皆未能准确地理解，从而也未能恰当地诠释这些蕴含重要儒学思想观念的经文的重要原因之一。

理雅各在《中国经典》第一卷序言中称，其"在中国经典的翻译过程中，从始至终致力于独自搜索文意，并不依傍任何一家注释者"。[②]汉学家欧德理也认为，"作为一个注释者，理雅各完美地保持独立的地位（upheld perfectly independent position），尤其在其早期的中国经典翻译中，他从不采纳任何一个特定中国学派的注释（he had not adopted the

① [美] 成中英.《尚书》的政治哲学：德化论的发展 [J]. 扬州大学学报，2014 年第 4 期，第 75—82 页。

② [英] 理雅各. 中国经典（第一卷）1861 年版序言 [J]. 沈建青，李敏辞译. 理雅各《中国经典》序言集. 国际汉学，2013 年第 1 期，第 201 页。

views of any particular school of Chinese commentators)。"[①]理氏《尚书》译文也显示了其对翻译有关资料的真实性有着自己的判断,但囿于西方思维方式与汉学知识等,有时其判断未免主观而并不恰当。例如,他在注释《禹贡》"夹右碣石入于河"句时说:"文中的河被提到用作都城与各省之间的贡品水上运输渠道。从那里不可能有其他的途径到这里。孔安国说大禹通过河返回都城汇报了自己的工作,郑玄也注释过大禹的话,虽然与孔安国所言略有不同。但我们感觉旧有注释也许对于理解文本并不可靠(... we feel that the old interpreter may be very unsafe guide to the understanding of the text)。"[②] 此处理氏评论说,觉得中国学者的有关注释不可靠,但他在质疑的同时并未给出自己的证据,因此显得较为主观。此类情况在其译本中并不罕见,再如其对《夏书·禹贡》"禹锡玄圭、告厥成功"的翻译和注释,他在注释中也否定了中国学者的有关大禹被赐予圭的观点,但也同样并未给出不采用有关诠释的理由,而其诠释被其后的高本汉证明是错误的。[③]他虽然也参考并采用了一些中国学者的《尚书》注疏,努力使译文贴近原文,但是仍采用了西方宗教神学的思想框架对原文进行诠释。在其《尚书》译本《绪论》的最后部分,理氏总结道:"未来的中国到底能否成为独立的国家,是会被分裂,还是依然完整,能否康乐昌盛,第一个条件就是要看中国的学者们和统治者们能否懂得谦卑,只有让他们回头重新审视其自身的历史及他们的那些名不副实的圣人们,并不再盲目地崇拜他们,这个国家才会有希望。"[④]由此可见,其对中国的圣贤之道等儒学思想并不认同,因此也不可能着力对《尚书》的本体真理进行诠释与彰显,这与早期英译的情况完全不同。19 世纪的西方中心主义思潮对译者有着深刻的影响。

因此,总体而言,较之早期英译,麦氏、理氏的英译虽已更为准确恰

① Norman J. Girardot. *The Victorian Translation of China*: *James Legge's Oriental Pilgrimage* [M]. Berkeley: University of California Press, 2002, pp. 74 – 75.

② James Legge. *The Shoo King or The Book of Historical Documents* [M]. *The Chinese Classics*, Taipei: SMC Publishing Icn., 1991, pp. 98 – 99.

③ James Legge. *The Shoo King or The Book of Historical Documents* [M]. *The Chinese Classics*, Taipei: SMC Publishing Icn., 1991, p. 150.

④ Ibid., James Legge. *Prolegomena*. *The Shoo King* [M]. 1991, p. 200.

当地诠释了原文语义，也在一定程度上传译了原文的本体真理，但其英译也皆被融入了《尚书》文本原本不存在的基督教神学思想等诸多西方思想观念，加之译者对《尚书》的真实与价值的认识偏差，以及对有些词语、句子诠释有误等，从而导致这两种译文对《尚书》本体论真理的传译不足，二者对原文的真实与价值皆有某种程度的消解，这些都使得其英译诠释存在较大缺陷。

二、麦都思、理雅各《尚书》英译的形态成因

麦氏和理氏《尚书》英译的形成原因主要包括历史语境的影响、译者文化背景以及译者社会务实行为的影响。

（一）历史语境的影响

19 世纪，英国对中国的外交、殖民贸易和传教活动都有了新发展（详见本章历史背景部分）。在当时的历史语境的影响之下，这一时期的《尚书》英译也留有 19 世纪中后期的时代印迹。

首先，新教来华传教享有中英两国政治保障的有利条件、新的传教机遇，也面临着前期传教活动受阻碍而对中国缺乏足够了解的困难，以及中国民众对英国殖民的反抗等带来的挑战。在这种政治历史条件下，麦氏《尚书》英译意在有助于解决在华传教中语言、文化差异的困难。虽然较之后来的理氏译本，麦氏的译文在注释上不如理氏所涉及的内容丰富，但其首次由汉语原文英译《尚书》，具有特别重要的开创意义。理氏译本的历史语境，主要为两次鸦片战争之后，当时的殖民贸易活动和传教活动有了新进展，传教面临新的工作条件和需要。在《圣经》中文翻译的有关辩论中，西人发现对有关中国的知识了解不足，有必要对中国文化进行全面深入的研究。在这种语境中，理氏对《尚书》的研究和英译也更加深入和全面，因而比麦氏提供了更大量的注释，对中国文化有更多维度的呈现。

其次，由于西方中心主义思潮盛行，西方人对中国文化的认知发生了根本性的转变，《尚书》的本体真理价值往往得不到西方译者的重视

与彰显。西人在政治、经济、文化等诸多领域皆具优越感，认为中国需要西方的拯救，中国人在思想上需要基督教的指引以走出迷途，返回信仰的正道。因此，在中国遭受西方的殖民与西方基督教大力向东方扩张的历史语境中，新教传教士的英译或多或少都融入了基督教神学思想。

再次，18 世纪末，在西方诠释学派与中国语文学发展的影响下，在翻译中，译者们日益质疑中世纪教廷及经院哲学对经典的解释，以及转译对所指的偏离、误解甚至有意的歪曲，法国启蒙思想家的民主思想强烈冲击了欧洲保守主义。在这种背景下，译论的立论逐渐转向古典语文学和语言哲学。诠释学派注重探求“语义真值”，指出过去《圣经》翻译中对文本意义存在误解，认为：“文本的真实意义，完全不在它‘似乎’说了些什么。若要重新发现文本的真实意义，必须审慎地重建当时的历史背景或意义所由产生的生活现实。”[①] 18 世纪末，英国翻译家提出“翻译三原则”，包括准确地再现原作的意义，在符合译入语特征的情况下尽可能地移植作者的精神和风格，译作和原作应同样流畅等，认为必须首先忠实于原文，才谈得上译文之美。处于这种文化语境之中，麦氏和理氏的英译文本都采用了以严格忠实于原文为主旨的直译翻译方法，并通过厚重的注释对原文意义和风格进一步进行诠释。

(二) 译者文化背景的影响

译本的形成除了当时历史语境的影响之外，还受到译者文化背景的影响。麦都思在汉学研究中，曾经着力进行过汉语语言词汇的研究，并编纂出版过有关的词典，如《福建方言字典》《汉英字典》《英汉字典》等。因而其对汉语词汇有一定的研究基础，对汉语词语的意义把握较好，这对其翻译有着重要影响，表现在其以近似中英双语词典或汉英双语教科书的形态翻译《尚书》，在所有的《尚书》英译中，其译文显示出尤为鲜明的字词对译的直译特征。其英语译文和汉语原文交错混合排版的模式也与众不同，其他英译本都将汉文原文和英文译文分别排版。

① 刘宓庆. 翻译美学导论(第二版)[M]. 北京：中国对外翻译出版有限公司，2012 年，第 40—42 页。

这也反映出麦氏多部词典编纂的文化背景对其的影响。总体上，麦氏英译表现出对原文词语语义较好的把握和诠释，因而其后理雅各、欧德等译者对其译文皆有诸多参考和借鉴。

理雅各曾研习和翻译过《圣经》及其他一些西方古老的经典，其研究方法较多地受到苏格兰现实主义学派的影响，从而注重根据字面来阅读《圣经》，同时认为也需要对文本进行语言学研究，避免对文本的过于简单的理解，要运用理性来诠释文本。在神学院的学习中，在公理会自由福音传统的影响下，理氏学会了精确、批判地研读和诠释宗教权威文本的方法，并将这些方法运用在此后对中国经典的研究中。①由此不难理解理雅各对中国经典《尚书》等文本的诠释既追求对原文的精确理解，主要依据字面进行直译，又不偏信任何一个学派的有关见解，往往经过有关综合研究之后，形成自己的独立见解，从而表现出早期的批判性研究对其的深刻影响。在基督教教育氛围中成长，接受了苏格兰常识派观点的理雅各本有着坚定的宗教信仰，又受到早期在华传教士的汉学思想，尤其是旧约象征论者的观点的影响，从而同样认为中国的经典中留有古代中国人信仰 God 的早期记载，因此无论在译文中还是在注释中都一再强调中国经文中的"上帝"就是 God。②

理氏和麦氏都是当时杰出的汉学研究者，但二者的文化教育背景不同，二者译本形态、翻译理念、目的也不尽相同，这些因素皆对其翻译具有重要的影响和制约作用。麦氏主要为传教士等学习者提供一部有关中国语言与历史的工具书，以有利于促进和发展西人在华的传教事业。而理氏除了维护基督教的权威地位和长远利益，并帮助传教士等了解中国语言与文化的目的之外，还有出于对中国文化的兴趣而研究的个人求知需要。③

---

① Lauren F. Pfister. "*Striving for the Whole Duty of Man*"——*James Legge and the Scottish Protestant Encounter with China* [M]. Volume 2, Frankfurt am Main: Peter Lang GmbH, 2004, pp. 97 - 110.

② James Legge. *The Shoo King or The Book of Historical Documents* [M]. *Preface*, *The Chinese Classics*. Taipei: SMC Publishing Icn. , 1991, pp. vi - vii.

③ [英] 理雅各. 牛津大学设立汉语教席的就职演讲 [J]. 沈建青，李敏辞译. 国际汉学，2015 年第 3 期，第 19—24 页。

(三) 译者语境务实行为的影响

麦氏和理氏《尚书》英译代表了新教传教士学术研究的专业化形态，其英译形态除了表现出译者对原文的语义求真的努力之外，也留有译者社会语境务实行为的印迹。主要表现在为了满足新时期的政治、经济、外交及传教活动所需，为西方传教士和西方汉语学习者提供中国语言、历史、文化知识的工具书，主要翻译目的即为新时期基督教在华传教的长远利益和英国从事对华贸易及外交活动服务，也为了取得西方国家、教会以及民众的支持。麦氏《尚书》译本由其管理的伦敦教会设在上海的印刷机构自行出版。而理氏英译本的出版则得到了英国商人的资助。

理氏在其译本序言中声称，在《中国经典》第一、二卷出版后，将一律以半价出售给所有的传教士，不管他属新教还是属罗马天主教。[①]理氏在其《中国经典》英译(第二卷)1895 年广告版的序言中说："在本卷即将出版时，另一位在中国的豪商、已故尊敬的约翰登特绅士做出了类似的慷慨之举：他向著者提供了一笔相当可观的资金，以便将第一、二卷以很低的价格出售给传教士们。就这样，本著作低价售给了不同国籍、不同宗派的传教士，直到这笔资金用完之后还是如此。可以确定，那最后获得低价销售的人是一位在朝鲜的传教士——我们可以推测，现在，那里所有的传教活动都已处于暂停之中。和第一卷一样，第二卷也印刷了一千册。由于两卷都已销售告罄，因此有必要出版新的版本。克莱仁顿出版社承担了出版事宜。"[②]由此可见，其后理雅各的翻译，主要也是为了传教的利益，力图对主要读者即传教士等普及中国的历史文化等知识，故其《尚书》等典籍英译采用了附带百科全书式注释的英译模式。而为了满足从事在华传教和殖民贸易等西人学习汉语言文化的需要，麦都思在教务繁忙之际仍然翻译了《尚书》，并仓促付印，而这

① [英] 理雅各. 中国经典(第二卷)1861 年广告版序言 [J]. 沈建青，李敏辞译. 理雅各《中国经典》序言集，国际汉学，2013 年第 1 期，第 202 页。

② [英] 理雅各. 中国经典(第二卷)1861 年广告版序言 [J]. 沈建青，李敏辞译. 理雅各《中国经典》序言集，国际汉学，2013 年第 1 期，第 202 页。

也正反映出麦氏的务实意图。

随着法国学院式汉学研究的进一步发展和职业汉学家的出现，汉学研究者的身份也由以传教士为主向世俗学者转变。虽然理雅各的身份为传教士，但其对汉语言文化的研究也是源于对中国的历史、语言、文化等的欣赏之情，以及由此而生的与世俗学者同样的对汉学研究的学术热忱，正如理氏在其中国经典的第一卷序言中所言："这项工作起源于著者自己的需要。他所作的翻译、注释、述评首先是为了满足自己。他希望这些对传教士和学习中国语文的学生切实有用。他们是他心目中首要的受益者。但著者也考虑到了普通读者。中国人是人类社会中最大的族群。世界其他地方有头脑的人士，自然急切地想知道这个有着数以百万计人口的族群数千年来所赖以生存的精神世界。本著作可使他们就此得出自己的结论。"①

（四）初期中外合作翻译模式

理雅各在其五卷本的《中国经典》里列出的参考书目达 250 种，中文 183 种（包括《皇清经解》《十三经注疏》等著述），字典工具书 17 种，英文译著 22 种，法文 13 种，拉丁文 7 种，俄文 1 种。②由此可见，其翻译研究的工作量之大。而理雅各在翻译《中国经典》的过程中，王韬等中国学者们提供了诸多帮助，大为促进了理雅各对《尚书》原文的理解和翻译。由于理氏翻译中国经典时，中国被迫对外开放，这使理氏得到较之前传教士们更多接触中国文化资料与中国学者的机会。曾有诸多中外学者襄助过理雅各翻译中国经典，其中即包括中国的王韬、何进善、黄胜、罗祥、吴文秀、李金麟、宋佛俭等。在翻译中，理雅各曾要求何进善把《书经》翻译成英语以备其参考，③还通过这些学者收集了大量的有关中文注释等资料，因此理氏获取了大量的翻译所需中文注释等重要

① [英] 理雅各. 中国经典（第一卷）1861 年版序言 [J]. 沈建青，李敏辞译. 理雅各《中国经典》序言集. 国际汉学，2013 年第 1 期，第 198 页。

② 王辉. 理雅各英译儒经的特色与得失 [J]. 深圳大学学报（人文社会科学版），2003 年第 4 期，第 115—120 页。

③ Helen Edith Legge. *James Legge: Missionary and scholar* [M]. London: The Religious Tract Society. 1905, pp. 211 - 212.

研究资料。其中,王韬被认为贡献最大,理雅各一再谈到王韬对其的帮助,如他在《中国经典》第三卷前言(写于 1865 年 7 月 12 日)中写道,苏州学士王韬是一位远远超过其所认识的任何一位中国学者的学者,他在 1863 年底到达香港后,将精心收集的大量藏书交给理氏使用,并不时查阅图书,满腔热忱地帮助理氏解释翻译中的问题,或与其一起探讨有关问题。不但帮助了理氏的翻译工作,还在忙碌的工作之余,给理氏带去不少乐趣。①

帮助理氏翻译的西人学者主要包括汉学家湛约翰(John Chalmers)牧师、合信医师(Benjamin Hobson)、皇仁书院院长史超沃(Federick Stewart)博士、伦敦会的特纳牧师(Rev. F. S. Turner)、麦嘉温(MeGowan)、谢扶利(Gelfery)、班因(G. M. Bain)、莱格牧师(Rev. John Legge)、翰雷(Stanffordshire Hanley)、詹姆士·莱格牧师(James Legge)、亚历山大·克兰牧师(Alexander Cran)。②这些学者的帮助对理雅各的中国经典翻译皆具重要的作用。

美国波士顿大学的 John Berthrong 说:"对于中国经典的翻译成就,理雅各总是小心翼翼地把全部功劳都归功于他的中国同事,并明确表示,如果他不能站在几代中国学者的肩膀上,那是不可能的。"③理雅各之所以能够取得超前的翻译成就,除了其自身孜孜不倦地坚持研究大量的有关资料之外,也与其在原文的理解上得到了中国学者的诸多帮助有关,因此其对《尚书》的翻译在某种程度上具有中外合作翻译模式的特点。中国学者对《尚书》的注疏等有关研究资料,无疑对于理氏对原文语义的理解和把握起到非常重要的作用,从而在很大程度上弥补了西方译者对汉语文本研究的不足,有利于其对原文的诠释与翻译。由此可见,这种初步的中外合作的翻译模式能够有效地弥合不同文化间的差异,有利于提高翻译的传真程度。因此,在典籍翻译中,应该充分运用这种模式和方法,不断提高对原文诠释的准确性,以有助于真实

① James Legge. *The Shoo King or The Book of Historical Documents* [M]. *The Chinese Classics*, *Preface*. Taipei: SMC Publishing Icn., 1991, p. viii.

② 马祖毅. "四书""五经"的英译者理雅各 [J]. 翻译通讯,1983 年第 6 期,第 45—51 页。

③ John Berthrong. *Book Review* [J]. *Journal of Chinese Philosophy* 31:3, September 2004, pp. 405 - 417.

完整地诠释出中国典籍的本体真理，有利于西方对中国文化的理解，减少文化交流中的误解。

三、麦都思、理雅各《尚书》英译的译者行为特点

麦氏、理氏《尚书》英译的目的、思想理念、翻译方法与策略皆显示了二者对原文的语义求真的注重。其译文语言层次上的诠释较之前的译文更为接近原文，但由于其译者的传教士身份，出于襄助基督教传播事业的翻译目的，二者译文均融入了基督教神学思想，对原文的真实语义有一定程度的偏离，显示出译者行为注重语境务实的一面。

麦氏译文一方面以其对汉语词汇的研究为基础，进行了贴近原文语义和形式的直译，其对原文词语语义的诠释，显示出注重原文语义求真的理念。另一方面，麦氏将译文以类似词典的形式呈现出来，其目的即为了更好地满足西方读者对中国语言文化学习工具的需求，从而其译文也表现出适应社会发展所需的语境务实特点。因此，麦氏的《尚书》英译行为总体上表现出求真与务实并重的特点。

理氏英译以大量的有关《尚书》的语言文化研究为基础，主要采用直译为主的方法，力图贴近原文的语义与形式，显示出对语义求真的注重。同时，理氏也以意译的翻译方法作为辅助，使其译文表达更为流畅易读，表现出对读者需求的兼顾。其译本也表现出维护基督教的利益，满足传教等现实需要的特点，因此其译者行为主要表现为求真与务实兼顾的特点。

第五节　19 世纪的《尚书》英译与西方汉学的建立

英国的汉学研究自 19 世纪 30 年代出现有关汉学讲座开始，由于各种原因发展缓慢。理雅各在任牛津大学汉语教授的就职演说中认为，在过去的 60 年里，“在中国的英国汉学家并不比法、俄汉学家逊色，

但英国本土对汉语言文学表现出的热情却远远不及法、俄两国。”[①]因此，英国汉学学科虽然较早设立，但其发展受到当时社会条件所限而停滞不前，并没有真正建立起来。

18世纪后期，英国使节访华后，英商开始大批进入广州市场。西方知识界比任何时候都更渴望了解中国，有识之士开始呼吁开办汉语学习班，以便了解中国文化，培训驻华使团和商会译员，并扩大在华传播福音的渠道。但几年过去了，英国没有一所大学开设汉语类课程，虽然在17—18世纪，有些中国古籍文献被不列颠博物馆、牛津图书馆等地收藏，但没有人告诉读者如何使用，只好由东印度公司和伦敦会分别接受这方面的培训。[②]

1837年，英国伦敦大学在得到了马礼逊遗赠的中文典籍后，同意设立为期5年的汉学教授席位，由曾在外海传教后因病退休回国的基德担任首任教授。基德负责过对海外传教人员的汉语培训。但是，从1842年到1873年间，这个汉语讲座的席位一直空缺。英国汉学早期的这种状况持续了较长时间。这一阶段的主要汉学开拓者有传教士马礼逊、艾约瑟、基德、湛约翰、德庇时、伟烈亚力等，其总体目标是服务于英国宗教、外交及政治，宣扬西方的社会道德思想、模式。总体上，早期的英国汉学研究缺乏严密的科学作风和系统的理论知识。1846年，英国国王学院也设立过汉语教授席位，但也同伦敦大学一样，其教席长期空缺。英国大学虽然19世纪30年代即开设了汉学讲座，但当时并没有形成实质性的学术实体，且长期处于停滞状态。而学术实体则是以汉学著作的学术水平为基础，英国汉学的真正创立其实是以在华新教传教士们的汉学研究成果为基础。早期英国传教士们的词典编纂和《圣经》翻译、书目编纂、天文学、数学等研究，尤其是19世纪中后期的中国典籍翻译研究为英国汉学的实质性确立奠定了基础。因此，英国汉学真正意义上的建立是在赴华传教士和外交官回国之后。[③]

---

① [英]理雅各. 牛津大学设立汉语教席的就职演讲 [J]. 沈建青，李敏辞译. 国际汉学，2015年第3期，第19—24页。

② 熊文华. 英国汉学史 [M]. 北京：学苑出版社，2007年，第22页。

③ 王琰. 汉学视域中的《论语》英译研究 [M]. 上海：上海外语教育出版社，2012年，第74—75页。

1876年，理雅各在牛津大学开设汉学讲座，首任汉学教授。剑桥大学于1888年设立汉学讲座，由外交官出身的威妥玛首任教授。1892年，翟里斯继任。

麦氏和理氏的《尚书》英译对英国汉学的创立和发展有着重要影响，麦都思首次由中文原文全译《尚书》，为其后《尚书》等中国典籍的英译奠定了基础，对有关汉学研究有着重要而深远的影响。理雅各在其更为系统、广泛的汉学研究的基础上取得了中国经典英译的丰硕成果。二者为英国的汉学研究积累了丰富的研究资料，在汉学研究的思想、理念及方法等方面对英国的汉学研究具有深刻影响。

一、麦都思《尚书》全译的首创之功

作为首个直接译自汉语的《尚书》英译本，其翻译理念、译文形态、模式及翻译方法策略等皆对其后的中国典籍英译具有重要的影响作用。

19世纪后半期，同为英国伦敦会传教士的理雅各继麦氏之后英译了《尚书》与诸多其他儒家经典，与麦氏主要的翻译目的和方法策略颇多相同之处，其英译也同样以归化的策略、直译的翻译方法为主，添加大量的注释及其他有关文本的译文等副文本。麦氏的注释已经非常丰富，而理氏则进一步扩大了对《尚书》的研究范围，在《尚书》英译中增添了更为丰富多维的注释。麦氏的译文成为理氏及其后学者翻译《尚书》的重要参考资料。理氏在其《尚书》译本序言中提到其“首次撰写译本时，远不及现在这样自信，曾大量参考过宋君荣和麦都思的译文。”①理氏译文的有些词语即直接沿用了麦氏的译法，如：

例2.23 《尚书·虞夏书·尧典》：“光被四表，格于上下。”（他的光辉普照四方，至于上下。）②

麦译：while his 光 fame 被 extended to the 四 four 表 distant

① [英] 理雅各. 中国经典(第三卷)序言[J]. 沈建青，李敏辞译. 国际汉学，2013年第1期，第203页。
② 江灏，钱宗武译注. 今古文尚书全译[M]. 贵阳：贵州人民出版社，2009年，第2—3页。

quarters，格 reaching 于 to 上 heaven above and 下 earth beneath。[①]

理译：The display of their qualities reached to the four extremtities of the empire，and extended from earth to heaven. [②]

由上例可见，麦氏和理氏都用 heaven 和 earth 来对译“上下”，都用 extended 来对译“被”，且一样采用了基本按照原文文本字词语序进行对译的翻译方法。再如：

例 2.24 《尚书·周书·洪范》：“天乃锡禹洪范九畴。”（天帝就把九种大法赐给了大禹。）[③]

麦译：天 and Heaven 乃锡 gave to 禹 yù 洪 the great 范 plan and 九 the nine 畴 classifications。[④]

理译：To him Heaven gave “the great plan with its nine divisions.”[⑤]

由上例可见，二者都运用了 Heaven 对译“天”，the great plan 对译“洪范”，gave 对译“锡”。麦氏一般用 Heaven 对译经文中的“天”，如《尚书·周书·召诰》篇中诸多“天”字的英译等，而理氏及其后的其他西方译者也多沿用了这一译法。

其次，麦氏的《尚书》英译对西人识读中国典籍的字词与了解中国的历史文化等，皆具非常重要而实用的价值。20 世纪初，英国学者欧德(Walter Gorn Old)在其《尚书》译本前言中评论麦氏的英译说：“欧洲已有两个《尚书》译本，一个是宋君荣的……另一个是麦都思的……后者是目前为止最有价值的译本，因为它包含了全部的六个部分。”[⑥]欧氏十分欣赏麦都思的英译本，其 1904 年出版的《尚书》英译本对麦都思的译文有诸多借鉴。麦氏《尚书》英译不仅提供了诸多经文字词的通常语

① Ibid.，W. H. Medhurst. *The Shoo King* [M]. 1846，p. 1.

② James Legge. *The Shoo King or The Book of Historical Documents* [M]. *The Chinese Classics*，Taipei：SMC Publishing Icn.，1991，pp. 16－17.

③ 江灏，钱宗武译注. 今古文尚书全译 [M]. 贵阳：贵州人民出版社，2009 年，第 181—183 页。

④ Ibid.，W. H. Medhurst. *The Shoo King* [M]. 1846，p. 198.

⑤ James Legge. *The Shoo King or The Book of Historical Documents* [M]. *The Chinese Classics*，Taipei：SMC Publishing Icn.，1991，p. 323.

⑥ Walter Gorn Old. *The Shu King or the Historical Classic：Being an Authentic Record of the Religion，Philosophy，Customs and Government of the Chinese from the Earliest Times* [M]. New York：The Theosophical Publishing Society，1904.

义，也通过较为丰富的文内注释和古代图片，向西方读者提供了文本所载有关中国历史、地理、天文等众多领域的知识。麦氏英译中还传译了宋代学者对古代田地治理养护之法的注释："盖草人粪壤之法，骍刚用牛，赤缇用羊，坟壤用麋，渴泽用鹿，粪治田畴，各因色性而辨其所当用也。"[①]即用草木灰和人畜粪便相混合的方法，浅红而坚实的土质用牛粪，深红的用羊粪，肥沃的土地和湿软泥泞的土地用麋鹿的粪来治理，并说明古代中国人根据土地的颜色和特性进行耕作和治理土地。[②]麦氏首次通过《尚书》英译，较早地将中国古代的农耕知识经验传播到了西方。

《红楼梦》的英译者之一英国汉学家约翰·闵福德(John Minford)在其《中国古代文学译文选集》中选编了麦都思的一篇《尚书》译文，并评价道："麦都思的《书经》很快为理雅各的译本所替代并被遗忘。此章选用他的译文是想提醒人们这些早期开拓性译者的成就，没有他们的劳作，其后典籍翻译的进展会困难得多。正如《圣经》钦定本大大依赖于早期的版本，正因为有了马礼逊、高大卫和麦都思等这些早期译者的译作，理雅各的'标准'译本才成为可能。"[③]台湾学者洪惟仁把麦都思看作当代最伟大的语言学者："由我们看来，当时已死的前辈马礼逊的语言学成就，其实远不及麦都思，不论从质与量来看，从深度与广度来看，都不妨做这样的评判。所谓'前修未密，后出转精'，这其实是很自然的事。"日本学者村上嘉英评价麦都思："即使他的名字被马礼逊的盛名掩盖，使得人们忘了他是个汉语语言学家，但是作为一个汉语方言学家，他的名字将永不磨灭。"[④]

麦氏译本具有重要的学术价值和地位，但其译文也存在一些较为明显的疏漏之处，如目录缺少《牧誓》而正文有此章译文，对一些词语的历史、常识意义诠释不当等，但是毕竟瑕不掩瑜。随着学术研究的发展，麦都思的《尚书》英译尽管在一些方面被后出的译文所超越，但其具

---

① [南宋] 蔡沈. 书集传 [M]. 钱宗武，钱忠弼整理. 南京：凤凰出版社，2010 年，第 42 页。

② Ibid., W. H. Medhurst. *The Shoo King* [M]. 1846, p. 92.

③ 刘立壹. 麦都思的翻译、学术及宣教活动 [D]. 山东大学博士学位论文，2013 年，第 201—202 页。

④ 刘立壹. 经学·史学·汉学：麦都思《书经》英译研究 [J]. 国际汉学，2019 年第 2 期，第 169—207 页。

有开英文全译《尚书》之先河的首创之功。其对汉语字词的翻译以语言学研究为基础，较为深入地把握了有关词语语义，为原文提供了较为准确的英文诠释，因而其译本具有重要的学术价值，也为其后的有关翻译提供了可资借鉴的研究资料。因此，在西方汉学史上，麦氏译本永远有其无可取代的重要地位和价值。

二、理雅各等《尚书》英译与英国汉学的建立

首先，理雅各的《尚书》英译与其他中国经典英译，对西方汉学进入学术化和专业化研究的新阶段起到重要的推动作用。正如《中国评论》(*China Review*)所评价的那样："理雅各的翻译是汉学史上的一个里程碑。"[①] 对于理雅各的中国经典英译，美国学者诺曼・吉瑞德在其所著《朝觐东方：理雅各评传》一书中称之为"东方朝圣之行"(Oriental Pilgrimage)，认为理氏英译"铺起了一条道路，结束了西方学者对中国文献业余水平的研究，开始了专业化的研究"，"众多维多利亚时代的儒经译本，包括一些名家名译在内，均不能摆脱遭时间淘汰之命运，唯有理雅各的《中国经典》和《东方圣书》，一个多世纪以来始终稳居'标准译本'地位"。[②]英国剑桥大学汉学教授翟理斯说："理雅各所翻译的《中国经典》，在汉学研究方面乃是一种空前的贡献。他的那些译作将长期为人们所铭记和钻研。"[③]理氏也因其前所未有的翻译成就被中国学者称为"英国汉学界的玄奘"。[④] 英国汉学家艾约瑟(John Edkins)认为："任何评论家想要挑出理雅各的毛病，就首先得挑出中国一流注疏家的毛病，因为我们面前的《中国经典》正是中国人经书的本来面目。"[⑤]理雅各对中国文化的态度与其他西人传教士不同。有学者评论说："像他那

---

① 岳峰. 架设东西方的桥梁［M］. 福州：福建人民出版社，2004 年。

② N. Girardot. *The Victorian's Translation of China*: *James Legge's Oriental Pilgrimage*［M］. Berkeley: University of California Press, 2002, p. 355.

③ 参见马祖毅. "四书""五经"的英译者理雅各［J］. 翻译通讯，1983 年第 6 期，第 45—51 页；岳峰. 架设东西方的桥梁［M］. 福州：福建人民出版社，2004 年，第 132 页。

④ 莫东寅. 汉学发达史［M］. 上海：上海书店影印出版，1989 年。

⑤ 转引自陆振慧，崔卉. 从理雅各《尚书》译本看经典复译问题［J］. 昆明理工大学学报(社会科学版)，2012 年第 6 期，第 96—102 页。

样重学术理性的宗教专著在早期新教传教士中甚为罕见。他的论述中见不到对中国的谩骂、无理的攻击，相反，他对中国文化表现出一种亲和态度，体现出苏格兰神学思想的开放性与独立性。他呼吁传教士不要在孔子的坟墓上横冲直撞，他赞美中国宗教中对真理的追求。"[①]理氏的中国经典英译系列巨著，以前所未有的成就赢得了西方学界的诸多赞誉，成为当时中国典籍英译的典范。

理雅各是首位系统而全面地研究、翻译儒家经典的西方汉学家，也因此成为儒莲国际汉学奖（International Julien Prize for Chinese Literature）的首位获得者与牛津大学的首位汉学教授，其任职深刻影响了牛津大学的汉学研究。尽管有德国学者认为，由于诸多因素的影响，"他在牛津大学的汉学研究中很活跃，但他的任职并未导致英国产生一个坚实的汉学研究传统"。[②]但当时以辜鸿铭为代表的中国学者对理氏的评价与西方的主流观点不同。他在其《论语》译序中指出："自从理雅各发表他关于《中国经典》的最初部分，迄今已 40 年了，现在任何人，哪怕对中国语言一无所知，只要反复耐心地翻阅理雅各的译文，都禁不住要感到它多么令人不满意。因为理雅各开始从事这项工作的时候，他的文学训练还很不足，完全缺乏评判能力和文学感知力。他的译文自始至终都表明他只不过是个大汉学家，也就是说，只是一个对中国经书具有死知识的博学的权威而已。……尽管他的工作尽了力所能及的努力，是完全严谨的……"[③]辜鸿铭英译儒经的直接动因正是出于对西方汉学，尤其是对理雅各翻译的不满。民国初年，西人"根据理雅各的翻译来指责辜氏的翻译欠妥之处，激起辜鸿铭对理雅各的再次声讨"，但他也"承认理雅各的著作也自有妙处。"[④]

作为一名传教士汉学家，理氏在当时特定的历史条件下，既受到其自身语言文化背景和社会角色的影响，又受到当时所接触的中国学术

① 段怀清. 理雅各与儒家经典 [J]. 孔子研究，2006 年第 6 期，第 52—63 页。

② [德] 傅吾康. 19 世纪的欧洲汉学 [C]. 陈燕，袁媛译. 张西平编. 欧美汉学研究的历史与现状，郑州：大象出版社，2006 年，第 120 页。

③ 辜洪铭. 英译《论语》序 [C]. 辜鸿铭文集(下)，海口：海南出版社，1996 年，第 345 页。

④ 岳峰. 架设东西方的桥梁 [M]. 福州：福建人民出版社，2004：132—133. 参见：黄兴涛. 文化怪杰辜洪铭 [M]. 北京：中华书局(1995)，1997 年，第 53 页。

传统的影响，其《尚书》英译对此也都有所显示。尽管其对中国经典的诠释存在诸多不足，但是诚如辜鸿铭所言，其翻译工作是严谨而尽力的，显示了其对中国文化的大量研究工作。理氏英译的一个显著特点即其厚重的注释为所译文本提供了多维度的有关补充信息和资料，反映了其围绕原文展开的多方面的广泛研究，这既是其翻译研究的重要价值所在，同时也是辜鸿铭认为其博学的主要原因。其英译的诠释理念和方法策略对其后中国典籍的英译者具有重要的影响。例如，英国的本笃会传教士苏慧廉 [①]1910 年出版的《论语》英译，即沿用了理雅各的体例，提供的资料和诠释基本参考了朱熹的注释。正如有学者所言，苏慧廉欣赏理雅各渊博的学识与学术研究方法，"其译本序言提供了大量与典籍相关的信息，译文附带了详细的注释，甚至可以称得上理雅各《论语》译本的补充本或完备本"。[②]

19 世纪英语在西方语言中居于主导地位，理氏的中国经典英译为这些典籍在西方的传播开辟了更为广阔的道路，架起了一座"东西方的桥梁"。[③]在当时西方中心主义盛行时期，这些英译为中国文化在西方学界的快速、广泛传播作出了巨大贡献，同时也推动了英国汉学的繁荣发展。美国史学家柯文评论理雅各译本道："尽管有种种不足和生硬之处，但其译本至今仍为世界各地的汉学家视为标准本。"[④]正如美国学者费乐仁所言，"1897 年理雅各去世之前，几乎所有居住在中国以外和学习过中文作品的人都知道至少一本或多本理雅各的权威性翻译版本。在 1893—1895 年第二版出版后的一个多世纪里，《中国经典》的一再重版展现了理雅各作品既对读者有吸引力，也是世界各方面对他在古代中国学术认知的一个充分见证。"[⑤]《凤凰》(*The Phoenix*)也发表评论说："理雅各博士大约在十年前就开始了这项巨大而重要的工作。"(Dr.

① 1910 年，苏慧廉返回英国，接替了理雅各的牛津大学汉学教授之职。

② 王琰. 汉学视域中的《论语》英译研究 [M]. 上海：上海外语教育出版社，2012 年，第 50—51 页。

③ 岳峰. 架设东西方的桥梁 [M]. 福州：福建人民出版社，2004 年。

④ [美] 柯文. 在传统与现代性之间——王韬与晚清改革 [M]. 南京：江苏人民出版社，2014 年，第 39 页。

⑤ 张西平，费乐仁. 理雅各《中国经典》(卷一) [M]. 绪论. 上海：华东师范大学出版社，2011 年，第 18—19 页。

Legge commenced about ten years ago this magnificent and important work.)"其第一次出版'四书'的英译,在《论语》和《孟子》的标题下体现了儒家伦理政治哲学。'四书'对远东的影响正如亚里士多德和柏拉图的著作对西方国家的影响。理氏以一种令所有中国学者钦佩的方式完成了对这些文献的整理,接着又开始了一项更为复杂的翻译工作,即翻译《书经》或《历史书》,此书中可能包含了世界上最古老的历史性文献(Having finished them in a style which commands the admiration of all Chinese scholars, he proceeded to the more difficult work of the translation of the *Shu king or 'Book of History,'* containing perhaps the most ancient documents of an historical nature extent in any country)。他彻底地分析了文本,并把它用有价值的注释加以说明,在某种程度上没有遗漏任何被需要的东西。译本对该编年史书所涉要点进行了透彻的学术研究,这很重要,对此,再高的评价都不为过。这是第三卷,分为两部分,实际上是厚厚的两卷。"①

从 1847 年定下翻译计划到 1897 年去世,理雅各用了半个世纪的时间翻译中国文化著作,一生正式出版了中国文化经典译著十四部。② 在法国学者儒莲去世后,理雅各遂成为当时西方汉学的引领者。有学者认为,与维多利亚时代的任何人相比,理雅各有选择性地借助了穆勒的比较宗教学以及中国传统的注释方法,更为有效地将新教在华宗教使命转化为学院化的汉学及东方学者从事理想化的《圣经》注释学的使命。③ 欧洲汉学界认为 19 世纪的最后 25 年是英国汉学的理雅各时代,肯定了其翻译研究对英国汉学乃至整个西方汉学的发展所具有的重要影响作用。

综上所述,18 世纪晚期到 19 世纪,西方对东方进行殖民活动,其间

---

① James Legge. *The Chinese Classics: with a Translation, Critical and Exegetical Notes, Prolegomena, and Copious Indexes. D. D., L. L. D. In seven vols. Vol. 1v., parts i. and ii. London: Trübner & Co.* 1871. *Reviews of Books* [J]. *The Phoenix*. No. 3, George Yard Lombard Street, London. Vol. 3, 1872/73, p. 20.

② Lauren F. Pfister. *The Legacy of James Legge* [J]. *International Bulletin of Missionary Research*. April, 1998, pp. 79 - 80.

③ 段怀清. 理雅各与维多利亚时代的英国汉学——评吉瑞德教授的《维多利亚时代中国古代经典英译理雅各的东方朝圣之旅》[J],国外社会科学,2006 年第 1 期,第 81 页。

伴随着基督教的传播，东西方平等互惠的经济、文化交往关系发生了根本性的转变，西方中心主义盛行于社会文化等各个领域。19世纪上半期，西方国家的汉学学科先后建立，英国汉学也随着来华新教传教士的中国典籍翻译、词典编纂等研究而真正建立起来，并开始走向专业化。随着殖民扩张的不断发展，中国语言文化知识的生产成为西方的迫切需求，传教士们对中国经典《尚书》等的研究与翻译也表现出对这种社会需求的适应。

在英国对中国进行殖民贸易的历史背景下，伴随着基督教的传播，英国新教传教士麦都思与理雅各先后英译了《尚书》，麦氏翻译《尚书》的目的主要为使西方读者能够读懂《尚书》，将译本作为西人学习汉语与了解中国历史语言文化知识的工具书，以服务于西方的在华事务。为此，麦氏尽管对《尚书》所载的道德哲学与历史文化等表示赞赏，但也主要视之为一种中国古代历史资料，从而其译本主要表现出历史学的翻译思想，舍弃了其在汉译《圣经》中注重译文流畅易懂、灵活诠释传译的翻译方法，转而采用较为呆板的直译与归化为主的翻译方法策略。

东学西传早期，耶稣会士卫匡国对中国上古史的研究，展示了东西方历史纪年的巨大差异，动摇了基督教的权威地位。为了消除《圣经》大洪水的记载晚于《尚书》历史纪年几个世纪的尴尬，理雅各在翻译这部中国最古老的经典时，表现出欲通过消解其历史真实以缩短其历史纪年，将其纳入西方比较宗教学研究的意图。为此，他煞费苦心地撰写了长篇《绪言》，以此对《尚书》的历史真实提出诸多质疑，并特别附上《竹书纪年》的翻译与研究，企图利用其中较短的历史记载取代《尚书》的纪年，其译文及注释呈现出明显的基督教神学色彩，表现出西方比较宗教学研究的特点。理氏的《尚书》英译注重原文词语的本义的探求，这与儒家诠释学的思想与方法相契合。理氏译文采用直译为主、意译为辅的翻译方法，其诠释也表现出一定的主观化。

这一时期西方中心主义盛行，而由于《尚书》在中国社会文化领域具有重要的影响力，麦都思和理雅各皆对其非常关注，并进行了更为深入而广泛的翻译研究，努力对原文词语进行了严谨的英文诠释，较之早期《尚书》英译，二者英译语言层面的诠释准确性皆有显著提高。但在西方中心主义的影响之下，两种英译均忽略了《尚书》的本体真理意义，从而消解了原文的真实与价值，导致对原文本体论诠释上的较大缺陷。正如有学者研究指出："翻译有时竟充当着强势文化侵略弱势文化的帮凶角色，沦为某种殖民的工具。""美国人是在人类学研究和基督教传教活动的背景之下发展翻译理论的，而英国人则是为了配合殖民统治之需。"[①]麦氏和理氏的《尚书》英译是西方根据自身需要而进行的有关中国知识的生产，在此过程中皆将其置于西方的思想框架，进行了有利于西方话语体系发展的塑造，因此未能对这部中国经典的本体真理作出应有的真实完整的诠释。

由于二者的翻译都主要采用直译的方法，力求最大限度地贴近原文词语语义，从而表现出对原文本语义求真的注重。译文皆采用归化为主的翻译策略，服务于当时西方发展之需，译者行为总体上具有对原文的内部语义求真与外部社会务实并重的特点。

麦氏和理氏的《尚书》英译对西方汉学的发展与东西方文化交流等，皆具重要的价值和意义。新教传教士们的《尚书》等典籍的英译与其他汉学研究，对英国汉学的最终建立及其 19 世纪后期的繁荣发展具有重要的促进作用，为其后的西方汉学研究提供了重要的理论与实践资料，推动了西方汉学的专业化发展。

---

① Louis Kelly. *The True Interpreter, A History of Translation Theory and Practice in the West* [M]. Oxford: Blackwell, 1979, p. 225. 参见：许钧. 翻译论(修订本)[M]. 南京：译林出版社，2014年，第 256 页。

第三章　汉学的现代化:20 世纪的西方《尚书》英译

19 世纪前半期,出现了专业的汉学研究学术团体。在后半期,这种专业化系科增加的趋势更为明显,综合性的比较研究仍然在进行,但采用了含蓄而非直接的手段。西方帝国主义和殖民主义需要关于中国的地理、政治以及语言等方面的具体建议,这也推动了汉学研究的进一步发展。1890 到 1910 年间,西方大学的中国研究课程 90%以上由中国古典文学与历史类组成。主要教授的语言仍然是书面语,引入汉语口语课的尝试日益频繁。到 19 世纪末,西方学术体制经历了一次根本变革,引入新的学科分级并细化,大多数西方国家由于政治上的新需要,大肆鼓励东方学研究。“传统以及由语言、历史和文学构成的东方学的‘象牙塔’的定位被打破”,趋于更多的实用性研究。①

19 世纪晚期至 20 世纪上半期,在科学实证主义思潮影响之下,西方汉学研究的思想理念和方法发生了现代化的改变。翻译研究的思想、方法也渐趋多元,一些现代化的研究与翻译方法代替了单一的文献学方法,语言学、考古学、社会学等研究方法被用于翻译研究。这一时期的《尚书》英译也表现出显著不同的特点,主要体现在前一时期的译文加注释的厚重翻译形态发生了较明显的变化,产生了简明轻薄的新译文形态,采用了现代化的翻译方法。

---

① [德]朗宓榭. 西方汉学研究的语境[C]. 潘玮琳译. 中国现代学科的形成. 上海:上海古籍出版社,2007 年,第 8—9 页。

这一时期主要的《尚书》英译有两种，即 1904 年英国占星家沃尔特·高尔恩·欧德的译本：《尚书或中国历史经典：中国人最早时期的宗教、哲学、风俗及政府的真实记录》（*The Shu King or the Chinese Historical Classic: Being an Authentic Record of the Religion, Philosophy, Customs and Government of the Chinese from the Earliest Times*），与 1948—1949 年瑞典汉学家高本汉在《远东文物博物馆馆刊》上刊登的《尚书》英译《文献集》（*The Book of Documents*）。

第一节　东方文化的衰落与《尚书》英译

从西方的航海大发现到启蒙运动的几个世纪里，中国作为强盛的东方大国在西方人的眼中通常以正面形象为主，其国家制度、道德哲学、历史文化等，皆令西人赞赏与仰慕。自 18 世纪后半叶，随着西方科技、经济实力的快速增强，西方中心主义思潮也盛行开来，东方的历史文化不仅很快遭到西方国家的贬低和轻视，也遭到个别东方国家的背弃，总体上呈现出衰落之势，中国国内的社会政治因素和学术研究的演进也加剧了东方文化的衰落。

一、西方中心主义与日本脱亚入欧

大致在 18 世纪中叶之前，较之古老东方的文化和文明，欧洲几乎毫无优势，而"亚洲文化在器物、制度、观念上为欧洲现代化的建设提供了可供选择的模式，甚至是某种意义上的理想的榜样"。[①]经过工业革命、启蒙运动以及法国大革命等变革，西方的科技和经济力量大增，很快以自我为中心，大肆进行海外殖民扩张，对曾经比他们富强而当时发展相对滞后的中国，西方的主流态度也随之发生极大改变，很快变为否定与贬损，并开始对中国进行殖民侵略。

---

① 周宁."反写"即"正写"："西方中心主义"批判的思想陷阱［J］. 文艺理论研究，2014 年第 1 期，第 7—15 页。

有研究指出："西方中心主义"是"关于世界历史和世界地理的'一种强而有力的信仰'，这一信仰认定'欧洲文明'——即'西方'——具有某种独特的历史优越性，某种种族的、文化的、环境的、心灵上的或精神上的特质。这一特质使欧洲人群在所有历史时代直至当今时代，永远比其他人群优越。"①正如有学者所言："整个 19 世纪直到 20 世纪前半叶，西方人对亚洲的看法基本上是否定性的：亚洲是愚昧软弱、衰败混乱之地，几乎让人无法想象亚洲文明曾经的辉煌。即使那些对亚洲古老文明仍抱有不切实际的仰慕与眷恋的东方学家或汉学家，也很难相信亚洲文明具有任何现代价值，或者说，对欧洲现代文明具有任何启示与借鉴意义。即使一战之后西方一度流行所谓'东方文艺复兴'，但也只是一时的、时尚性的审美想象。对现实的现代西方而言，亚洲不过是一些只有经济价值、文化空白的殖民地。大概从 20 世纪后半叶开始，西方后现代思想开始有意识地批判这种'西方中心主义'。"②可见，这一时期，在西方中心主义思潮弥漫之处，中国文化的价值已经不再被西方关注和重视，从而由汉学早期的高峰跌落谷底。中国文化经典也随之失去了昔日受尊崇的地位与光环，变为普通的史料与古代语料。

随着西方的大举殖民扩张，原来深受中国文化影响的日本于 19 世纪 60 年代开始了"明治维新"，维新官僚坚持学习欧美各国的先进文化知识，声称"欧美各国的政治制度、风俗教育、经济经营等皆在我东洋之上"，③欲使国家强盛，必须"把开化之风移入日本，使国民迅速进入与欧美同等水平的开化之域"。④据明治四年的调查显示，在东京的知识分子中，"国学只有汉学的十分之一，而汉学只有洋学的一半"。⑤日本以中国

① 周宁. "反写"即"正写"："西方中心主义"批判的思想陷阱 [J]. 文艺理论研究，2014 年第 1 期，第 7—15 页。

② 周宁. "反写"即"正写"："西方中心主义"批判的思想陷阱 [J]. 文艺理论研究，2014 年第 1 期，第 7—15 页。

③ 罗述善. 日本明治维新后期的教育发展转向及当今思考 [J]. 扬州大学学报(高教研究版)，2019 年第 4 期，第 37—45 页。

④ 罗述善. 日本明治维新后期的教育发展转向及当今思考 [J]. 扬州大学学报(高教研究版)，2019 年第 4 期，第 37—45 页。

⑤ 罗述善. 日本明治维新后期的教育发展转向及当今思考 [J]. 扬州大学学报(高教研究版)，2019 年第 4 期，第 37—45 页。

的社会和文化为模式进行了封建化，公元7—8世纪，日本模仿中国唐朝都城长安建造了奈良，并在全国掀起了学习当时的世界强国中国的风潮。日本曾全面模仿唐代的中国，上自天皇的年号，下至百姓的衣冠、服饰、风俗习惯。自从汉字传入以来，日本一直使用这种外来文字管理国家，并通过文字材料引进大量中国文化，所谓假名就是将汉字的一部分省略或极端草体化而创造出来的文字，日本的五十音图也有中国的音韵学的背景。[①] 19世纪中叶，随着日本的国门被美国人用炮舰打开，日本人见识了西方工业革命的先进成果。从此走上了全盘西化、学习欧美的"脱亚入欧"之路。

19世纪，以福泽谕吉为首的日本近代思想家推动和促成了"明治维新"，日本实行了一个多世纪脱亚入欧的国策。他们的"脱亚论"认为，西方的文明必将征服世界，东方各国绝无抵抗能力。福泽谕吉的脱亚入欧思想推动了日本的近代化进程，但是也具有很大的负面影响作用。正如有学者所言："福泽谕吉的脱亚思想也包含了鄙视亚洲其他国家和民族，仇视其他民族文化，特别是仇视中国文化的思想倾向，这也为日本后来对亚洲其他国家和民族的侵略行径提供了理论武器，因此，福泽谕吉脱亚入欧思想的消极影响也不可低估。"[②]日本的脱亚入欧实质上也是对东方文化的一种否定，一种类似西方的态度转变，其在世界范围内所造成的巨大影响，也进一步加剧了东方文化的衰落。

二、中国传统经学研究的式微

《四库全书总目提要·经部总叙》："盖经者，非他，即天下之公理而已。"[③] 钱大昕："《易》《书》《诗》《礼》《春秋》，圣人所以经天纬地者也，上之可以淑世，次之可以治身，于道无所不通，于义无所不该。"[④]经学为大道之学。这不仅是清人对经学意义的认识，也是两汉以降人所共识。

---

① 吴廷谬，郑彭年. 隋唐时代日本与中国文化［J］. 世界历史，1992年第6期，第2—9页。

② 汪轩宇. 福泽谕吉"脱亚入欧"思想研究［D］. 吉林大学博士学位论文，2016年，第1页。

③［清］永瑢. 四库全书总目［M］. 卷1. 北京：中华书局，1965年，第1页。

④［清］钱大昕. 抱经楼记［M］. 潜研堂文集，卷21，嘉定钱大昕全集(9). 南京：江苏古籍出版社，1997年，第336页。

19 世纪初，清政府宣布废除科举制度，五四新文化运动以后，中国教育借鉴西方学科重建教育体制，传统经学的传承失去了体制的保障，随着经学时代的结束而悲壮地退出了中国政治、思想、文化的舞台，丧失了其核心地位。经学的研究仅剩下经学史的研究，经学经世致用的精神遂被抛弃，只剩下了一堆被抽掉了灵魂的历史资料。

无疑，科举制的废除与新文化运动的开展给予了传统经学以致命一击。然而，倘若对经学史进行仔细梳理，便可发现，传统经学在其历史演进中，无时无刻不包含着对其自身的否定。

宋学勃兴，孙复、刘敞、郑樵、朱熹、王柏等学者一时大兴疑古之风，遍疑诸经，认为汉儒所传之本多不可信，攻驳经文，动辄删改。宋儒的疑经撬动了经学的神圣地位，一切经典变得皆可以怀疑。例如，王柏疑《书》疑《诗》，凭臆断删改经书。明朝书法家、篆刻家、藏书家于藏书之余，伪造经籍，伪造了不少所谓的古本、古书。诸如《鲁诗》石本、《大学》石本、《河图》石本、朝鲜《尚书》、日本《尚书》等。

自清初阎若璩疑《古文尚书》始，姚际恒疑《古文尚书》《周礼》《诗序》《易传》，刘逢禄疑《左传》，龚自珍疑中古文，魏源疑《毛诗》。直至清末民国初年康有为的《新学伪经考》，则把二千年来文人士大夫所信奉的儒家典籍都说成系汉代刘歆所伪造。康有为打击古文经的目的是“发古文经之伪，明今学之正”，但他的这种做法严重削弱了经典的神圣性与学术的延续性，不仅摧毁了古文经，使今文经的地位也岌岌可危，因为经典已不再神圣而不可侵犯。

后来，顾颉刚在《我是怎样编写古史辨的》一文中明确讲了古史辨的目的：“我的《古史辨》工作则是对于封建主义的彻底破坏。我要使古书仅为古书而不为现代的知识，要使古史仅为古史而不为现代的政治与伦理，要使古人仅为古人而不为现代的思想权威者。换句话说，我要把宗教性的封建经典——‘经’整理好了，送进封建博物院，剥除它的尊严，然后旧思想不能再在新时代里延续下去。”[①]古史辨派的目的就是为经学送终。随着西学东渐，中国引进了西方的学科体系。在这个学科

① 顾颉刚. 顾颉刚古史论文集［M］. 卷 1. 北京：中华书局，1996 年，第 173 页。

体系中，没有一个学科能与经学相对应，于是经学便被肢解进了哲学、文学、历史等现代学科中，而经学之名与实终于都消亡了。

当经学的经世致用精神被悬置起来以后，经学逐渐成为历史研究的对象。明代王阳明言："以事言谓之史，以道言谓之经。事即道，道即事。《春秋》亦经，'五经'即史。"①王阳明这一论说成为清代章学诚"六经皆史"论的先导。章学诚认为："六经皆史也。古人不著书，古人未尝离事而言理，六经皆先王之政典也。"②在中国古代学科分类中，经居于最受尊崇的地位。古人尊经之意在于重道，"道备于六经"。章学诚的"六经皆史"论的本意不在贬抑经学、抬高史学，而是针对乾嘉诸老埋首于故纸堆中只是做学问而忘却经学之宗旨而提出。

章太炎为了瓦解今文经学而视经学为史籍，经学一旦成为史籍，古文经学视"经"为"法"的意义即于无形中被完全瓦解。章太炎的这一做法，直接引发了经学的溃亡。章氏弟子朱希祖更建议去除经学之名，理由："因为经之本义，是为丝编，本无出奇的意义。但后人称经，是有天经地义、不可移易的意义，是不许人违背的一种名词。……我们治古书，却不当作教主的经典看待。"③章太炎用"历史"的眼光来审视经学，但并不否认经学作为历史的价值，其目的在复兴古学，重建中华之文化命脉。毛子水则是第一个把典籍看成史料的人。他说："我们现在且把国故的性质和功能直接说出来。1. 国故的一部分是中国一段学术思想史的材料。2. 国故的大部分是中国民族过去的历史的材料。"④胡适则直接把章学诚"六经皆史"理解为"一切著作，都是史料""先生作《文史通义》之第一篇《易教》之第一句即云：'六经皆史也'。此语百余年来，虽偶有人崇奉，而实无人深懂其所涵之意义。……其实先生的本意只是说'一切著作，都是史料'。先生的主张以为六经皆先王的政典；因为是政典，故皆有史料的价值。……先生所说'六经皆史也'，其实只是说经部中有许多史料。"⑤

---

① [明] 王阳明. 传习录注疏 [M]. 邓爱民注. 上海：上海古籍出版社，2012 年，第 22 页。

② [清] 章学诚. 文史通义 [M]. 上海：上海古籍出版社，2008 年，第 1 页。

③ 朱希祖. 整理中国最古书籍之方法论 [A]. 朱希祖文存，上海：上海古籍出版社，2006 年，第 95 页。

④ 毛子水. 国故和科学的精神 [J]. 新潮，1919 年第 1 期，第 5 页。

⑤ 胡适. 章实斋先生年谱 [C]. 胡适全集(19)，合肥：安徽教育出版社，2003 年，第 145 页。

两汉时期，尽管经书诠释烦琐，今文经学、古文经学争执不下，但尊经的观念始终坚定不移，经书的地位至高无上。宋代经学阐释出现主观化倾向，且“疑经”“辨伪”之风日炽，经书的权威性受到挑战，但经学作为大道之学，在当时仍然具有统治性地位。明清以降，经学逐渐被吸纳到史学的研究范畴中，丧失了其独立性，至民国最终消解。

综上所述，在这一时期，由于东西方社会和学术思潮等因素的重要影响，随着曾经长期兴盛的经学的消解和西方中心主义的泛滥，东方文化在 19 世纪已“消了她的颜色，散了她的芬芳”，在西方失去了曾经令人仰慕的魅力，其文化价值迅速衰落。这种价值衰落在东西方的表现也颇为相近，皆为中国经典的历史化、去经典化。经典的真实和价值不断遭到质疑而终至被消解。

第二节　欧德的《尚书》英译

欧德是英国 19 世纪末 20 世纪初著名的占星家和神智学者，在占星学界曾用笔名 Sepharial。1902 年，他与 E. H. Bailey 相识后，成为《英国占星术杂志》的撰稿人。他还是《老摩尔年鉴》的编辑，曾以非常快的速度出版了诸多书籍和文章。很明显，他保留了对神秘世界的兴趣，一直在为《英国占星术杂志》工作，直到去世。欧德对东方文化也很感兴趣，研究过包括汉语在内的一些东方的语言。1904 年，他翻译了《尚书》(*The Shu king or, The Chinese historical classic*)，(Walter Gorn Old, 1904)同年还翻译了《老子》。虽然欧德的《尚书》英译注释丰富，可读性较强，但其译文在对原文的阐释方面也存在诸多不足之处。有关研究论文指出其语言和文化两个方面翻译的失误，如语义理解失误，器物、地名等翻译错误等，仅从《虞夏书·禹贡》篇的英译中，即举出误译例子 10 多处。[①]其译文对原文语义的偏离与误读，由此可见一

① 林风. 沃尔特·高尔恩·欧德《尚书》译本指瑕[J]. 东京文学，2012 年第 1 期，第 48—50 页。

斑。尽管欧德的《尚书》译文存在诸多偏离原文语义之处，西方的一些媒体仍给予了其诸多好评。有的赞其表达通俗易读，如《神智学评论》刊登了《解释的时代》(*The Expository Times*)对欧德《尚书》译本的评论："欧德先生的翻译同样好，并且更受欢迎，也更容易阅读。"(Mr. Old's translation is also good, and it is much more popular and accessible.)《伦敦和中国电讯》(*London and China Telegraph*)评论道："欧德先生为我们提供了对这部古老经典的流畅的翻译。"(Mr Old has given us a fluent rendering of the old classic)有的认为其注释很有价值，如《苏格兰人》(*The Scotsman*)评论说："目前这部清晰易读的译本带有富有价值的注释，这具有优势，解释了书中许多晦涩的典故。"(The present clear and readable rendering has the advantage of valuable commentary, which explains many obscure allusions in the text.)《格拉斯哥先驱报》(*Glasgow Herald*)认为："这些注释内容丰富，富有启发性，尤其是那些涉及中国纪年的部分，关于这一点，欧德先生巧妙地阐述了中国洪水与创世纪洪水的确切同步性，这使我们震惊。"(the notes are copious and illuminating, especially those dealing with Chinese chronology, regarding this we are struck by Mr. Old's clever exposition of the exact synchronizing of the Chinese Deluge with that of the Genesis.)①

这些评论显示，其译文受欢迎的主要原因即在于其通俗简明，较之前译文更能够贴近大众读者，从而能够较好地满足大众读者的阅读需求。在此之前，麦氏和理氏在中国典籍翻译中附带原文并添加丰富的注释所造成的厚重感，由于注重直译而导致的译文表达的流畅性不足等，皆在一定程度上影响了西方读者的阅读感受，而欧德的英译在这些方面都有所改进，其注释和译文总体上简洁明晰，因此能够赢得读者的好评，从而对促进东西文化交流也具有积极的作用。欧德和高氏参与中国典籍的英译，也改变了之前的翻译研究中传教士译者为主的局面。

① *The Theosophical Review* [C]. Volume 36, Issue 211. Theosophical Pub. Society, 1905, p. 100.

一、欧德《尚书》英译的历史语境

19世纪，由于英国在华势力的增强，在华传教士学者对中国的社会文化接触不断深入，更为广泛，新教传教士汉学取得了超前的成就，英国逐渐成为西方汉学的中心。19世纪的最后25年，被称为英国汉学的理雅各时代。①理雅各的儒家经典英译取得了里程碑式的重大成就。西方学界普遍认为理氏忠实传译了汉语原文，提供了无比丰富的中国百科知识。理氏译文的模式也对其他中国典籍译者的翻译模式具有重要影响，直到20世纪初，欧德的《尚书》英译依然沿用了这种模式。但较之理氏，欧德译文的形态已经发生了一些较为明显的变化，如注释不再过于厚重，译文也不再附带汉语原文，总体上明显变得简明而轻薄。

19世纪末20世纪上半期，英国汉学向现代汉学过渡，专业化的汉学学院、机构、研究队伍逐渐出现，研究内容也更为细化。② 19世纪80年代，由于英国在华教会势力范围广大，而在华传教士极为不足，引发了英国国内的一场全国性的宗教运动，呼吁向中国派遣传教士。该运动以“剑桥七教士”为高潮，即1885年2月，7位中国内地会(China Inland Mission)传教士从剑桥出发前往中国传教。群众的呼吁和媒体的争相报道，一时间形成了热烈非凡的赴华传教氛围，对中国的关注度也大幅提升。剑桥大学是19世纪英国第三所设立汉学教授职位的大学。1888年，曾任在华领事官的威妥玛(Thomas Francis Wade，1818—1895)担任了首任汉学教授(Professor of Chinese)。威妥玛在就职演说中说：“如果我有学生的话，我希望他们能够成为传教士或者翻译官，我的建议适用于任何领域的申请人，请他们全速向中国出发。”③威妥玛以其学习汉文的方法著称，他还在其《语言自迩集》(1867)等著述的基础上制定出一套以罗马字拼读汉字的拼音系统，后来以此为基础的威妥玛-翟里斯拼音系统在世界范围内得到广泛应用，代表了

① 胡优静. 英国19世纪的汉学史研究 [M]. 北京：学苑出版社，2009年，第79—80页。
② 胡优静. 英国19世纪的汉学史研究 [M]. 北京：学苑出版社，2009年，第107—117页。
③ 胡优静. 英国19世纪的汉学史研究 [M]. 北京：学苑出版社，2009年，第79—80页。

剑桥大学对西方汉学研究的突出贡献。

19 世纪末 20 世纪初，中国正处于被西方殖民与掠夺时期，灾难深重，贫弱不堪。1900 年，中国遭受了八国联军的侵略，政治、经济、文化各方面都遭受了沉重的打击。与此同时，在学术领域，经学进一步消解，古代经典的地位迅速衰落。

二、欧德《尚书》英译的目的理念

1904 年，欧德翻译了《尚书》。他在译本前言中对《尚书》的历史作介绍时，称之为"无价之书"(this priceless work)。此后，他还写了《儒家经典:〈尚书〉》(*The Classics of Confucius, Book of History Shu King, 1911*)一书，该书被收入《东方智慧》之书系列(*Wisdom of the East*)。

(一) 欧德的文化背景

1864 年，沃尔特·高尔恩·欧德出生于英国伯明翰的郊区汉斯沃思(Handsworth)，其家庭富有，能够负担其到古典教育的学校学习。离开学校后，欧德曾短暂地在伯明翰的一位化学家那里当过学徒，并利用业余时间参加医学讲座，学医、配药。正是在这个时期，他开始研究一些神秘的、占星术的文本。十六岁前后，他开始认真研究《圣经》和斯韦登堡(Swedenborg)等作家的作品。①

欧德早年即对神秘之学感兴趣，15 岁即开始学习占星学(astrology)，他甚至还为自己制定了长期的学习计划，阅读与学习所有能得到的有关书籍，其中包括《上帝之书》(*Book of God*)的作者 Kenealy 的所有作品，以发明魔灯而赢得信任的德国学者 Kircher 的著述，以及 Helena Blavatsky 引用过的 William Drummond 的著作等。他还发展了一种对东方著述的爱好(a taste for oriental works)，从希伯来语(Hebrew)到科普特语(Coptic)、象形文字(hieroglyphics)、亚述语

① Kim Farnell. *A Brief Biography of Sepharial* [M]. London: Ascella Publications, 1997, pp. 33 - 35.

(Assyrian)、梵语(Sanskrit)及汉语等都进行了学习研究,19世纪80年代,他开始从事占星家(astrologer)的工作。①

欧德曾追随神智学学者、俄罗斯神秘主义者海伦娜·彼得罗夫娜·布拉瓦茨基(Helena Petrovna Blavatsky, 1831—1890),彼此关系极为密切。1875年,布拉瓦茨基与亨利·斯蒂尔·奥尔科特(Henry Steel)、威廉·泉(William Quan)等人共同创立了神智学协会(Theosophical Society),他们把古老的教义称为神智学。布拉瓦茨基将神智学(Theosophy)与赫尔墨斯主义、新柏拉图主义的深奥学说紧密联系起来,描述为"科学、宗教和哲学的综合"(the synthesis of science, religion and philosophy),宣称它正在复兴一种"古老的智慧"(Ancient Wisdom),这种智慧是所有世界宗教的基础。一般认为,神智学是关于或寻求直接了解生命和自然的神秘和神秘哲学的集合,特别是关于神性的本质和宇宙起源的目的,被认为是西方深奥主义(Western esotericism)的一部分,它认为来自古代的隐秘知识或智慧为启蒙和拯救提供了一条道路。布拉瓦茨基的学说影响了印度教和佛教思想在西方的传播,也影响了西方深奥潮流的发展,如非宗教心理学、人智学和新时代运动,欧德也深受其影响。由此可见,欧德关注并翻译《尚书》并非偶然。

1885年,布拉瓦茨基回到欧洲,在伦敦建立了"布拉瓦茨基之家"(Blavatsky Lodge)。1887年,沃尔特·高尔恩·欧德开始与布拉瓦茨基联系,加入了布拉瓦茨基之家,并经常在伦敦和伯明翰的神智学会议上发表演说,正是布拉瓦茨基给了欧德一个绰号——"星体流浪者(Astral Tramp)"。由于神智学会领导人之一威廉·泉的案件,欧德变得非常不受欢迎,最终退出了神智学会。1895年,他为了寻求新的身份而改名为沃尔特·高尔恩·欧德。欧德一直是占星术社会思想的坚定支持者,1896年占星学协会成立,他担任秘书。1905年,他已在占星术界确立了稳固的地位。在1902年与E. H. 贝利(E. H. Bailey)会面后,他成为《英国占星术杂志》(*the British Journal of Astrology*)的撰

① Kim Farnell. *Astral Tramp*[M]. London: Ascella Publications, 1998, pp. 6-7, p. 133.

稿人，为该杂志撰稿直到去世。大部分时间欧德都是作为一名职业占星家度过的。他一生出版了至少 58 本书，编辑了许多杂志，为无数的出版物写作，包括当地和全国性的出版社，如《占星学新词典》(*New Dictionary of Astrology*)、《占星手册》(*Manual of Astrology*)等。其中一些至今仍在某些领域受到高度重视，如其编辑过的《老摩尔年鉴》(*Old Moore's Almanac*)[①] 21 世纪仍在出版。他撰写了有关海王星在星图上的分析著作，命名、分析了百合花的用途，并撰写了许多关于超前时代的文章。他还写了大量关于卡巴拉及其与占星术的联系，并翻译了诸多东方作品。他最为人所知的是他的推测理论，尤其是与赛马有关的理论，他相信占星术可以用来寻找赢家，还试图将自己的理论应用于彩票和轮盘赌等方面。[②]

由其文化背景可见，作为一名职业占星家的欧德，其著述多为占星学方面的内容，翻译东方著作的内容相对来说较少，而且只是出于一种对东方文化的爱好。由于注重大众世俗读者的理解和接受，其《尚书》译文表达非常通俗、简明，但其对原文语义的传译明显不如麦都思和理雅各等在华传教士准确恰当，存在着较多与原文语义不符之处。

(二) 欧德《尚书》英译的目的与思想理念

欧德在其书中说，《尚书》中关于中国古代人物的历史故事，即使按照西方的标准来考量也是非常有益的，因为这些高尚的古人是中国卓越而有意义的代表。他也希望通过这种对《尚书》等中国古代文化的译介，"可以唤起自己国家的人们对古老而伟大的中国的深切同情"。[③]这也表现出一种平等的文化交流观念，有别于当时甚嚣尘上的欧洲中心主义思想，也显示出欧德对这部中国经典的历史文化价值的肯定和

---

① 该杂志传统上是 17 世纪 60 年代后期商人的信息资源，后来成为爱尔兰农业社区的娱乐类出版物，便于当时的农民和渔民发现月亮和潮汐时间表、交通信息以及其他有用的信息。该杂志于 2010 年重新发行，提供了更加多样化的信息来吸引新的读者。

② Kim Farnell. *A Brief biography of Sepharial* [M]. London: Ascella Publications, 1997, pp. 33 - 35; Kim Farnell. *Astral Tramp* [M]. London: Ascella Publications, 1998.

③ Walter Gorn Old, M. R. A. *The Classics of Confucius*, *Book of History Shu king* [M]. London: Kessinger Publishing, LLC, 1911.

注重。

《东方智慧》书系收入了欧德关于《尚书》的著述，其出版说明(Editorial Note)指出："该书系旨在促进东西双方之间对彼此过去的思想和现在的行为的相互理解。"① 欧德在《尚书》译本的序言中说："对于那些无知地认为中国人没有文学，没有一定的历史记录，也没有科学知识的西方世界的人来说，《书经》在某种程度上是一种真相的揭露。"②由此可见其对待中国文化的态度与西方中心主义不同，向西方展示中国真实的历史文化也成为其翻译《尚书》的重要目的与思想理念。

三、欧德《尚书》英译的主要方法与策略

欧德译文与麦氏和理氏的译文相比，显然采用了意译为主的翻译方法与归化为主的翻译策略，不拘泥于原文字词顺序，译文更为灵活流畅，但其诠释框架仍属于西方的思想体系。整篇译文之后附有较为丰富的注释，对一些词语进行解释，或对句意作出进一步的诠释。

(一) 归化为主的翻译策略、意译为主的翻译方法

虽然欧德译文也注重依据原文字句，努力贴近原文的语义和形式，但为了使其译文流畅而易于阅读，与麦氏、理氏不同，欧德实际上采用了意译为主的翻译方法。他认为："应该将原文的意义、精神、基调翻译成一种更自由流畅的解说，以便书中的内容更易为大众读者所接受。同时保持译文与表达的清晰度高度一致。"③

因而欧德虽然基本依据原文字面进行翻译，但没有像麦氏那样拘泥于原文字句及其语序，而是更为灵活地翻译了《尚书》，其译文简明、流畅、通俗，因而受到当时大众读者的喜爱和一些媒体的好评。例如：

---

① Walter Gorn Old, M. R. A. *The Classics of Confucius*, *Book of History Shu King* [M]. London: Kessinger Publishing, LLC, 1911.

② Walter Gorn Old. *The Shu King or the Historical Classic* [M]. New York: The Theosophical Publishing Society, 1904, p. x.

③ Walter Gorn Old. *The Shu King or the Historical Classic* [M]. *Introduction*. New York: The Theosophical Publishing Society, 1904.

例 3.1 《尚书·虞夏书·大禹谟》:"疑谋勿成,百志惟熙。"(可疑的计谋不要去做,各种思虑应当宽广。)[①]

欧德译:Do not effect doubtful plans. Then all projects will be successful. [②](不要实施可疑的计划,则所有的规划将会成功。)

麦译:疑 doubtful 谋 schemes 勿 do not 成 complete, thus 百 all your 志 projects 惟 will be 熙 successful。[③](不要完成可疑的谋划,这样你所有的计划将会成功。)

由上例可见,麦都思的译文呈现出字字对应的直译特点,甚至因此其译文的有些表述不够符合英文的表达习惯,如"疑谋勿成"的译文:"doubtful schemes do not complete",而欧德则译为更为惯用的英文表达:"Do not effect doubtful plans."可见其并没有严格依照原文字词顺序进行翻译,而是经过灵活调用祈使句式而更加符合文中劝诫的语气,英文表达也更为流畅自然。再如:

例 3.2 《尚书·虞夏书·益稷》:帝曰:"臣作朕股肱耳目……"(大臣是我的得力帮手。)[④]

欧德译:You ministers are my legs, arms, ears and eyes. [⑤](你们这些大臣是我的腿、手臂、耳朵和眼睛。)

麦译:臣 You ministers 作 constitute 朕 my 股 legs and 肱 arms, 耳 my ears, and 目 eyes。[⑥](你们这些大臣构成我的腿、手臂、耳朵和眼睛。)

理译:My ministers constitute my legs and arms, my ears and eyes. [⑦](我的大臣们构成我的腿和手臂、我的耳朵和眼睛。)

上例中,欧德译文用 are 对译动词"作",译文语句构成暗喻的修辞表达,符合西语表达习惯,从而使得西人读者易于通过比喻领会到文中

---

① 江灏,钱宗武译注.今古文尚书全译[M].贵阳:贵州人民出版社,2009 年,第 23—25 页。

② Ibid., Walter Gorn Old. *The Shu King*[M]. 1904, p. 23.

③ Ibid., W. H. Medhurst. *The Shoo King*[M]. 1846, p. 43.

④ 江灏,钱宗武译注.今古文尚书全译[M].贵阳:贵州人民出版社,2009 年,第 41 页。

⑤ Ibid., Walter Gorn Old. *The Shu King* [M]. 1904, p. 37.

⑥ Ibid., W. H. Medhurst. *The Shoo King* [M]. 1846, p. 68.

⑦ James Legge. *The Shoo King or The Book of Historical Documents* [M]. *The Chinese Classics*, Taipei: SMC Publishing Icn., 1991, p. 79.

大臣对于"我"的重要性，即如同四肢、眼、耳一样必不可少。而麦氏和理氏译文用 constitute(构成)来对译"作"，较之欧德译文，则显得生硬，在某种程度上不如欧德的译文表达更符合英语习惯而利于理解。

例 3.3 《尚书·虞夏书·皋陶谟》："无教逸欲，有邦。兢兢业业，一日二日万几(治理国家的人不要贪图安逸和私欲，要兢兢业业，因为情况一天一天地千变万化)。"①

欧德译：In order not to occasion luxuriousness and licence in the management of the country, it is necessary to be very careful and very alert, for in one day, or two, ten thousand sources of action may arise.（为了在国家的管理中不致出现奢侈和放纵，必须非常小心、警惕，因为在一两天之内，就可能引发一万种事件。）②

麦译：无 Do not 教 cause (subordinates)逸 to be luxurious and 欲 licentious * 有 in the management of the 邦 country; 兢兢 be cautious and 业业 tremblingly alive (to your responsibilities); in the course of一 one 日 day or 二 two 日 days 万 ten thousand 几 springs of action arise③(不要使下属在管理国家的过程中变得奢侈和放纵；对你的责任要谨慎而时刻战战兢兢；在一天或两天的时间中会有一万个事件涌现)。

理译：let not the emperor set to the rules of States an example of indolence or dissoluteness. Let him be wary and fearful, remembering that in one day or two days there may occur ten thousand springs of things. ④(不要让皇帝为国家的规则树立怠惰或放纵的榜样，他要谨慎、警惧，记着一两天之内，也许会有一万件事情泉涌而出。)

在原文中，教，《释名》解释为："效也。"一日二日；马融："犹如日日也。"万几，变化万端。《尚书今古文注疏》："言有国者，毋教以佚游，当戒其危，日日事有万端也。"⑤《书集传》："几，微也。《易》曰：'惟，几也。

① 江灏，钱宗武译注. 今古文尚书全译 [M]. 贵阳：贵州人民出版社，2009 年，第 36—37 页。

② Ibid., Walter Gorn Old. *The Shu King* [M]. 1904, p. 32.

③ Ibid., W. H. Medhurst. *The Shoo King* [M]. 1846, p. 62.

④ James Legge. *The Chinese Classics*[M]. Vol. Ⅲ, Taipei: SMC Publishing Icn., 1991, p. 73.

⑤ [清] 孙星衍. 尚书今古文注疏 [M]. 北京：中华书局，1986 年，第 84 页。

故能成天下之务。'盖祸患之几藏于细微,而非常人之所豫见。及其著也,虽智者不能善其后。故圣人于几,则兢业以图之。"[①]由上例的译文可见,三位不同时代的译者都诠释出了原文的相当一部分语义,麦氏认为该句是对属下的要求,而其实原文是在告诫君王,所以不如理氏更贴近原文,欧德则没有这种误读。麦氏和理氏主要都是按照原文的字句结构直译,二者的译文都使用了祈使句,保留了原文的说教语气,即翻译为:"不要……"而欧德的译文则没有此类直译表现,而是翻译为:"为了……"可见比较灵活的译意翻译方法也是欧德《尚书》英译的主要特点之一。

(二) 添加注释的翻译方法

欧德的译本传承了麦氏和理氏的翻译模式与方法,尽管没有他们的译本那么厚重。欧德没有采用脚注,而是在全篇译文之后一并附有该篇的有关注释,其数量往往与译文相当或超过译文,添加注释的位置大致与麦氏译本一致,但注释内容却与麦氏有较大的不同。例如:《尚书·虞夏书·大禹谟》:"帝初于历山,往于田。"欧德与麦氏注释同,都指出今天的地点:陕西平阳。麦氏用了汉字地名,还介绍了历山在河中郡的河东区,欧德只音译了地名,说明今天所指地点。再如:

例 3.4 《尚书·虞夏书·尧典》:"女于时,观厥刑于二女。"(我要把两个女儿嫁给舜,从我两个女儿那里观察舜的德行。)[②]

欧德译:I will attach my daughters to him, observing his action with these my two daughters.[③](我要把女儿们嫁给他,来观察他对待我两个女儿的行为。)

麦译:女 I will marry my daughters 于 to 时 this man, and thus 观 observe 厥 his 刑 manner of acting 于 with 二 two 女 daughters。[④](我会把女儿嫁给这个人,这样就能观察他对待她们的态度。)

---

① [南宋] 蔡沈. 书集传 [M]. 钱宗武,钱忠弼整理. 南京:凤凰出版社,2010 年,第 30 页。

② 江灏,钱宗武译注. 今古文尚书全译[M]. 贵阳:贵州人民出版社,2009 年,第 7—8 页。

③ Walter Gorn Old. *The Shu King or the Historical Classic* [M]. New York: The Theosophical Publishing Society, 1904, p. 3.

④ Ibid., W. H. Medhurst. *The Shoo King* [M]. 1846, p. 12.

理译：I will wive him, and then see his behaviour with my daughters.[①]（我将把女儿嫁给他，然后看他对待我女儿的行为。）

由上例可见，欧德参考了麦氏译文某些词语的翻译，如都将“观”译为 observe，而理氏则译为 see。但欧德使用 attach（依附）翻译“女”，不如麦氏所用 marry（把……嫁给；结婚）更符合原文语义。欧德对此句的注释为：“蔡沈提到这两个女儿名叫娥皇（Gohwang），女英（Nyu-ying），即‘帝国少女’（the imperial damsel）和‘如花少女’（the flowery maid），她们被派去虞舜家服侍他。”[②]麦氏的注释为：“两个女儿名叫娥皇（Go-hwâng）‘帝国少女’（the imperial damsel），女英（Nyù ying）‘如花少女’（the flowery maid），庄子曾说，这两个女儿受命侍奉他，是为了观察他在家将怎样行事。因为在夫妇间发生的自然而私密的交往包含了好的治理规则，这是非常重要的，因此对于判断一个人来说，没有比这更有用了。”[③]而理雅各的注释则是，“女，（第三声调），把女儿嫁给一个人为妻。法，榜样，行为。尧帝的两个女儿据说叫做娥皇（*Wo-wang*）和 女英（*Neu-ying*），吴澄说前者成为舜的妻子，后者成为其妃子，但这据说是尧帝年代之后所用的做法，我们不知道她们谁比谁低一等级，嫔或妇（即做妻子）对于两个女儿都适用。”可见，欧德的注释与理氏和麦氏的皆有差异，且未如理氏和麦氏那样说明尧帝的两个女儿嫁给了舜，其注释也相对较为简单。

再如，《尧典》篇末有尧帝的话：“钦哉！”欧德对此的注释为：“在典礼之书《礼经》中，婚礼结束时有对新娘的告诫：‘回家后要细心恭敬。’尧帝使用这句话来交代女儿要好好侍奉虞舜。”[④]麦氏的注释：“要细心，是要对其女儿说的，这传达出与他们的礼仪之书中某些相同的思想，那里的新娘被告诫：‘回家对待家人要细心恭敬。’帝王之女嫁给普通人，更加需要表现出最大的谨慎与警觉。”比较麦氏和欧德的有关译文注

---

① James Legge. *The Shoo King or The Book of Historical Documents* [M]. *The Chinese Classics*, Taipei: SMC Publishing Icn., 1991, p. 27.

② Ibid., Walter Gorn Old. *The Shu King* [M]. 1904, p. 8.

③ Ibid., W. H. Medhurst. *The Shoo King* [M]. 1846, p. 12.

④ Ibid., Walter Gorn Old. *The Shu King* [M]. 1904, p. 8.

释，可见欧德的注释与麦氏的尽管内容有相似之处，但比麦氏的更为简明。

欧德在《大禹谟》"天之历数在汝躬，汝终陟元后"的译文之后有关于大禹治水时期洪水的大段注释，其中指出尧舜时期的大洪水发生于公元前 2348 年，与希伯来文记录的大洪水同时发生，可见这场洪水是范围广大的世界性的灾难。但这并非大禹所治之水，大禹时期的水或由于大暴雨造成的洪水。他还细致地列出希伯来语记录中的有关洪水记录的年代表。[①]而这种关于东西方大洪水发生的年代的注释，显然与受到学界普遍重视的卫匡国的有关结论不同，[②]因此西方有报刊评论说这让人感到震惊。[③] 这显示了其对有关历史纪年的考证研究，表现出历史学研究的思想。

欧德有些注释，与麦氏、理氏的注释差异较大，不恰当甚至对原文误读之处也较多。如：

例 3.5 《尚书・虞夏书・大禹谟》：禹曰："惠迪吉，从逆凶，惟影响。"（遵循道就吉利，顺从恶就不吉利，吉凶与善恶的关系就同影子与形体、回声与声音的关系一样。）[④]

欧德译：Yu said: To follow the right path is auspicious, and to walk in unrighteous paths is disastrous; and is like the shadow and the echo.（大禹说："走正道是吉祥的，而在不义之路上行走是灾难性的，就像影子和回声。"）[⑤]

麦译：禹 Yu 曰 said, to 惠 pursue the 迪 right way 吉 is felicitous, 从 to follow 逆 perverse paths 凶 is calamitous; 惟 just like 影 the shadow and 响 the echo。 *（大禹说：追求正道是幸福的，走邪路是灾难性的，就像影子和回声一样。）[⑥]

理译：Accordance with the right is good fortune; the following of

---

① Ibid., Walter Gorn Old. *The Shu King*[M]. 1904, p. 28.

② 卫匡国在其书中认为中国历史纪年早于《圣经》的纪年 600 年。

③ *The Theosophical Review* [C]. Volume 36, Issue 211. Theosophical Pub. Society, 1905, p. 100.

④ 江灏，钱宗武译注. 今古文尚书全译 [M]. 贵阳：贵州人民出版社，2009 年，第 25 页。

⑤ Ibid., Walter Gorn Old. *The Shu King* [M]. 1904, p. 22.

⑥ Ibid., W. H. Medhurst. *The Shoo King* [M]. 1846, p. 43.

evil is bad:—the shadow and the echo. ①(与正确的一致就是好运;跟随邪恶的就是坏事:如同影子和回声。)

由上例可见,欧德译文基本按照字面意义直译,与麦氏译文语义接近,而与理氏有较大不同,但三种译文后半部分都基本相同,三位译者对此的注释却有较大的不同。欧德注释为:影子跟随物质,而回声无处不在地从一个空洞反射到另一个空洞。影子将人直接引向投射它的身体,但是回声欺骗和迷惑了感觉。正义之路被称为"影子",不义之路在这里被比作"回声"。可见其注释与原文语义存在较大差异。而麦氏参考翻译了蔡沈的部分有关注释,给出了较为符合中国历史、文化常识的诠释:"天道令人敬畏;福祸与德恶相对应,影子与回声出于形体和声音;皋陶这么说,是为了表明一个人不可轻视自己所担负的职责,而欲贯彻前文的思想。"② 而理雅各的注释:"惠等于顺,一致。迪,前进,这里与逆相反,逆,倒退,反叛,等于'正道'(right way)。'惟影响'与'如影响'不同,是一种叙述前文所说真理的强调方式,因此说是'好运',而不是'导致好运,'这不仅是从字面的解释,也是对大禹情感的准确叙述所需。宋代的陈经说,我们不是寻找好运或坏运,大禹的目的是进一步加深其之前的观察印象。"从译文的诠释来看,麦氏最为贴近原文。而欧德和理氏都在某种程度上误读了原文祸福与遵循道之间如影随形的密切关系。《孔传》:"迪,道也。"即道理。③此处与惠搭配,译为顺着正道,而不是理氏所注释的与"逆"相反的"前进"(advance)之意。

对其注释的考察也发现,虽然欧德对文本进行了诸多的注释,提供了帮助西方读者理解文本的一些信息,但与原文不符的主观诠释或误读较多。总体而言,其注释无论在丰富程度和准确性方面皆不及麦氏、理氏,这也反映出其汉学研究的不足,因而其英译明显不如麦氏、理氏英译更贴近原文、更具学术性。

---

① James Legge. *The Shoo King or The Book of Historical Documents* [M]. *The Chinese Classics*, Taipei: SMC Publishing Icn., 1991, p. 54.

② Ibid., W. H. Medhurst. *The Shoo King* [M]. 1846, p. 43.

③ 江灏,钱宗武译注. 今古文尚书全译 [M]. 贵阳:贵州人民出版社,2009 年,第 24—25 页。

第三节 高本汉的《尚书》英译

有学者把法国汉学大致分为三个时期:"'兴隆期'运用了'语文考据法,以儒莲为代表','大成期'以'沙畹创始,伯希和走到巅峰',研究方法为'史语方法(含考古、语言、宗教、民族、艺术及科学等辅助学科)','发扬期'以'史语方法加社会学方法,葛兰言独放异彩'""中国学在西洋之演进,到沙畹君始成一种系统的学问。"[①]作为沙畹的学生,高本汉师承沙畹,其汉学研究也有"语史方法"的特征。此外,这一时期美国汉学界居显要地位的学者阿列克(V. M. Alexeif)和叶理绥(S. Eliseeff)也是巴黎学派的弟子。因此法国汉学家戴密微说:"中国学在西方,骨子里仍是一门法国的科学。"[②]高本汉的学生瑞典汉学家马悦然也认为:"20 世纪初的巴黎,在当时是世界汉学研究的中心。"[③]

瑞典汉学家高本汉英译了今文《尚书》二十八篇(*The Book of Documents*),其译本以汉语文本为底本,并依据其对《尚书》词语的考证研究成果《尚书注释》(*The Glosses on the Book of Documents*)对书中词语的语义考证进行翻译。1948—1949 年,其译文刊登于《远东文物博物馆馆刊》(*Bulletin of the Museum of Far Eastern Antiquities*)。1950 年,又在该刊物刊登了译文的校订本。高氏译文汉语与英语左右分页对照排版,每句汉语原文及其译文都分别标有相同的阿拉伯数字序号,依次逐句对应。译者在译本《前言》中指出,其译本与理雅各和顾塞芬的译本之所以有很大不同,是因为原文本语言古奥难懂,常有一些段落从语法上可以有相当宽泛的不同理解,因此每一次新翻译也不可避免地成为对文本的一次新的诠释。他在译文中常用括号添加另一种表达,以此提供另一种可能的理解。[④]这种用括号添加相同或相近语义进行补充诠释的译文形态,也显示了高氏尤为注重词语意义诠释的翻

---

① 许光华. 法国汉学史 [M]. 北京:学苑出版社,2009 年,第 155 页。

② 许光华. 法国汉学史 [M]. 北京:学苑出版社,2009 年,第 145 页。

③ [瑞典]马悦然. 20 世纪欧洲汉学 [J]. 吴承学,何志军译. 书城,2002 年第 2 期。

④ Bernhard Karlgren. *The Book of Documents* [J]. *Bulletin of the Museum of Far Eastern Antiquities*. 1950, p. 1.

译思想理念。

一、高本汉《尚书》英译的历史语境

20世纪汉学研究的方法日益现代化，西方科学实证主义兴起。随着18世纪欧洲的“中国热”的消散，西方中心主义思潮泛滥。面临政治经济危机，中国国内的有识之士们不断发起社会变革，如洋务运动、维新变法运动等，废除了八股，改革了科举制度，开办了新式学校。随着这些变革的发生，国内的经学完全消解，传统文化经典仅仅被视为一堆普通的历史资料，其本体真理价值亦最终完全淹没于现代化的历史洪流。

（一）西方汉学的现代化与西方科学实证主义

20世纪以来，随着科学实证主义思潮的日益盛行，在汉学研究中，实证性为主的研究方法也不断被采用，如考古学、碑铭学、比较语言学、人类学、社会学等研究方法，突破了之前汉学研究以文献学为主的方法。由于新研究方法的采用，这一时期西方汉学对中国古典文献的研究出现了新的进展，中国古代典籍的翻译研究作为西方汉学研究的重要内容，其范围也进一步扩大。随着新的研究思想方法的出现，西方传统汉学研究也在向现代化汉学转变。

英国汉学自19世纪末开始，在内容的倾向和研究机构的专业化设置等方面发生了诸多变化。筹备于19世纪末，正式成立于20世纪初的伦敦大学的亚非学院（School of Oriental and African Studies，简称SOAS）逐渐成为英国的东方学中心。①该学院设有附属图书馆，藏有包括最初马礼逊遗赠的中文藏书等书籍，为英国汉学家们的汉学研究提供了基本条件。除了在大学设立专门学院进行汉学研究之外，英国汉学内容倾向于大型工具书、普及性读物等，内容更加细化。英国19世

① 英国伦敦大学于1916年正式建立的东方系（The School of Oriental Studies），于1938年改为亚非学院（SOSA）。第一任院长为丹尼森·罗斯（Denison Ross），主要研究范围包括近东、印度、马来西亚、缅甸、中国、日本、东非、西非等地区和国家的语言。

纪上半叶至20世纪30年代汉学进展迟缓，各大学汉文系形同点缀，原因主要为英国最初对中国文化不重视，甚至蔑视，仅培养商业上的语言翻译人员，课程简单而无学术上的研究计划和设备，也不许学生读荣誉学士学位。而且担任汉学教师的师资力量薄弱，过去多为退休领事官、传教士，教学经验和汉学学养不足。[①]

19世纪末20世纪上半叶，法国汉学得到了很大发展，逐渐领先于西方其他国家。西方世界公认的汉学大师沙畹被汉学家戴密微评论为"完全主导了本期第一阶段的人物"，著作"浩如烟海"，"尤其是他作为一个历史学家，其作品几乎涉及各个领域"，如"碑铭学、古文字学、西域史、关于西突厥的汉文资料、中国地理和地图绘制术，乃至道教""他的作品，以其重视自儒莲以来，在历史学、哲学研究中所取得的进步而形成的新的方法论为人敬服。"[②]沙畹传承雷慕沙和儒莲的传统，翻译了中国的佛经，此前还翻译过《史记》。他还于1907年赴中国考古考察，1910年发表了《泰山，中国祭礼专论》，其后有关于中国社神的附录，为其众多弟子继续研究古代中国宗教开辟了新路。在沙畹去世之前，其几位优秀弟子已经成为汉学研究的中坚力量，其中包括其杰出弟子伯希和(Paul Pelliot，1878—1945)、马伯乐(Henri Maspéro，1883—1945)和葛兰言(Marcel Graner，1884—1940)。伯希和在沙畹过世后成为西方汉学的领军人物，1911年就任法兰西学院中亚语言、历史、考古教授。有学者评论道，1920—1945年，"他主编的《通报》满载他的汉学论文和报告，他把这份杂志办成了类似汉学界的法庭"。[③]马伯乐的《安南语言历史语音研究》(1912)奠定了东南亚语言比较方法的基础，通过越南语中大量借词来考察汉语语音变迁。戴密微认为马伯乐的这一做法为高本汉开辟了道路，高本汉《中国音韵学研究》于1915—1924年间出版，为此他们还有过一段有关争论。马伯乐运用了历史学的方法进行汉学研究，著有《古代中国》(1927)，还研究了中国的道教

---

① 胡优静. 英国19世纪的汉学史研究［M］. 北京：学苑出版社，2009年，第120页。

②［法］戴密微. 法国汉学研究史概述［C］. 胡书经译. 张西平编. 欧美汉学研究的历史与现状，郑州：大象出版社，2006年，第210—213页。

③［法］戴密微. 法国汉学研究史概述［C］. 胡书经译. 张西平编. 欧美汉学研究的历史与现状，郑州：大象出版社，2006年，第215页。

史、天文学史等。葛兰言则在研究中使用了社会学的方法，著有《中国人的宗教》(1922)、《中国的古代舞蹈与传统》(1924)、《中国文化》(1929)、《古代中国婚姻类别和血亲关系》(1938)等。20世纪前半期，巴黎被誉为“无可争议的西方汉学之都”。①

伯希和说：“唯有沙畹始能认识中国文化之伟大的价值，中国之文化不仅与其他古代文化并驾媲美，且能支持发扬维数千年而不坠，盖同时为一古代文化，中世文化而兼近现代之文化也。”②他还将目录学、语言学、考据学、古文字学、考古学等方法应用于研究，在翻译中，他主张穷尽式梳理“所有的文献，在特有的文本传统中展示文本的本来面目。”马伯乐开拓了道家、道教和经济史领域的研究，他还使用了比较人类学、目录学、笔迹学、碑铭学和复原音位学等新的研究方法，其中有四种为其首创。葛兰言在翻译社会学和宗教资料时，注重其最初的词源学意义和使用的历史过程，其最终目的即在准确掌握字词意义的基础上，透过文本看到中国社会的真实面貌，这被汉学家傅利曼(Maurice Freedman，1920—1975)称为“文本社会学”。③这些研究方法和理念对其后的高本汉等汉学家皆具重要影响。伯希和与中国学者陈垣、胡适、陈寅恪都有往来。随着伯希和等三位汉学家在第二次世界大战中相继去世，法国汉学遭受了巨大的损失。“1946年8月，德国汉学家福兰克因营养欠佳逝世，有人认为其‘最后目睹老大帝国与其所领导西洋汉学家同归于尽’，同时现代西洋汉学与十九世纪前辈大师之联系亦告中断，从此在社会学与人类学的影响日益增强的背景下，西方汉学进入新的阶段。”④

(二) 历史比较语言学研究的发展

西方资本主义海外殖民活动的发展，也为语言研究的拓展提供了契机。18世纪的语言学研究范围不断扩大，积累了大量的语言标本，

① 桑兵. 伯希和与近代中国学术界 [J]. 历史研究，1997年第5期，第115—138页。
② 桑兵. 伯希和与近代中国学术界 [J]. 历史研究，1997年第5期，第115—138页。
③ 王琰. 汉学视域中的《论语》英译研究 [M]. 上海：上海外语教育出版社，2012年，第86—87页。
④ 桑兵. 伯希和与近代中国学术界 [J]. 历史研究，1997年第5期，第138页。

这为语言进行历史比较研究奠定了基础。这一时期的学者们注重在世界范围内采集语言标本,如较早的莱布尼茨等,还包括一些传教士学者。随着语言材料积累的日益增多,一些学者对数量众多的语言标本进行初步分类和比较研究。19 世纪初,学者们对日耳曼语、罗曼语及斯拉夫语族内部的各种语言进行了比较研究,语言学研究由搜集材料转向整理材料。1786 年,英国学者威廉·琼斯对梵语和拉丁语、希腊语之间存在系统性对应关系的发现在学界产生巨大影响,极大促进了历史比较语言学的形成和发展。历史比较语言学以德国为中心快速发展,语言学者们主要通过采用历史比较的方法,对语音和词形进行比较来研究语言的发展和演变,推动 19 世纪语言学研究进入新阶段。经过一个多世纪的探索研究,历史比较语言学者们研究了世界多种语言之间的同源关系,建立了世界语言谱系,取得了丰硕的成果,为语言学的发展作出了重大贡献。19 世纪历史比较语言学研究的主要对象是印欧语,20 世纪以来,历史比较语言学的研究范围逐步扩大到世界上大多数印欧语之外的语系,其中包括语言数量在 300 种以上的汉藏语系。[①]瑞典汉学家高本汉第一个将历史比较语言学的方法引入传统的汉语音韵研究中,取得了卓越的成就,如确定古汉语的音值,完成汉语中古音、上古音构拟等,从而极大开拓了历史比较语言学的研究领域。

19 世纪初,西方社会的学术研究方法、理念发生了很大变化,一些人文学科和社会学科纷纷借鉴先进的自然科学的研究方法,语言学领域的历史比较法即借鉴了生物学领域的比较方法,其应用促进了历史比较语言学的迅猛发展。同时,语言研究也吸收了这一时期社会学、哲学等所采用的历史分析法。随着历史语言学研究领域的不断开拓,有关研究方法也在不断发展。19 世纪末期德国的青年学派语言学家们开始利用现存语言事实帮助构拟语言成分,以寻求语言演变的轨迹。受索绪尔语言系统观的影响,20 世纪以来,学者们在研究中注意克服孤立看待语言成分演变的倾向,在历史比较法的运

① 李延瑞. 二十世纪历史比较语言学的发展现状[J]. 福建师范大学学报(哲学社会科学版),1998 年第 3 期,第 79—84 页。

用日臻完善的同时，学者们也逐渐注意采用一些共时分析的方法作为补充研究手段，如利用同种语言系统共时结构的差异来进行历时研究的内部拟测法等。[①]例如，高本汉在对汉语上古音的研究中，在古代有关语言材料和现代方言材料都不足以反映上古音的情况下，除了运用历史比较法，还以共时分析为补充，取得了古汉语语音研究的巨大成功。此外，中国学者王力、李方桂、罗常培、陆志韦、李荣等也运用这种科学方法，构拟了上古和中古的汉语语音系统，研究了汉语和有关语言的亲缘关系。由此可见，历史比较语言学研究对高本汉的汉学研究方法、思路等具有非常重要的影响。而这些研究也对其《尚书》等中国典籍翻译研究产生重要的作用。

（三）中国学术研究的现代化与经典价值的消解

19世纪60年代到90年代，晚清洋务派进行了一场引进西方军事装备、机器生产和科学技术以挽救清朝统治的自救运动。1898年6月至9月，晚清时期以康有为、梁启超为代表的维新派人士通过光绪帝进行倡导学习西方，提倡科学文化，改革政治、教育制度，发展农、工、商业等的资产阶级改良运动。1911年，辛亥革命成功推翻了清朝统治。1915年，陈独秀、李大钊、鲁迅、胡适、蔡元培、钱玄同等发起了提倡民主与科学，反对封建文化的新文化运动，提出“反传统、反孔教、反文言”，进行思想文化革新、文学革命。在现代化的思潮中，中国社会各方面都发生了巨大变化，其中包括学术研究。

在中国学术研究现代化的过程中，儒学不再是中国文化研究的中心，正如有学者所言：“在自身的传统变异和西学思潮的冲击的作用下，通过晚清和五四两代学人的合力作用，实现了中国学术的转型，即走出经学时代，颠覆儒学中心，标举启蒙主义，提倡科学方法。”[②]经学中融入了西学，引入西方近代的科学实证、分析等方法。胡适的弟子顾颉刚运用这些新的学术方法重新研究了大部分典籍，提出诸子学说及其他古

① 李延瑞．二十世纪历史比较语言学的发展现状[J]．福建师范大学学报(哲学社会科学版)，1998年第3期，第79—84页。

② 王琰．汉学视域中的《论语》英译研究［M］．上海：上海外语教育出版社，2012年，第89页。

籍与经籍具有同等的研究价值,《易经》只是卜筮之书,《诗经》只是乐歌,应该视为博物院的文献史料。其《古史辨》的出版对国内学术界产生巨大影响,也引起了国际汉学界的关注,其中包括英国的韦力和瑞典的高本汉等。[①]

西方汉学家对《尚书》等中国经典的态度也在发生变化。在此过程中,古代的经典褪去了神圣的光环,在学术研究中,经典所蕴含的思想文化和价值观也不再受到重视和推崇,只被当作普通的史料,甚至仅被用作语言学研究的一种古代语料。

二、高本汉《尚书》英译的目的理念

高本汉是西方世界最伟大的汉学家,也是20世纪在历史比较语言学领域作出了重大贡献的语言学家之一。[②]其对古汉语的历史比较语言学研究,使得古汉语音韵研究取得突破性进展。高本汉语言学造诣高深,治学严谨而富有创造性,致力于中国的语言文化研究数十年,对西方汉学有着卓越的贡献。其最为显著而重要的汉学成就即中国音韵学研究,正如有学者所言:"无论哪一部当代撰写的中国语言学史,特别是中国音韵学史,如果没有提及高本汉的成就和贡献,那是不可想象的。"[③]其所著《中国音韵学研究》,参照宋朝及其后各朝韵表,比较了这些字在当时各方言中的读音,分别构拟出音值,研究出了确定古音类别和字的古读的更准确的方法,又构拟了中古汉语(约公元600年的汉语)。高本汉"运用印欧语研究中卓有成效的历史比较法来研究汉语古音,是全面构拟汉语中古音和上古音的第一人",[④]其理论和方法对中国学界具有深远影响。

高本汉对中国典籍有过诸多研究,如《书经中的代名词厥字》(1933)、《诗国风注释》(1942)、《诗小雅注释》(1944)、《诗大雅与颂注

---

① 王琰. 汉学视域中的《论语》英译研究 [M]. 上海:上海外语教育出版社,2012年,第91页。

② 李延瑞. 二十世纪历史比较语言学的发展现状[J]. 福建师范大学学报(哲学社会科学版),1998年第3期,第79—84页。

③ 沈家煊. 想起了高本汉 [J]. 中国外语,2009年第1期,第1,111页。

④ 林书武. 高本汉(1889—1978)[J]. 国外语言学,1980年第4期,第41—43页。

释》(1946)、《书经注释》(1948—1949)、《诗经注释与书经注释索引》(1964)等,还编有《先秦典籍中的假借字》《古汉语词典补遗》等词典。其中对《书经注释》和《诗经注释》"做得最全面而又用力最深,"其译文对《尚书》做了"完整的逐句连缀解说,颇具学术价值"。[①]由于运用了古汉语音系重建和语源学的方法诠释文本,通过研究字词的古音以分辨"假借"现象,把握字词本意,因而其对《尚书》的翻译往往也较之前译本更为准确。

(一) 高本汉的文化背景

高本汉出生于瑞典延雪平(Jönköping)省的省会城市——维特恩湖南端的延雪平。其父亲是一位中学教师,有着非凡的经典语言学知识和教学能力,也是他高中一、二年级和秋季学期的拉丁语和希腊语老师。除了父亲之外,对高本汉的学术发展有着重要影响的老师包括卡尔·列毕(Carl Rebbe)和瓦尔特·费舍尔(Walter Fischer)。小学国语和德语老师列毕 1912 年第一次出版了《瑞典语言学》,具有语言教学家的资质。马悦然(Goran Malmqvist)在高本汉的传记中说,"我坚信,列毕的教育有助于唤起高本汉对语言学科学问题解决的兴趣"。后来列毕进入语言学家委员会,负责筹办过 1924 年春第一次瑞典西部语言学家会议。从小学到高中毕业,费舍尔一直是高本汉的国语老师,费舍尔和列毕合著了《普通构句与标点使用范例集成》,对瑞典的几代青年学生的国语使用都有重要影响。[②]高本汉早年所受的教育,为其后来的汉学研究奠定了基础。

1. 语言学与汉学研究

1909 年,高本汉以超常的速度在瑞典东部的乌普萨拉(Uppsala)大学俄语专业毕业之后,开始了自由的学术研究,他的导师是斯拉夫语言学家、方言学家隆德尔(J. A. Lundell)。隆德尔的学术思想对高本汉

① 李伟荣,李林.《尚书》诸问题及其海外传播——兼及理雅各的英译《尚书》[J]. 燕山大学学报(哲学社会科学版),2014 年第 2 期,第 77—82 页。

② [瑞典] 马悦然. 我的老师高本汉:一位学者的肖像 [M]. 李之义译. 长春:吉林出版集团有限责任公司,2009 年,第 18—19 页。

有着重要影响。大学毕业后高氏申请了奖学金,到19世纪后半期欧洲最重要的汉学研究中心之一圣彼得堡大学学习。1909年10月,他从俄国圣彼得堡大学发出的一封信中说,他已经克服了俄语方面的困难,大部分时间都在学习汉语,希望取得快速的进步。在汉语教授伊万诺夫教授(A. I. Ivanov)的建议下,他在跟一个中国学生学习汉语口语。伊万诺夫教授还建议他用一个月的时间学完大学一年级用的一本汇编类汉语教材,并帮他分析了汉学界的现状:当时缺少语言学家,大量的研究工作亟须语言学研究者的参与,且尚无对于汉语语音学的深入研究。故伊万诺夫教授建议高本汉将语言学作为主要研究领域,去中国待两年以学会汉语。高本汉感觉这个建议很对自己的心思,决定付诸实施,先学汉语口语(spoken language)然后攻克书面语(literary language)。高本汉还在假期阅读了赫斯(Hirth)和格鲁贝(Grubbe)写作的中国古代史的有关著作。从1910年开始,在中国的两年间,高本汉到了太原、北京等地学习和研究汉语,研究了24种中国方言,还在山西大学堂(今山西大学)教授过法语和德语。①在中国的这段时间内,高本汉研究了中国经典著作,还阅读了17世纪的故事书籍,他还发现中国有6—7种书面语言,仅仅学会一种或几种,无法完全读懂中国的文本。常与之通信的隆德尔(Lundell)教授告诉他,不要直接去查词语的意思,而要在语境中理解他们。② 1912年1月,高本汉返回欧洲,在伦敦学习了几个月之后到达巴黎。1912年9月至1914年4月,他作为沙畹的学生在那学习了两年。1915年5月20日,二十五岁的高本汉获文学硕士学位。次日,即5月21日,他获得了哲学博士学位。同年任乌普萨拉大学汉学讲师。其博士学位论文为《中国音韵学研究》中的一部分。在巴黎,高氏也结识了伯希和(1878—1945)和马伯乐(1883—1945)。这两位学者已经触及构拟古汉语语音的问题,马伯乐的研究更广泛一些,而这也是高本汉想要运用在中国收集到的方言材料去解决的问题。后来高本汉跟马伯乐展开了公开的学术辩论。高本汉还到莱比锡拜访过孔好古

① N. G. D. Malmqvist. *Bernhard Karlgren: Portrait of A Scholar* [M]. Lehigh University Press, Rowman & Littlefield, 2011, pp. 40 - 42.

② Ibid., N. G. D. Malmqvist. *Bernhard Karlgren* [M]. 2011, p. 56.

(August Conrady, 1864—1926)，到柏林拜访过缪勒（F. W. K. MÜller, 1863—1930）。1918年，高本汉被任命为哥德堡大学东亚语文学和文化教授，这是为他特别设立的职位。[①] 1924年，挪威文化比较研究学院成立，开展国际合作研究，邀请高本汉等学者参加上古文化与文明研究讲座。高本汉是受邀学者中唯一能够接受邀请者，他于1925年发表了《语言学和古代中国》(*Liguistics and Ancient China*)的演讲，并在1926年出版了《语文学和古代中国》(*Philology and Ancient China*)。[②]他还依据大量的资料和数据，研究了诸多中国古代传说中的人物及其思想，认为区分自由的(free)和系统化的(systematizing)[③]文本资料和数据是极为重要的，为了适应某种理想化模式(idealized pattern)，许多取自早前的信息被后来者破坏和扭曲了。作为一名历史比较语言学家，高本汉从青年时期就学会并一生采用严格的方法进行学术研究。在对《尚书》的划时代的研究中，高本汉证明了后汉的著名学者郑玄在评论过去的传统和礼仪时常常很离谱。[④]

高本汉的《中国音韵学研究》为汉学界所推崇，这是高本汉构拟中古音的代表作，发表于1915—1926年间，后由中国语言学家罗常培、赵元任、李方桂译成中文。在对古代汉语、历史等的研究中，"在许多情况下，他都能够以语音学为基础否定那些缺乏中国古代语音知识的学者们的推测"。[⑤]正如有研究者所言，"这位天才的学者对中国文化产生了

---

① ［丹］Søren Egerod（易家乐）. 高本汉的生平和成就［J］. 林书武摘译. 国外语言学，1982年第1期，第53—58页。

② Ibid., N. G. D. Malmqvist. *Bernhard Karlgren*［M］. 2011, p. 131.

③ 根据高本汉的界定，系统化的古籍主要叙述古代各历史时期发生的事件，是历史性的著作。如，《礼记》《易礼》和《周礼》都属于仔细地按照编年体例完整地记录下古代传统和礼仪观念，并使之保持一种联系性，形成一个系统。非系统化的古籍介绍特定时代的宗教与社会的情形，属于社会性的著作，内容比较丰富。例如，《书经》《左传》《国语》《战国策》《论语》《孟子》《墨子》《庄子》《离骚》和《天问》等，都被高本汉归为先秦时代"自由的"著作。这类著作主要记述古人及各种事件，也偶而记述其他历史事件或哲学家言论，都涉及当时的传统，阐明某些道德与政治的主题。高本汉对这类自由著述特别偏爱，曾写了不少文章论述此类著作，如《古代中国的传说和崇拜》、《周代中国的一些牺牲》等。参见：张静河，西方汉学研究的丰碑——高本汉（下）［J］. 中国文化研究，1995年第10期，第138页。

④ Ibid., N. G. D. Malmqvist. *Bernhard Karlgren*［M］. 2011, pp. 227-228.

⑤ Ibid., N. G. D. Malmqvist. *Bernhard Karlgren*［M］. 2011, p. 228.

铭心刻骨的爱”。[①]他说：“没有一种领域比汉学更广的了。”“我们不可否认汉学比任何别的科学都更需要语言学，因为中国文字的构造完全不能或几乎不能告诉我们字的读音。哪一天语言学能够把中国古音的系统确实构拟出来，哪一天历史学家和考古学家就会非常感激地发现，许多关于东亚和中亚的问题就都不成问题了。”[②]高本汉的有关古汉语音韵的科学研究，为其准确判断《尚书》等典籍中的词语，并进行诠释与翻译奠定了坚实的基础，其以对《尚书》疑难词语的比较语言学研究为基础的英译，因而也比之前的《尚书》英译有诸多更为准确、科学之处。

2. 儒家典籍的翻译观和翻译经验

高本汉在小学时就会写诗，还把拉丁语和希腊语的诗篇翻译成瑞典语。他的古典诗歌的翻译甚至胜过拉丁语和希腊语的学者，表现出了很高的语言天赋。他的语言学和汉学研究成就被誉为西方汉学研究的丰碑。[③]他很早就对古籍考证、辨伪非常有兴趣，首先对《左传》进行了有关研究，出版了论著《论左传的真伪和性质》(*On the Authenticity and Nature of the Tso Chuan*，1926)，又在远东文物博物馆馆刊发表了《中国古籍的真伪》(*The Authenticity of Ancient Chinese Texts*，1929)，翻译了甲骨铭文、《左传》《诗经》《书经》《论语》《孟子》《大学》《中庸》《墨子》《老子》《庄子》。译文之前附有主题相关的研究短文，勾勒出了中国古代宗教信仰的迷人图景。[④]他对于古汉语语音的重构，使得他可以用一种前所未有的工具，来研究中国的哲学和文本评注问题。[⑤]

尽管朱熹对于中国经典的解释具有官方的权威地位，但清代许多伟大的文字学家敢于无视这种地位，回到早期的注释中寻求他们自己对早期文本解释的依据，同时发展了一种超越朱氏的文字学方法，但其思想观念仍然会受早期注释者们的影响。例如，理雅各主要依据朱熹的注释翻译了《诗经》等典籍，同时也接受其他注释者的观点。而高本

① 张静河. 西方汉学研究的丰碑——高本汉 [J]. 中国文化研究，1995 年第 10 期，第 137—145 页。

② Bernhard Karlgren: *Etudes sur la phonogic Chinoise*. Stockholm(1915—1926). 转引自张静河. 西方汉学研究的丰碑——高本汉 [J]. 中国文化研究，1995 年第 10 期，第 142 页。

③ 张静河. 西方汉学研究的丰碑——高本汉 [J]. 中国文化研究，1995 年第 10 期，第 142 页。

④ Ibid.，N. G. D. Malmqvist. *Bernhard Karlgren* [M]. 2011，p. 258.

⑤ Ibid.，N. G. D. Malmqvist. *Bernhard Karlgren* [M]. 2011，p. 268.

汉虽然认为朱氏突破传统的观念值得赞扬，但是却强烈批评他的文字学方法的不科学(strongly criticizes his philological methods)。由于理雅各很大程度上忽视了对清代主要文字学家的有关研究的参考，高本汉认为其译文在出版时即已经过时。(Karlgren finds that his translations was already out-of-date when published.)①

(二) 高本汉对《尚书》文本的理解

高本汉对汉语非常欣赏，对汉语研究有着浓厚的兴趣。他在1914年写给妻子的一封信中说："一旦你学会了书写的技巧，写汉字是很有乐趣的，我总是对写汉字乐此不疲，一气呵成的书写会给我巨大的快乐。"他还在信中说："以后我会教你一点汉语，让你能够理解和欣赏汉语诗歌之美，这些极为短小而精致的诗篇需通过汉语原意方可欣赏。"②

高本汉将《尚书》与《左传》《国语》《战国策》《论语》《孟子》等归为自由类(free)先秦汉语典籍，将之与《礼记》《易礼》和《周礼》等叙述古代各历史时期事件的历史性著作相对。这些历史性著作被高氏称为系统性(systematizing)著作，认为他们按照编年体例完整地记录了古代传统和礼仪观念，并保持一种成系统的联系性。高氏认为《尚书》汉语原文历史复杂，语义极为晦涩，一些词语往往具有多种意义，很难确定文本中词语的原初意义。因而他在研究中特别运用了其构拟的古汉语语音系统来帮助分析判别疑难词语的语义，比较考证其词语的真实意义，努力还原该经典文本的原初面目，力求科学、客观地对其进行诠释。高氏通常将古代汉语文本作为语言学研究的材料，对其进行历史比较语言学研究。

(三) 高本汉《尚书》英译的目的理念

20世纪，受到西方近现代思潮，尤其是实证主义和历史比较语言学研究的影响，西方汉学家对中国典籍的认识和研究方法都有所改变，在研究中采取了综合性的方法，以发现文本背后的真实为目的。

---

① Ibid., N. G. D. Malmqvist. *Bernhard Karlgren* [M]. 2011, pp. 213 - 214.

② Ibid., N. G. D. Malmqvist. *Bernhard Karlgren* [M]. 2011, pp. 111 - 112.

在实证主义思潮的影响下，高氏注重通过科学地考辨原文词语的真实意义，以解决中国经典的疑难词语问题。他在译本前言中并未论及原文的思想文化价值，仅视之为语音研究的历史实证语料。高氏认为，仅从郑玄等中国学者的注疏中提取一些解释，对于他那个时代的学生来说已不足够。尽管已经认真收集了大多数的注解材料，但仍需进行语义判别，因而亟需通过对已收集材料的研究得出更加确切的结论，而且以前从事有关研究的学者们的著述仍有诸多需要修正的错误。[①]因此他采用比较语言学的方法，对《尚书》原文的词语进行了语义分类、分析比较等科学的考辨，有关成果即《尚书注释》(*Glosses on the Book of Documents*, 1948—1949)。其后以此为基础，主要将其所判定出的汉语文本的语词意义连缀成译文，即《尚书》英译。其注释主要形式为：分析历代中外学者对原文词语的有关注解，分类比较各类观点，最后推断出最科学、可信的语义，其翻译《尚书》目的即依据其新的有关考证研究，提供一种不同于以前译本的译文。[②]

三、高本汉《尚书》英译的主要方法与策略

高氏与理雅各等汉学家同样怀有对中国文化知识的极大热忱，毕生致力于汉学研究，在汉语音韵学、词典学、文献学、方言学、考古学等领域皆有卓越的建树。1920 年，他发表《原始汉语是屈折语》(*Le proto-chinois, langue flexionelle*)的论文，引起轰动。正如有学者所言，高氏“在类型层面研究汉语的特征，早在 20 世纪 20 年代，就有许多精到的论述”。[③]他还著有《藏语与汉语》(*Tibetan and Chinese*, 1933)。他对古代汉语字词有着非常深入的研究，在古汉语音韵方面的研究，更是取得了丰硕的成果。其于 1933 年发表了《汉语词族》(*Word Families in Chinese*)。其《古汉语字典》(*Grammata Serica*, 1940,

① Bernhard Karlgren. *Glosses on the Kuo feng Odes* [J]. *Bulletin of the Museum of Far Eastern Antiquities*, No. 14, 1942, p. 73, p. 81.

② Bernhard Karlgren. *Book of Documents* [J]. *Bulletin of the Museum of Far Eastern Antiquities*, 1950. p. 1.

③ 方环海，郑通涛. 西方汉学与汉语研究 [M]. 广州：世界图书出版广东有限公司，2016 年，第 1 页。

1957修订)研究了中国上古和中古语音。其代表作《中国音韵学研究》(*Etudes sur la phonologie chinoise*, 1915—1926)曾在中国音韵学界引起巨大反响。当时中国的音韵学研究陷入了困顿,如赵荫棠所言:"等韵图的编制,至劳乃宣已走到穷途,宋元等韵的解释,至黄季刚亦陷入于绝境。设若没有新的血液灌输进来,恐怕我们中国的音韵学永永远远停留在株守与妄作的阶段里。"①由于高本汉对中国上古音研究的突破性进展,赵荫棠评价高本汉说:"他对中国音韵学的贡献,凌驾于其他洋人之上。"②高氏认为,确定上古语音系统对于了解古音假借现象是必要的,只有这样,词的原义才有可能从语源学的角度得到确证。③有学者认为:"高氏的古代语音估定及假借学说,直到今天恐亦无出其右者。"④他将《诗经》等经典文本作为语言研究材料,构拟古汉语语音系统。为了探求古文本疑难字词的原义,高氏先注释《诗经》,⑤后又注释了《尚书》《左传》(*Glosses on Tso Chuan*, 1968)、《礼记》(*Glosses on the Li ki*, 1971)等中国经典。这些语言学研究也都为其更为准确地英译《尚书》奠定了坚实的基础。因此,其在对《尚书》的英译过程中,主要采用了历史比较语言学的方法,以判别古代文本的语义。此外,其译文也表现出以直译为主对译原文的特点,对《尚书》中的较难理解的词语作了专门的注释,其注释属于文外注释。

(一) 实证主义与历史比较语言学的方法

受其所处时代现代化学术思潮的影响,高氏在汉语研究中运用了实证主义的科学方法。他在《诗经·国风注释》的前言中指出:"在阅读《诗经》时,学生对文本的理解有双重任务,即确定疑难词语的意义与理解全诗主旨,而词语的理解是基础而至关重要的一步,否则无法理解

① 赵荫棠. 等韵源流 [M]. 北京:商务印书馆,2017年,第338页。

② 赵荫棠. 等韵源流 [M]. 北京:商务印书馆,2017年,第338页。

③ 赵元任译. 高本汉的谐声说 [C]. 赵元任语言学论文集,北京:商务印书馆,2002年。

④ 高本汉. 先秦文献假借字例 [M]. 陈舜政译. 台北:中华丛书编审委员会,1974年,第7页。

⑤ 包括《国风注释》(*Glosses on the Kuo feng Odes*, 1942)、《小雅注释》(*Glosses on the Siao ya Odes*, 1944)、《大雅注释》(*Glosses on the Ta ya Odes*, 1946)及《颂注释》(*Glosses on the Sung Odes*, 1946, BMFEA, 14, 16, 18)。

整首诗歌的总体思想。"①因此,在翻译《尚书》之前,他详尽收集各时期有关《尚书》的资料,综合运用了训诂学、文献学、语言学等研究方法,对这些语料进行分析,对《尚书》中的疑难字词的语源等历史资料进行分类比较与考证研究,其结论侧重于最古老的文本例证所支持的语义。因此其译文往往较之前的英译更具科学性与学术性。例如:

例 3.6 《尚书·虞夏书·禹贡》:"禹锡玄圭、告厥成功。"

理译:Yu presented a dark gem-stone, and announced the completion of his work. ②

(禹献出了一块深色宝石,宣告他的工作已完成。)

高译:Yu was given(sc. by the emperor) a black kuei sceptre, announcing that he had achieved his work.(禹被皇帝赐予一块黑色的珪玉,宣布其工作已经取得成功。)③

由上文可见,理氏与高氏对于"禹锡玄圭、告厥成功"的语义诠释不同,通过分析二者的有关注释,可发现其英译过程中对原文语义的判别方法与策略也有较大差异。

理氏注释:"圭即瑞玉,一种珍贵的玉,在五种玉牌中,有三种叫做圭,这些圭玉牌,由皇帝颁发给大臣,是一种对其尊贵与权威的授权象征。此处文本中说大臣献圭给皇帝,这似乎不恰当,由于司马迁强烈地感受到了这种不恰当的做法,故创造出这段'帝锡禹玄圭,以告成功',孔安国也赞同此说,但我对此观点不予采纳。其他一些与大禹治水有关的说法也都很牵强。我认为原文的意思是,大禹在某地发现一块深色、罕见的石头,它如此珍贵,以致他认为值得将之献于皇帝,皇帝即尧,但宝石应首先献给其副手舜。"④由此可见其比较主观的推断原文语义的做法。

---

① Bernhard Karlgren. *Glosses on the Kuo feng Odes* [J]. *Bulletin of the Museum of Far Eastern Antiquities*, No. 14, 1942.

② James Legge. *The Shoo King or The Book of Historical Documents*[M]. *The Chinese Classics*, Taipei:SMC Publishing Icn, 1991, p150.

③ Bernhard Karlgren. *The Book of Documents* [J]. *Bulletin of the Museum of Far Eastern Antiquities*, 1950, p. 16.

④ James Legge. *The Shoo King or The Book of Historical Documents* [M]. *The Chinese Classics*, Taipei: SMC Publishing Icn. , 1991, p. 150.

高注(1396条)①则通过对有关资料进行归纳,分为三类观点,对其进行比较来判断原文语义:A类为司马迁和孔安国的观点,即认为国王赐予大禹一块黑色的圭,并宣告他的工作已经完成,并引于省吾关于此类结构出现于周代青铜器铭文的研究为证明,即"X锡"在铭文中意为"X被赐予……";B类为汉代的另一种观点,即认为上天赐给大禹一块黑色的圭。并引用法国汉学家沙畹(Chavanne)关于圭的碑铭研究为之参照;C类为蔡沈的观点,大禹将黑色的圭献给了国王。在比较之后,高氏认为:没有理由不采用A类这种年代最早的注释。

由其注释可见,理氏显然查考了有关文献资料,据此在注释中说明了圭的意义,并引用了司马迁、孔安国关于文本所述历史事件的观点,即二位中国学者都认为是皇帝以圭赏赐大禹,以宣布治水成功。但理氏虽然研究了有关文献,却没有吸收有关解释,最后并无原因说明,即无端地作出了相反的诠释,其结论后来被高氏用实证的研究结论所推翻。高氏通过对有关文献的对比分析,结合最新实证性碑铭文研究成果,作出了对有关词语语义的科学判断。高氏能够在其注释中引用碑铭文等实证性研究成果,显然是受到其所处时代的现代化学术思潮的影响,从而使得其《尚书》翻译具有现代化的学术特点,主要显示了科学实证主义与历史比较语言学的方法特色。

由上例可见,高氏的研究注重较早的文本例证,认为这样才可能考证出词语真正的意义,而理氏对于较早期的司马迁、孔安国等的注释则不以为然,其对原文的诠释往往有主观化倾向,因此不如高氏的诠释科学可信。再如:

例3.7 《尚书·虞夏书·舜典》:"慎徽五典……"(首先让舜慎重地完善父义、母慈、兄友、弟恭、子孝五种美德。)②

理译:Shun carefully set forth the beauty of the five cardinal

① Bernhard Karlgren. *Glosses on the Book of Documents*[J]. *Bulletin of the Museum of Far Eastern Antiquities*, 1948, No. 20, p. 167.

② 江灏,钱宗武译注. 今古文尚书全译[M]. 贵阳:贵州人民出版社,2009年,第11页。

duties. [1](舜慎重地展示了五种基本职责之美。)

高译:He (Shun) carefully displayed the five rules (se. about the 5 family relations: father, mother, elder brother, younger brother, son.)[2][舜慎重地展示了五种规则(见注释中所言五种家庭关系:父亲、母亲、哥哥、弟弟、儿子)。]

从译文看,二者表述区别较小,但从二者注释可发现其更深层次的诠释,二者语义所指实际上有着很大差异。理氏注释:"'五典'又称'五教''五常',五种永恒的职责,此美德属于五种社会关系,即父子、君臣、夫妻、长幼、朋友。"[3] 而高氏注释为:"'五典'即'五教'(five teachings):'父义、母慈、兄友、弟恭、子孝',这是最早的有关注释,郑玄随后也这么注释,所以应该遵循,其他的解释有《尔雅》释'典'为'常','五典'为'五常之教'。班固的解释是'仁、义、礼、智、信',孙星衍认为应是最早的'五教',而蔡沈原来一直认为'五典'即'五常',后来却视同孟子所定义的'五伦',即五种社会关系:父子、君臣、夫妻、长幼、朋友。"[4]由此可见,高氏的诠释将最早的注释和清代学者对此的考据相结合,彼此相互验证,从而判定较早的语义注释为真,其判断符合中国文化的常识意义,其有关考据研究较之理氏也更具学术性。

由于高氏在翻译过程中采用了历史比较语言学等研究方法,其对原文词语语义的判别更为科学、有据,这往往使得其译文语义更加贴近原文。如:

例 3.8 《尚书·虞夏书·皋陶谟》:"至于海隅苍生,万邦黎献……"(普天之下至于海内的百姓,各个诸侯国的众位贤人……)[5]

理译:... even to the grassy shores of the seas, and in the myriad

① James Legge. *The Shoo King or The Book of Historical Documents* [M]. *The Chinese Classics*, Taipei: SMC Publishing Icn., 1991, p. 31.

② Bernhard Karlgren. *The Book of Documents* [J]. *Bulletin of the Museum of Far Eastern Antiquities*, 1950, p. 4.

③ Ibid., James Legge. *The Shoo King* [M]. 1991, p. 31.

④ Bernhard Karlgren. *Glosses on the Book of Documents* [J]. *Bulletin of the Museum of Far Eastern Antiquities*, No. 20, 1948, p. 71.

⑤ 江灏,钱宗武译注. 今古文尚书全译 [M]. 贵阳:贵州人民出版社,2009 年,第 43 页。

States the most worthy of the people will all wish to be your ministers. [①](甚至到长满水草的大海之滨，诸多诸侯国内最贤能之人都愿做您的臣子。)

高译：... even to the corners of the seas, the numerous (conspicuous ones=) eminent men of the (greenly-growing) flourishing myriad states all together are the servants of the emperor. [②][甚至到海角，(旺盛地生长着的)繁荣发展的国家中的众多贤能之人都是皇帝的仆人。]

从以下二者的有关注释可发现，译者对原文的研究方法不同，得出的结论也不同，显然高氏的实证性研究方法更为科学可信。

例如，理氏注释："海隅苍生"，"隅"同"角"，"苍生"在《御制日讲书经解义》中释同"黎民"，即"所有人"(all people)。这个词组现在常附有此意，但这是有争议的，有的认为在秦朝之前不这么理解。"苍"可能指草色，孔安国将其与"海隅"相连，释为"至于海隅苍苍然生草木"。"黎献"的"献"同"贤"，即聪慧、贤能之人(参见《论语》)，"黎"可能意为"所有的"(all)，或者是我们迄今为止所赋予它的意思，即"黑头发人中的聪慧之人"。

而高氏注释为：(《尚书注释》第1326条)"苍"的意思是绿色和蔚蓝色，如《诗经》(129)中的"蒹葭苍苍"，意为"芦苇和蒲草皆一片碧绿"，再如《诗经》(65)中的"苍天"意为"蔚蓝色的天空"。有关注解观点可分为三类：A类，"苍"即"海隅苍生"的"苍"，意为"甚至于长到海角的绿色植物"，但不可能为此意，因为海天交界线的颜色不能被描述成绿色植物的颜色；B类，李善在《文选》注释中称"苍天"同"黔首"，即"黑色的头"，意为"人民"。公元前3世纪的一些文献可见"绿"的语义一般扩展为"黑、暗"，甚至可以指海角黑发之人，但汉代之前没有这种用法的例证；C类为其他解释："苍生"应与其后两字组成"苍生万邦"，意为"(旺盛地生长着的)繁荣发展的诸多小国"。[(greenly-growing=) flourishing myriad states]"黎献"(高注第1327条)："黎"，即"所有，数量众多"之意，而非黑

① James Legge. *The Shoo King or The Book of Historical Documents* [M]. *The Chinese Classics*, Taipei: SMC Publishing Icn., 1991, p. 83.

② Ibid., Bernhard Karlgren. *The Book of Documents* [J]. No. 22, 1950, p. 11.

发之人。“献”的意思已确认,《尔雅》说“献”同“圣人”。《逸周书》载,聪慧、明智者谓之“献”,但是真正的词源学有各种不同的解释。郑玄说“献”同“贤”(*χi̯ăn / χi̯ăn / hien)=*100* (*g'ien / γien / hien),但是“献”*χi̯ăn*不可能很适合作“贤”*χia / χjię / hi 的借词。段玉裁和王引之认为“献”为“仪”*ngia*的借词,因为《尚书·大诰》载伏胜在《书大传》里用“民仪”来解释“民献”,而且《周礼》中载“献”读作“犧”*ngia*包括“仪”(读音被包含)。实际上,汉代的几种描述都认为“黎仪”二字组合与《尚书》中的“黎献”同义。可能是今文《尚书》的“黎仪”代替了古文《尚书》的“黎献”的缘故。但无论如何后者“献”*χi̯ăn*不可能是前者“仪”*ngia*的借词,二者语音差异太大。“献”本意为“赠送,拿出”,《诗经》(220)有“献尔发功”,意为“展示你的射击技能”,这可以很好地证明“献”有“展出、展览、展示”之意,被动意为“被醒目地展示、展览”。故此处“黎献”应为“数量众多的杰出人才”(“the numerous(conspicuous=)eminent ones”)。[①]

由上述注释可见,麦氏研究了《御制日讲书经解义》《论语》以及孔安国的有关文献,但仅简单列举了各家观点,而高氏则对大量的,尤其是早期的有关用例资料进行了细致的分类,并进行比较与分析,据此综合判断词语的意义。在研究中,采用了词源学的方法来考证“黎献”的语义,显然更具有科学实证性,因而其结论也更为可信。

高氏认为,要确定文本中疑难字词的真正意义,只有通过运用更可靠的材料和方法,因而更注重有关材料的实证性,而非依据材料的权威性。他采用语言科学的方法,试图从语言的本体层面判别汉语词语的真正意义。他认为,由于《尚书》文本的阅读非常困难,其语义多晦涩难懂,甚至无法解释,加之中国学者对其句子划分与解释分歧很大,而中国的《尚书》学博大精深,有关研究卷帙浩繁,不可悉数考证,因此常使人怀疑究竟能否确认其中词语的形式和意义。尽管如此,仍然可以寻求解决之道。他在《尚书注释》的序言中称,他的所有注释都始终参照其所拟定的古汉语语音系统,只有借此才能解决所谓的通假和借音等

---

① Bernhard Karlgren. *Glosses on the Book of Documents* [J]. *Bulletin of the Museum of Far Eastern Antiquities*, 1948, No. 20, pp. 129 - 130.

疑难语言现象。他认为，对一个词的真正意义的最佳确定方法即根据其词源解释，比如可以通过其所属词族和词根来确定等。正确辨别字词真实面目的先决条件是充分了解古汉语语音系统，而他依据古汉语材料构建的古汉语语音是可信的，完全适用于《尚书》等典籍文本疑难词语的意义判别。[①]由此可见，高氏在翻译过程中运用的正是历史比较语言学的方法。

（二）异化为主的翻译策略、直译为主的翻译方法

高本汉与麦都思都从事过有关汉语词典编撰研究，其《尚书》英译也与麦氏同样具有基本依据原文字词直译的简明风格，但其译文以其对《尚书》的词语意义的科学研究结论，即《尚书注释》为基础，因而更具学术性。其英译基本上逐字逐句对译了原文。除了在译文中标记了一些字的变体之外，译文内几乎没有对原文思想文化等方面的补充注释。其直译为主的方法，更为准确地诠释了原文词语的科学意义，注重保留原文的语言文化特征，因此其翻译表现为以异化为主的特点。例如：

例 3.9 《尚书·虞夏书·尧典》："曰若稽古，帝尧曰放勋，钦明文思安安，允恭克让，光被四表，格于上下。"（考察往事，帝尧名叫放勋。他处理政务敬慎节俭，明察四方，善于治理天下，思虑通达，宽容温和，他确实对人恭敬，能够让贤，他的光辉普照四方，至于上下。）[②]

高译：Examining to antiquity，（we find that）the emperor Yao was called Fang-hün. He was reverent，enlightened，accomplished，sincere and peaceful（ceding ＝）（mild）. He was truly respectful and could be（ceding ＝）modest. He extensively（covered＝）possessed the four extreme points（of the world）. He reached to（Heaven）above and（earth）below. [③]［经考古，我们发现帝尧称为放勋。他有敬畏之心，开明而有成就，真诚而温和。他为人真正恭敬而谦虚，广泛占据了世界的四极，到达了（天）上和（地）下。］

---

① Ibid.，Bernhard Karlgren. *Glosses on the Book of Documents*［J］. No. 20，1948，pp. 39－43.

② 江灏，钱宗武译注. 今古文尚书全译［M］. 贵阳：贵州人民出版社，2009 年，第 2—3 页。

③ Ibid.，Bernhard Karlgren. *The Book of Documents*［J］. 1950，p. 1.

由上例可见，高氏基本按照原文的字句及其语序英译了原文，除了在括号中补充了（ceding =）、（mild）、（covered=）作为可能的语义之外，别无其他的补充注释。括号内补充语义显示了高氏对汉语词语语义丰富性与译文准确性的重视，也显示了其注重字词对译的直译方法。译文诠释注重对汉语词语本义的科学探求和真实呈现，因而表现出异化翻译策略的特点。再如：

例 3.10 《尚书·虞夏书·禹贡》："禹敷土，随山刊木。奠定高山大川。"（禹分别土地的疆界，顺着山势砍削树木作为路标，以高山大河奠定疆域。）①

高译：Yü（laid out =）disposed the lands. Going along the mountains, he cut down the trees. He determined the high mountains and the great rivers. ②（禹处置了土地。他沿着大山砍倒树木。他测定高山和大河。）

例 3.11 《尚书·周书·洪范》："箕子乃言曰：'我闻在昔，鲧堙洪水，汩陈其五行。帝乃震怒，不畀洪范九畴，彝伦攸斁。鲧则殛死，禹乃嗣兴。'"（箕子回答说："我听说从前，鲧堵塞大水，胡乱安排水火木金土五种用物。天帝震怒，不给鲧九种大法，治国的常理因此毁坏了。后来鲧被流放死了，禹就继承兴起。"③）

高译：The prince of Ki spoke and said: I have heard that in ancient times Kun obstructed the inundating waters, and（disorderly ranged =）brought disorder into the arrangement oft he five elements. The Sovereign（God）then was roused and angry, and did not give him the Great Plan in nine（categories =）sections,（that was）whereby the constant norms were destroyed. As to Kun, he was killed and died, and Yü then succeeded him and rose. ④（箕子说："我听说古时候鲧阻塞了泛滥的洪水，使五行排列紊乱。当时，君主（上帝）被

① 江灏，钱宗武译注. 今古文尚书全译［M］. 贵阳：贵州人民出版社，2009 年，第 48—49 页。

② Bernhard Karlgren. *The Book of Documents*［J］. 1950, p. 15.

③ 江灏，钱宗武译注. 今古文尚书全译［M］. 贵阳：贵州人民出版社，2009 年，第 182—183 页。

④ Bernhard Karlgren. *The Book of Documents*［J］. 1950, pp. 29 - 30.

激怒了，并没有给他九个（类别）部分的伟大计划，这样不变的规范被破坏了。至于鲧，他被杀死了，之后禹继承了他的事业而兴起。”）

由上例可见，高氏几乎字字对应地翻译了原文，译文简明而贴近原文语义，表现出明显的直译法的特点。例如，他将“禹敷土”译为 Yü (laid out =) disposed the lands。将“随山刊木”译为 Going along the mountains, he cut down the trees，将“箕子乃言曰：‘我闻在昔……’”译为 The prince of Ki spoke and said: I have heard that in ancient times... 其英译本中多为此类译文。

（三）文外词语注释的翻译策略

由译者们对《尚书》的理解与诠释可知，麦氏、理氏视之为一部包含了丰富的中国历史文化的经典，而高氏仅视之为一本普通的古代语言研究语料，其对这部经典翻译的切入点即为对所谓疑难字词的语言学研究。与麦氏、理氏的翻译策略类似，高氏也对原文有关词语进行了注释研究，并专门著有《尚书注释》①。但与前两者不同的是其注释独立刊行，而非附于译文之下，而且高氏的注释以对词语意义的科学考证为主，进行语言本体研究，而非麦氏、理氏的注释那样对原文的词语进行语文学诠释，并对原文的历史、文化等方面进行广泛的补充说明与评论，这也反映了西方译者们对原文不同的诠释目的与理念。显然，经过对原文历史文化等语境信息的诸多补充，麦氏和理氏的诠释较之高氏更有利于西方读者对原文的本体真理的理解，而仅有对原文较为准确的异语文字转换，对不同文化间的理解与交流而言，显然仍不足够。

例如，注释《尚书·虞夏书·益稷》：“凤凰来仪”，高注（第 1346 条）对诸多有关“凤凰来仪”的互文信息进行分类。注释如下：“A. 司马迁的《五帝本纪》释为‘雌雄凤凰来飞翔’；《说苑》也有类似解释，但‘仪’没有这个意思。B. 孔安国则认为‘仪’为其通常意义，即‘容仪’，（举止端庄）仪态美好，将此句解释为‘雌雄凤凰来了，态度端正’，这未免吹毛求疵，但蔡沈认为应该对孔安国的解释进行改进，应为‘它们来跳舞，风度

① Bernhard Karlgren. *Glosses on the Book of Documents*[J]. *Bulletin of the Museum of Far Eastern Antiquities*, No. 20-21, 1948—1949, p. 152.

美好'；但'仪'并无跳舞之意。C. 马融认为文中鸟兽是钟架上的装饰品，东汉应劭的《风俗通义》认为凤凰比喻排箫，排箫10根长度不同的管像凤凰的翅膀，但有古老的诗歌：'凤凰秋秋，其翼若干，其声若箫，有凤有凰，乐帝之心，'这可以证明凤凰的确是在场的，他们的翅膀如盾牌、声音像排箫，让皇帝深感欣喜。这就是为何《尚书》会有《萧韶九成》之说，凤凰的声音像排箫，排箫被用来描绘凤凰。D. 郑玄认为'仪'等同于'匹'，即配偶，《诗经》有'实惟我仪'，凤凰来到庭院筑巢为偶，是幸福的征兆。《礼记》载，独角兽、凤凰、龟、龙是四大瑞兽。E. 伏胜(《论衡》所引《尚书大传》)有'凤凰在列树'表明他将'仪'作为'行为端正，彬彬有礼'之义。因此，此句释为：凤凰到来，排列在恰当的位置。F. 其他解释。A—F的这些注解，对'仪'的解释或多或少都有些牵强，我们发现《方言》：'仪佫来也'的'仪'和'佫'都有'来'的意思，'仪'用于陈和郢地区，这样我们就有证据表明在汉代中期'仪'(ngia)在口语中通用之意为'来'，也许在古代更为普遍，从而作为陈地的方言而继续存在，然而既然汉代之前的文本没有好的用例，仅在较晚的《方言》的影响下，我们不敢认为'仪'在《尚书》的时代即有'来'的意思。但是，这里与'仪'结合成叠词的事实使得这个推测是可信的，即'来仪'为'来到'之意与'来格'的'来到'之意相类，同样的情况我们在较早的章节见过几句(76)，并且这种情况出现在《诗经》和《礼记》中。这样，此句即意为'雌雄凤凰来了，出现在了现场。'(The male and female phoenix come (and arrive) and put in appearance.)"①

由其注释可见，高氏广泛、全面地收集了有关词语的注释等互文资料，综合运用了比较语言学、文献学、科学实证主义等方法，分类比较了"凤凰来仪"中的"仪"的诸多语义解释，对其语义进行实证研究，确定了"仪"的语义，并以此为基础，形成该句的译文。但其考证性的注释，仅单独解释了有关词语的语义，并未进一步结合有关词语的语篇、历史文化等语境进行综合性的诠释。因此，较之理氏等丰富、多元的历史、地理、文化等信息的补充注释，高氏英译的词语单独考据性注释显然不利

① Ibid., Bernhard Karlgren. *Glosses on the Book of Documents* [J]. 1948—1949, p. 142.

于对原文本体真理的充分诠释。

再如，《尚书·虞夏书·尧典》："克明俊德"，高注（1210条）即以古音系统和词源学为依据，推断出《大学》对其的解释最为可信。注释如下："'俊'/tsi̭wən/tsi̭uən/tsün/意为'伟大的、显著的'，《诗经》常写成同一读音的'骏'，关于这一点可参见我的《诗经注释》561条（'不骏其德'），《礼记·大学》引用《尚书》为'克明峻德'/si̭wən/si̭uən/sün/，'峻'有'崇高、高尚'之意，是一个同源词。究竟《尚书》原文本来用哪个字已不可分辨，大概在周代，字体简单只用'夋'，汉代学者加上了"人"字旁将它变为'俊'/tsi̭wən/，用作'伟大'之意，或加'山'字旁，变为'峻'/si̭wən/，为'崇高'之意。A. 最早注释此句的是'大学'的作者，清楚地解释为：'他能够光耀其崇高的德行。'王充（《论衡·程材》）、郑玄（《礼记·大学》注释）皆用其说。B. 郑玄在《尚书》的注释中说，'俊德'意思是'有非凡美德之人'。《伪孔传》进一步解释为：'他能够发扬光大那些非凡的美德。'理雅各和沙畹（见其法文《史记》）把'俊''德'分开解释：'俊'：卓越、非凡的，'德'：有美德的，但这当然不是郑玄之意。C. 司马迁《五帝本纪》引用此句'能明驯德'，也许他见过写作'驯德'的文本，但那也不确定，因为他经常用一些同意的字替代《尚书》的字（如此处用'能'代'克'），因此很可能他认为'俊'/tsi̭wən/或'峻'/si̭wən/是'驯'的借词（或许用'顺'（顺从）来解释'驯'）。'驯'同'训'，二者读音也相同，其词根原义为'教导''训练'，也有'顺从'之意。徐广（5世纪初）直接说：'驯即古训字'。但司马迁的引文有两种理解：a. 司马贞（8世纪）认为'驯'即'顺'，比较上文，意为'他能够发扬光大其温顺的美德'；b. 孙星衍认为'驯'即'训'，为自动词（active verb）。此说依据《周礼·土训》注所引郑众的说法，认为'训'即'告道'，整句意为'他能发扬其教诲人的德行。'此解释更为牵强。因此，没有理由丢弃最早的注释A。"①

由上例的注释可见，高氏将历代有关注释进行分类考证，认为A类最早，即《大学》的有关注释："他能够光耀其崇高的德行。"引用了王

① Bernhard Karlgren. *Glosses on the Book of Documents*[J]. *Bulletin of the Museum of Far Eastern Antiquities*, No. 20-21, 1948—1949, p. 46.

充、郑玄的观点为证;B类为理氏和沙畹的注释,与郑玄的注解不符;而C类为司马贞和孙星衍等的相关注释,但有关解释与原文本的语境不符,未免牵强,而较之有更早的可信文献例证的A类,其可信度不足。由此,高氏得出结论:没有理由对最古老的A类注释弃之不用。[①]由此可见,高氏侧重于对一些从原文中分离出来的疑难词语进行单独的语义考证研究,而对原文句子、语篇所进行的思想文化整体诠释仍显不足,但因其对词语进行考证的思想和方法都更为科学,其《尚书》英译具有超前的学术性。

第四节 20世纪西方《尚书》英译的特点

19世纪末至20世纪上半期被认为是西方汉学现代化的转型时期。[②]这一时期《尚书》英译者的身份开始世俗化,改变了长期以来译者多为传教士的局面,世俗学者们也参与了这部中国经典的英译。他们对《尚书》原文的诠释与传译方法、形态各异,其译文形态、翻译研究思想和方法等方面皆显示了现代化的学术特点。

一、欧德、高本汉《尚书》英译的本体诠释特点

从本体诠释学的视角看,欧德和高本汉对《尚书》的诠释都不再如之前译本那样具有明显的基督教神学色彩,二者对原文的诠释与翻译,在语言层次存在明显差距。欧德的译文表现出对原文语义的较大偏离,而高本汉则总体上比欧德等英译者更为准确地诠释了原文,尽管其英译也存在一些不当诠释与误读。

(一) 语言层次特点

欧德的《尚书》英译形态跟汉学形成期的英译有某些相同之处:皆

---

① Ibid., Bernhard Karlgren. *Glosses on the Book of Documents*[J]. 1948—1949, p. 1.
② 王琰. 汉学视域中的《论语》英译研究 [M]. 上海:上海外语教育出版社,2012年。

不附带原文，注释中也无汉字出现。皆采用意译为主的翻译方法，译文也皆表现出诸多与汉语原文词语历史、文化常识意义不符合之处。译文准确性和学术性皆与麦氏和理氏英译相差较远，而高本汉则相反，由于研究方法的现代化，其英译较之前译文，对原文疑难词语的语义诠释更为科学、准确。

1. 欧德译本的语言层次特点

欧德《尚书》英译语言层次的诠释与原文语义存在较大差异。例如：

例3.12 《尚书·虞夏书·舜典》："宾于四门，四门穆穆，纳于大麓，烈风雷雨弗迷……"（让舜在明堂四门迎接四方来朝的宾客，四方来朝的宾客都肃然起敬。又让舜担任守山林的官，即使在暴风雷雨的恶劣天气而不迷误……）①

欧德译：receiving at the Four Gates, all were commodiously disposed, and being sent to the Great Mountain's foot, terrific tempests and thunder-storms notwithstanding, he did not falter.②（在四个大门接收，所有的都被方便地安排好了，并被送到大山脚下，尽管遭遇了可怕的风暴和雷暴，却没有动摇。）

在上例中，原文"穆穆"的常识意义是"敬也""仪容谨敬"，而欧德没能翻译出此意；③"麓"的文化常识意义为"守山林的官"，④而非欧德翻译的"大山脚下"。再如：

例3.13 《尚书·虞夏书·尧典》：瞽子，父顽，母嚚，象傲，克谐……（他父亲心术不正派，后母说话不忠诚，弟弟象傲慢不友好，而舜能同他们和谐相处……）⑤

欧德译：He is the son of a blind man who is foolish; his mother is not sincere, and his brother Siang is tyrannous; yet has he been able to

① 江灏，钱宗武译注. 今古文尚书全译［M］. 贵阳：贵州人民出版社，2009年，第11页。

② Ibid., Walter Gorn Old. *The Shu King or the Historical Classic*［M］. 1904, p. 9.

③《尔雅·释训》："穆穆，敬也。"郭璞注："皆仪容谨敬。"

④《说文》："麓，一曰守山林吏也。"

⑤ 江灏，钱宗武译注. 今古文尚书全译［M］. 贵阳：贵州人民出版社，2009年，第8页。

regulate them by his filial piety...[①](他是一个愚蠢的盲人的儿子：他的母亲不真诚，他的弟弟象是暴君；但他能够通过自己的孝顺来调整他们……)

由上例可见，欧德显然没有正确理解句中"顽""傲"等词在中国文化中的通常意义，从而将心术不正之意的"顽"译为"愚蠢的"(foolish)，将傲慢而不友好之意的"傲"译为"暴君"(tyrannous)，对这些诠释失误，有学者做过专门讨论，指出其有违语言、历史、常识等诸多瑕疵。[②]又如：

例3.14 《尚书·周书·召诰》："夫知保报携持厥妇子，以哀吁天，徂厥亡，出执。"(男子背着、抱着、牵着、扶着他们的妻子儿女，悲哀地呼告上天，诅咒纣王灭亡，希望脱离困境。)[③]

欧德译：So that a long-suffering people, compelled at length to protect their wives and children, made sorrowful petition to Heaven, and when they attempted to make their escape they were arrested.[④](一个长期遭受压迫的民族，人们被迫竭力保护他们的妻子和孩子，向天堂哀求，当他们试图逃跑时，被逮捕了。)

夫，男子，保，背负。《尚书释义》："即褓字，亦当有负义。吁，呼告。徂，通诅，诅咒。执，通垫。"《说文》："垫，下也。"《尚书·益稷》："下民昏垫"，郑玄注："陷也。"这里指困境。可见欧德的英译几乎完全背离了原文词语、句法常识。"徂厥亡"翻译为"当他们试图逃跑"(and when they attempted to make their escape)，"执"意为"困境"，却被翻译为"逮捕"(were arrested)。

欧德翻译《尚书》时，很注意参考麦都思的英译。有学者甚至认为其译本与麦都思的相似度很高，"在某种程度上只能称为麦都思译本的

---

① Walter Gorn Old. *The Shu King or the Historical Classic: Being an Authentic Record of the Religion, Philosophy, Customs and Government of the Chinese from the Earliest Times* [M]. *Introduction*. New York: The Theosophical Publishing Society, 1904, p. 3.

② 林风.《尚书》四译本比较研究 [D]. 福建师范大学硕士学位论文，2012年。

③ 江灏，钱宗武译注. 今古文尚书全译 [M]. 贵阳：贵州人民出版社，2009年，第243页。

④ Ibid., Walter Gorn Old. *The Shu King or the Historical Classic*, 1904, p. 210.

'改译'"。[①]欧德译文的确对麦氏有诸多参考,但比较二者译文与注释可发现,二者的英译其实存在较大差异。例如:

例 3.15 《尚书·虞夏书·益稷》:"予欲观古人之象,日、月、星辰、山、龙、华虫,作会;宗彝、藻、火、粉米、黼、黻,絺绣,以五采彰施于五色,作服……"(我想显示古人衣服上的图像,用日、月、星辰、山、龙、雉六种图形绘在上衣上,用虎、水草、火、白米、黑白相间的斧形花纹、黑青相间的"已"字花纹绣在下裳上……)[②]

欧德译: I desire to observe the figures represented by the ancients, the sun, moon and stars, the hill, the dragon, the flower and the insect, as they were painted; the monkey, the lotus, the fire, the white rice, the axe, the hooks, embroidered in ... [③]

麦译: 予 Should I 欲 wish 观 to observe 古人之象 the forms made by the ancients, such as 日 the sun, 月 moon, and 星辰 stars, with 山 the hills, 龙 dragons, and 华 flowery 虫 insects, which 作会 were painted; with 宗彝、the monkey, 藻 the water plant, 火 the fire 粉米 the white rice, 黼 the hatchet, and 黻 the double hook, which were 絺绣 embroidered ... [④]

由上例可见,欧德对古人之象、华虫、藻、黼等词语的翻译均与麦氏有所不同。麦氏将古人之象译为古代人制作的图形(the forms made by the ancients),而欧德译为古人象征用的图形(the figures represented by the ancients)。华虫,麦氏译为有花纹的虫(flowery insects),并解释为有花纹的鸟,而欧德却译为花和虫(the flower and the insect)。藻,麦氏译为水生植物(the water plant),而欧德译为莲花(the lotus)。黼,麦氏译为小斧头(hatchet),欧德译为斧头(axe)。显

① 林风,岳峰. 麦都思及《尚书》首部英译本研究[J]. 中国文化研究,春之卷. 2018 年,第 163—172 页。

② 江灏,钱宗武译注. 今古文尚书全译[M]. 贵阳:贵州人民出版社,2009 年,第 42—43 页。

③ Walter Gorn Old. *The Shu King or the Historical Classic: Being an Authentic Record of the Religion, Philosophy, Customs and Government of the Chinese from the Earliest Times* [M]. New York: The Theosophical Publishing Society, 1904, p. 37.

④ Ibid., W. H. Medhurst. *The Shoo King, or The Historical Classic* [M]. 1846, p. 69.

然欧德的译文不如麦氏的更为贴近原文。再如：

例 3.16 《尚书·虞夏书·皋陶谟》："天聪明，自我民聪明，天明畏，自我民明威。"（老天听取意见、观察问题是从臣民听取意见和观察问题中得来。老天表彰好人、惩治坏人，是根据臣民的意见表彰和惩治的。）[①]

欧德译：Heaven's perception and intelligence is itself our people's perception and intelligence; and Heaven's approval and disapproval is itself our people's approval and disapproval.[②]（天堂的感知和智慧本身就是我们人民的感知和智慧；天堂的赞同和反对本身就是我们人民的赞同和反对。）

麦译：天 Heaven's 聪 perception and 明 observation (may be ascertaind 自 from 我 our 民 people's 聪 perception and 明 observation. And 天 heaven's 明 approval 畏 and disapproval (may be known) 自 from 我 our 民 people's 明 approval and 畏 disapproval。 *（天堂的感知和观察可以从我们人民的感知和观察中确定。天堂的赞成和反对可以从我们人民的赞成和反对而得知。）[③]

由上例可见，欧德对诸多词语的翻译参考了麦氏译文，但也有不同，如将"明"译为智慧（intelligence），而麦氏译为观察（observation）。而明指视力好，这里指观察问题。[④]可见麦氏的翻译符合原文语义，而欧德则似望文生义，将之理解为"聪明"。诸多此类现象显示，欧德的翻译尽管参考了之前的麦氏等翻译，但也有诸多主观化判断。总体而言，其语言层次的诠释不如麦氏译文准确恰当。如上文所述，欧德与麦氏对于"惠迪吉，从逆凶，惟影响"的注释也大相径庭，显然欧德误读了原文语义。

---

① 江灏，钱宗武译注. 今古文尚书全译［M］. 贵阳：贵州人民出版社，2009 年，第 37—38 页。
② Ibid., Walter Gorn Old. *The Shu King or the Historical Classic*[M]. 1904, pp. 32 - 33.
③ Ibid., W. H. Medhurst. *The Shoo King, or The Historical Classic* [M]. 1846, p. 64.
④ 江灏，钱宗武译注. 今古文尚书全译［M］. 贵阳：贵州人民出版社，2009 年，第 37 页。

2. 高本汉译本的语言层次特点

与欧德的英译不同，高本汉仅翻译了今文《尚书》[①] 28 篇。他以自己构拟的古汉语语音系统为依据，首先对原文词语进行了科学的实证研究，并以此为基础翻译原文，因此“其译文一般被认为是更准确地翻译了这些经文的古代语言”。[②]《书经注释》的译者陈舜政认为：“高氏兼治语言与文字两种学科，皆有绝顶造诣，广集原文本有关的语言材料与证据，能融各家之精粹，由语言文字兼通而来做科学的新训诂。”[③]高氏所采用的语言科学的研究方法显然与理氏等语文学的传统方法不同。

高氏认为原文中一些晦涩的语言可以理解为不同的意义，并标注出了有关字词的变体和古代学者的补充注释。[④]如“慎徽五典，五典克从”句，译文为：“Shun carefully displayed the five rules (sc. about the 5 family relations: father, mother, elder brother, younger brother, son), the five rules (then) could be followed.” 显然，高氏经过大量地搜集有关词语的历史用例与注解等资料，分析考证词语的真实意义，对诸多疑难字词的诠释比理氏等更符合汉语的词源学与历史。但其译文也表现出注重字词语义而对有关历史文化语境有所忽视的倾向，从而也导致了一些语义误读。例如：

例 3.17 《尚书·虞夏书·舜典》：“宾于四门，四门穆穆，纳于大麓，烈风雷雨弗迷……”(让舜在明堂四门迎接四方来朝的宾客，四方来朝的宾客都肃然起敬。又让舜担任守山林的官，即使在暴风雷雨的恶劣天气而不迷误……)[⑤]

高译：He received the guests at the four gates, the four gates were

---

① 汉代《尚书》的传本主要有两个，即今文本和古文本。今文《尚书》由秦代博士伏生(胜)传授，秦始皇焚书，伏胜将《尚书》藏之墙壁，后来兵乱流亡，到了汉惠帝取消禁书令时，伏胜搜寻藏书，失掉了几十篇，只剩下二十九篇，将《顾命》《康王之诰》合并计算即为二十八篇。伏胜用之在齐鲁间讲授，其学生用当时通行文字隶书书写，因此称之今文《尚书》，也称伏生本。有关今古文传本介绍，参见江灏，钱宗武译注. 今古文尚书全译 [M]. 贵阳：贵州人民出版社，2009 年，第 3 页。

② 李伟荣，李林.《尚书》诸问题及其海外传播 [J]. 燕山大学学报，2014 年第 2 期，第 77—82 页。

③ 陈舜政. 高本汉书经注释 [M]. 译序. 台北：台湾书局，1971 年。

④ Bernhard Karlgren. *The Book of Documents* [J]. *Bulletin of the Museum of Eastern Antiquities*, 1950, p. 1.

⑤ 江灏，钱宗武译注. 今古文尚书全译 [M]. 贵阳：贵州人民出版社，2009 年，第 11 页。

stately. He was sent into the great hill-forest; violent wind, thunder and rain did not lead him astray。[①]（他在四个大门迎接宾客，四个大门都庄严肃穆。他被送往大山林，狂风暴雨雷电都没有让他迷误。）

由上例可见，“宾于四门”和“纳于大麓”，应意为舜履行自己所任之职，而对此高氏均未能作出准确、恰当的诠释，而仅仅按照字面意义进行了对译，这显然不符合原文的历史文化语境。再如：

例 3.18 《尚书・虞夏书・尧典》：“瞽子，父顽，母嚚，象傲，克谐……”（他父亲心术不正派，后母说话不忠诚，弟弟象傲慢不友好，而舜能同他们和谐相处…… ）[②]

高译：He is the son of a blind man; his father is stupid, his mother is deceitful, his brother Siang was arrogant. He has been able to be concordant and to be grandly filial... [③]（他是一个盲人的儿子，他的父亲愚蠢，他的母亲不诚实，他的弟弟象傲慢自大。他都能保持和谐，非常孝顺。）

由上例可见，高氏译文也并未准确地翻译出“母”的真实意义：“继母”，而是翻译成了“他的母亲”（his mother），显然忽视了“母”的语境意义。

又如，《尚书・周书・洪范》二曰：“敬用五事……”敬，谨，五事，五件事。[④]对此，高氏运用了科学实证的方法考察有关互文资料，将词语意义分作两类进行考辨，第一类是《伪孔传》（PK'ung）与东汉末年郑玄对《诗经》的注解：谨慎地运用五种做法（carefully use the five conducts）；第二种是班固《汉书》的注释：读作“羞用五事”；颜师古（Yen ShǏ-ku）解释“羞”的常用意义为“提出，产生，实施”（to bring forward, bring forth）。高氏认为，古代羞与敬某些写法的变体很相似，却并非清代学者所认为的羞是敬的错字，而正好相反，且有最古老的文本证明羞

---

① Ibid., Bernhard Karlgren. *The Book of Documents*[J]. 1950, p. 4.

② 江灏，钱宗武译注. 今古文尚书全译 [M]. 贵阳：贵州人民出版社，2009 年，第 8 页。

③ Ibid., Bernhard Karlgren. *The Book of Documents*[J]. 1950, p. 4.

④ 钱宗武，秦力译注. 尚书 [M]. 南京：江苏人民出版社，2019 年，第 272 页。

有"产生某种行为"的意思。[①]其译文即据此翻译。而理氏对此并无分类比较,仅提供了有关词语的一些文化意义等信息:"'五事'据说要被恭谨地运用,指的是个人事务,属于政务中的个人事务,要求在政务方面要恭谨,《后案》中说,江声在刘歆之后也将'敬用'读为'羞用',但是'敬'基于很大的权威性。"因此,理氏将"敬用"译为"Reverent Practice",体现了"恭谨践行"之意:"the second is called 'The Reverent Practice of the five Businesses'."[②]而高氏则转换为"bring forth and use"(实施并运用),并无"恭谨"之意:"the second is called to bring forth and use five conducts"[③](第二个称作实施与采用五种做法)。较之高氏,理氏此处的译文及其有关注释更为接近原文的文化常识意义。而理氏采用的语义其实正是高氏注释的第一类语义,即东汉末年经学大师郑玄的注解,而高氏此处却过于强调早期文献,而忽视了结合词语历史文化语境进行综合判断。

总体而言,尽管由于高氏对原文本体真理的忽视,而对原文思想文化等诠释不力,但由于采用语言学等现代化研究方法,突破了传统研究的局限,因而其对原文诸多词语语义的判别往往较之前译者更为科学、有据。在对原文词语真实意义的科学考证的基础上,其译文在语言层次上往往比之前译文更贴近原文。此外,高氏没有传教士的身份背景,在译文的理论层面也未对原文进行基督教神学等思想、概念的预设,但是其译文对某些词语,如"上帝""帝"等的翻译也同样使用了基督教用语。据统计,高氏译文中有 20 多处用了 God on high 对译"帝"或"上帝"等具有主宰人间吉凶祸福的抽象概念,还有 10 多处单独使用了 God,但高氏虽然使用了宗教词语对译原文,但并未如理氏译本那样进行进一步的宗教化诠释。因此,较之理氏译本,其译文宗教色彩已明显淡化,然其对西方宗教概念的使用,也体现出同样将这些词语的诠释纳

① Bernhard Karlgren. *Glosses on the Book of Documents*[J]. *Bulletin of the Museum of Far Eastern Antiquities*, No. 20,21, 1948—1949, p. 342.

② James Legge. *The Shoo King or The Book of Historical Documents* [M]. *The Chinese Classics*, Taipei: SMC Publishing Icn., 1991, p. 324.

③ Bernhard Karlgren. *The Book of Documents* [J]. *Bulletin of the Museum of Eastern Antiquities*, 1950, p. 30.

入了西方的思想体系。

(二) 理论层次特点

与麦氏相近,欧德英译的理论层次诠释表现出其对原文的历史学思想观念的预设。他在译本前言中认为《尚书》的文本是可信的历史记录:"尽管这本书似乎带有文本错乱的痕迹,但它的记录无疑是真实的。"(For although the book appears to bear marks of derangement, there can be no question as to the authenticity of the record.)[①]尽管如此,欧德英译本理论层次意义的观点却与麦都思不同,其英译没有之前译本所呈现出的基督教神学特征。欧德认为:"这部经典的许多注释者和东方学生都在书中寻找一种强烈的宗教情怀,而这已超出这本仅为历史著作的书所能承载,都是不理智的做法,结果从阅读中体验到了失望,除了一种基本的自然崇拜之外什么也考察不出。"[②]并说:"如果他们能发现书中对那些事物的可信记录,发现该书意在以此记录中国古代生活的知识、古代风俗、当时的民众以及统治者的一些谋略,这本书无疑会满足大众读者们的需要。"欧德还在译文前言中说,他采用了将逐字翻译作为自己首要考虑的翻译方法,[③]虽然其译文主要显示为采用了译意的翻译方法,但这也反映了其意在真实地再现原文历史记载的翻译目的和理念。

在 1904 年,欧德不仅翻译了《尚书》,还翻译了《老子》。他的注释也表现出道家思想的影响,如《尚书・虞夏书・皋陶谟》:"达于上下"(上天的意旨和臣民的意见是相通的)[④]欧德解释为:"该句中的'达'指示了通常所说的法则,即'通达之道'。"(in this sentence we have general statement of the law, indicated by the word ta i. e. "the way through.")[⑤]

与欧德、麦氏、理氏皆不相同,高本汉认为《尚书》只有 28 篇是可信

---

① Walter Gorn Old. *The Shu King or the Historical Classic*[M]. 1904.

② Walter Gorn Old. *The Shu King or the Historical Classic*[M]. 1904.

③ Walter Gorn Old. *The Shu King or the Historical Classic*[M]. *Introduction*. 1904.

④ 江灏,钱宗武译注. 今古文尚书全译 [M]. 2008 年,第 37—38 页。

⑤ Ibid., Walter Gorn Old. *The Shu King* [M]. 1904, p. 35.

的，所以他只翻译和研究了这些篇章。[1]高氏19世纪初曾在法国进行过比较语言学研究。他认为《尚书》作为历史文本具有重要的古代语料价值，在翻译《尚书》之前，他已经将《诗经》等典籍作为早期的历史语料，构拟出了古汉语语音系统。他认为此古汉语语音系统也适用于对《尚书》疑难字词的解释，可以科学地考辨其意义，[2]而对《尚书》的翻译，只是为了提供另一种与宋君荣、理雅各等有所不同的可能诠释。[3]可见，高氏译文理论层次主要预设了比较语言学的理论观点。关于其在原文词语语义考据研究中的语言学的思想方法，在前述其文外词语注释的翻译策略中已论述，在此不再赘述。

（三）本体论层次特点

"本体论真理是在任何意义的层次解释文本时最重要的、决定性的因素，是考虑所有层次意义的平衡的最重要的和决定性的因素。"[4]欧德与高氏对《尚书》的本体真理意义的理解与认识的不足，自然也体现于其译文的各层次诠释之中，从而其译文语言和理论层次的诠释也影响了对原文本体真理的诠释。

欧德、高氏的诠释思想与之前的麦氏、理氏又有所不同，他们皆不再将《尚书》视为具有重要思想价值的经典，忽略其本体真理价值，而视之为普通的古代文献与语料。高氏与欧德所预设的理论框架，也反映了其对原文本体真理并不注重。欧德在理论层次主要预设了历史学理论，认为原文的价值在于记录了古代的历史人物和事件，而经典的价值不仅仅是历史事件的记载，更有其哲学思想等价值。高氏则主要预设了语言学理论，注重对原文词语语义的历史考据，而并未对原文本体真理进行充分诠释。翻译从本质上说是一种"跨文化的行为"[5]"是一种跨

---

① Bernhard Karlgren. *The Book of Documents* [J]. *Bulletin of the Museum of Eastern Antiquities*, 1950, p. 1.

② Bernhard Karlgren. *Glosses on the Kuo feng Odes* [J]. *Bulletin of the Museum of Far Eastern Antiquities*, No. 14, 1942, pp. 39 – 43, p. 73, p. 80, p. 84.

③ Ibid., Walter Gorn Old. *The Shu King* [M]. *Introduction*. 1904.

④ [美] 成中英. 本体诠释学(一)[M]. 北京：人民大学出版社，2017 年，第 112—113 页。

⑤ 廖七一等编著. 当代英国翻译理论 [M]. 武汉：湖北教育出版社，2001 年，第 364 页。

文化的转换”。[①] 因此，在翻译过程中，不仅需要进行不同语言文字间的语码转换，也要进行有关文化的充分诠释以实现翻译的文化交流功能。但二者译文诠释皆未显示出对原文的思想文化价值的注重，这也反映了在当时东方文化极端衰落的语境影响之下，中国经典研究的历史化。

欧德译文语言层次的诠释不力与历史学的思想路径，皆使其本体论层次的意义诠释受到严重影响，从而导致对原文本体真理诠释的不力。高氏译文的语言与理论层次显示了译者主要将《尚书》当作语言学研究的历史语料，注重对其词语进行语言本体研究，考辨其真实语义，再由这些经过考证的语义组合而成译文，而非对其所承载的哲学、思想、文化等进行本体论的诠释，从而造成对原文本体真理的诠释不足。本体诠释学认为，“一个理想的诠释者最应该注重具有决定性因素的本体论层次”，只有这样才能真正诠释出文本的本体真理。[②]因此，尽管高氏译文具有超前的学术性，但其译文本体论层次却存在较大的诠释不足，可见高氏亦非《尚书》的理想诠释者。

二、欧德、高本汉《尚书》英译的形态成因

当时的汉学研究等历史语境，译者的文化背景及其对原文的理解等因素皆对欧德、高本汉的《尚书》英译具有重要影响和制约作用。

欧德译本的形态成因首先是历史语境的重要影响。当时，无论东西方都不再将《尚书》奉为神圣的经典，其思想文化价值不再受到推崇。因此，欧德虽然认可原文的历史真实性，但也否定了《尚书》的本体真理的蕴含，而仅视之为普通历史记录，因而表现出与麦氏相近的诠释思想，将这部经典历史化。欧德在译文前言中认为，原文不能够负载古代人物的言行、生活等记录以外的意义，不必期待从原文中获取此外更多的思想意义，只要对其历史人物事件等内容进行传译即已足够。

其次，译者的文化背景也是翻译的重要相关制约因素之一。欧德

---

① 许钧．翻译论(修订本)[M]．南京：译林出版社，2014 年，第 13—14 页。

② [美] 成中英．本体诠释学(一)[M]．北京：人民大学出版社，2017 年，第 112—113 页。

是英国神智学者和占星家，而非基督教传教士，也无麦氏等在华近距离接触与研究中国语言文化的经历，因此其译本不像麦都思等传教士译者那样包含基督教神学思想诠释，而对原文本预设了自然神论。此外，欧德的文化背景显示，他主要从事占星研究，而非汉学研究，因而其汉学造诣显然不及麦氏、理氏等汉学家译者，这也是造成其译文对中国语言文化误读较多的重要原因之一。麦氏《尚书》译本显示了历史学的诠释思想路径，欧德非常重视参考麦氏译本，因此也受到了麦氏的翻译思想理念与当时东方文化衰落的历史语境的影响。欧德译本表明其仅关注《尚书》的历史记载，而忽略了其作为中国重要政史经典的本体真理价值。高氏译本形成于西方汉学现代化转型时期，受到当时历史语境下的汉学思潮等学术思潮及社会思潮的影响，其译本主要采用了实证主义与比较语言学的方法，从而突破了传统的训诂学和文献学等研究方法的局限，将其翻译研究提升至更为科学的新高度，因而其译文的语言层次诠释往往较之前译本更为贴近原文。

再次，高氏《尚书》英译形态也与译者的文化背景有关。作为语言学家和汉学家，高氏具备更为专业的语言科学知识及有关研究经验，因而能够运用更为科学的方法解决原文的疑难词语语义问题。而另一方面，高氏将原文词语从语篇中分离出来，对其单独进行语义考证研究，单独刊发词语注释集，再将经过考证而判定的原文词语的语义连缀成译文，除标注一些文字的变体之外，几乎没有附带注释。这在一定程度上显示出，由于其过于注重语言本体研究，而对语篇与历史语境有所忽略，也显示了其所从事的语言学研究对其翻译的重要影响，一方面使其词语翻译往往更为准确、有据，另一方面又影响了其对原文的本体论价值的诠释。

三、欧德、高本汉《尚书》英译的译者行为特点

总体而言，欧德译本的译者行为主要显示了务实大于求真的特点，而高氏译本的译者行为则主要表现为求真大于务实。欧德的译本较之麦氏和理氏都更为流畅易读，更注重为大众读者提供可接受的译文形式，其主要翻译理念即为西方大众提供更容易读懂的中国历史读物，使其了解并相

信中国古老历史的存在。但其译文反映了其对汉语原文研究的不足,甚至连理雅各的《尚书》译本等重要的参考资料都未曾研究与参考,从而导致译文存在较多的语义失真。因此,根据译者行为理论,欧德译本的译者行为主要表现出语境务实大于语义求真的特点。

高氏译文采用现代化的科学研究方法,注重对原文词语科学语义的求真,但其译文以直译为主,对原文的历史、文化、思想等方面诠释不足。高氏的翻译目的也只是利用其对《尚书》词语进行语言学研究的新成果,推出不同于已有译本的一种新译文。其翻译研究主要侧重于利用这些古代语料进行有关的语言学研究,提供更为真实的语义诠释,而非对原文本体真理蕴涵的彰显与传播。因此,其译者行为主要表现出内部语义求真大于外部语境务实的特点。

第五节　20 世纪的《尚书》英译与西方汉学的现代化

20 世纪的《尚书》英译已具有现代化汉学的一些特点。欧德的英译形态较之麦氏和理氏英译,已有较为明显的改变,为西方大众读者提供了一种通俗流畅而不再融入神学思想的中国历史读本;而高本汉的英译则突破了传统汉学研究的方法局限,为这部典籍提供了更为科学准确的译文。这两种英译皆参与并促进了西方汉学的现代化转变,为有关研究积累了重要的理论与实践资料,与其他的汉学研究一起推动了西方汉学的现代化。

一、西方汉学研究方法的现代化发展

19 世纪下半叶以来,欧洲学界盛行科学实证主义。有研究认为,法国尤其注重实证主义研究,文学、史学无一例外。“受科学化倾向的制约,考古和文献考证成为史学的要项。”[①]法国史学家古郎日(Fustel

① 许光华. 法国汉学史[M]. 北京:学苑出版社,2009 年,第 157 页。

de Coularges)认为,应该“在最细密处去直接解析遗文,只相信遗文所指出的意义”。这种研究方式虽与清学非常接近,但其“核心仍是西方近代科学思想”。[①]西方的儒学研究,也出现了这种现象,如沈仲涛的《易经》英译和有关研究,即从现代自然科学的立场来诠释和传播《易经》。20 世纪易学翻译家也开始注重揭示典籍中的史学等方面的内涵,如卫礼贤 1924 年在德国耶拿出版的《易经》译本及其研究。[②]高本汉的《尚书》翻译研究也具有此类现代化汉学研究的特点,如对原文词语的意义的考证等研究。

高氏在汉学研究中突破了传统汉学的研究方法,推动了汉学研究方法的现代化。传统的汉学研究多以文献学、语文学方法为主,而在科学实证主义思潮的影响下,高氏则综合运用了文献学、考据学、现代语言学等研究方法,从而刷新了汉学领域的诸多传统认知。例如,他将西方历史比较语言学的方法运用于古汉语研究,构拟了古汉语语音系统,并以此为工具,对中国古代典籍进行辨伪考证、词语注释以及翻译研究,取得了诸多具有突破性的学术成果,对当时的西方汉学和中国国内学术研究皆产生了巨大影响。由于高氏在翻译中国古代典籍《尚书》《诗经》等的过程中,采用了现代化的科学研究方法,因而对原文本的诠释在总体上更为准确,具有显著超前的学术性,其《尚书》英译甚至被认为是唯一具有学术兴趣的《尚书》翻译。[③]

在《尚书》英译过程中,高氏所采用的科学实证的方法及其研究思想理念,在理论和实践上皆对其后的翻译研究具有重要的启示作用。他对中国古代典籍《尚书》等所进行的语言科学研究,为西方现代汉学研究提供了可资借鉴的理论和实践经验。他的学生埃格罗兹(Søren Egerod)评论道:“作为这个学科所有严肃的学术研究工作的出发点,高本汉的主要思维模式(patterns)和大量的用以构建其理论的各个组成部分,是不可撼动的(stand unshaken)。因而他将在中国历史语言学领域保持着稳固的

① 许光华. 法国汉学史[M]. 北京:学苑出版社,2009 年,第 157 页。

② 杨平.《易经》在西方的翻译与传播[J]. 外语教学与研究(外国语文双月刊),2015 年第 6 期,第 923—934 页。

③ Robert Eno, *Handbook of Reference Works in Chinese Studies* [J]. *Confucian Classical Studies*, May 2012, p. 6. http://www.indiana.edu/~p374/c511/Home.html.

巨人的地位。”[①]柏林国家博物馆馆长Ottokümmel(1874—1951)高度评价高本汉:“虽然并非人人都认同他大胆的方法,但每位读者都将从他的书中得到大量的知识并深受启发。我特别想指出,高本汉教授不仅是一位语言学家,尽管他比任何人都更好地驾驭了语言,他还是一位不可超越的语言学家和文本批评学者(stands out as unsurpassed as a linguist and scholar of textual criticism),他的古代汉语著作也显示了对材料的同样的驾驭能力和在解决问题的方法上的同样的原创性。”[②]

二、西方汉学现代化发展的资料积累

19世纪晚期至20世纪初,英国汉学呈现出繁荣发展的景象。从事中国典籍翻译研究的英国学者身份逐渐多元化,除了传教士之外,也有世俗学者的参与。占星家欧德也英译了《尚书》,改变了长期以来由传教士英译《尚书》的局面,其英译沿用了之前译者带有丰富注释的翻译模式,但其形态也显示出不同的特点,其译文及注释总体上趋简,译文诠释思想也与之前传教士译者们不同。西方的中国经典翻译中长期以来所包含的基督教神学色彩在欧德的英译中终于消散。欧德的《尚书》英译意在向西方世界展示中国古老的历史,以否定西方普遍认为中国不存在历史的观点,其通俗流畅的表达风格也颇受读者欢迎,其译文形态已具有西方汉学现代化转型期的一些新的形态特点,是西方英语世界将这部中国经典传译为大众文化通俗读物的较早尝试。距离此类《尚书》英译的再次出现,相隔了一个多世纪。欧德英译为其后的有关汉学研究提供了可资借鉴的基础资料。

高本汉撰写了上百部卓越的汉学著作和各种论述。他的包括《尚书》英译在内的汉学研究,内容涵括了儒家、道家等诸多有价值的中国古代典籍,其研究范围包括汉语音韵学、方言学、词典学、文献学、考古

① N. G. D. Malmqvist. *Bernhard Karlgren: Portrait of A Scholar* [M]. Lehigh University Press, Rowman & Littlefield, 2011, pp. 174 - 175.

② N. G. D. Malmqvist. *Bernhard Karlgren: Portrait of A Scholar* [M]. Lehigh University Press, Rowman & Littlefield, 2011, pp. 203 - 204.

学、文学、艺术和宗教。他对瑞典汉学学科的创立起到了决定性的作用,也是西方现代汉学的创立者之一。其汉语研究的独特方法和贡献,其汉学著述、书评、演讲、谈话,其管理的远东考古博物馆(Far Eastern Antiquities),主编的《远东考古博物馆馆刊》(*Bulletin of the Museum of Eastern Antiquities*)等,对汉学的发展都具有非常重要的意义,深刻影响了西欧对中国的认知。

高本汉的《尚书》英译形态也具有汉学现代化转型期的特点,其译本与注释各自独立刊行,一改之前《尚书》英译形态的译、注合一,注释较厚重的模式与形态。其在翻译过程中对《尚书》词语的语音、语义等研究成果,是重要的历史比较语言学研究成果之一,也是西方汉藏语研究的重要成果之一,对西方汉学的有关研究具有极为重要的影响。欧德与高本汉的《尚书》英译皆为西方汉学的现代化积累了宝贵的理论与实践资料,与同时期的其他汉学成果一起推动了西方汉学的现代化发展转变。

《尚书》是中华民族最古老的儒家核心元典,有别于普通的历史记录类资料,而具有丰富、深邃的思想文化意蕴,对其本体真理的忽略必然导致语义诠释上的缺陷。当代美国汉学家葛浩文(Howard Goldblatt,1939—)谈论翻译时曾说:"翻出作者想说的,而不是一定要一个字一个字地翻译作者说的。"①而经典的作者想说的即文本所蕴含的哲学思想等本体真理。此阶段两译本都显示了译者主要是在翻译原文作者所说,而对于作者想通过文本传递的本体论意蕴诠释不力,从而导致原文在翻译中的语义损失,而这显然不利于东西方文化交流。因此,对原文的准确诠释首先应该以对原文的本体真理的认识和把握为基础,而对原文本体真理的诠释也是关乎经典翻译的真实、完整的决定性因素。高氏英译的语义诠释往往更为准确。这也表明,译者的语言学与汉学素养对文本语义诠释起到至关重要的作用,这也是其译文的学术性至今仍为学界所推崇的重要原因。而译者所能采用的翻译策略与方法也取决于其历史文化背景,如语言学家高氏所能采用的语言科学的研究方法,其他译者未必有条件采用。

① [美] 葛浩文. 中国文学如何走出去?[N]. 林丽君译. 文学报,第18版,2014-07-03.

第四章　汉学的复兴:21 世纪的《尚书》英译

第二次世界大战后国际形势发生了很大变化,美国因经济实力雄厚而汇聚了来自世界各地的学术精英,西方汉学研究中心也从欧洲转移到美国。1936 年,任教哈佛大学的美国资深汉学家费正清即主张扩大汉学研究范围,把研究重点从中国古代史转到近现代史,并扩大对非西方世界的研究。[①]汉学研究发展到 21 世纪,其研究内容和形式皆有诸多改变,形成了传统汉学的古典文献研究与现代汉学的以现实为中心,以实用为原则,二者融通的形态特点。[②]

2014 年,西方又刊行了两种重要的《尚书》译本。一是俄罗斯新推出的《尚书》俄文全译本。19 世纪上半叶,出现了两部代表性的《尚书》俄文抄本,译者分别是亚金甫(N. Ya. Bichurin)和达内尔(D. P. Sivillov)。前一抄本于 2014 年被正式整理出版,整理者为马约罗夫(V. M. Mayorov),这也是最新的《尚书》俄文全译本。该书由俄罗斯科学院远东研究所发行,共 1149 页。较之以往的译本,这部《尚书》俄译本非常注重吸收《尚书》学研究的新成果。其注释除了参考传统的有关注释资料和西语译本之外,还注重参考当代《尚书》学家钱宗武、江灏合著的《今古文尚书全译》,屈万里的《尚书今注今译》,李民、王健合著的《尚书译注》。另一种重要的《尚书》译本即英国汉学家彭马田的英文

---

① 熊文华. 英国汉学史 [M]. 北京:学苑出版社,2007 年,第 174 页。

② 熊文华. 英国汉学史 [M]. 北京:学苑出版社,2007 年,第 14 页。

全译本。彭马田的《尚书》英译共58篇，由英国大众英语读物出版社 Penguin Group（企鹅出版社）出版，译本英文名为 *The Most Venerable Book*，即《至尊之书》。

第一节 《尚书》英译与东方文化价值的回归

现当代汉学以美国为中心进一步发展，世界文化呈现出多元文化共存的繁荣景象，中国文化也再次显示出其世界性影响和作用。近年来中国经济的快速发展推动了中西文化向交流之初的平等互惠关系的回归。与此同时，西方的一些有识之士们也在继续进行着东方文化价值的再认识实践，呼唤东方文化价值的回归。正如有学者所言："作为经典中的经典，《尚书》总结的治政经验，历史规律和思想观念，具有时代的超越性和真理延续性。经典的当代价值亦将日益彰显。"①而当今西方对中国古代典籍《尚书》等的再次翻译和广为传播，也显示了新时代的诉求。

一、东方大国的复兴与东方文化价值的回归

中国近代经历了西方列强入侵、文明蒙尘、民族危亡的艰难岁月。从那时起，推动构建人类命运共同体，创造人类文明新形态，实现中华民族伟大复兴，就是中华民族近代以来最伟大的梦想。②在争取民族独立后，中国社会经济逐渐发展。20世纪80年代以来，中国通过改革开放，社会经济迅速发展，取得了令世界瞩目的成就。中国经济的发展也促进了文化的发展，为了增强国家软实力与国际竞争力，中国制定并推行了中国文化"走出去"的战略目标，随着国家文化发展战略的推行，中国文化的国际影响力也在逐渐提升，文化价值也随之提升。面对20世

① 钱宗武解读. 尚书［M］. 北京：国家图书馆出版社，2017年，第21—22页。

② 新华社. 中共中央办公厅 国务院办公厅印发《"十四五"文化发展规划》［J］. 中华人民共和国国务院公报，2022年第24期，第4—22页。

纪初依旧落后贫弱而今却跃居世界第二大经济体的中国，西方国家在惊叹之余，遂生探究之心。为了更好地理解中国的复兴及其当代发展的各项举措，一些学者将目光投向中国古代的历史文化，企图通过研究和了解中国古代的著述，以从中寻求到有助于理解当代中国社会经济发展的根源。英国汉学家彭马田就是其中的一位，他在采访中明确解释了其翻译中国典籍的原因，认为只有了解中国的历史才能更好理解当代中国的一切。正如有学者所言："中国经济的快速发展，对欧美文化造成一定的冲击，由此引发了西方思想界和文化界的极大关注。"①东方大国的复兴也带来了一度衰落的东方文化价值的回升。

东方文化价值回归的另外一个重要原因即西方对东方文化的需要。西方资本主义发展伴随着诸多不可调和的矛盾，制造了重重危机，如西方社会当下正面临着政治信誉危机、经济信誉危机、西方自由民主危机、政治经济崩溃等重重危机。正如成中英先生所言，西方的科学科技虽然带来了工业现代化，解决了人类的生存、福利等诸多问题，但人类也为此付出了沉重代价。现代化出现了极大的危机，包括"科学与科技带来的环境污染、生态失衡和人自身的物化与意识失落"，这不但会造成"人类的毁灭，也会造成人类的精神贫穷与死亡"。②西方文化具有冲突的因子，是"冲突文化"的典型，而中国文化则不具有冲突因子，反而具有中和因素，因而成为"融合文化"的范例。中国文化中蕴含着自然意识，如道家的道与儒家的仁，"可以提供一个融合文化的模型以消除西方冲突文化的诸种冲突与自毁的倾向"，③而且也可以包容与改良西方的上帝意识，从而"使其发挥正面而有益于整体的生命作用"。④因而西方需要回归到中国哲学对之作理性的重建。因此，东方文化价值的回归也成为新时代西方发展的一种诉求与期待。

① 王明龙. 中国共产党推进中华民族共同体建设的探索历程、逻辑阐释及经验启示 [J]. 理论导刊，2023 年第 8 期，第 24—28＋87 页。

② [美] 成中英. 西方文化对中国文化之需要 [J]. 东方论坛，2004 年第 5 期，第 6—13 页。

③ [美] 成中英. 西方文化对中国文化之需要 [J]. 东方论坛，2004 年第 5 期，第 6—13 页。

④ [美] 成中英. 西方文化对中国文化之需要 [J]. 东方论坛，2004 年第 5 期，第 6—13 页。

二、《尚书》英译与西方对东方文化价值的再认识

随着西方中心主义的日益盛行，中国社会的现代化及中国经学的消解，自18世纪后期以来，中国文化一直遭到西方的轻视与贬低，直到近年来中国的世界经济地位的快速提升，而西方社会危机频现，中国文化再次吸引了西方世界关注与探求的目光。随着20世纪后半期美国儒学研究的发展，中国古代经典尤为国内外学界所关注。西方对中国的研究繁荣发展，汉学研究领域大为拓展，代表了以中国历史文化研究为主的“汉学(sinology)”一词，逐渐为代表研究划分更专业化的“中国学(Chinese Studies)”一词所取代，Chinese Studies 包括了历史研究、社会科学研究、宗教研究、哲学研究、比较神学研究、文献学研究、传教史及许多其他具体的学科。①

英国历史学家阿诺德·约瑟夫·汤恩比(Arnold Joseph Toynbee，1889—1975)被誉为“近世以来最伟大的历史学家”，其12册巨著《历史研究》讲述了世界各主要民族的兴衰，被誉为“现代学者最伟大的成就”。他曾在英国约克郡与日本思想家池田大作(DaisakuIkeda，1928—)会面，其谈话内容被整理成《展望21世纪》(Forecast 21st Century)一书。在谈到人类的未来时，汤恩比指出：“将来统一世界的大概不是西欧国家，也不是西欧化的国家，而是中国。并且正因为中国有担任这样的未来政治任务的征兆，所以今天中国在世界上才有令人惊叹的威望。”这段话后来被人们称为“汤恩比预言”。②汤恩比认为，中国奉献给世界诸多精神财富，如中华民族的生存发展智慧和经验、世界精神、儒教世界观中的人道主义，以及与自然界和谐共生的思想理念等。③汤恩比说，“能够真正解决二十一世纪社会问题的，唯有中国的传

---

① John Berthrong. *Book Review* [J]. *Journal of Chinese Philosophy* 31:3 (September 2004), pp. 405-417.

② [日]池田大作，[英]阿诺德·汤恩比. 展望21世纪[M]. 荀春生，朱继征，陈国梁译. 北京：国际文化出版公司，1997年，第278页。

③ [日]池田大作，[英]阿诺德·汤恩比. 展望21世纪[M]. 荀春生，朱继征，陈国梁译. 北京：国际文化出版公司，1997年，第277页。

统文化。”[①]池田大作也认为，中国是“世界第一的历史国家”，拥有五千年的文明。中国的先人留下很多历史书籍，其中记载了社会的兴衰和人间的善恶，包含着独特的智慧和能量。这种智慧并非二元对立式的选择，而是始终遵循人与现实环境的互动规律和天人合一的思想理念。中国的大同思想正视多元化的现实，灵活地对待差异与多样性而使之趋于统一，这种人本主义精神文化，正是中国的“历史智能”。展望人类的未来，池田大作与汤恩比指出，可以说，中国正担负着为半个世界甚至是全世界带来政治统一及和平的使命。因为中国历史上即具有儒家人道主义、世界精神以及大国治理经验，因此中国即将迎来充分发展这种历史智能的时刻。[②]

经学，曾经作为中华民族最清晰的集体记忆和最强势的文化基因，长期以来不断地被消解，现当代几近衰亡，给中华民族造成了难以愈合的精神创伤。一个民族的伟大复兴，必须首先是一个民族精神的伟大复兴。中国拥有巨大的精神财富，也曾在现代化的进程中将其丢弃。当今西方社会正面临着前所未有的道德危机、生态危机与生存危机。道德的重建、多元文化的重构以及世界文明的重组，都在热切地呼唤着东方文化的回归。

成中英先生指出：“当今的世界强调科学的外在性所带来的人的价值的失落问题已经非常突出，我们继续一个向本体的内在性的回归。在西方，是把人看作抛出的存在，而非发生的生命，他的根源是不可知的上帝，而他的理想也就在回归到超越的上帝。由于他对超越性的依赖，人可以达到一种甚至把自己就看成上帝的想法，当上帝已经死掉，就把自己看作上帝，在行为当中，就会产生霸权主义。这种回归必须是超融的本体诠释学上的回归”。针对当前人类的问题而言，“人的本体包含了人文（道德）和科技（知识）两个相面，也就是内在性和外在性两个相面，并在超越层面上导向终极价值中真理与智慧的统一”。[③]据此，在人类追求真理与智慧统一的生产生活实践中，绝不可忽视人文道德

---

① 刘余莉．向世界传达中华文化的和谐理念［J］．人民论坛，2018 年第 15 期，第 133 页。

② 温宪元．池田大作文明观的特点和影响［J］．广东社会科学，2011 年第 4 期，第 38—43 页。

③［美］成中英．本体诠释学（一）［M］．北京：人民大学出版社，2017 年，第 106—108 页。

的重要层面。因此，挖掘传统文化经典著作历久弥新的思想价值和当代意义，让优秀的传统文化的精神思想重回国民的精神世界，引导全民、全社会尊重经典，增强民族自信、文化自信、理论自信以及历史传统自信，是当代中国文化发展所提出的新命题。当代学人应该责无旁贷，为中华民族的伟大复兴而努力。

由于当代西方思想界有着对东方文化的期待，西方也需要更多地了解中国的历史文化，因此《尚书》等古代文化典籍也重新受到西方的极大关注。这一时期，《尚书》的译介又出现了一些重要的西语译本，其中包括彭马田的英译本，其译本适应了当代西方社会发展的新需求，以后现代主义的风格对《尚书》进行了与之前译本形态迥异的新诠释。

第二节　彭马田的《尚书》英译

英国汉学家彭马田的古文《尚书》英文全译本（*The Most Venerable Book*）（*Shang Shu*）共 256 页，包括其对翻译所作的说明（*Note on the Translation*）。当代英国诗人杰伊·拉姆塞（Jay Ramsay）的序《诗歌与文本》（*The Poet and the Text*）、50 多页的绪论（*Introduction*）、58 篇译文以及书中人物简介（*Personalities of the Book*）。译文正文前的 38 页对《尚书》的长篇介绍，讲述了《尚书》流传的历史及其价值。在简述了有关《尚书》的长期辨伪研究之后，彭马田认为，对当今崇尚道德和价值的中国来说，《尚书》又一次成为有关道德、善政、廉政等古代优良传统的标志。译者还在每篇译文之前，对文章内容进行简介，以便读者能够更好地了解该篇的内容和意义。[①]彭氏译文与理氏等译文厚重的学术风格显著不同，如译文中没有详尽丰富的字句训诂、考证之类的注释，也没有附带中文原文等。彭氏的《尚书》英译由企鹅出版集团出版，企鹅出版集团是世界著名的平装书品牌，在 100 多个国家经营图书出版，其市场占有率在英国、澳大利亚、新西兰、印度等多国排名第一。作为

① Martin Palmer. *The Most Venerable Book* (*Shang Shu*) [M]. London: Penguin Group, 2014, p. 13.

大众读物出版商,“企鹅”在经典文学、儿童读物、非小说类图书、参考书等领域享有盛誉,旗下出版社包括DK、瓢虫、善知鸟、企鹅经典作品等等。企鹅出版集团下属的Dorling Kindersley(DK)出版公司与中国出版社有着长期合作关系。彭氏《尚书》英译本面世后,作为一本中国经典类的大众读物,受到很多英语国家读者的欢迎。

在2004北京国际出版论坛上,企鹅亚洲出版集团董事长彼得·菲尔德发言后接受《新京报》记者采访谈到,他个人觉得两种类型的书比较有潜质:一是中国经典文学,二是当代的中国文学。他提到人物传记也很受欢迎,与旅游图书、健康和生活方式类的图书一样都是大众读物出版发展最快的领域,全世界的情况都惊人的相似。[①]由此可见,当代《尚书》英译是在中西文化交流的新背景下,适应新时代的需求,作为中国经典读物的一种被翻译传播的,其目标读者被重新定位为当今西方英语国家的大众读者。而由于西方大众对人物传记类读物的热衷,包含诸多历史人物故事的中国经典《尚书》也成了企鹅的翻译出版选择,且发行后收效显著,成功得到了英国等很多西方国家读者的青睐。

一、彭马田《尚书》英译的历史语境

从东西方互动的角度来看,彭氏《尚书》英译处于上述西方期待着东方文化价值回归,不断地对东方文化进行再认识再实践的大背景之下。从学术思潮的发展演变来看,在这一历史阶段,后现代主义思潮逐渐形成,较迅速地影响了众多社会文化领域,20世纪80—90年代,文学领域出现了一个后现代主义发展高峰。后现代主义思潮不仅影响了大众文化产业的快速发展,也影响了一种具有后现代主义特色的文本的形成,彭马田的《尚书》英译即在此语境影响下产生的大众文化产品。

20世纪50年代以来,美国许多学科出现了关于新的历史—社会学的观点。有学者认为在社会、文化领域,某种根本性的变化正在发生,已经产生了一种新事物,即大众文化。随着整个世界的迅速工业化、城

① “企鹅”:向世界介绍中国作家,新京报,2004年9月2日。

市化，形成了一种趋同性、“全球性的大众文化”，人们被商品包围，自身也变为文化过程中“可互相置换的部件”。[①] 20 世纪 60—70 年代，“后现代”一词被广泛引入文化理论领域，后现代文化形式迅速扩散，逐渐形成了强调差异性（differences）、他异性（otherness）、新颖性、攻击理性和解释学。[②]美国学者凯尔纳（Douglas Kellner，1943—）等认为，尽管对后现代文化形式的讨论最早发轫于北美，但真正提出一个“新的后现代纪元”的却是法国的博得里拉（Jean Baudrillard，1929—2007）和利奥塔（Jean Francois Lyotard，1924—1998），他们的观点比英美学者更全面而极端。法国后现代理论的发展构成了自笛卡尔（René Descartes，1596—1650）以来的法国理性主义传统的断裂。德国哲学家尼采（Friedrich Wilhelm Nietzsche，1844—1900）、海德格尔（Martin Heidegger，1889—1976）等也很早就开始了对西方的形而上学等传统概念与哲学模式的批判，他们的观点对后现代主义产生了深刻的影响。法国学者对尼采和海德格尔思想的接受，也对法国理论背离黑格尔、马克思、现象学和存在主义，转向发展一种新的理论形式，起了重要的作用，这种转向最终产生了后现代理论。[③]

20 世纪 80 年代，诸多欧洲和北美学者把后现代概念引入了历史学、社会理论与艺术领域。英语世界爆发了同现代性、现代主义和现代理论决裂的最激烈的论战，尤其是在美国、英国、加拿大和澳大利亚。[④]后现代争论中产生的许多不同的理论、政治反应和策略引起了国际范围内的共鸣，并渗透到每一学术领域，后现代主义者频频向正统观念发起攻击，哲学、文化、理论及社会理论等领域的后现代倡导者“号召用新的范畴、新的思维和写作模式、新的价值和政治去克服现代话语和

---

① [美] 凯尔纳. 后现代理论——批判性的质疑 [M]. 张志斌译. 北京：中央编译出版社，2015 年，第 7—8 页。

② [美] 凯尔纳. 后现代理论——批判性的质疑 [M]. 张志斌译. 北京：中央编译出版社，2015 年，第 16 页。

③ [美] 凯尔纳. 后现代理论——批判性的质疑 [M]. 张志斌译. 北京：中央编译出版社，2015 年，第 17—18 页。

④ [美] 凯尔纳. 后现代理论——批判性的质疑 [M]. 张志斌译. 北京：中央编译出版社，2015 年，第 4 页。

实践的不足”。[①]法国理论界宣称,历史出现了后现代断裂,后结构主义批判渗透到了文学、哲学、社会学及政治话语当中,对后现代理论产生了决定性的影响。德里达(Jacques Derrida,1930—2004)、克里斯蒂娃(Julia Kristeva 1941—)、罗兰·巴特(Roland Barthes,1915—1980)等学者对结构主义进行了批判。他们认为西方哲学和文化中的二元对立是有害的价值体系,否定意义的再现图式,认为语言的能指比所指更重要,具有动态生产性和不稳定性。文学批评和文化批评的发展,也促进了新的写作概念、新的理论和话语的形成。福柯(Michel Foucault,1926—1984)甚至宣布了“人的消亡(death of man)”。[②]1979年,利奥塔的《后现代状态:关于知识的报告》一书描绘了一种“后现代状况”“以此标志宏大叙事(grand narratives)和现代性希望的终结”,[③]其某些观点也与德里达的解构主义相契合。美国学者凯尔纳(Douglas Kellner,1943—)则认为后现代话语抛弃了现代话语和实践,是新的艺术、文化与理论观点。[④]正如有学者所言,后现代主义以自由的、有时甚至是游戏的思想方式,破除权威话语,对传统感兴趣并加以利用和颠覆,对所有约定俗成的概念,都提出了疑问。[⑤]

后现代主义在某种意义上也是对社会经济发展的回应。一些学者认为,“资本主义已经踏入新的旅程,这个新社会被称为后工业社会、消费社会、传媒社会、讯息社会、电子社会”。[⑥]美国学者詹姆逊(Jameson Fredric,1934—)和哈维(David Harvey,1935—)等新马克思主义理论家指出,后现代是资本主义在更高阶段上的发展,其特征是“资本在全

① [美] 凯尔纳. 后现代理论——批判性的质疑 [M]. 张志斌译. 北京:中央编译出版社,2015年,第33页。

② [美] 凯尔纳. 后现代理论——批判性的质疑 [M]. 张志斌译. 北京:中央编译出版社,2015年,第31页。

③ [美] 凯尔纳. 后现代理论——批判性的质疑 [M]. 张志斌译. 北京:中央编译出版社,2015年,第31页。

④ [美] 凯尔纳. 后现代理论——批判性的质疑 [M]. 张志斌译. 北京:中央编译出版社,2015年,第27—33页。

⑤ [英] 安吉拉·默克罗比. 译者前言,后现代主义与大众文化 [M]. 田晓菲译. 北京:中央编译出版社,2001年,第IV—V页。

⑥ [美] 詹姆逊. 晚期资本主义的文化逻辑 [M]. 张旭东译. 北京:三联书店,1997年,第423—430页。

球范围更深层次上的渗透和均质化(homogenization)”,随之而来产生了“更进一步的文化碎裂(fragmentation)、时空经验的改变以及经验、主体性和文化的新形式”。而且,诸如计算机和媒体技术、新的知识形式以及社会经济制度的变化等,正在产生着一种后现代社会形式。美国学者杜威(John Dewey,1859—1952)攻击了传统哲学和社会理论的绝大多数前提假设,并要求重建这些前提。这些国家对后现代的研究非常关注,各种学术会议、出版物迅速增加。詹姆逊指出,后现代主义是晚期资本主义的主导文化,源于美国而扩散到世界各地的后现代文化现象“是另一股处于文化以外的新潮流在文化范畴(上层建筑里)的内向表现”“后现代文化给人一种缺乏深度的全新感觉,这种‘无深度感’不但能在当前社会以‘形象(image)’及‘模拟体’(simulacrum)为主导的新文化形式中经验到,甚至可以在当代‘理论’的论述本身里找到”。[1]而且,后现代给人一种历史感趋于消退、变化的感觉,甚至“一种崭新的‘精神分裂’式的文化语言已经形成,并且在一些表现时间经验为主的艺术形式里,产生出新的语法结构及句型关系”。后现代文化也带给我们一种全新的情感状态——情感的“强度”(intensities);而要探索这种特有的“强度”,可以追溯到“崇高”的美学观的论述。此外,在结构层面,需要把后现代的文化特色跟同一个历史阶段的新科技发展之间密切关联。[2]受后现代主义思潮的影响,彭马田的《尚书》英译也呈现出后现代主义文本的一些典型特色。

二、彭马田的文化背景

当代英国汉学家、翻译家彭马田 18 岁到过香港。在一个基督教家庭工作期间认识了简单的繁体中文,对中国文化产生了较大兴趣。后来又在剑桥大学学习神学、宗教研究和中国古文。1972 年,彭氏回到香港。他感到在英国受到的所有教育都没有让他对中国的哲学、历史

① [美] 詹姆逊. 晚期资本主义的文化逻辑 [M]. 张旭东译. 北京:三联书店,1997 年,第 430—433 页。

② [美] 詹姆逊. 晚期资本主义的文化逻辑 [M]. 张旭东译. 北京:三联书店,1997 年,第 433 页。

和宗教有所了解，对于中国的有关知识好像仍然什么都没有学到，因而非常渴望了解中国神奇而深奥的文化。于是，他立即把手边每一本关于中国的书都拿出来读了一遍。但是，他感觉许多英文译本“非常差强人意”，因而决定致力于“做一些精彩的翻译”。没过几年，即开始了这项工作。彭氏在一次采访中说：“当时，西方人唯一知道的来自中国的书是《易经》，尽管为人所知，但是这本书翻译得并不好。”于是，他意识到自己有责任重新进行翻译。他认为，《易经》在他翻译的所有著作中是最难的一本。彭氏研究了道家三十年，认为《道德经》也非常重要，如果想弄懂道家的哲学，就该去读《道德经》。除了《圣经》和《古兰经》，《道德经》是世界上被翻译最多的书籍。他认为，《庄子》确实非常受西人的欢迎，因为道家思想对于英文读者有着很强的吸引力。所以，其《庄子》英译销量很好。谈到《尚书》时，他说：“如果你想理解中国文化在中国历史中的根源，那么就去读《尚书》。《尚书》是一本非常基础而根本的书。它谈到了等级制度，谈到了对皇帝的尊敬。它同时提到皇帝只是因天赋神权而取得统治权力。如果百姓觉得皇帝失去了这种天赋的神权，那么他们就有权力推翻这个皇帝。所以我认为《尚书》是一本非常重要的书。它是中国最早的史书，向西方揭示了中国历史从(尧舜禹到)夏、商，再到今天的连续性。”①

彭氏还告诉记者，《尚书》才刚刚出版一年的时候即销量不错，英国王室和英国政府都要求看他翻译的《尚书》，他们希望借此了解习近平主席的思想和精神来源。彭氏还认为该译本将会越来越受欢迎，由此可见其英译的政治性目的。他希望通过其翻译的《尚书》，能让人们认识到儒家同样为认识世界提供了一条内涵丰富的路径。彭氏希望其翻译作品能够很好地融合中英文化，认为中英文化和谐共处有无限可能，因为大量中国文化也都在讲故事，而英国人是喜爱故事的，其翻译的书都充满了故事，虽然《尚书》中全部是演说，但同样可以找到其中的冒险经历和故事。例如，《庄子》《列子》与观音的传说等都是关于我们人类的故事。他认为，现在两国间的文化交流大多数还停留在表面。西方

---

① 王碧薇. 我为什么热衷于翻译《尚书》——访英国汉学家 Martin Palmer(彭马田)[J]. 党建，2015年第11期，第59—63页。

社会只关注中国经济爆炸式的增长，这是一段超乎寻常的增长时期，而他们却忽略了中国文化的深邃。他发现很多英国人认为，中国在某种程度上还处在“文化大革命”刚刚结束的时期。普通民众对中国仍缺乏了解，甚至认为在中国好像没有自由，所有的事情都是被控制的，但他发现事实并非如此。①

彭马田同时也是一位主持人、作家、宗教历史学家及环保主义者，曾任世界宗教与环境保护联盟(ARC)的秘书长。他担任过国际宗教、教育和文化咨询机构(ICOREC)的理事，被英王聘为中国文化顾问。他还是《世界宗教时报》的编辑，联合国文化宗教事务顾问。近年来，他写作了诸多关于中国的著述，如《穿越神圣的中国》(*Travel through Sacred China*)，《观音编年史：中国女神与慈悲的神话预言》(*The Kuan Yin Chronicles*：*The Myths and Prophecies of the Chinese Goddess and Compassion*)，《耶稣经文：重新发现基督道家的失落之地》(*The Jesus Sutras*：*Rediscovering the Lost Region of Taoist of Christianity*)，《信仰保护：宗教与环境的新途径》(*Faith in Conservation*：*New Approach to Religions and Environment*)，《圣地》(*Sacred Land*)等，还出版了诸多重要的中国典籍英译本，如《尚书》《庄子》《道德经》与《易经》等，其作品颇受西方读者的欢迎。

彭氏1994年开始在中国工作，与中国的宗教界联系较多。由于对道教有着深入的了解，其与中国的道教往来密切。2004年，彭氏协助中国道教协会在太白山创建了首个生态道观，对宗教和环保联盟在中国的发展起到了很大的推动作用。2011年，在南岳衡山举办的国际道教论坛主论坛上，彭马田与许嘉璐分别代表东、西方进行了一场主题为“道教文化与现代文明”的对话。2014年4月，他还来到中国与道教协会的负责人会谈。②他对人与自然的和谐发展问题非常关注。彭氏认为道家的道指的是一种自然规律，是宇宙的本源(the way of nature)，

---

① 王碧薇. 我为什么热衷于翻译《尚书》——访英国汉学家 Martin Palmer(彭马田)[J]. 党建，2015年第11期，第59—63页。

② 于雪棠. 企鹅书屋《庄子》英译本的封面、插图及篇名[J]. 中国社会科学院研究生院学报，2016年第6期，第108—113页。

而《尚书》中的道，则指一种道德准则(a moral code)，虽然违背这些准则会招致惩罚和灾难，但仍与道家的道不同。

自1991年以来，彭马田与诗人杰伊·拉姆赛(Jay Ramsay)合作撰写了许多中文作品。拉姆赛的作品包括《白诗》《炼金术》《边缘王国》《爱的坩埚》《你的诗人》等。他曾在私人诊所担任心理治疗师，并在世界各地举办诗歌和个人发展研讨会。他在《尚书》译本前言中写道："在一本如此古老的书中，反思它的内容是如何作为一个个活生生的词被接受，被记忆，(正如彭马田所指出的)并在周年纪念活动中被使用，这是非常有用的。在我们自己的文化中，类似的东西肯定比散文更接近戏剧和礼拜仪式，例如在中世纪的神秘阴谋剧中。"他认为，对此书的翻译使用了诗歌与口头对话，这是由于在20世纪90年代中期，他们共同研究中国古典文学的时候，在《道德经》(*Tao Te Ching* 或 *Dao De Jing*)、《易经》(*the I Ching*)和《观音》的100首四行诗(the 100 quatrains of *Kuan Yin*)中发现了这种模式。而《尚书》中有一些文本显然是诗歌(如《五子之歌》)。而一些丢失的文本很可能是由同时代的《诗经》的材料填补的。他说："正如彭马田在仔细研究后所指出的，4、4、4、5的不规则节拍通过叙事注入了一系列像珍珠一样散落的智慧谚语。因此，为了使这种材料活起来，使得它适合于现代的阅读，无论是口头上还是书面上，我们都觉得整本书中的诗歌都是非常恰当而必需的。我从彭马田的直译作品中寻找节律，在每一行没有韵律的诗句中，寻找可以大声诵读的节律。彭马田随后带来了他自己的诗歌翻译，特别是在长长的、明确构成《周书》的大部分儒家章节序列，尤其是第三十五至五十八章。他能在其以散文为导向的基本道德陈述中，为所有更为抒情的时刻找到有助于表达的手段。"他介绍说，总的来说，他们的翻译有两种诗。第一种是反思性的、哲学的和形而上学的，"关于道、德的陈述，关于天作为一切事物背后的第一原则(总是高于或超越统治者或皇帝)、五行和其他构成中国的宇宙的基本要素，如第16章预示《道德经》的智慧"。第二种是关键人物的演讲，通常是对话，有时是戏剧性的独白。一个显著的例子是《二十六章》中的微子爵，拉姆塞说："在这里，我们发现自己在思考军事剧中的莎士比亚，在舞台上，历史以一种同样永恒的方式在当下重现(亨利五世在阿金库尔之前)。正是这种材料的永恒性,使它超越了仅仅作为一种被遗忘已久的事件的记录,进入了一个象征性的真理领域——就像《易经》。这些统治者和支持他们的朝廷官员代表了如果要在'天底下'成功统治一个国家的话,能够如何、需要什么。我们也永远不应该忘记,当这一授权被撤销,而代之以一种自负的地狱时,会发生什么事情——周代的情况就像2500年后,妻子被处决的专制的亨利八世那样。可悲而或许不可避免的是,这一点在今天与以往一样重要。因为自选独裁者的存在,根据定义,他们无法认识到自己的权力驱动之外的任何东西,而且总是损害自己的人民。他们的灭亡可能像商朝一样不可避免,但同样重要的是,要知道今天的精神世界领袖们在哪里,在没有意识到天的告知、引导其更高的自我预兆的情况下,他们如何能够产生?当然,我们也可以思考这对我们所有人意味着什么,以及在我们自己的行为及其后果中,在自我实现的永恒道路上与天同在意味着什么。"①

三、彭马田《尚书》英译的目的理念

在《尚书》英译本正文前的翻译说明中,彭氏介绍说:"在翻译过程中,我们清楚地看到,有些部分明显可以辨别出一种韵律,这种韵律节奏要么是一首诗本身,要么是一篇为了帮助记忆而从口语习惯中变得圆润、均衡的文本。有趣的是,这种模式是周代诗歌风格的典型。口语习惯的影响,一个经典的例子即使用传统的四字节奏,因为这很容易被记住,但在诗的结尾被因某个阶段使用了不规则的排列而打破。在《尚书》中,很多情况下,以五字韵律的形式出现。因此,在翻译中也反映了这一点,但如果没有明显的类型特点,就不会把每一句话都如此翻译。"彭氏说,他们在辨析这些诗歌和散文的模式时,"努力以官方文本为原则,唤醒(bring to life)这些来自许多个不同世纪、由不同学者经手、内容从英雄传奇到诸多官员、彼此风格迥异的文本"。彭氏还表示,他很

① Martin Giles Palmer. *The Most Venerable Book* (*Shang Shu*) [M]. London: Penguin Group, 2014, pp. 16 - 18.

感激拉姆赛将译文的一些关键章节用诗歌和散文编写。他认为,这本书被认为值得尊崇却也许相当枯燥。其实不然,它和任何古代文集一样丰富多彩、令人着迷,比如《圣经》《吠陀经》、巴比伦的文本,而且也是关于如何过着有美德的生活,如何在道德的宇宙中诠释我们的立场的一种无价指引,因此也许它能够再次起到制约或消除违背上天、对平民的生活毫无帮助的糟糕的统治者的作用。①

中国经济实力的迅猛增长引起了西方的高度关注,西方人试图通过对中国典籍中的社会、文化、历史、哲学等方面的深入研究和了解,以便理解当今中国的政治、经济作为,《尚书》等重要的传统文化典籍便成为其首选研究目标。彭马田曾在采访中告诉中国记者,"现在因为人们开始认识到习近平主席经常引用孔子(《论语》),他也引用《尚书》。所以要了解中国的主席,就需要读孔子,读《尚书》,《尚书》是了解中国历史文化的最基本的书",此类典籍"为西方认识中国历史和中国权力格局提供了一个全然不同的视角",因此他断言:"除非你读《尚书》,否则我不认为你能理解今天的中国。"②

谈到对中国典籍的翻译时,彭马田认为自己不是在翻译,其实是在解读,他认为文化是不可翻译的,只能对其进行解读,以便于文化间的彼此理解。(I should say at the beginning that I do not think I translate. I interpret. I do not think it is possible to translate from one culture to another. What you can do is to interpret one culture to another. So this culture understands a bit more about that culture.)③

彭马田《尚书》英译本的《翻译说明》中写道:翻译任何作品时,译者较之逐字翻译更多的是一个解释者,为了设法使得各种形象、神话、传说、格言和文体从一种完全不同的文化达到被理解,必须诠释与翻译并重。他认为,"古代汉语是简洁的。第一行只包含四个字符,任何译者

---

① Martin Giles Palmer. *The Most Venerable Book* (*Shang Shu*) [M]. London: Penguin Group, 2014, pp. 13-14.

② 王碧薇. 我为什么热衷于翻译《尚书》——访英国汉学家 Martin Palmer(彭马田)[J]. 党建,2015年第11期,第59—63页。

③ 王碧薇. 我为什么热衷于翻译《尚书》——访英国汉学家 Martin Palmer(彭马田)[J]. 党建,2015年第11期,第59—63页。

或者真正的母语者都必须从中构造意义。”还解释说：“我希望通过这样做，我们能够在一篇经文中重新注入生命。这篇经文被认为是有价值的，但可能相当枯燥，希望能够将这本被视为重要却也许枯燥的书，从机械的记忆压力和循规蹈矩的儒学中释放出来，再次呼吸到其中生活的气息。”①

总体而言，彭氏《尚书》英译主要是为了当代政治经济生活的实用性目的，而用一种通俗流畅的新形态对这部古奥难懂的政史典籍进行诠释，从而抛却厚重的有关儒学注解带给读者的压力，将其转变为轻松易读的历史故事集。

四、彭马田《尚书》英译的主要方法与策略

从彭氏《尚书》英译对原文本的语义诠释的侧重点来看，如前文所述，其译文表现出侧重传译书中西方人乐读的历史故事，而非其蕴含的思想文化内涵；从其译文的构成形态来看，主要采用了西方人常用、熟悉的文体和语言形式来表述，而非按照原文的文本形式传译，例如原文没有采用诗歌形式的文本，彭氏却将之转换成诗歌文本来诠释与传译。因此，彭氏《尚书》英译主要显示出以归化为主的翻译策略，以西方读者为中心，译文西化，消解了原文的异国语言文化特征。在具体翻译方法上，从语义诠释的角度看，其并未完全按照原文词语的语义和顺序来传译，因而呈现出以意译为主的翻译方法特点；从译文形式上看，彭氏与其合作者诗人拉姆赛大量采用了西方自由诗的形式来诠释原文，将一些非诗歌的原文文本进行大量的诗歌化，从而打造了一种与之前已有《尚书》英译均差异很大的新文本形态。

（一）归化为主的翻译策略、意译为主的翻译方法

彭氏译文迎合了西方读者的阅读喜好，适应了当时的社会文化语境下，出版发行等方面的现实需求。其英译形态与之前的译本有很大

① Martin Palmer. *The Most Venerable Book* (*Shang Shu*) [M]. London: Penguin Group, 2014, p. 13.

不同，从语义诠释和文本形式上看，都偏重于采用西方人熟知乐见的语言文化形态，因而其英译主要采用了归化为主的翻译策略。正如其在英译本前言中所言，“在《尚书》的翻译中，我从一开始就注意这些了。比如，我晓得对‘曰若稽古’翻译，逐字依次翻译较好，可以译为：‘It is said if we investigate back into antiquity’（据说如果我们去考察古代往事），但我选择把它解读为一个关于古代历史与英雄故事的开头常用语‘Long, long ago’，（很久很久以前）。以此作为一种开始讲述关于遥远过去的故事的方式，因为西方读者将会对此感到熟悉。”[①]由此可见，彭氏等意欲以西方语言文化形态取代古老的东方文本形态，进行与传统翻译不同的传译，从而显示出归化为主的翻译策略特点。有研究者认为：“彭马田将以读者为中心、忠实于原著看作一个可以互为补充、协调兼顾的统一体，在具体翻译活动中能处处灵活变通，遵循‘传神达意’的翻译原则。”[②]可见其认为彭氏是以照顾西方读者的阅读感受为主进行翻译，通过消解原文的异国文化特征，让西方读者获得如读自家文化故事的熟悉感受。在这种以归化为主的翻译策略下，译者“处处灵活变通”地进行传译，在具体翻译方法上显示了意译为主的特点，通过对比其他历史时期产生的《尚书》英译，彭氏归化为主的翻译策略、意译为主的翻译方法，即表现得更为显著。例如：

例 4.1 《尚书·虞夏书·尧典》：“曰若稽古帝尧，曰放勋，钦、明、文、思、安安，允恭克让，光被四表，格于上下。”（考察往事，帝尧名叫放勋。他处理政务敬慎节俭，明察四方，善于治理天下，思虑通达，宽容温和，他确实对人恭敬，能够让贤，他的光辉普照四方，至于上下。）[③]

彭译：Long, long ago there lived the Emperor Yao. He was known to everyone in the land as truly noble. He was attentive, bright, cultured, graceful and he was all these things without effort. He was also sincere, able and his reputation lit up the four corners of

① Martin Palmer. *The Most Venerable Book* (*Shang Shu*) [M]. London: Penguin Group, 2014, p. 13.

② 葛厚伟. 传神达意传播儒学——Martin Palmer《尚书》英译本介评[J]. 重庆第二师范学院学报，2017 年第 2 期，第 40—43 页。

③ 江灏，钱宗武译注. 今古文尚书全译 [M]. 贵阳：贵州人民出版社，2009 年，第 2—3 页。

the world, reaching from Heaven itself down to Earth. ①(很久很久以前,有位皇帝尧。这片土地上的每一个人都知晓他的真正尊贵。他细心、聪明、有教养、优雅,他毫不费力即具备了这些品质。他也很真诚、有能力,他的声望照亮了世界的四个角落,自天堂向下延伸至地面。)

理译:Examining to antiquity,*we find that* the emperor Yaou was called Fang-heun. He was reverential, intelligent, accomplished, and thoughtful, naturally and without effort. He was sincerely courteous, and capable of all complaisance. The display *of these qualities* reached to the four extremities *of the empire*, and extended from earth to heaven. ②(考证古文,我们发现尧帝被称为放勋。他自然而然地那么虔诚,有智慧,有成就而深思熟虑。他诚恳而恭敬,能够一直彬彬有礼。这些品质展示到帝国的四极,并从地下延伸到天上。)

欧德译:Now, regarding the ancient Emperor Yaou it is said (he was) exceeding worthy, pious, and intelligent; his actions and thoughts were reposeful, sincere, courteous, yet capable of yielding; and his renown extended to the four comers of the world, reached up to the skies, and (sounded the abysm of) earth. ③(现在,关于古代尧帝,据说他非常值得尊敬,他虔诚,有智慧;他的行为和思想平稳、真诚、恭敬而又柔顺;他的声望传到了世界的四个角落,上达天空,并响彻大地。)

高译:Examining to antiquity, (we find that) the emperor Yao was called Fang-hün. He was reverent, enlightened, accomplished, sincere and peaceful (mild). He was truly respectful and could be (ceding =) modest. He extensively (covered =) possessed the four extreme points (of the world) . He reached to (Heaven) above and

① Martin Palmer. *The Most Venerable Book* (*Shang Shu*) [M]. London: Penguin Group [M]. 2014, p. 1.

② James Legge. *The Shoo King or The Book of Historical Documents* [M]. *The Chinese Classics*, Taipei: SMC Publishing Icn., 1991, pp. 16 - 17.

③ Ibid., Walter Gorn Old. *The Shu King or the Historical Classic*, 1904, p. 1.

(earth) below.[①](经考古发现帝尧名为放勋。他恭敬、开明、有成就、真诚而平和。他真正地恭敬,并能够谦虚。他广泛占据了世界的四极。他达于(天)上和(地)下。)

由上例中产生于不同历史时期的四种英译可见,理氏与高氏都采用了直译为主的翻译方法,注重较为严格地依照原文的字句顺序和词语语义依次对译,而与理氏和高氏相反,彭氏没有按照原文的形态进行较为严格的对译,而是采用更符合西方习惯的表达形式,例如其"曰若稽古帝尧曰放勋"句的译文:"Long, long ago there lived the Emperor Shun."(从前有位皇帝舜)采用了讲故事的开头常用语表达原文,而理氏与高氏一致依据原文字词语义连缀译为:"Examining to antiquity, *we find that* the emperor Yaou was called Fang-heun."(考证古文,我们发现尧帝被称为放勋)就连同样偏重于意译的欧德也大致依据了文本字词语义而译为:"Now, regarding the ancient Emperor Yaou..."(现在,关于古代的尧帝……)由此可见彭氏的意译翻译方法之前所未有地自由、灵活。此外,对"钦、明、文、思、安安,允恭克让"等文本的翻译,高氏译文最为接近原文词语语义,其对原文词语的诠释更为准确。彭氏与欧德、理氏各有一些词语的翻译比较符合原文语义,也皆有某些词语的翻译与原文存在不同程度的语义差异。而对"光被四表,格于上下"句的翻译,高氏的直译译文显得比较生硬,而彭氏等却皆传译表述得比较流畅而恰当,显示出意译为主的翻译方法。但与其他译文不同的是,彭氏译文并没有用添加详细的注释,来进一步诠释原文语义。再如:

例 4.2 《尚书·虞夏书·尧典》:"克明峻德,以亲九族。九族既睦,平章百姓。百姓昭明,协和万邦。黎民于变时雍。"(他能发扬才智美德,使家族亲密和睦。家族和睦后,又能辨明百官的善恶,百官的善恶辨明了,又使各诸侯国协调和顺。天下众人从此也就友好和睦了。)[②]

彭译:In him were combined all that was best from his ancestors and all that will be best of the generations to come. As a result, he

---

① Ibid., Bernhard Karlgren. *The Book of Documents* [J]. 1950, p. 1.

② 江灏,钱宗武译注. 今古文尚书全译 [M]. 贵阳:贵州人民出版社,2009 年,第 2 页。

was enlightened and virtuous and so he was able to make sure that the whole world lived in balance and harmony. This meant everyone lived in a state of enlightenment and even the surrounding states and tribes lived peacefully. ①(在他身上，有其祖先最好的一切，和对于后代最好的一切。他开明而有德，因此他能够确保整个世界生活在平衡与和谐之中。这意味着每个人都生活在开明状态，甚至周围的州和部落都和平地生活。)

理译：He was able to make the able and virtuous distinguished, and thence proceeded to the love of the nine classes of his kindred, who all became harmonious. He also regulated and polished the people of his domain；who all became brightly intelligent. Finally he united and harmonized the myriad States of the empire；and lo！the black-haired people were transformed. The result was universal concord. ②(他能够使贤能之人显赫起来，而后他继续使得他的九族友爱，他们都变得和睦相处了。他又管理和改造了辖域内的人民；他们都变得开明而有智慧。最后，他统一和协调了帝国的无数个国家；瞧！黑发人变了。结果是宇宙和谐。)

由上例可见，此句的翻译中，彭氏也是采用意译为主的方法，其英译没有严格按照原文语序进行对译，且语义与原文有较大的差异，对有些词语如"九族"等诠释不够准确、明晰，有些原文语义甚至没有被传译，其译文只可说是大致地传译了原文的语义。尽管彭氏抓住了尧帝开明有德的特点，也诠释出了其对促进周围世界和谐发展的重要作用，但是对于原文所蕴含的中国儒学的重要思想，即修身、齐家、治国、平天下，彭氏译文并未能清楚地诠释其语义逻辑，表现出忽视了这种语义的逻辑顺序和原文的儒学思想文化内涵，从而导致其译文未能恰当地诠释出原文本的真实完整的语义及意蕴。而相比之下，理氏此处的译文则诠释得较为得当，因为理氏译文比较贴近原文的语义和形式，能够清

① Ibid., Martin Palmer. *The Most Venerable Book* (*Shang Shu*) [M]. 2014, p. 63.

② James Legge. *The Shoo King or The Book of Historical Documents* [M]. *The Chinese Classics*, Taipei: SMC Publishing Icn., 1991, p. 17.

晰地表达原文词语的语义与整句的总体思想内涵。他相应地使用了表示有关顺序的词语："然后继续"(and thence proceeded to)、"又"(also)、"最后"(Finally)。其译文诠释显示了译者对词语语义和文本逻辑与思想的较为准确的把握，而这显然是彭氏译文所欠缺的。由此可见，彭氏的译文显示了显著的意译为主的翻译方法特点。再如：

例 4.3 《尚书·虞夏书·五子之歌》："民惟邦本，本固邦宁……"(只有老百姓才是立国的根本，根本稳固了，国家才会安宁……)①

彭译：The people are a country's foundation;

if the base is secure, so is the country. ②

(人民是国家的根基；如果基地是安全的，那么这个国家也是安全的。)

理译：The people are the root of a country;

The root firm, the country is tranquil. ③

(人民是国家的根：根坚固则国家安宁。)

上例中的"本"，《说文解字注》："而意即在是木下曰本。古文：楍。此从木形也。根多窍似口。故从三口。"(卷六，木部)《康熙字典》解释为："1：〔古文〕楍楍【唐韵】【正韵】布忖切【集韵】【韵会】补衮切，奔上声。【说文】木下曰本。从木，一在其下，草木之根底也。"由有关注解可见，本的本意即指草木之根，因此理氏翻译为 root(根)最为恰当，而彭氏翻译为基础(foundation，base)，意思虽然接近，毕竟不如 root 更为贴近原文语义。可见理氏译文对原文字词的语义诠释，显然更加有利于真实地传译原文，这大概也是理氏译本被中国学者辜鸿铭赞为"自有妙处"的重要原因。对于"本固邦宁"的译文，从二者所使用的句式来看，彭氏使用了倒装句："if the base is secure, so is the country." 而理氏则使用与原文词语顺序一致的陈述句序："The root firm, the country is tranquil." 亦步亦趋地跟随原文字句进行翻译。彭氏则没有按照原文

① Ibid., Martin Palmer. *The Most Venerable Book* (*Shang Shu*) [M]. 2014, p. 98.

② Ibid., Martin Palmer. *The Most Venerable Book* (*Shang Shu*) [M]. 2014, p. 98.

③ James Legge. *The Shoo King or The Book of Historical Documents* [M]. *The Chinese Classics*, Taipei: SMC Publishing Icn., 1991, p. 158.

语序，而是采用更灵活的表达方法。由此可见，较之理氏译文，彭氏译文显然更具意译的特点。

（二）诗歌化的翻译方法

许渊冲先生以其丰富的翻译经验为基础，借助中国文论中的一些理论精华，将翻译定义为“美化之艺术”。在为《译论》一书所作的《序》中，他对费罗道夫提出的“等值翻译论”、奈达提出的“等效”提出了批评，阐述了中国以“神似、化境”为翻译核心的文艺派翻译观。[①] 他提出，在翻译上应朝着“美化”与“归化”的方向努力，使读者“知之，好之，乐之”。[②]许均教授也明确地提出，翻译包括思维层次、语义层次和美学层次。[③]与之前的译文相比，显然彭氏和拉姆赛着力对《尚书》译文进行了美化，采用了显化、赋予原文韵律的新文本形态，注重以诗歌或散文的新形式呈现原文，尤其是对原文整齐而富有节律特点的非诗歌段落的诗歌化传译，因而其译文形式富有韵律之美，从而完全改变了之前麦氏、理氏等的译文加大量注释的翻译形态，也将高氏不加文内注释的简明轻薄的译文形态进一步简化。在不加注释的同时，以灵动的诗句和通俗的散文构建译文，的确能够带给读者轻松愉悦的阅读感受，也更容易为当代西方英语读者所乐于接受。正如彭氏所言，其《尚书》等英译本销量不错，而这也反映了其采用归化为主的翻译策略和意译为主的翻译方法的效果。

彭氏多篇《尚书》译文主要采用了西方自由诗（Free Verse）的形态，[④]有的以诗歌对译原文一篇文章中的某些非诗歌段落，有的则用诗歌翻译全篇原文，如《微子》《旅獒》《泰誓下》《太甲下》《微子之命》《秦誓》等。正如有学者所言，其译文“表现出西方现当代自由诗模式个性

---

① 许钧. 翻译论（修订本）[M]. 南京：译林出版社，2014 年，第 43 页。参见：许渊冲、许钧. 翻译：“美化之艺术”——新旧世纪交谈录 [M]. 南京：译林出版社，2001 年，第 46—59 页。

② 许钧. 翻译论（修订本）[M]. 南京：译林出版社，2014 年，第 168 页。

③ 许钧. 翻译论（修订本）[M]. 南京：译林出版社，2014 年，第 2 页。

④ 自由诗（Free Verse）是西方近代形成的一种诗体，一般认为美国 19 世纪诗人沃尔特·惠特曼（Walt Whitman，1819—1892）是近现代主流自由诗的创始者，代表作《草叶集》（*Leaves of Grass*，1855）。自由诗的特点主要为不受格律的限制，押大致相近的韵或不押韵，句式、字数、行数等都比较自由，无固定格式，注重内在的自然节奏，语言较为通俗易懂。五四运动前后，自由诗开始在我国流行，如郭沫若的《女神》、徐志摩的《再别康桥》等。

化、形式开放化、节奏散文化、内容陌生化和语言自然化等特征”。[①] 例如：

例 4.4 《尚书·虞夏书·五子之歌》其二：“训有之，内作色荒，外作禽荒。甘酒嗜音，峻宇雕墙。有一于此，未或不亡。”（皇祖大禹的训诫有这样的话：在内作兴女色的迷恋，在外作兴游猎的沉迷。纵情饮酒不知节制，嗜好歌舞不知满足，住着高大的屋宇，还在墙上绘上彩饰。这几项中如果有一项，就没有什么人不亡国的。）[②]

彭译：

It's all there in the teachings:
If, at home, you lead an outrageous life
and abroad go lusting for the chase
wasting yourself in heavy boozing
dancing and carousing the night away
in your buildings with their carved ceilings
and sumptuous suggestive walls
it has to be said that these
will always lead to your downfall![③]

（这都在那些教诲之中：
如果在家，你过着离谱的生活
你在国外追逐
在酗酒中颓废
整夜跳舞狂欢
你在有雕刻的天花板
和华丽的暗示墙的房子里
不得不说这些
总是会导致你的垮台！）

① 葛厚伟. 传神达意传播儒学——Martin Palmer《尚书》英译本介评[J]. 重庆第二师范学院学报，2017 年第 2 期，第 40—43 页。

② 江灏，钱宗武译注. 今古文尚书全译 [M]. 贵阳：贵州人民出版社，2009 年，第 71—72 页。

③ Ibid., Martin Palmer. *The Most Venerable Book* (*Shang Shu*) [M]. 2014, p. 99.

《五子之歌》是夏启的儿子太康的五个弟弟所作，太康沉迷于游乐田猎，荒废政务，不恤民情，百姓不堪忍受其统治。当太康去洛南打猎，有穷国君羿率领百姓在黄河北岸抵御太康返回国都，太康因此失去帝位，在太康受阻后，其五个弟弟侍候其母在洛水之北等待了一百多天，始终不见其回去，于是写了这五首诗，表达对太康的指责和怨恨。其前两首陈述了大禹的告诫，后三首分别是恨亡国都、恨绝宗祀以及追悔不及的感叹，具有深刻的含义。该篇多为四言句，颇富韵律，文学色彩鲜明。彭马田的译文并没有依照原文的形式进行翻译，而是创构了适合西方读者阅读习惯的当代自由诗来传译原文的歌，其译文读来抑扬顿挫，其明快的节奏有助于抒发原文所蕴含的强烈情感。译文语义虽然与原文有一定差异，但译文以诗译歌，形式与原文相对应，韵律和谐，其节奏有利于渲染强烈的愤怒情感，较好地表达了对太康失道亡国的谴责。其将原文西方自由诗化的翻译方法，也是其归化为主的翻译策略的一种体现。再如：

例 4.5 《尚书·虞夏书·舜典》："慎徽五典，五典克从。纳于百揆，百揆时叙。宾于四门，四门穆穆。纳于大麓，烈风雷雨弗迷。"（首先让舜慎重地完成父义、母慈、兄友、弟恭、子孝这五种美德，人们都能顺从五种美德而不乱伦。然后让舜总理一切事物，各种事务都处理得井井有条。接着，又让舜在明堂四门迎接四方来朝的宾客，四方来朝的宾客都肃然起敬。又让舜担任守山林的官，即使在暴风雷雨的恶劣天气也不迷误。）①

彭译：

He was passionate about ensuring harmony and balance,
through observing the five virtues of loyalty.
He personally attended to the smooth running
of every part of the bureaucracy on an annual basis.
He entertained leaders
from every corner of the Empire

① 江灏，钱宗武译注. 今古文尚书全译［M］. 贵阳：贵州人民出版社，2009 年，第 10 页。

with great solemnity
and once,
even though he was caught in a terrifying storm,
he nevertheless never gave up on his intention
to visit and see for himself the
vast flooded lands of the foothills. [①]
(他热衷于通过观察忠诚的五大美德,
以确保和谐与平衡。
他每年都亲力亲为于
官府各部门的顺利运转。
他非常威严地款待
来自帝国各个角落的领导者。
有一次,
尽管他遭遇了可怕的风暴,
但他始终没有放弃自己到场,
亲自查看
山麓广阔的水淹土地的打算。)

《尚书序》将《尚书》五十八篇的体式分为六种:典、谟、训、诰、誓、命。钱宗武先生认为,实际上《尚书序》提出"六体"的时间应在东晋初年,因为一般认为《尚书序》为伪作。[②]魏晋时期也是文学的自觉时代,已经开始"辨章识体",唐代孔颖达根据文体功能给《尚书》归类,将之分为十种文体:典、谟、贡、歌、誓、诰、训、命、征、范(《尧典正义》)。典,主要记载古代典章制度的文体形式,[③]如《尧典》《舜典》等。《说文·几部》引用庄都的说法,解释"典"为:"大册也。"[④]《逸周书·谥法解》解释为:"典,常也。"[⑤]篆书"典"的字形结构像简册端放于几案之上,"可见隶属于'典'这类体式的文章不是一般的政史文章,是记载上古重要典章制

---

① Ibid., Martin Palmer. *The Most Venerable Book* (*Shang Shu*) [M]. 2014, p. 67.
② 钱宗武解读. 尚书 [M]. 北京:国家图书馆出版社,2017 年,第 3 页。
③ 江灏,钱宗武译注. 今古文尚书全译 [M]. 贵阳:贵州人民出版社,2009 年,第 1 页。
④ 钱宗武解读. 尚书 [M]. 北京:国家图书馆出版社,2017 年,第 3 页。
⑤ 钱宗武解读. 尚书 [M]. 北京:国家图书馆出版社,2017 年,第 4 页。

度的文章”。[①]例如,《尧典》篇记录了上古的禅让制度,《禹贡》篇记录了夏禹时代的行政区划制度和赋税制度,《吕刑》篇记录了周代的刑法制度,《周官》篇和《立政》篇则记录了周代的官制。由上例可见,译者以诗译典,即将原文中记录古代重要典章制度的“典”的文体,传译为西方现代诗歌文体,从而将原文的骈文形态传译为译文的诗歌形态,在翻译中对原文作了文体上的改变。而不同文体各自长于表现不同的语义蕴含,诗歌的灵动、感情强烈,较之典的庄重、意蕴深厚,分明是差异显著的两个类别。而彭氏译文以诗歌的形式,传译了《舜典》中这三组包含顶真修辞手法的四言骈文,诗行节奏有致,娓娓道来,讲述舜的勤政事迹和非凡智慧,宛若一首英雄赞歌,富有韵律之美,颇有打动人心的强烈的情感力量。然而对照原文的语义,却可以看出其语义和原文语义相比,存在一定的差异。也有一些对原文的误读之处,比如最后一句译文等。又如:

例 4.6 《尚书·周书·洪范》:“无偏无陂,遵王之义;无有作好,遵王之道;无有作恶,尊王之路。无偏无党,王道荡荡;无党无偏,王道平平;无反无侧,王道正直。会其有极,归其有极。”(不要偏颇不正,要遵守王法;不要私心偏好。要遵照王道;不要为非作歹,要遵行正路。不要营私,不要结党,王道宽广;不要结党,不要营私,王道平易;不反不乱,不偏不倚,王道正直。君王团结臣民要有法则,臣民归附君王,也要有法则。)[②]

彭译:

Without diversion, without ambivalence
follow the Royal Model.
Without pursuing your own desire
walk the way of the Royal Path.
Without resentment,
be guided by the Royal Path.

① 钱宗武解读. 尚书 [M]. 北京:国家图书馆出版社,2017 年,第 4 页。
② 江灏,钱宗武译注. 今古文尚书全译 [M]. 贵阳:贵州人民出版社,2009 年,第 186—187 页。

Without factions, without prejudice
the Royal Path is smooth, is easy.
Without prejudice, without breaking away
the Royal Path is level, is straight.
Without stupidity, without bias
the Royal Way is true and appropriate.
Seeing such excellence,
follow it![1]
（没有偏离，没有矛盾心理，
遵循皇家模式。
不追求自己的欲望，
沿着皇家之路走。
没有怨恨，
由皇家道路引导。
没有派别，没有偏见，
皇家之路是平坦的，是容易的。
没有偏见，没有脱离，
皇家之路是平的，是直的。
没有愚昧，没有偏见，
皇家之道是真实而恰当的。
看到这些优秀之处，
跟随它吧！）

范，意为法，洪范即大法。《尚书·周书·洪范》篇向来被视为帝王之书，其中系统、具体地论述了治国方略，所以历代封建帝王都将其奉为圭臬。南宋学者朱熹认为《洪范》“是治道最紧切处”“天下之事其大者，大概备于此矣”。[2]《明实录》记载，明太祖朱元璋“命儒臣书《洪范》揭于御座之右，朝夕观览”。《洪范》对我国古代政治史、哲学史、思想史都产生了巨大影响。由上例可见，译者也将原文中的这些骈文进行了

① Ibid., Martin Palmer, *The Most Venerable Book* [M]. 2014, pp. 182 – 183.

② 钱宗武，杜纯梓. 尚书新笺与上古文明 [M]. 北京：北京大学出版社，2005 年，第 145 页。

诗歌化，但译文语义也与原文有较大的差异，在某种程度上显示为以原文语义为基础进行再次创作的倾向。极，法则。朱熹说："皇者，君之称；极者，至极之义，标准之名也。"[①]"会其有极，归其有极"句，会：团结。该句意思是，君王团结臣民要有法则，臣民归附君王，也要有法则。而彭氏翻译成：没有愚昧，没有偏见，皇家之道是真实而恰当的。看到这些优秀之处，跟随它吧！（Without stupidity, without bias, the Royal Way is true and appropriate. Seeing such excellence, follow it!）由此可见，彭氏译文诠释跟原文语义差异较大，其对原文中的重要语义——"极"的法则之意，并没有任何体现，显然没有诠释出原文所指，即君臣关系皆需要遵循一定的法则这一重要治政思想。彭氏《尚书》译文中具有这样特点的译文较为常见，如《尚书·周书·洪范》译文中的诗歌，除了上例之外，还有以下文本：

例 4.7 《尚书·周书·洪范》："初一曰五行，次二曰敬用五事，次三曰农用八政，次四曰协用五纪，次五曰建用皇极，次六曰乂用三德，次七曰明用稽疑，次八曰念用庶征，次九曰向用五福，威用六极。一、五行：一曰水，二曰火，三曰木，四曰金，五曰土。水曰润下，火曰炎上，木曰曲直，金曰从革，土爰稼穑。润下作咸，炎上作苦，曲直作酸，从革作辛，稼穑作甘。二、五事：一曰貌，二曰言，三曰视，四曰听，五曰思。貌曰恭，言曰从，视曰明，听曰聪，思曰睿。恭作肃，从作乂，明作晳，聪作谋，睿作圣。"

彭译：

The first of the Nine is the Five Elements
the second is respect for the Five Conducts
the third is taking care of the Eight Regulations
the fourth is details of the Annual Records
the fifth is perfecting Princely Rule
the sixth is proper use of the Three Virtues
the seventh… the Exploration of Uncertainty

① 江灏，钱宗武译注. 今古文尚书全译［M］. 贵阳：贵州人民出版社，2009 年，第 182 页。

the eighth, the purposeful use of Understanding
the ninth the careful use of the Five Good Fortunes
- with a respect for the Six Extremes.
The Five are: water, fire, wood, metal and earth.
Water pours down; fire blazes and rises
wood is either crooked or straight
metal does as it's commanded
earth sprouts crops.
What soaks becomes salty,
what burns becomes bitter,
what is crooked or straight becomes sour,
what is hard but melts becomes acrid,
what is sown and reaped is delicious!
The Five Conducts are:
demeanour, speech, perceiving, hearing, thinking.
The essence of demeanour is respect
of speech - reason
of perception - clarity
of hearing - comprehension
and of thinking - perception.
And so respect creates reverence
reason creates order
clarity creates wisdom
understanding creates possibilities
- and perception creates the sage. ①
(九者之中的第一个为五行
二是尊重五种行事
三是要认真对待八项规定

① Ibid., Martin Palmer, *The Most Venerable Book* [M]. 2014, pp. 181-182.

第四是年鉴的细节
第五是完善高贵的准则
六是正确运用三德
第七为不确定性的探索
第八是有目的地使用理解
第九即慎用五福
——尊重六个极端。
这五个是，水、火、木、金和土。
水倾泻而下；火光冲天
木头不是弯的就是直的
金属按指令行事
大地使农作物发芽。
浸泡的东西会变咸，
燃烧的东西变得苦涩，
弯曲或笔直的东西会变酸，
坚硬但融化的东西变得刺鼻，
播种和收获的都很美味可口！
五种行为是：
举止、言语、感知、听觉、思维。
举止的本质是尊重
言语——理性
感知——清晰度
听力——理解
以及思考——感知。
因此，尊重产生敬畏
理性创造秩序
清晰创造智慧
理解创造可能性
感知创造了圣人。）

第二处，即诗歌化翻译《尚书·周书·洪范》的第七种大法，决定吉凶从违的“卜筮”法：

例 4.8 《尚书·周书·洪范》：“汝则从，龟从，筮从，卿士从，庶民从，是之谓大同。身其康强，子孙其逢吉，汝则从，龟从，筮从，卿士逆，庶民逆，吉。卿士从，龟从，筮从，汝则逆，庶民逆，吉。庶民从，龟从，筮从，汝则逆，卿士逆，吉。汝则从，龟从，筮逆，卿士逆，庶民逆，作内吉，作外凶。龟筮共违于人，用静吉，用作凶。”（假若您赞成，龟卜赞成，蓍筮赞成，卿士赞成，庶民赞成，这叫作大同。这样，您自身会安康强健，子孙会兴旺发达，很吉利。假若您赞成，龟卜赞成，蓍筮赞成，而卿士反对，庶民反对，也吉利。假若卿士赞成，龟卜赞成，蓍筮赞成，您反对，庶民反对，也吉利。假若庶民赞成，龟卜赞成，蓍筮赞成，您反对，卿士反对，也吉利。假若您赞成，龟卜赞成，蓍筮反对，卿士反对，庶民反对，那么，在国内行事就吉利，在国外行事就不吉利。假若龟卜、蓍筮都与人意相违，不做事就吉利，做事就有凶险。）①

彭译：

If they all agree: that is to say
the people, the tortoise shell and the yarrow stalks -
this is truly remarkable, and you will be fine
as will your family; you will be blessed.
If you, the tortoise and the yarrow stalks agree
but not the ministers and the people -
you will still be all right.
If the ministers agree with the tortoise and the yarrow stalks
but you and the people disagree -
it may still be OK.
If you and the tortoise agree, but the yarrow stalks
ministers and people do not -
then this is OK for internal affairs
- but not good for external ones.

---

① 江灏，钱宗武译注. 今古文尚书全译［M］. 贵阳：贵州人民出版社，2009 年，第 188—189 页。

If the tortoise and the yarrow stalks agree
but you, the ministers and people do not
then the status quo will be safe
but don't try and undertake new actions.[①]
(如果他们都一致认为可行:也就是说
人、乌龟壳和蓍草茎——
这真的很了不起,你会没事的
你的家人也一样;你会得到祝福的。
如果你、乌龟和蓍草茎同意而非大臣和人民——
你还是会没事的。
如果大臣们与乌龟、蓍草茎意见一致
但你和人民不同意——
它可能仍然可以。
如果你和乌龟意见一致,但蓍草茎
大臣和人民不同意——
那么这对内政来说没问题
-但对外部事务不好。
如果乌龟和蓍草茎一致认为可行
但是你、大臣们和人民却不同意
那么现状将是安全的
但不要尝试采取新的行动。)

再如,彭氏以诗歌翻译了《尚书·周书·洪范》的第八种大法,即说明天气好坏与政事臧否的因果关系的文本,原文诠释了"天人合一"的神化思想:

例 4.9 《尚书·周书·洪范》:"八、庶征:庶征:曰雨,曰暘,曰燠,曰寒,曰风。曰时五者来备,各以其叙,庶草蕃庑。一极备,凶;一极无,凶。曰休征:曰肃,时雨若;曰乂,时暘若;曰晰,时燠若;曰谋,时寒若;曰圣,时风若。曰咎征:曰狂,恒雨若;曰僭,恒暘若;曰豫,恒燠若;曰

① Ibid., Martin Palmer, *The Most Venerable Book* [M]. 2014, pp. 182 - 183.

急，恒寒若；曰蒙，恒风若。”（八、各种征兆：雨天，晴天，温暖，寒冷，刮风。一年中这五种天气齐备，各根据正常的次序发生，百草就茂盛。某一种天气过多，就会是荒年；某一种天气过少，也会是荒年。好征兆是：君王能敬，就像及时降雨；君政能勤，就像及时晴朗；君王明智，就像及时温暖；君王善谋，就像及时寒冷；君王通理，就像及时刮风。）①

彭译：

Means of Understanding: rain, sun, heat, cold, wind
and the seasons. If they combine at the right time
then everything grows in abundance. But if one
is dominant, this is not good - and likewise
if one is weak or insignificant, this is bad too.
This is what we call auspicious relationships
respect brings appropriate showers
good government brings bright sunshine
wisdom brings the right amount of heat,
good counsel brings necessary coolness
and wisdom brings the breathing wind. ②
But there are the inauspicious relationships!
Wildness brings flooding - foolishness, drought
selfishness brings heat waves, rashness bitter cold
while stupidity
ushers in storms…③

（理解的方式：雨、太阳、热、冷、风
和季节。如果他们在正确的时间结合
然后一切都变得丰富起来。但是如果其中一个
占主导地位，这并不好——同样
如果某一个衰弱或微不足道，这也很糟糕。

① 江灏，钱宗武译注. 今古文尚书全译［M］. 贵阳：贵州人民出版社，2009 年，第 190—191 页。
② Ibid., Martin Palmer, *The Most Venerable Book* [M]. 2014, pp. 182 - 183.
③ Ibid., Martin Palmer, *The Most Venerable Book* [M]. 2014, p. 184.

这就是我们所说的吉祥关系
敬重带来适当的降雨
好的政府带来灿烂的阳光
智慧带来适当的热量，
好的建议带来必要的冷静
智慧带来呼吸之风。
但也有不吉利的关系！
狂野带来洪水——愚蠢带来干旱
自私带来热浪，鲁莽带来严寒
而愚蠢
则引来风暴……）

由此可见，彭氏译文通过多处诗歌化原文非诗歌文本的翻译方法，将古老拗口的典籍文本转化为通俗易读的西方自由诗译文。这种文体上的转换，使其成为几个世纪以来的西方《尚书》英译本中，与其他译本皆有很大差异的一种新的英译形态。有研究者认为，《尚书》原文包含“古奥艰涩的词汇、细密罕见的通假、超乎常规的省略、上古汉语的语序”，因其“‘高古奇崛’的语言风格”而具有“‘佶屈聱牙’的历时语言特点，大多为“直言不讳”地“以言成事”“论事”的“诰命之词”，也有一些“具备了多种叙事元素的”的叙事作品。[①] 然而，这些文本经过彭氏及其合作者的英译，皆传译为可轻松阅读的、简洁明快而富于内在韵律和情感的诗行。但在其诗歌化传译原文的过程中，对原文语义的减损也较为严重，仅就其对原文语义诠释的真实完整性而言，其所用诗歌等诠释实不足以承载一部如《尚书》这类中国经典的语义分量。但是，其诗歌化的翻译方法也达到了使其译文形态新颖、能够吸引西方大众读者的出版要求与目的，回应了新时期西方文化产业化（或商业化）的诉求。

① 朱岩.《尚书》文体研究［D］. 扬州大学博士学位论文，2008年，第2—3页。

五、彭马田《尚书》英译的本体诠释特点

依据本体诠释学文本诠释圆环理论，对彭氏《尚书》英译诠释圆环的三个层次进行考察分析，可发现其诠释特点如下：

（一）语言层次特点

彭氏《尚书》英译语言表述简明流畅，颇受英国读者的欢迎。*China Daily* 评论其译文："通过彭马田生动细致的翻译，读者对原作的生命和意义有了全面、清晰的理解，""向英语读者展示了理解其中所含的儒家伦理道德思想的最佳途径。"①但这些西方人也许不够了解，彭氏英译的语言层次意义诠释和欧德译文类似，也存在较多不符合原文语义之处，简化的对词语仅作表面化诠释的传译、甚至漏译重要的语义等，其译文并没有真实、细致、完整地诠释这部中国经典原文及其中的儒家思想，而这才是彭氏译文语言层面的真正面貌。例如：

例 4.10 《尚书·虞夏书·尧典》："瞽子，父顽，母嚚，象傲，克谐。"

彭译：His father is a blind musician who is a fool and his stepmother is without principle. While his brother—he is a total prig! However, being a pious and loyal son, he has managed to create such harmony within the home.②（他的父亲是个愚蠢的盲人乐师，他的后母毫无原则，而他弟弟呢，完全是个自大狂！然而，作为一个忠诚而孝顺的儿子，他成功地创造了这种家庭和谐。）

上例中，"嚚"意为"说话不诚实"，彭氏译为"毫无原则"（without principle）显然语义与原文不符，对"象"的英译，理氏译文最恰当："异母弟弟"，而彭氏译文却未能译出此意。而此处对"克谐"的翻译显然增补了文化语境意义："但作为一个忠诚而孝顺的儿子"（However, being a pious and loyal son...），此处译意比较符合原文语义，但译文总体语义

① Paul Bolding. *Bright New Light on Ancient Ideas* [N]. http: www. Chinadaily. com. cn/a/201409/05/WS5a 2a43fl3010 a51ddf8ff97. html.

② Ibid., Martin Palmer. *The Most Venerable Book* [M]. 2014, pp. 182 - 183.

仍与原文有一定差异。再如：

例 4.11 《尚书·商书·盘庚中》:"盘庚作，惟涉河以民迁。乃话民之弗率，诞告用亶。其有众咸造，勿亵在王庭，盘庚乃登进厥民……(盘庚做了君主之后，考虑渡过黄河带领臣民迁移。于是，集合了那些不服从迁移的臣民，用诚恳的态度大力劝告他们。那些臣民都来了，惴惴不安地站在王庭中。盘庚招呼他们靠前一些……)[①]

彭译：Pan Geng rose up and with his people crossed the River. He, having decided to relocate them. To encourage them to follow him, he decided to speak to them, hoping that they would agree to go with him. They came, having been warned not to cause trouble in the Royal Palace. [②](盘庚升任后带着子民渡过黄河，他已决定让他们迁移。为了鼓励他们跟随他，他决定跟他们谈话，希望他们能同意跟他走。他们来了，被警告不得在王庭惹事。)

在上例中，除了原文最后一句"盘庚乃登进厥民"被漏译之外，这些译文显然有违原文词语、句子和段落的常识意义。如将原文的"考虑带领人民渡黄河"之意，翻译为"渡过了黄河"等(and with his people crossed the River)。由此可见译文与原文语义的差异，而这样的情形在彭氏译文中较为常见。再如：

例 4.12 《尚书·商书·盘庚中》:"呜呼，今予告汝：不易！永敬大恤，无胥绝远!"(啊，现在我告诉你们：不要轻举妄动！要永远重视大的忧患，不要互相疏远！)[③]

彭译：Indeed, you need to understand clearly that I will not be diverted from my plans. Don't be so foolish as to stand in the way of this Great plan. Instead, let us all now be united. Agree to be part of my plans and then you will find that your hearts and minds can be faithful to me. (其实你需要清楚地明白我不会改变我的计划。不要愚蠢地阻碍这个伟大计划，我们现在反而要联合起来。愿意参与我的计

① 江灏，钱宗武译注. 今古文尚书全译［M］. 贵阳：贵州人民出版社，2009 年，第 126 页。

② Ibid., Martin Palmer. *The Most Venerable Book* ［M］. 2014, p. 136.

③ 江灏，钱宗武译注. 今古文尚书全译［M］. 贵阳：贵州人民出版社，2009 年，第 131 页。

划，你就会发现你的心灵能够忠诚于我。)①

在上例中，显然彭氏把“轻举妄动”之意的“易”翻译成了“改变”。“敬”(谨慎)、“恤”(忧患)等词语的意义皆未诠释出来，因此也没能正确诠释“永敬大恤，无胥绝远”的真正意义。原文其实含有要警惕天降灾难之义，敬天、听天命乃中国古代极为重要的思想观念。彭氏译文语言层次的意义诠释失真也影响了其他两个层次的意义诠释，从而最终影响了对原文本体真理诠释的真实与完整。又如：

例 4.13 《尚书·商书·仲虺之告》：“帝用不臧，式商受命，用爽厥师。”(老天因夏桀不善，让商接受治理天下的命令，因此，丧失了他的臣民。)②

彭译：This is not how an emperor should behave and this is why the Shang have been given the Mandate of Heaven – because of our love of justice, and so that we can become the teachers of all the people. ③(这不是皇帝的行为方式，这就是为什么商被赋予了天堂的使命—因为我们热爱正义，所以我们可以成为所有人的老师。)

在上例中，“用”的意思是“因为，由于”；“臧”，善、好；“式”，用；“爽”，丧失，《墨子·非命上》引作丧。师，众庶。④ 而彭氏此处译文没有准确传译出臧的“善、好”之意，而是意译为大致有关的意思，“不是皇帝应有的行为”。最后一句完全误读了原文语义，而将“爽”翻译为“热爱正义(love of justice)”，将有“众庶”之意的“师”翻译成了“所有人的老师(the teachers of all the people)”。这些情况都造成语义诠释失真，从而也较大地影响了译文本体真理层次的诠释。

例 4.14 《尚书·周书·洪范》：“月之从星，则以风雨……”(月亮顺从星星，就要用风和雨润泽它们……)⑤

彭译：The travels of the moon amongst the stars bring the wind

① Ibid., Martin Palmer. *The Most Venerable Book* [M]. 2014, p137.
② 江灏，钱宗武译注. 今古文尚书全译 [M]. 贵阳：贵州人民出版社，2009 年，第 86—87 页。
③ Ibid., Martin Palmer. *The Most Venerable Book* [M]. 2014, p. 109.
④ Ibid., Martin Palmer. *The Most Venerable Book* [M]. 2014, p. 109.
⑤ 江灏，钱宗武译注. 今古文尚书全译 [M]. 贵阳：贵州人民出版社，2009 年，第 190—191 页。

and rain. [1]（月亮在星星之间的旅行带来了风雨。）

“以”，用。据《史记札记》对此句的有关解释：“月入箕则风，入毕则雨，风雨者，天之所以发生万物也。而月从星之好以施行之。以喻宣导百姓之欲以达之君。”意思是月亮运行至二十八星宿之一的箕星时，就会有大风，而运行至毕星时，就会下大雨。风雨是上天用来孕育世间万物，使之能够生长发展的要素。而月亮顺从星星对风雨的喜好而用风雨来对其施加影响作用。这句话是比喻宣导民众的欲望需求，借以实现君主对其的管理与教化。而彭氏则仅做字词表面语义的翻译，直接翻译成自然界的月亮运行和风雨的概念，而没有诠释出《尚书》这部古老的政史经典的文本所蕴含的古代治政思想经验。

综上所述，彭氏译文语义、形式与原文存在一定的差异，总体而言，其语言层次的诠释表现出对原文语义诸多的偏离，除了词语语义诠释不准确，甚至漏译之外，还有对原文的一些改动情况，如彭氏所言：“他重新安排了段落的顺序，希望用一种更传统的西方方式来构建一个段落，以使意思更加清晰。有时为增强段落的意义表达，会从一段的开头或中间移动一两行，并把它移到结尾。有时候，就像其在《庄子》一书中所做的那样，如果一些人名、地名只出现一次，没有特别的相关性或作用的话，就不把每一个都译出。”[2]译者行为理论认为：“只有首先求真于内部语境，追求语境中原文的意义，才能获得更理想的外部语境效果，才能真正为读者所认可。”[3]彭氏译文的形态虽然满足了当今西方读者的阅读需求，但由于并未能够准确地译出原文应有之义，而导致了较大的意义诠释缺陷，因此这种翻译未必会被真正理解原文的读者所接受和认可。

（二）理论层次特点

首先，彭氏对原文预设了历史学理论。彭氏视《尚书》为历史文集，

① Martin Palmer. *The Most Venerable Book* (*Shang Shu*) [M]. London: Penguin Group, 2014, p. 148.

② Martin Palmer. *The Most Venerable Book* (*Shang Shu*) [M]. London: Penguin Group, 2014, p. 13.

③ 周领顺. 语义求真与语境务实 [J]. 中国翻译，2018 年第 5 期，第 116—119 页。

认为《尚书》的演说中有诸多冒险经历和故事，很受素来喜欢故事的英国人的欢迎。[①]彭氏认为中国的历史连续而悠久。他写道："对于西方人来说，回想从商朝到周朝的3000多年前是有用的，这也是本书中记载的最重大的事件，那时罗马还不存在，希腊甚至还没有书面语。在以色列，大卫国王才刚加冕不久。而在埃及，二十一王朝正在初始阶段。在英国呢，石圈时代正在终结，但是对部落、他们的国王及其患难，我们现在还一点都不晓得。而中国对过去的记忆是连续的，所以《尚书》现在越来越重要。"他认为中国历史上有着丰富多彩的古代英雄和古文明缔造者的故事，如大禹、文王、周公等，他们的故事依然为当今的中国所记忆和谈论，他们的行为和道德情操依然与当下相关。他认为："中国有着世界上最古老而不曾间断的文化（China is the oldest continuous culture in the world），当现在无人再崇敬埃及的法老和巴比伦的神的时候，在中国，尧、舜这两位令人敬畏的统治者依然作为中国文明的缔造者而为人尊崇。"[②]

其次，彭马田的诠释否定了原文本的基督教神学思想蕴含，而预设了中国的政治、道德哲学等观念。他认为在早期的篇章中并没有提到一位上帝类型的形象（In the earliest chapters there is no reference to a God- type figure），"天"和"上天"作为中国的缔造者的祖先出现。我们读到的是"天（Heaven）"而不是God，天是制定生活方式的一种力量（Instead of a God, what we have is 'Heaven', and Heaven is a force which orders the way of life），但它并无情感，很大程度上不关心人类复杂的生活，旨在维护天与地的平衡，使其不为人类的不当行为所扰乱。[③]这种观点与之前的传教士译者不同。彭氏还认为自己的译文是关于如何过着有美德的生活，如何在道德的宇宙中诠释世界的一种无价指引，并认为它也许能够再次发挥作用，制约或消灭违背上天、对百姓生活毫无帮助的恶劣统治者。他还认为，了解中国政治思想的渊源，需

---

① 王碧薇. 我为什么热衷于翻译《尚书》——访英国汉学家Martin Palmer（彭马田）[J]. 党建，2015年第11期，第59—63页。

② Ibid., Martin Palmer. *The Most Venerable Book* [M]. 2014, p. 21.

③ Ibid., Martin Palmer. *The Most Venerable Book* [M]. 2014, p. 27.

要读《尚书》等典籍，此类典籍有助于西方认识中国的历史和权力格局。[①]由此可见，彭氏的翻译着眼于现实社会的政治文化需求，体现了英国的实用主义思想。

（三）本体论层次特点

由彭氏对原文意义的三个层次诠释可见，由于语言层次意义诠释的不当，存在较多偏离原文语义的现象，受其影响，译文的本体论层次诠释存在较大缺陷。尽管在理论层次，彭氏所预设的历史理论与道德观念比较符合原文语义，但其译文主要以历史化诠释为主，注重历史故事的传译，而对原文所蕴含的本体真理诠释不足。成中英先生指出："而中国的经典把它看成历史的遗迹，或是历史的故事。在这一点上如此认识，我认为有问题。因为经典不仅具有历史性，还具有真理性。这个真理性是很重要的，它代表了一种我们对世界的认识和对人的认识。"[②]这也正是彭氏、欧德、麦都思等西方译者的《尚书》英译在本体真理层次上存在较大缺陷的主要原因，他们都主要将《尚书》视为历史资料。

彭氏译文语言层次的不足，由其翻译目的理念可发现有关原因，即摆脱儒学诠释的压力和束缚，把原文转变为通俗易读的故事集。可见其对长期以来中国学者的《尚书》研究和诠释成果没有予以应有的重视，而这对于真正理解和把握原文词语语义与所蕴含的本体真理至关重要，也是决定这部古老经典翻译质量和成效的关键所在。最初的《尚书》英文译者之一，凯夫版的译者即赞叹过《尚书》的语言，认为其用语精简而意蕴丰富微妙，这使得其他语言难以恰当地对其进行诠释和表述。而彭氏却表现出对此认识不足，因而其译文在语言层次存在诸多误读，往往明显不符合原文词语语义，也表现出诠释的简化倾向，影响了意义诠释的真实性和完整性。而语言层次的这些诠释不力，其根源

① 王碧薇. 我为什么热衷于翻译《尚书》——访英国汉学家 Martin Palmer（彭马田）[J]. 党建，2015 年第 11 期，第 59—63 页。

② [美] 成中英. 经典诠释的公理化方法与本体诠释学 [J]. 九江学院学报，2017 年第 4 期，第 48—52 页。

又在于对这部经典本体真理的认识不足，最终导致其所讲述的故事，尽管娓娓动听，但也只是某种程度上变了形的中国故事。彭氏《尚书》英译代表了当代西方中国典籍翻译的一种新形态，有其自身的时代特点与价值，其形态成因与当代社会思潮和汉学思潮的发展密切相关。

六、彭马田《尚书》英译的后现代主义特色

身处后现代主义社会文化语境，英国汉学家彭马田的《尚书》英译也显示出不同于历史上其他《尚书》英译的后现代主义特色。

彭马田《尚书》英译呈现出简化、拟像化、译文诠释深度消失、趋于平面化等特点，使得西方大众对中国经典及其译文的距离感消失、译文能指与所指关系趋于断裂。译文的这些特点皆与后现代主义文本特点相契合。

（一）译文趋于简化、拟像化

彭氏的《尚书》英译采用归化的翻译策略，运用了意译的翻译方法，译本对原文语义常有删减等改动，或仅作大致的语义传译，具体词语的文化特色没有得到真实、完整的诠释，表现出简化、拟像化的后现代文本特色。例如：

例 4.15 《尚书·虞夏书·尧典》："曰若稽古，帝尧曰放勋。"（考察往事，帝尧名叫放勋。）[①]

彭译：Long, long ago there lived the Emperor Yao. [②]（从前有个皇帝叫尧。）

可见彭氏采用了归化的翻译策略与意译的翻译方法，并未按照原文词语顺序直译，并删去了原文"曰放勋（名叫放勋）"的语义，其译文与理雅各、高本汉的《尚书》英译相比，明显有较大简化。如：

理译："Examining to antiquity, we find that the emperor Yaou

① 江灏，钱宗武译注. 今古文尚书全译［M］. 贵阳：贵州人民出版社，2009 年，第 2—3 页。

② Martin Palmer. *The Most Venerable Book* (*Shang Shu*) ［M］. London: Penguin Group, 2014, p. 63.

was called Fang-heun."(考证古文,我们发现尧帝被叫做放勋。)①

高译:Examining to antiquity, (we find that) the emperor Yao was called Fang-hün. (考证古文,我们发现尧帝被叫做放勋。)②

由上例可见,理、高译文均采用了异化的翻译策略与直译的翻译方法,完整准确地传译了原文,而彭氏英译则较大简化了原文语义,丢失了部分中国文化特有的元素。再如:

例4.16 《尚书·虞夏书·益稷》:"予欲观古人之象,日、月、星辰、山、龙、华虫,作会;宗彝、藻、火、粉米、黼、黻、绣,以五采彰施于五色,作服,汝明。"(我想显示古人衣服上的图像,用日、月、星辰、山、龙、雉六种图形绘在上衣上,用虎、水草、火、白米、黑白相间的斧形花纹、黑青相间的"巳"字花纹绣在下裳上。)③彭译:

I need to be aligned to the emblems of the past which our ancient ones studied and described …… the sun, moon, the stars, the mountains, dragons, flowers, and insects embroidered on the robes. All these symbols: monkeys, fire, fine rice, the axe all designed in the finest silk of the five colours. (我需要与我们古代研究和描述的过去的象征保持一致……太阳、月亮、星星、山脉、龙、花和绣在长袍上的昆虫。所有这些象征:猴子、火、精米、斧头,都是用五种颜色中最好的丝绸设计的。)

对照原文语义,可发现彭氏漏译了"藻(水草)"与"黻(黑青相间像两个'己'字相背的花纹)"。宗彝即宗庙彝樽。郑玄注:"宗彝,虎也。"孔颖达疏:"周礼宗庙彝器有虎彝、蜼彝,故以宗彝为虎彝也。"④周礼规定宗庙彝樽上面刻有虎和长尾猿,此句用其指虎和长尾猿的图形,而彭氏译文将其简化翻译为"猴子(monkeys)",且并未如其他时期《尚书》

① James Legge. *The Shoo King or The Book of Historical Documents* [M]. *The Chinese Classics*. Taipei: SMC Publishing Icn., 1991, pp. 16 - 17.

② Bernhard Karlgren. *The Book of Documents* [J]. Stockholm: *Bulletin of the Museum of Far Eastern Antiquities*, No. 22, 1950, p. 1.

③ 江灏,钱宗武译注. 今古文尚书全译 [M]. 贵阳:贵州人民出版社,2009年,第42—43页。

④ [汉] 孔安国传,[唐] 孔颖达正义. 十三经注疏——尚书正义 [M]. 黄怀信整理,上海:上海古籍出版社,2019年,第166—170页。

英译那样对有关词语进行有关语言文化意义的补充诠释,因此原文词语所负载的中国思想文化蕴含也随之丢失,译文只传译出部分词语的字面意义。

又如,翻译《尚书·周书·秦誓》,原文仅约308字,彭氏英译竟然漏掉近40字未译。以下词语语义在彭氏译文中几乎踪迹全无:"是多盘""是惟艰哉""番番良士,旅力既愆,我尚有之""我皇多有之""其如有容""是能容之""是不能容"。[①]由此可见,其译文对原文较大的简化,且译文多趋于表面化、拟像化。其有关译文分析如下:

例4.17 《尚书·周书·秦誓》:"古人有言曰:'民讫自若,是多盘',责人斯无难,惟受责俾如流,是惟艰哉。"(古人有话说:"人都随心所欲,就会多出差错",责备别人不是难事,受到别人责备,听从它如流水一样地顺畅,这就困难啊!)[②]

彭译:The old ones had a saying, you know "The people always prefer an easy way of life. It's easy to criticize them for this, but hard to do so without some degree of hypocrisy!"(你知道,古人有这样一句话:"人们总是喜欢轻松的生活方式。因此批评他们很容易,但如果没有某种程度的虚伪,就很难做到!")

对比原文语义,可发现译文中删去了"是多盘"与"是惟艰哉"的语义。译文倾向于对原文词语进行表面化的诠释而导致误读,如其将"自若"望文生义地翻译成"自在轻松的生活(an easy way of life)",而原文意为做事情"随心所欲",因此会因太放纵自己,不明事理、是非不分而犯错,含有使人警醒之意。而彭氏译文竟然删去了表示"自若"可能导致的后果——后半句"是多盘",使得原文整体语义变得模糊难辨,其译文只可说是一部分原文语义的拟像。再如:

例4.18 《尚书·周书·秦誓》:"番番良士,旅力既愆,我尚有之。仡仡勇夫,射御不违,惟截截善谝言,俾君子易辞,我皇多有之!"(白发苍苍的善良官员,体力已经衰退了,我还是亲近他们。强壮勇猛的武

① Martin Palmer. *The Most Venerable Book* (*Shang Shu*) [M]. London: Penguin Group, 2014, pp. 280 - 281.

② 江灏,钱宗武译注. 今古文尚书全译 [M]. 贵阳: 贵州人民出版社, 2009 年,第 365—366 页。

士，射箭和驾车都没有失误，我还是不大喜爱。只是那些浅薄善辩的人，使君子容易疑惑，我过多亲近他们！）①

彭译：

As for the young bucks who delight in hunting and riding I haven't got time for them now. And as for the superficial charmers who turn a true man from the Way I neither need them, nor does the Emperor.（至于那些喜欢打猎和骑马的年轻人，我现在没有时间和他们在一起。至于那些肤浅的谄媚者，他们使一个真正的人变得偏离正道，我既不需要他们，皇帝也不需要他们。）

由上例可见，彭氏未译“番番良士，旅力既愆，我尚有之”。“我皇多有之”意为我过多亲近他们，表示后悔自责自己亲小人的不当行为。而彭译为，“我既不需要他们，皇帝也不需要他们”。可见其译文不但简化，与原文语义差异也较大，原文在译文中仿佛只剩下模糊的影子。

又如：

例 4.19 《尚书·周书·秦誓》：“如有一介臣，断断猗，无他技，其心休休焉，其如有容……”（如果有一个官员，诚实专一而没有别的技能，他心地宽广能够容人……）

彭译：One true minister, pure and simple, without any other qualities but a heart and mind at rest.（一个忠实的大臣，纯洁而简单，除了平静的心灵之外，没有任何其他品质。）

上例可见，彭氏漏译“其如有容（他心地宽广能够容人）”的语义。同样，对于“是能容之（这种能够宽容待人）”“是不能容（这种不能够宽容待人）”彭氏将其简化，译为“像这样的人（A man like this，such a man）”。“是能容之。以保我子孙黎民。”彭译：A man like this will care for my heirs and people！“是不能容。以不能保我子孙黎民。”彭译：Such a man will never protect my heirs or my people！②

由上例《尚书·周书·秦誓》的英译文本可见，在某种程度上，由于

① 江灏，钱宗武译注. 今古文尚书全译［M］. 贵阳：贵州人民出版社，2009 年，第 368 页。

② Martin Palmer. *The Most Venerable Book*（*Shang Shu*）［M］. London：Penguin Group，2014，pp. 280 - 281.

彭氏的一些译文诠释趋于表面化和简化，导致表意不明，影响了对原文整体语义的传译。正如有研究者所言，其译文趋于“浅化”“概括化”，[①]而这些特色正与后现代主义文本相契合。德国翻译界学者沃尔弗拉姆·威尔斯（Wolfram Wilss）认为，文本可能很复杂，其表面衔接不足、具有含蓄性，从事翻译工作的人如果想避免忽视文本实际复杂性的危险，就不能将语言单位从更广泛的相互关联的结构中分离出来，并以理想化的、因而也是限制性的方式去处理它们。[②]彭马田对中国经典《尚书》的传译即忽视了文本的复杂性，在翻译过程中将其作了过于简化的诠释。

（二）译文诠释深度消失、趋于平面化

正如詹姆逊所言，“后现代主义显然地表面化，并专心探讨字面上极端肤浅的意义”。[③]凯尔纳论及后现代理论家时也说，现在许多人已不再可能“像马克思发现隐藏在意识形态之下的阶级利益或像弗洛伊德发现隐藏在文本或个人行为之后的无意识情结那样，描绘出事物的‘纵深’维度——一种底层实体或结构”。随着“深度被夷平”“历史和经验也就因此被碾平了（falttens out）”，人们“迷失于后现代主义”“疏远了那些哺育了我们的历史意识”。[④] 从彭氏的《尚书》英译文本中，也可发现历史意识消退、文本诠释“深度被夷平”的后现代主义特色。

彭氏之前的《尚书》译者们，如19世纪英国汉学家麦都思、理雅各、20世纪瑞典汉学家高本汉等，皆注重对原文词语进行引经据典的考证，在历代有关诠释传统的基础上对原文进行深度诠释。理雅各的英译尤以内容厚重丰富而长期被西方奉为中国经典的标准译本。然而，与他们相反，彭氏不但简化了对原文的语义传译，而且抛弃了补充有关

① 葛厚伟. 协调与过滤：《尚书》古典服饰文化英译研究 [J]. 吉林师范大学学报（人文社会科学版），2022年第4期，第84—90页。

② Wolfram Wilss. *Knowledge and Skills in Translator Behavior* [M]. The Netherlands: John Benjamins Publishing Co.,1996, pp. 108 - 109.

③ [法] 让-弗朗索瓦·利奥塔. 詹姆士序，后现代状况——关于知识的报告 [M]. 岛子译. 长沙：湖南美术出版社，1996年，第20页。

④ [美] 凯尔纳. 后现代理论——批判性的质疑，张志斌译 [M]. 北京：中央编译出版社，2015年，第303页。

困难词语注释等传统翻译方法，仅附录了一些简短的人物说明，导致译文中原文的思想文化蕴含大为减损，诠释深度趋于消失，呈现出平面化的文本特色。例如：

例 4.20 《尚书·虞夏书·尧典》："克明俊德，以亲九族。九族既睦，平章百姓。百姓昭明，协和万邦，黎民于变时雍。"（他能发扬大德，使家族亲密和睦；家族和睦以后，又辨明百官政事；百官政事辨明了，又使万邦诸侯和顺。普天下的民众于是变得善良和睦。）①

彭译：

In him were combined all that was best from his ancestors and all that will be best of the generations to come. As a result, he was enlightened and virtuous and so he was able to make sure that the whole world lived in balance and harmony. This meant everyone lived in a state of enlightenment and even the surrounding states and tribes lived peacefully.（他身上融合了所有来自其祖先与未来几代人所具备的最好的东西。因此，他开明而贤德，能够确保整个世界生活在平衡与和谐之中。这意味着每个人都生活于开明状态，甚至周围的国家和部落也平静地生活着。）

理译：

He was able to make the able and virtuous distinguished, and thence proceeded to the love of the nine classes of his kindred, who all became harmonious. He also regulated and polished the people of his domain, who all became brightly intelligent. Finally, he united and harmonized the myriad States of the empire; and Lo! The black haired people were transformed. The result was universal concord. ②（他能够使能者和贤者脱颖而出，进而得到了九类同族的爱戴，他们都变得和谐起来；他还管理改变了领地内的人们，他们都变得明显聪明了。最后他使众多的小国和谐统一起来。瞧！黑头发的人被改造了，结果是普遍

① 江灏，钱宗武译注．今古文尚书全译［M］．贵阳：贵州人民出版社，2009 年，第 2—3 页。

② James Legge. *The Shoo King or The Book of Historical Documents* [M]. *The Chinese Classics*. Taipei: SMC Publishing Icn., 1991, p. 17.

的和谐。)

上例原文是儒家"修、齐、治、平"、内圣外王政治哲学思想的理论源头。"明俊德"即"修身","亲九族"即"齐家","平章百姓"即"治国","协和万邦"即"平天下"。对于这段文本的翻译,将彭氏英译与理氏英译相比较,可发现,彭氏既删减了原文语义,同时又没有深入诠释文中应有之义,其译文尽管通俗浅显,但失却了原文特有的文化意蕴。彭氏译文不像理氏译文那样,在同页面的译文下方附有译文数倍的注释,即将原文中的汉字词语依次配以英文诠释,补充其语言文化意义,如其注释:"克明俊德,俊在《大学》中通峻,那里的意思是尧自身的伟大德行。""九族,指所有同姓的血亲,从太祖(the greater-greater father)到曾孙(the greater-greater son)。"。除了注释了"百姓""平""万邦""黎"等字词的语义,还引用了汉代学者孔安国的注解作为句子含义的说明:"天下众民,皆变化从上,是以风俗大和。"①这样,理氏通过译文与注释对原文进行了较为深刻丰富的语义诠释,译文采用了异化的翻译策略,以直译为主,保留了诸多中国语言文化特有元素。而彭氏译文却与理氏译文大不相同,竟然删减了"以亲九族(使家族亲密和睦),九族既睦,平章百姓(辨明百官政事)""百姓昭明(百官政事辨明)"等原文语义,仅大致意译了原文其他语义。对照原文语义,显而易见,彭氏译文大为简化,漏掉了原文较多的重要文化信息,趋于似是而非、拟像化的表述,将儒家"修、齐、治、平"的四方面省略大半,诠释得支离破碎。这种情形在其译文中并非少见。再如:

例 4.21 《尚书・虞夏书・大禹谟》:"人心惟危,道心惟微,惟精惟一,允执厥中。"(现在人心动荡不安,道心幽昧难明,只有精诚专一,实行中正之道。)②

彭译:

The heart and mind of the people is fickle. So be careful: be constant, stay on the Middle Path. (人心变化无常。所以要小心:始终

---

① James Legge. *The Shoo King or The Book of Historical Documents* [M]. *The Chinese Classics*. Taipei: SMC Publishing Icn., 1991, p. 17.

② 江灏,钱宗武译注. 今古文尚书全译[M]. 贵阳: 贵州人民出版社,2009 年,第 29—30 页。

如一，走中庸之道。）

上述这段《尚书》文本寓意深刻，影响深远。后世称之“虞廷十六字诀”，又被称为“十六字心传”，是宋明理学和阳明心学庞大学术体系的理论基础，第一次提出了“中”这个哲学命题和执政理念。“人心惟危”，即人心动荡不安，而彭氏翻译为“人心变化无常”“道心惟微”的语义在译文中不见踪影。“惟精惟一”，即必须精诚专一，而彭氏译为“所以要小心：始终如一”，精诚之意被减损，或被望文生义而翻译成了“小心（be careful）”。对“允执厥中”仅按照字面意义翻译成“走中庸之道（stay on the Middle Path）”，并无有关注释补充其深刻的含义。由此可见，其译文对原文的简化与语义偏离，因而导致原文丰富而深刻的文化蕴含几乎被消解殆尽。

彭氏对历代《尚书》传统诠释的忽略，也使得这部中国古代经典的译文应有的历史感被剥离。彭氏在其译本序言中说，他们要通过新的诠释，“使这部被世人认为很重要而又会很枯燥的古代经典鲜活起来，使读者不会再感受到儒学的循规蹈矩，也不会有机械记背注解的压力”。[①]由此可见，为了满足文化产业语境下西方大众的阅读需求，彭马田等抛却《尚书》英译传统，而主要进行了归化、意译。其译文与其前《尚书》英译形态相比，无论外在形式还是内在语义，都可谓大相径庭，而这也正契合后现代主义“明目张胆地反现代主义传统”“反现代主义形式价值之道而动”[②]的特点。诠释深度的消失、平面化也导致了译文未能充分而真实地传译原文。正如有学者所言，给人以“崭新的平面而无深度的感觉”，而这“正是后现代文化第一个也是最明显的特征，”而且“表面、缺乏内涵、无深度”，几乎可说是“一切后现代主义文化形式最基本的特征”。[③]

① Martin Palmer. *The Most Venerable Book* (*Shang Shu*) [M]. London: Penguin Group, 2014, p. 63.

② [法] 让-弗朗索瓦·利奥塔. 后现代状况——关于知识的报告[M]. 詹姆士序，岛子译. 长沙：湖南美术出版社，1996 年，第 20 页。

③ [美] 詹姆逊. 晚期资本主义的文化逻辑[M]. 张旭东译. 北京：三联书店，1997 年，第 423—430 页。

(三) 西方大众对中国经典及其译文的距离感消失

在翻译中,要使中国古代具有深邃而丰富的思想文化蕴含的经典译文能够为西方普通民众所喜闻乐见,这绝非易事,而彭氏等却做到了。而这正是因为其通过简化原文的诸多语义信息,剥离其历史纵深,拟像化地将一部中国古代经典传译给西方大众而达成的效果。而大多数不明典籍真相的民众自然易于、乐于阅读,于是西方大众对译文的距离感也就这样消失。

首先,彭氏译文以西方民众所熟悉的叙事方式进行传译,消除中国古代经典的距离感。《尚书》的主要内容是君王的告诫、誓命以及君臣的谈话记录,语言古奥。彭氏称之为"演说体",而译文却采用了西方讲述历史故事的传统叙事手法,简明而通俗的译文贴近了西方大众读者。如,翻译《尚书·虞夏书·尧典》:"曰若稽古,帝尧曰放勋。"(考察往事,帝尧名叫放勋)[①]彭译:"Long, long ago there lived the Emperor Yao."[②](从前有个皇帝叫尧)可见其并未逐字直译原文,而是大致交代了故事中的人物,且忽略了有关尧名字的原文语义。对此,彭氏在其译本前言中谈到,他原本晓得翻译"曰若稽古",更好的译文应是,据说如果我们考察古代之事(It is said if we investigate back into antiquit),而之所以选择了西方讲述古代历史、英雄题材故事时的开篇常用语:Long,long ago,是因为这才是英语读者所熟悉的表达。[③]彭氏译文所体现的翻译理念契合了后现代主义者以人为本的思想,将一部中国政史经典归化传译为一本通俗的历史故事书,从而使西方大众易于阅读。

其次,彭氏《尚书》英译大量采用诗歌、散文,简明的表述通俗易懂。在彭氏58篇《尚书》译文中,有38篇含诗歌形态,如传译《五子之歌》等原文诗歌语篇,对于有些非诗歌篇目也几乎通篇采用诗歌形态的译文,如《秦誓》《微子》《太甲下》《微子之命》等。彭氏为了采用这些新的诠释

---

① 江灏,钱宗武译注. 今古文尚书全译[M]. 贵阳:贵州人民出版社,2009年,第2—3页。

② Martin Palmer. *The Most Venerable Book* (*Shang Shu*) [M]. London: Penguin Group, 2014, p. 63.

③ Martin Palmer. *The Most Venerable Book* (*Shang Shu*) [M]. London: Penguin Group, 2014, p. 13.

形态，而删减了原文的语义，抛却对原文文化内涵的传统诠释，从而使得西方大众读者的阅读难度大为减轻，而这也正是他们适应大众文化产业需要的翻译理念。为此，他们主要注重对原文进行韵律化的传译，打造新的译文形态，而不是深究原文本的内涵。合作译者拉姆塞认为："在如此古老的典籍中，重要的是需要去反思其内容是怎样作为鲜活的词语而被接受、记忆，并在年度纪念活动中被使用。"于是，他们"合作探索《尚书》文本的韵律，并将一些关键章节的译文以诗歌和散文的形式编写，以期再次为文本注入生命气息，使其适合现代阅读（So to bring this material alive as it deserves for a modern readership）"。[①]而后现代文本诠释的特色之一即"更倾向于将史著形式文学化"，通过"情节设置（emplotment），使历史故事变得生动诱人"。[②]

彭氏简化、通俗的《尚书》译文形态的生成，译文距离感的消失，从根本上说，皆是西方文化产业制约、影响作用的结果。彭氏英译可说是后现代大众文化产业的一种新产品。詹姆逊指出，"后现代主义为我们今天的文化带来一种全新文本——其内容形式及经验范畴皆与昔日的文化产品大相径庭"，这种新文本"在文化产业（culture industry）的统辖下产生"，商品社会的规律驱使着新颖的产品不断被产出，并以更快的速度"收回成本，翻新利润"。[③]可见，在这种文化产业商品规律的影响作用下，彭氏等对《尚书》的英译必须符合资本运作的要求，而平面化、简化、形态新颖的传译正可以达到快速产出新的译本产品的目的。对原文诠释传译的反传统化、通俗化等翻译方法，在提高了译文作为一种大众文化产品的生产效率的同时，也消除了西方大众对中国古代经典的距离感。在当今社会文化的众多领域，大众文化产业也在逐渐取代精英文化而占据优势，正如詹姆士所言："后现代主义的种种姿态，我们今天的群众不但易于接受，而且乐于把玩，其中的原因在于后现代的总

---

① Martin Palmer. *The Most Venerable Book* (*Shang Shu*) [M]. London: Penguin Group, 2014, p. 16.

② 陈君静. 大洋彼岸的回声——美国中国史研究历史考察 [M]. 北京：中国社会科学出版社，2003年，第 319 页。

③ [美] 詹姆逊. 晚期资本主义的文化逻辑 [M]. 张旭东译. 北京：三联书店，1997 年，第 423—430 页。

体已被现存的社会体制所吸纳，跟当前西方的正统文化融为一体了。”[1]彭氏《尚书》英译面世后，受到了西方读者的欢迎，[2]由此可见其符合了大众文化产业的需求。《尚书》在中国历代封建王朝皆享有尊崇的地位，被奉为修身、齐家、治国、经世的大经大典，应属所谓“高等文化”范畴，而在当代被诠释传译为一本大众通俗读物。这正如有学者所言：“高等文化跟大众文化（或称商业文化）分别属于两个截然不同的美感经验范畴，今天后现代主义把两者之间的界限彻底取消了。”[3]而西方人对中国经典及其译本的距离感也随着这种界限的取消而消失。

（四）译文能指与所指关系趋于断裂

索绪尔认为：“语言符号是一种两面的心理实体。”符号是由所指和能指结合而成的整体，“所指和能指分别代表概念和音响形象”。[4]而“翻译具有符号转换性。这一点也是翻译恒定不变的特质，”[5]因此翻译可看作从源语到目的语的一种语言符号的转换和意义再现，即将源语的能指转换为目的语能指，同时将源语能指、所指间紧密结合的关系转移到目的语译文，以再现源语意义所指。对此，有学者提出，翻译“应尽量再现目的语文本能指的指涉空间，即还能指以能指”。[6]“目的语文本能指的指涉空间”即源文本的能指及其所指意义空间。若目的语译文的能指未能再现源文本的能指，则导致詹姆逊所说的“能指与所指的分裂”。[7]而这也是后现代主义文本的显著特征之一，彭氏《尚书》英译文本即表现出这种能指与所指关系断裂的倾向。

---

① [美] 詹姆逊. 晚期资本主义的文化逻辑[M]. 张旭东译. 北京：三联书店，1997 年，第 429 页。

② 王碧薇. 我为什么热衷于翻译《尚书》——访英国汉学家 Martin Palmer（彭马田）[J]. 党建，2015 年第 11 期，第 60—63 页。

③ 张谡. 詹姆逊后现代主义文化理论的哲学特征 [J]. 外国文学研究，2018 年第 1 期，第 157—164 页。

④ [瑞士] 费尔迪南・德・索绪尔. 普通语言学教程 [M]. 北京：商务印书馆，2002 年，第 101—102 页。

⑤ 刘巧玲，许钧. 如何拓展翻译研究视野——许钧教授访谈录 [J]. 中国翻译，2021 年第 2 期，第 87—93 页。

⑥ 陈历明. 从能指到所指？——文学翻译个案研究 [J]. 西南政法大学学报，2006 年第 4 期，第 123—128 页。

⑦ [美] 詹姆逊. 晚期资本主义的文化逻辑，张旭东译 [M]. 北京：三联书店，1997 年，第 423—430 页。

如,《尚书·虞夏书·五子之歌》的翻译,彭氏译文韵律和谐,与原文诗歌的节奏较为一致。诗歌化译文大致传译了君主失道、亡国等历史故事,较好地传译了原文强烈的谴责、羞愧、悔恨等情感。但细读之下,虽然译文总体上与原文的主要人物、事件、情节等较为一致,但显然多处译文与对应的原文语义存在程度不同的差异,有的译文能指仅仅传译了原文的部分内涵,有的仅能从中看出原文概念语义的模糊轮廓,只能算与原文语义大致相关。而有些译文甚至与原文完全不相干,令人不知所云。原文词语被漏译较为常见。如,"弗慎厥德,虽悔可追"意为"平时不注重自己的品德,即使现在想改悔,难道还来得及补救吗?"①而译文意为"我努力地思考,但他们又怎能被原谅?(I try to think, but how can they ever be forgiven?")②可见其语义与原文语义差异较大,未能准确还原出原文所指"不注重品德"的应有之义。这种情形在彭氏译文中随处可见。再如:

例 4.22 《尚书·商书·微子》:"商其沦丧,我罔为臣仆。诏王子出迪。我旧云刻子。王子弗出,我乃颠隮。"(殷商如果现在有灾祸,我不会去做敌人的奴隶。我劝告王子逃出去。我早就说过箕子、王子应该逃出去,如果不逃出去,那我们殷商就要灭亡了。)③

彭译:

Now disaster is poised to come down
and I must acknowledge my part in this. When we fall,
I will never serve as a minister again.
So listen to me, my master.
Leave, as fast as you can – escape.
I did not serve you as well as I should have –
but now, listen to me – and run!

---

① 江灏,钱宗武 译注. 今古文尚书全译[M]. 贵阳:贵州人民出版社,2009 年,第 156 页。

② Martin Palmer. *The Most Venerable Book* (*Shang Shu*)[M]. London: Penguin Group, 2014, p. 99.

③ 江灏,钱宗武 译注. 今古文尚书全译 [M]. 贵阳:贵州人民出版社,2009 年,第 154—155 页。

Otherwise we face complete annihilation. ①

(现在灾难即将降临

我必须承认我在其中的作用。当我们跌倒时,

我再也不会当大臣了。

听我说,我的主人。

尽快离开——逃离。

我没有尽我所能为你服务——

但现在,听我说,然后跑掉!

否则,我们将面临彻底的毁灭。)

上例显示,译文诗句基本按照原文顺序传译,但第一句“商其沦丧”中,“其”:“如果”,而彭氏译为“即将”(is poised to)。“商”指殷商,译文对此漏译。将译文语义“现在灾难即将降临”与原文语义“殷商如果现在有灾祸”对照,可见译文能指有所偏离原文所指。第二句“我罔为臣仆”对应英译(and I must acknowledge my part in this. When we fall, I will never serve as a minister again.)意为:我必须承认我在其中的角色,当我们被打败时,我再也不会当大臣了。而原文能指意为:我不会去做敌人的奴隶。显然译文增译了原文所没有的语义,却没有准确传译出“臣仆”的语义,即古代战败者会被当作奴隶。原文此句有表明自己作为臣子的忠心之意,然而译者并未传译出此义,因此译文能指语义也偏离了原文所指,而未能再现原文能指应有的空间。第四句“我旧云刻子”本该对应诗句 I did not serve you as well as I should have(我没有像我应该做的那样为你服务)。但原文并非此意,而意为“我早就说过箕子、王子应该逃出去。”在没有注释等对译文诗歌的补充诠释的情况下,此处诗句读来令人不知所云,可说是此处译文能指完全背离了原文所指。最后一句“王子弗出,我乃颠隮”意为:如果不逃出去,那我们殷商就要灭亡了。对应译文诗句为:but now, listen to me, — and run! Otherwise we face complete annihilation。(但现在,听我说——

① Martin Palmer. *The Most Venerable Book* (*Shang Shu*)[M]. London: Penguin Group, 2014, p. 158.

快跑！否则我们将面临彻底的毁灭）此句本为臣子在国家存亡关头对君主的郑重警告，虽然译文也表达了让主人逃跑之意，但同第三句译文一样，皆因过于口语化，而丢失了君臣对话陈述利弊时的庄重恳切之义。由上例可见，彭氏《尚书》译文的能指未能真实完整地传译原文能指对应的所指语义，显示出趋于"'能指'完全自动、语言的意义搁在一旁"①的后现代主义文本诠释特征。

（五）彭氏《尚书》英译对翻译伦理的背离

彭氏《尚书》英译不但消解了原文特有的语言文化特征，而且添加了原文不存在的西方思想文化元素，不仅表现出对历来的《尚书》诠释传统的反叛，在对原文语义的忠实性上，也显示了对众多译者所长期坚守的翻译伦理的背离。其根本原因即在于，彭氏运用了与原文所属文化不同的西方思想框架构建译文语义，对原文进行了过度归化的翻译。

许钧教授指出，在目前"'忠实'概念不断遭到质疑和解构"的现状下，"对忠实原则的坚守、对异质性的保留与传达"，既是翻译伦理的本质诉求，也是思想与文化得以传承与传播的必要条件。②学界对于翻译伦理问题有过诸多探讨，较早提出这一概念的法国学者贝尔曼（AntoineBerman，1942—1991）认为，"忠实是翻译的自身目标和内在需要，提出翻译伦理在于尊重他者作为相对于自我的另一种存在的他异性"，因此提倡尊重"原作语言、文化的异质性"。③美国学者韦努蒂（Lawrence Venuti）认同贝尔曼的观点，并提出翻译的伦理目标在于，"对不同于本土语言的另一种语言和文化的理解与尊重"。④鉴于各种语言和文化之间的权力关系不对等，他提出了翻译的"差异性伦理"，提倡保留异域文本的异域性，主张"异化翻译"与对抗本土文化的主流价值

① 张谡. 詹姆逊后现代主义文化理论的哲学特征[J]. 外国文学研究，2018 年第 1 期，第 157—164 页。

② 刘云虹，许钧. 异的考验——关于翻译伦理的对谈 [J]. 外国语（上海外国语大学学报），2016 年第 2 期，第 70—77 页。

③ 刘云虹，许钧. 异的考验——关于翻译伦理的对谈 [J]. 外国语（上海外国语大学学报），2016 年第 2 期，第 70—77 页。

④ 刘云虹，许钧. 异的考验——关于翻译伦理的对谈 [J]. 外国语（上海外国语大学学报），2016 年第 2 期，第 70—77 页。

利益与意识形态的“少数化翻译”。[①]尽管在翻译伦理的有关讨论中仍存在争议，但事实上，忠实于原文一直是翻译领域的一种传统。

由于《尚书》具有重要的政治、思想、文化等价值，对其进行诠释的中外学者向来注重忠实于原文语义，汉儒、宋儒、清儒如此，西方汉学家如巴多明（Dominique Parrenin，1663—1741），顾塞芬（Séraphin Couvreur，1835—1919），麦都思、理雅各、高本汉等亦如此。而彭氏《尚书》译文则与历史上其他《尚书》译文形态皆有很大差异。其所谓的更为精彩的翻译[②]也正显示了反传统、求新颖的后现代特色。然而其译文由于一味地强调可读性，过滤、简化了原文诸多语义，不求甚解地误读原文语义，为了译文表达形式的需要，甚至对《尚书》原文某些段落的语句顺序作了调整，从而导致对原文的忠实性较低，这在很大程度上影响了原文特有语言文化元素的传译，模糊了原文的真实面貌，可谓是一种过度归化的翻译。这与韦努蒂等学者所提出的尊重异域语言文化的他者性，在翻译中保留源语文化特征，进行异化翻译等做法相反，因而与翻译伦理的要求相违背，也可说是对忠实于原文这一传统翻译理念的反叛。

伦理是指在处理人与人、人与社会相互关系时应遵循的道理和准则。何为翻译伦理？我们的理解是，翻译伦理是译者忠实于作者的一种道德准则。这一种道德准则具有约束性与普遍性。彭马田的英译缺乏翻译伦理，有两层意思。一是翻译伦理是所有的译者必须共同遵守的原则，二是翻译伦理存在的价值在于维护原文的真值，也即核心价值。例如，在翻译中，彭氏不但消解了《尚书》丰富的思想文化蕴含，还将《尚书》文本的诠释纳入西方思想文化框架，构建、添加了一些原文未有之意，没有遵守普遍的翻译忠实性准则，没有如实地传译原文的本体真理价值。例如，在其《尚书》英译本序言里，身为宗教历史学家的彭马田，在否定了《尚书》文本具有基督教色彩的同时，又将其纳入古老的萨

① 刘云虹，许钧. 异的考验——关于翻译伦理的对谈 [J]. 外国语(上海外国语大学学报)，2016 年第 2 期，第 70—77 页。

② 王碧薇. 我为什么热衷于翻译《尚书》——访英国汉学家 Martin Palmer(彭马田)[J]. 党建，2015 年第 11 期，第 60—63 页。

满教(shamanic practice)的文化研究。他在序言中写道:"尧、舜、禹是中国古代三位最伟大的半神统治者。说他们是半神的,因为其可能与萨满教的实践保持一致,结合了牧师和国王的角色(见第五章),萨满教和祖先崇拜是中国古代两大宗教体系。两者都以不同的方式反映出来,贯穿在《尚书》的前几章。"彭氏还以《尚书·虞书·益稷》篇的"鸟兽跄跄,《箫韶》九成,凤皇来仪"等句为例,证明《尚书》所载乐官夔指挥演奏乐器时,那些"戏剧性的结果出现"①的原因,即萨满教实践和祖先崇拜。由此可见,彭氏对《尚书》的诠释偏离了原文语义,从而也背离了根本的翻译伦理。这正如方环海教授所言:"抹杀了中国语言作为世界语言个体的具体可感特征,抹上了一层西方语言的东方主义色彩""将'中国形象'符号化、简单化、抽象化、刻板化、定型化为容易把握的参照物。"②也有学者在《尚书》英译研究中发现了此类情形,并认为以西方译者为主导的译本,都存在程度不同的"为贴合西方主流道德文化叙事而改写的情况",译文多"以中国经典为载体,而以西式价值观为内核"。③有一部分海外读者已经发现彭氏《尚书》英译的失真,对此类译文表示出了疑惑,因而"更加期待读到'原汁原味的东方文化'"。④由此可见,仅就那些对译文产生疑惑的海外读者而言,彭氏等背离翻译伦理的译文,也在一定程度上影响了世界多元文化交流。学界有关翻译伦理的讨论仍在继续。有学者认为,"忠实性并非翻译应有的天然属性,准确地说是译者规定自己的翻译实践必须具备这种特性"。⑤因此,在新时代的后现代语境中,如何实现"把中国思想文化中最本质、最精华的部

① Martin Palmer. *The Most Venerable Book* (*Shang Shu*) [M]. London: Penguin Group, 2014, p. 25.

② 方环海. 19 世纪稀见英文期刊与汉语域外传播研究 [M]. 厦门: 厦门大学出版社, 2021 年, 第 24 页。

③ 李耀. 翻译传播学视域下《尚书》译介社会模式研究 [J]. 黑龙江教师发展学院学报, 2022 年第 6 期, 第 113—117 页。

④ 李耀. 翻译传播学视域下《尚书》译介社会模式研究 [J]. 黑龙江教师发展学院学报, 2022 年第 6 期, 第 113—117 页。

⑤ 周领顺. 译者行为研究的人本性[J/OL]. 外语研究: 1 - 6[2022 - 04 - 22]. DOI: 10. 13978/j. cnki. wyyj. 20220406. 002.

分真实地传达给世界这个根本目标”,[①]仍是典籍翻译中的一个有待进一步深入研究和探讨的课题。

在后现代主义视角下对《尚书》等典籍的英译进行研究,对于时下的典籍翻译及其研究,对于在中国文化外译中,有效促进新时代中国文化“走出去”,皆具重要的启示意义。

七、彭马田《尚书》英译的形态成因

彭马田的《尚书》英译较之已有的西方《尚书》英译,表现出显著不同的形态特点。其成因既与所处社会语境密切相关,也受到译者自身文化背景及其对《尚书》的本体真理意义的认知等多重因素的影响。

首先,彭氏《尚书》英译产生于时下西方的大众文化产业的背景之下,同时也受到西方后现代主义思潮等社会文化语境的影响。随着中国社会经济的快速稳定发展,中国文化也受到世界各国的极大关注,在西方对东方文化的再认识再实践中,一些有识之士呼唤东方文化价值的回归,期待以东方文化思想化解长期以来西方社会所面临的种种危机和发展困境。英国汉学一贯注重实用性,在西方后现代主义思潮的影响下,彭氏的《尚书》英译表现出将中国古代文化典籍文学化、简化的诠释特点,采用了西方现代自由诗、散文等形式重塑古老的中国经典《尚书》,注重寻求新颖精彩的译文表达形式,以更好地满足时下西方大众读者了解中国的需求。其对《尚书》的英译反映了西方在现代化发展阶段对中国典籍的再次关注与新的塑造,也代表了西方新时期的一种中国知识生产形态。

其次,彭氏《尚书》英译形态的形成也受到其对原文本体真理的理解和认识的重要影响。由其译文语言层次对原文的诸多不当诠释可见,译者对原文有关词语语义及文本思想文化价值的理解、认识不足,较为严重地影响了其诠释的真实程度。译者主要将原文视为一部中国

---

① 刘云虹,许钧. 异的考验——关于翻译伦理的对谈[J]. 外国语(上海外国语大学学报),2016 年第 2 期,第 70—77 页。

古代故事集，但由于忽视了中国历代学者对这部经典的重要研究、诠释成果，导致了对原文的本体真理意义的诠释传译程度较低，因而也未能如实地讲好《尚书》中的中国故事，其译文所呈现的《尚书》故事似是而非。译者在翻译过程中更多地强调译文的韵律性，注重使其译文通俗易懂、适应大众阅读，但对原文语义求真上有着较大的欠缺，其散文化、诗歌化的新英译形态所传递给读者的，往往是一些较大程度地偏离了原文语义甚至令人不知所云的文本信息，而原文作为中国文化大经大典的意蕴与价值在译文里则大为简化、淡化，往往如草蛇灰线，面貌难辨。

八、彭马田《尚书》英译的译者行为特点

较之麦氏、理氏译文既对原文进行严谨的语义求真，同时又兼顾对社会需求的满足，即求真与务实并重的译者行为特点，彭氏《尚书》英译则明显有所不同，其译者行为主要表现为务实大于求真的特点。

首先，在彭氏《尚书》英译对文本的语义求真上，由于其翻译目的和理念在于抛开历代儒家学者对原文的厚重文化诠释传统，意在以新的译文形式，带给读者轻松无压力的阅读体验等，其译文尤为注重韵律化和简化的表达形式，而在词语语义诠释的准确性、真实性方面明显不足。对于诠释《尚书》这类承载了丰富深邃的中国思想文化意蕴的古老经典，其译文显然对原文应有的语义诠释不力，译文语言层次的意义与原文语义存在诸多的差异，加之一些对原文的改动等，这些都影响了其对原文本体真理的诠释。因此，总体而言，彭马田《尚书》英译的译者行为表现出对原文语义求真的较大欠缺。

其次，为了满足当代大众读者的阅读需求和出版发行的现实需要，译者尤为注重译文形态的打造。为了生产便于了解中国的简明通俗、形式新颖的大众文化产品，而忽略这部古老的中国经典应有的历史文化思想价值与意蕴，从而其译者行为表现出偏重于外部语境务实的特点。

综上所述，彭氏《尚书》英译形态的形成既受到译者自身文化背景等因素的制约，又受到社会历史语境中诸多因素的影响。

第三节 21世纪的西方《尚书》英译与汉学趋势

20世纪下半期，美国成为汉学研究的重镇，西方汉学进入快速、繁荣发展的新阶段。当今学界一般称美国的汉学研究为中国学。美国中国学形成了不同于欧洲传统汉学研究的特点和发展趋势。在当代社会历史语境与汉学思潮的影响下，产生于21世纪初的西方《尚书》英译，也具有不同于其前时期的学术特点和价值，并以其别具特色的诠释与传译形态，融入当代汉学发展的大潮。

一、彭马田《尚书》英译平议

彭马田《尚书》英译产生于西方汉学的现当代发展阶段，受到英语世界读者的欢迎，也受到中西方学界的普遍关注，成为西方的中国典籍英译的时下代表形态之一。总体而言，彭氏《尚书》英译是对新时期后现代主义文化思潮的回应，具有自身特定的学术价值和作用。

较之西方历史上的诸多《尚书》英译形态，彭马田的《尚书》英译主要呈现出对其前《尚书》英译传统的一种背离。受到大众文化产业环境和后现代主义思潮的影响，同属于西方的知识生产，彭氏《尚书》英译理念不再如之前的英译者那样，注重对原文词语语义的求真研究。之前的《尚书》英译者们无不经过对原文进行长期、深入的研究，参考大量的有关注释等文献资料，而后进行翻译，如理雅各、高本汉等皆耗费多年心力，潜心研究原文词语等，其为翻译而做的大量注释，无不反映出其对原文进行语义求真的翻译理念。彭氏等则更为注重译文诠释方法和形态上的推陈出新，其翻译首先思考如何抛开历代学者对原文的大量的儒学注释，如何推出更为新颖而能够吸引西方大众读者的中国经典的翻译产品。不同的翻译理念导致译者所采用的翻译策略和方法也不同，彭氏虽然也与一些西方译者一样采用了归化的翻译策略，但其英译却一改传统的译文加注释的翻译方法，抛开传统翻译范式，将原文尽可能地简化、诗歌化。其译文虽然凸显了原文的韵律特征，但也导致原文语义损耗严重，译文脱离原文语义较大，未能真实地传译《尚书》这部经典的思想文化价值和意义。正如有学者所言："相比而言，彭译本文化忠实度较低，与原文的文化距离较大。"[①]可见在很大程度上彭马田的《尚书》英译背离了根本的翻译伦理。

彭氏《尚书》英译留有新时期文化产业的印迹，是一种不同于之前历次《尚书》英译的后现代主义新文本。在中国文化"走出去"的过程中，这样的中国经典译文，在某种程度上不利于中国文化的真实传播与交流，也不利于西方对中国文化有关误读、曲解的消除。有学者认为，尽管如此，彭氏《尚书》英译也在一定程度上讲述了中国故事，因其"更富有现代通俗文本的色彩，为《尚书》这部儒家经典在英语世界的传播作出了重要贡献"。[②]对此，在一次学术会议上，国际《尚书》学会会长钱宗武先生谈到《尚书》的外译时认为，彭马田的后现代主义的《尚书》英译是需要检讨的，当然也不是完全的否定的。经典与现代读者的距离感特别是英译经典对西方读者的距离感，这是中国经典英译必须跨越的坎儿，特别是像《尚书》这样最为古老的典籍，又是中国传统文化最基础的典籍，如果其最核心的价值被误解、被省略、被戏说，还不如不被翻译，那样还更好一点，因为还保留着西方读者对中国文化的神秘感，由于神秘可能还会有一点敬畏。如果被后现代主义文本化了，尽管或许不是作者的主观认识所为，中国经典英译的价值只能是灾难性的负值。后现代主义的文本化更容易普及，越普及对于中国传统文化的伤害越大。[③]

彭氏受欢迎的《尚书》英译带给西方读者的毕竟并非真正的中国经典文化，久而久之，对于那些汉学知识不足的西方大众而言，在彭氏译文的影响下，不会对这部中国经典的思想文化蕴含与价值有真正的了

① 葛厚伟.《尚书》农业术语英译的文化折射及其认知识解 [J]. 安徽农业大学学报（社会科学版），2023 年第 1 期，第 120—125 页。

② 葛厚伟. 协调与过滤：《尚书》古典服饰文化英译研究 [J]. 吉林师范大学学报（人文社会科学版），2022 年第 4 期，第 84—90 页。

③ 2023 年 8 月 10—13 日，第六届国际《尚书》学学术会议在山东邹平举办，有逾百名国内外学者参会。在此次研讨会上，笔者就有关问题请教了钱宗武先生，记录下了他的观点。

解，对中国经典的价值判断等会受到严重影响，继而也将影响其对中国形象的理解和塑造。此外，一部分西方读者也会因寻求原汁原味的中国文化，而发现彭氏诠释传译的不足，从而不再喜欢阅读这种形态的中国经典英译。经典具有特殊的价值和作用，对其的诠释和翻译也尤其需要对原文的语义求真。因此，我们既需要对《尚书》英译必须消弭与西方读者的距离感有充分认识，总结后现代主义经典翻译的好的经验和方法，也需要坚守《尚书》英译的优良传统，坚守翻译伦理，坚守经典原文的核心价值，弘扬优秀传统文化，加强不同文明的互鉴互惠，建立美好的人类命运共同体。

彭氏《尚书》英译也引发了一些中国学者对其译文形态的思考和关注，[①]这对时下的典籍翻译、汉学等有关研究皆具一定的启迪作用。由于其大众文化的形态特点，在某种程度上，彭氏《尚书》英译也对当代汉学研究的实用化发展具有一定的影响作用。彭氏《尚书》英译已以新的学术形态参与到当代汉学研究的多元化发展之中。

二、21世纪的汉学研究及其发展趋势

美国的汉学研究始于19世纪中期，虽然较晚于欧洲传统汉学，但进入20世纪后却发展迅速而后来居上。20世纪70年代后，美国的中国学研究取得了令人瞩目的成就，研究的重点也从传统中国的历史文化研究等领域，转向现当代中国的各个领域，出现了跨学科等研究特点。现代美国儒学逐渐兴起，其汉学研究方法表现为注重将历史学方法与自然科学、社会科学的研究方法相结合，研究范围进一步扩大，涉及社会文化、政治、经济、外交、军事等诸多领域，并将儒学研究与中国现代化研究结合起来，这也是其与欧洲传统汉学研究的主要区别。

美国的汉学研究在20世纪初仍很薄弱，但二战后凭借诸多有利条件得到迅速发展，到20世纪50、60年代，美国已成为汉学研究重镇，直至成为当今世界汉学的引领者。美国汉学的快速发展与移居美国的欧

---

① 葛厚伟. 协调与过滤:《尚书》古典服饰文化英译研究［J］. 吉林师范大学学报(人文社会科学版)，2022年第4期，第84—90页。

亚学者有着重要的关系。中国学者钱存训就是其中具有代表性的一位，他主要通过建立美国第一流的芝加哥大学东亚图书馆、编纂汉学书目、参与汉学教研等方式促进美国汉学研究的发展。①在政府的资助下，美国以研究中国哲学为基础的新儒学运动出现了极为活跃的态势。美国的著名大学都设立了专门研究机构，专业研究人员达数千人。这些学术研究机构还经常举行研究中国哲学的讨论会等。美国国内大学等研究机构对其汉学研究起到非常重要的作用。这些研究扩大了中国哲学的国际影响，推动了国际新儒学研究的发展，在儒学与现代化关系的研究方面，出现了一批新儒学专家。

20世纪80年代，美国对儒学的研究已经扩大到非学术领域以外的军事、政治、经济、体育等领域。美国甚至将《孙子兵法》理论用于同日本进行的商战中。一些美国大学也通过各种研讨会研究、探讨孔子思想，并针对美国出现的各种社会危机，试图从儒学思想而不是《圣经》中找到拯救的思想力量与路径。一位加州大学教授在其书中论述韦伯对中国传统文化的诠释时即指出："韦伯在他的时代要说明中国的失败，我们必须解释它的成功。看来很矛盾，两者都强调它的民族精神气质的作用。"②

随着中国经济的快速发展，中国再次成为令西方瞩目的东方大国，一些美国学者以儒家文化与西方文化存在差异为借口，对其大肆攻击，如"文明冲突"和"中国威胁"论等，这也引起世界各国学者的关注。随着中国和东亚国家经济的迅速发展，西方的儒学研究热潮仍在不断发展。儒学是当代美国中国学研究的一个重要部分，加强儒学研究有助于推动人类社会文明的发展。当今美国的中国学研究已朝着多元化的方向发展，研究范围更加扩大，不仅包括政治、经济、宗教、文化、外交、军事问题，还包括文学、语言、法律、医学、艺术、少数民族等各种问题。③有学者研究表明，20世纪下半期至今，"西方《易经》的翻译与传播也呈现出多元化趋势，涉及哲学、宗教、史学、科学、心理学等学科，以及

① 邱嘉怡. 钱存训先生对美国汉学研究的贡献[J]. 山东图书馆学刊，2015年第6期，第43—46页。
② 仇华飞. 当代美国中国学研究述论[J]. 东方论坛，2011年第4期，第23—28页。
③ 仇华飞. 当代美国中国学研究述论[J]. 东方论坛，2011年第4期，第23—28页。

占卜、管理、兵法、艺术、商务等领域，多学科研究与应用已经成为西方易学研究的一种趋向”。[①]这些研究也是“西方回归到中国哲学”而“作理性的重建”的努力的一种表现，正如成中英先生所指出的，“中国哲学以其深厚对人的内在根源的了解以及对其转化潜力的理解”，“正好提供一个纯真的人性的完整形象以作为事物的本质”，“中国文化以其优容自在的易学体系与变化意识”，“正好在思想方式上提供一个含容多端而统会成章的思维模型以作为思想自我创造提升的本质”。因此“中国哲学原始的整体变化思维可以辅助甚至拯救西方的灵魂与内在生命正在此”。[②]

有些当代西方学者也对中国的快速崛起有着深刻的见解，如英国的一位学者即认为，中国与西方国家的根本不同即在于其首先是“文明之国”(civilization state)，其次才是“民族之国”(nation state)，西方的国家则是“民族之国”。西方虽然看到自 20 世纪后期至 21 世纪中国经济的快速发展，但中国改变世界的方式不仅是经济这一种，同时也在政治、道德、精神、伦理、军事、文化等方面改变着当今世界，其快速崛起(rise)对世界的深刻改变甚至超过了历经 200 多年的西方的崛起。他还认为，中国曾是世界历史上最文明的国度，当今中国提出的复兴，只是在回归自身的文明而已。[③]可见，当今西方学界对中国的古老文化和文明的价值已有了较为深刻的认识，中国博大精深的传统文化和古老的文明智慧，也在深深地吸引着西方不断进行更为深入细致的研究，其中包括对《尚书》等重要典籍的英译研究等。在当今社会思潮和汉学思潮的影响之下，西方《尚书》英译作为当代西方的儒学研究的一部分，也具有与之前英译不同的形态与学术价值，显示了当代汉学发展的某些特点与趋势。

正如美国学者 Levenson 所言：“中国文明不只是在历史上曾经是重要的，而是具有历史性的重要意义。”[④]当代西方更加关注、重视中国的文化与文明。随着二战后西方各国加大对汉学研究的支持与中国的

---

① 杨平.《易经》在西方的翻译与传播 [J]. 外语教学与研究(外国语文双月刊)，2015 年第 6 期，第 923—934 页。

② [美] 成中英. 西方文化对中国文化之需要 [J]. 东方论坛，2004 年第 5 期，第 6—13 页。

③ [英] 马丁・雅克(Martin Jacques，1945—). 英国教授深度解读中国崛起. 腾讯视频，2018 年 12 月 27 日。

④ 王琰. 汉学视域中的《论语》英译研究 [M]. 上海：上海外语教育出版社，2012 年，第 192 页。

改革开放，中西方的经济文化交流日益增多，这些有利条件使得汉学的研究迅速发展。二战后西方汉学研究中心转移到美国，“从70年代起，美国就逐渐成为大陆和港台之后的发展、丰富中国哲学的第三块基地”。[①]随着这一时期西方新思潮的不断涌现，汉学研究的内容、视角、方法等也日益多元化。西方汉学呈现出空前的繁荣，研究的专业化程度与成果都达到了前所未有的高度。

在后现代主义思潮的影响下，出现了“史著形式文学化”等学术思潮。在这种语境中，彭马田的《尚书》英译一改传统的经典诠释方法和路径，将这部古老的政史经典进行简化、文学化。译者意欲摆脱由于语言、文化及时空阻隔等造成的历史厚重感与繁重的儒学诠释压力，寻求相对轻松精彩的翻译形式。他们注重探索原文的韵律表达，运用归化的翻译策略，大量运用了西方自由诗、散文进行翻译。主要采用意译为主的翻译方法，将译文打造成西方读者易于阅读和理解的新形态。

彭氏译文以流畅通俗的英语重新诠释了被西方数度翻译的中国经典《尚书》。但考察其诠释的三个层次可发现，由于语言层次的意义诠释与原文语义有诸多差异，从而译文的理论层次、本体论层次的诠释也深受影响，导致较大的诠释缺陷。《尚书》历经成书之劫难、辨伪之质疑、历代学者的不断研究与诠释，其作为经典所特有的本体真理也在传承中不断发展。经典的诠释历来重视其历史的根源与理论的普遍性。汉唐的传统经学重文字训诂与典章制度考据，而宋代程朱学人虽以义理诠释经文，但同样注重“考证训诂”，即便以思辨研究《尚书》的陆王学人，也强调要严守“精读古注”的学术研究原则，以不至于使经典诠释流于空疏；后又经乾嘉学人的努力，《尚书》等经典的故训更加清楚明白，疏解更加严密简明。因此，对于一部传承了几千年的重要政史经典，经过简化甚至对原文进行改动的彭氏译文实难真正诠释出这部经典的真实语义，从而也不利于西方对中国的理解，甚至可能导致某些误解。有学者指出，为了准确地翻译出经典的本体真理，“诠释性、语境化的意义协商”[②]显然是必要的。虽然

① 施忠连. 现代新儒学在美国[M]. 沈阳：辽宁大学出版社，1994年，第1页。

② H. Hermans, *Cross-cultural Translation Studies as Thick Translation* [J]. *Bulletin of the School of Oriental and African Studies*, 2003, 66 (3) (pp. 380 - 389), p. 386.

根据不同时代的需要，对其诠释与翻译的形式可以有所不同，但真实完整地诠释原文的本体真理在任何时候都不可或缺，否则会不利于文化间的理解和交流，翻译的功能与价值也会因此而受损。

东西方的翻译传统历来强调语义求真，真实地传译原文。东晋道安提出“尽从实录”，唐玄奘提出“求真”，严复提出“信”，英国的泰特勒提出“译文应复写原作的思想，翻译出原作的风格和格调”，20世纪西方语言学派翻译理论提出“等值”“动态对等”“功能对等”“读者反映对等”等翻译标准，这些翻译思潮皆以“求真”为核心。古今中外的翻译实践也显示了“求真”为翻译之真正意义、价值及责任之所在。麦氏、理氏皆严格依据文本语义及其形式去翻译，甚至为此不惜牺牲译语表达的流畅自然，并通过添加丰富的注释来进一步进行语义诠释，因其译文对原文语义求真的注重而至今仍被学界认为具有重要的价值。高氏译文更是因其语义诠释的科学准确而被认为具有很高的学术性。而彭氏译文却表现出语义的较多失真，这也反映出其对《尚书》词语语义及其本体真理的理解与认识不足，从而影响到其诠释方法和策略的选择，导致其对原文本体真理的诠释不力。彭氏虽然预设了关于中国历史和德政等思想理论，但正如其上述译文例句显示，虽然彭氏译文具有比之前的译本更为精彩的形式，但其甚至连蕴含着“修身、齐家、治国、平天下”等重要儒学思想的语句都未能较为准确地翻译和诠释。乔治·斯坦纳曾说：“传送文化和心理意义的箭，都是双向的。最理想的，是没有亏损的交流。”① 虽然彭氏的翻译形态得到了西方很多读者的认可，然而这些读者未必知晓译文中的这部中国经典语义的诸多减损，而这对于东西文化交流双方未免皆是一种较大的损失和遗憾。因此，在当代典籍翻译中，为了对典籍原文进行真实而完整地诠释与传译，既需要将原文的形式转变为当代读者喜爱的形式，也要尽可能避免由此而可能导致的重要的意义损失，在翻译过程中，应该兼顾对原文本体真理意义的诠释与恰当译文形式的选择，寻求形式与意义相结合的最佳方法与路径。

---

① 许钧. 翻译论(修订本)[M]. 南京：译林出版社，2014年，第71页。

第五章　西方《尚书》英译研究的思考

在汉学发展的不同阶段，西方皆有《尚书》英译文本产生。随着不同时期西人的研究与翻译，《尚书》也在西方世界被广泛传播，几个世纪的西方《尚书》英译史即中国经典《尚书》在西方的漫长传播史。在中学西传之初，《尚书》即被翻译成拉丁语而被传播到拉丁语的世界，因此《尚书》的拉丁语翻译是其在西方传播的较早形态。其后，《尚书》又被法国人研究与翻译而传播到法语世界。后来，《尚书》又被用英语、德语、俄语等多种西方语言翻译过去，从而极大地拓展了其在西方世界的传播空间。从 17 世纪初直到 19 世纪末期，《尚书》的译者主要为西方传教士，翻译初衷为帮助传教士们学习与掌握汉语文化知识。因此，传教士也即《尚书》在西方传播的主要群体，直到 20 世纪初才有非传教士英译者的加入。总体而言，《尚书》早期在西方的传播途径主要为群体传播、组织传播以及通过汉语教材（如传教士最初来华的培训教材）、汉学著述（如《中华帝国全志》等）以及英文期刊（如《中国丛报》等）等进行传播，而在 20 世纪、21 世纪则主要以大众传播为主。

在传播学中，群体传播是指在具有共同目标和归属感、存在互动关系的个人的集合内，成员与成员之间进行的信息传播活动。其特点是受特殊的内部机制影响，存在集合行为，有群体感染和暗示、群体压力、群里模仿和匿名性的特殊传播机制；而组织传播则是由各种相互依赖关系组成的社会网络，为应付环境中的不确定性而创造和交流信息的功能。[1]据此分析，《尚书》在西方人中形成传播，这与宗教需求、政治需求、经济需求密切相关，因为这些人群最需要消除语言的障碍，以便顺利完成有关在华事务。因此，在18、19世纪，《尚书》在西方的传播途径首先是传教士群体带动的《尚书》的群体传播。由于《尚书》在早期传教士来华的很长时间内都被翻译来做传教士的汉语教材之用，而且这些传教士为了在华传教的长远打算，对《尚书》有关知识一代接一代地不断研习与译介。早先学习《尚书》语言文化知识的人又将其传给后来学习者，这样就形成了自上而下的《尚书》的组织传播；一代代来华的传教士有组织地对《尚书》等经典不断地进行研究与翻译，其有关汉学成果也被同时期的西方人迅速传播与研读，以作学习中国知识之用。英国传教士理雅各的《尚书》英译即因其更为专业化的研究，提供了空前丰富的中国知识，而长期被西方世界奉为中国经典标准译本，成为其后西方汉学家与其他学习者研读中国典籍的重要参考书。

除了传教士之外，《尚书》最初在西方传播的受众也包括西方的一些专业汉学家和一些汉语学习者，如从事海外贸易的商人、处理外交事务的官员等。于是，《尚书》即经由这些西方人之手历经不同时期的历史风云，在西方世界被阅读、研究，不断传播。大众传播即组织化的传播机构及其从业人员利用大众媒介向人数众多、各不相同、分布广泛的受众进行的信息传播的社会过程。[2]以大众为传播受众的《尚书》英译主要包括欧德和彭马田的英译，由于这两种英译较为简洁而通俗易懂的译文特点，使得《尚书》的传播在这些时期也呈现出高度的社会化。尤其是21世纪的西方《尚书》英译，其译本显示了鲜明的大众产业文化特征，从而在西方的传播形成了一种颇具实用性、普及性的大众传播新形态。

《尚书》在西方的各种英译形态皆是其在西方的不同传播形态。这些西方《尚书》翻译与传播形态显示，其与东西方两种不同的社会历史语境有着密切关系。西方的《尚书》英译与传播与东西方社会历史发展演变有着怎样的关系？其漫长的历史发展有无规律可循？在不同历史

① 李苓，徐沛. 大众传播学通论[M]. 成都：四川大学出版社，2010年。

② 李苓，徐沛. 大众传播学通论[M]. 成都：四川大学出版社，2010年。

时期，《尚书》对于西方社会具有怎样的文化价值？而西方《尚书》英译方法策略的变化与《尚书》文化价值的变化有何关系？基于前文对西方《尚书》英译的考察与研究，本章尝试对这些问题进行一些探讨，以进一步深化对西方《尚书》英译与传播的认识，总结其发展演变的历史规律和特点。

第一节　社会发展的历史逻辑与学术研究的学理逻辑

西方的《尚书》英译历经不同的社会发展阶段，而西方社会发展各阶段的需求各不相同，为了适应与满足社会各历史阶段的发展之需，在不同时期，产生了不同的社会思潮、学术思潮，而这些皆成为《尚书》翻译的历史语境，并对有关学术研究产生重要的影响和制约作用。

一、《尚书》英译与西方社会发展之需

随着资本主义的发展，西方需要大力进行对外殖民扩张，在对华贸易和传教活动中，汉学逐渐发展起来，传教士的汉学研究主要是为了满足当时的贸易和传教之需，而进行有关中国语言文化等知识的生产。这种知识生产随着不同时期社会需求的变化而具有不同的特点，西方对《尚书》的英译便是其产物之一，从而不同历史阶段的《尚书》英译皆分别表现出对翻译当时西方社会历史发展之需的适应，英译的形态也相应地受其制约。

（一）《尚书》英译与 17—18 世纪西方的学习借鉴之需

17—18 世纪的欧洲，资产阶级逐渐登上历史的舞台，不断发起反封建的思想解放运动。启蒙运动既是欧洲继文艺复兴之后的第二次大规模的思想解放运动，也是一场资产阶级带领人民大众反封建、反教会的思想文化运动。启蒙运动者提倡自然法则，认为世界万物乃至人类社会都受其支配，自然法则反映在人的头脑中，便是理性，因此主张用

理性反对宗教神权，主张“天赋人权”，反对“君权神授”，希望给黑暗的中世纪欧洲带去自由信仰和光明前途。在这种历史背景之下，西方社会需要强有力的思想武器以摧毁根深蒂固的封建神权和专制统治，走出蒙昧，构建新社会。因此，这一时期西方的知识生产主要表现为学习与借鉴东方大国先进的物质、文化、思想等，以解决西方的社会问题，促进西方社会的发展。

其次是资本主义经济取得一定的发展之后向海外扩张与海外传教的需求。西方为了扩大海外贸易，开辟了海上航线，从而增进了与东方的经济文化往来。贸易与传教这两种需求往往交织在一起，如法国派遣国王数学家赴华，使其肩负着向西方传递中国的各种信息与传教的双重使命。欧洲天主教传教士的赴华，促成了西学东渐与中学西传。他们对中国典籍的译介，初次向西方传播了中国古老的历史文化与社会信息。东方大国开明的政治、古老的农耕文明、繁荣的物质文化等都引起西方的仰慕，继而掀起了欧洲对中国文化与文明进行学习与借鉴的热潮。而这一时期传教士对中国典籍的多语种翻译也正是为了适应当时的社会发展之需，其中即包括 18 世纪上半期对《尚书》的英译，其译文形态显示了西人学习中国先进的思想文化等知识，从中获取自身发展的能量和动力的目的与热忱。同时，这种译文形态的形成也受到当时社会发展需要的影响与制约。

考察早期西方《尚书》英译可发现，这一时期的形态为选译，其英译底本为法国汉学名著所收录的在华传教士马若瑟的《尚书》法文选译。这一时期的《尚书》英译反映了英国等西方国家对中国信息的迫切需要。译文的诠释一方面表现出受到当时西方翻译思潮的影响，即在对原文内容进行传真的同时，以流畅的目的语表达为美；另一方面也显示了西方对东方大国文化与文明最初的欣赏与吸纳。首先，英译文本包括对中国治政思想理念有关内容的选译，译者的诠释表现出对中国典籍的思想文化价值进行凸显的意图。为此，译者不仅通过常见的译文脚注进行补充诠释，还特别添加了旁批，以揭示、总结原文的有关思想及其作用。如，《尚书·虞夏书·大禹谟》译文旁批“治理和服从的箴言(Maxims of Government and Obedience)”，《尚书·虞夏书·皋陶谟》

译文旁批"精简的善政(Good Government to what reduceable)",其次是对中国君臣德行的研究。《咸有一德》的译文旁批:"美德的赞歌(Encomium of Virtue)"等,还包括对中国文化传承等方面的关注与研究等。译文脚注的内容也体现了译者对有关思想文化的欣赏和肯定。《说命》对"惟学逊志"的注释:"这并不是唯一一段提倡谦卑的话,因为这一基本美德在这些古籍的许多地方都被颂扬过,在中国的哲学家中,谦卑的教训是很平常的,但这在希腊和罗马的哲学家中却相当罕见。"(This is not the only passage wherein Humility is recommended, for this fundamental virtue is extolled in many places of these ancient Books, and it is ordinary enough to meet with Lessons of Humility among the Chinese Philosophers, but pretty rare among these of Greece and Rome.)可见,译者通过对中西文化的对比研究,表现出对有关美德的认同和赞赏;再如译者还在注释中赞叹原文语言意蕴丰富而风格简约精美,甚至认为这种文本的语义非欧洲语言所能完全表述。

由于处于汉学研究的早期阶段,有关研究尚不够深入,且受到译者的西方传教士身份等因素的影响,这一时期的译文一方面表现出对原文语义诠释的不足,另一方面也表现了务实于当时西方的经济社会发展,以及基督教海外扩张等需求的特点。在译介中国典籍的过程中,对中国典籍进行归化诠释,在译文中融入基督教神学思想,以利于传教,而这些因素又都影响与制约了翻译对原文本体真理诠释的真实与完整。

(二)《尚书》英译与19世纪西方的殖民传教之需

随着西方社会的发展和国际格局的变化,西方在对中国的殖民、传教过程中又产生了新的知识生产需求,这一时期的《尚书》英译即为了适应西方对于中国历史文化、语言等知识的需求。

19世纪的欧洲社会,经过启蒙运动及法国大革命等资产阶级革命之后,发生了重大变化。封建神权的统治被推翻,"上帝死了",人本主义者们以人代替上帝,以理性代替信仰。理性主义强调理性之于知识获取的重要性，主张运用怀疑思维和手段以去伪存真，如怀疑上帝的存在，怀疑传统和当时的经验论等。①

正如成中英先生所言："总之，西方的形而上学就是超越的本体和外在的本体，也就是神学化或者科学化，而没有体现出人的内在性层面的超越过程和超越层面。""西方文明的发展途径就是基于内在性的需求来追求外在的超越，产生外在性的知识和内在性的野心，产生西方文明的霸道和科技的强势。"②在西方国家大举进行海外殖民的同时，西方宗教势力也大力进行海外扩张，中国沦为西方的殖民地和传教地，东西方的文化交流不复之前的平等互惠，西方中心主义日益盛行。这一时期的《尚书》英译形态也因此留有这段社会历史的印记。此时西方的中国典籍翻译主要是为了用来更好地对中国进行殖民与传教，而《尚书》的英译即基于西方对殖民地的语言文化工具之需。为了满足西人对于中国历史、语言等知识的学习与了解，麦都思将其《尚书》英译本打造为一本中国古代历史的工具书。麦氏认为《尚书》中所载的历史是真实可信的，如其对书名的翻译即使用了表达此意的词语 most ancient authentic record(最古老而真实的记载)。但麦氏又在译本序言中说"《尚书》对于大多数中国人仍然是一纸空文"，表现出对当时的《尚书》的本体真理价值的否定；其译文注重对原文内部语义的求真研究，采用了直译的翻译方法，力求对译原文字词，显示出了对古老经典文本语义诠释的严谨态度，以及便于西人学习汉语词语之目的。麦氏在译文中附有几十页古代中国地图等图片，这些历史图片显示了其对文本所载历史的特别关注与考证。其所节译的《纲鉴易知录》中与《尚书》有关的内容，也以历史时间为序附于书后以便与原文的历史记载相参照。其译文类似于对原文词语进行夹注的翻译形态，具有词典类工具书的效果与作用，这些译介特点都适应了当时社会发展的需要。

在汉学早期，被译介到欧洲的中国古代典籍引起了西方学界对中

① 王寅．语言哲学研究：21 世纪中国后语言哲学沉思录(上)[M]．北京：北京大学出版社，2014 年，第 53—57 页。

② [美] 成中英．本体诠释学(一)[M]．北京：人民大学出版社，2017 年，第 106 页。

国上古历史的关注与研究。耶稣会士卫匡国的中国历史纪年表的面世,引发了关于中西历史纪年矛盾的诸多争议,欧洲当时被罗马教廷定为基督教经典的拉丁文《圣经》的权威性因而遭到质疑,正如有学者所言:“关于中国纪年的长期争论结果,使《圣经》的权威扫地,同时,削弱了基督教的绝对权力和控制能力。”①而这些学术研究也使得西方产生了一种新的知识生产需求,即进一步深入系统地了解中国的历史文化,以更好地维护西方的传教和殖民利益。受其影响,理雅各的《尚书》英译不仅通过长篇《绪论》对《尚书》的历史真实性和价值进行了全方位的质疑与消解,还通过所附《竹书纪年》译文及其研究企图否定《尚书》的上古历史纪年。

这一时期,随着自然科学的迅速发展,西方国家实力大增,自然科学的方法也被认为是一切学科中最客观可靠的方法,可用于对确定性的追求。19 世纪上半期,法国社会学之父奥古斯特·孔德等(Auguste Comte, 1798—1857)创立了实证主义学说,认为一切真知都源自经验事实的可证实性,主张“可证实性原则”,避免经验之外的冥想和空谈。当时英国流行的经验实证主义思潮、苏格兰现实主义思潮、圣经翻译思潮等,皆在理雅各的《尚书》英译中留下了历史的印迹。例如,理氏译文注重准确地再现原文意义、精神,为此采用了直译辅以意译的翻译方法,译文较为准确真实地传译了原文语义。其所采用的“厚译”的翻译方法,注重多维度地补充说明原文的语义信息,具有早期实证主义广泛收集资料进行例证的特点。其诠释思想方法也显示出当时中国学术思潮的影响,具有儒家诠释学的特点。在苏格兰常识派思潮的影响下,理氏坚持认为中国经典中的上帝就是西方的真神 God。其《尚书》译文直接使用 God 对译中国经文中的抽象概念上帝、帝,在质疑原文的历史和经典性之后,理氏又将这部古老的儒家经典纳入了西方比较宗教学的研究。由此可见,理氏英译同样既表现出对当时社会发展的适应,又受到社会历史因素的影响和制约。

① [日]小西姑子. 关于十七世纪后期介绍到欧洲的中国历史纪年(下)[J]. 曲翰章译. 东洋文化, 1987 年,第 67 卷,第 60—64 页。

（三）《尚书》英译与20世纪西方的中国历史文化与语言研究之需

社会发展到20世纪，发生了两次世界大战，战争年代法国汉学家的去世给西方汉学造成巨大损失。自20世纪下半期起，为了满足西方的中国知识生产的新需要，不同于传统汉学的现代化汉学逐渐形成。为了向西人展示中国的历史真实性，欧德再次英译了《尚书》。自欧德开始，《尚书》英译结束了长期以传教士为主的译介局面，译者身份开始世俗化，译本不仅面向学术研究者，也面向西方大众读者，因而译文形态也有了明显变化。欧德的《尚书》英译本不再附带汉语原文，注释中也不再夹杂汉语书名、地名、人名等汉字，虽然也延续了之前的厚重之风，但是其注释较之麦氏、理氏已趋于简化，译本形态较为轻薄。欧德也在译本前言中否定了以前传教士译者们对《尚书》的基督教神学观念的预设，也同时否定了原文的经典价值。为了满足西方普通民众对中国历史的了解之需，在翻译中同麦氏一样采用了历史学的诠释方法，表现在其译文诠释对原文所载有关历史事件的考证等，但忽略了对原文本体真理的诠释。其译文一定程度上满足了当时西人对中国历史的了解之需，同时也受到当时社会语境的重要影响。

在这一时期，随着学界对确定性的追求，西方科学实证主义成为主流思潮，也“不可避免地对人文学科产生了极大冲击。很多学者主张用科技成果来分析语言，如借用生物进化论来探索语言的进化发展，收集各语言的大量证据，考察词语来源，并以其为基础来构建语言谱系关系等，历史比较语言学即为经验论和实证论的产物”。[①]语言的实证研究需要古代的语料，于是古老的《尚书》文本又成为西方语言学界进行实证研究的重要语料，这一时期的《尚书》英译即表现为西方语言学研究的产物。受到当时西方学术思潮的影响，汉学研究方法也产生了新变化，往往采用综合性的、跨学科研究的方法，诸如语言学、社会学、人类学等方法也被引入学术研究，推动了西方汉学的进一步发展，如高本汉的中国古代音韵学研究等。高氏在《尚书》英译研究中也运用了语言科学的

---

① 王寅. 语言哲学研究：21世纪中国后语言哲学沉思录（上）[M]. 北京：北京大学出版社，2014年，第53—57页。

方法，这也是此前《尚书》翻译所不曾采用的现代化的研究方法。例如，高本汉对《尚书·周书·大诰》："殷小腆诞敢纪其叙"（殷国的小主竟敢组织他的残余力量）的注释第1595条："殷小腆（Yin siao t'ien）"，"A. 郑玄：腆等于'小国'，这就表示在'腆'字本身就有'小'之意，那么小腆二字就是同义词。因此'殷小腆'的意思就是'殷是非常小的（Yin is very small）'；B. 马融：'腆'等于'至'，即'来到''到达'的意思。这毫无意义。段玉裁提出'至'是'主'的变体，如果是这样，错误早就产生了，因为《广雅》中已经重复了马融的'腆'等于'至'。C. 王肃：'腆'等于'主'，这样'殷小腆'即译为殷的小统治者（the small ruler of Yin）。真正的意思是王肃以之代表了'典'……" 高氏在这三个字的注释中共分类列出了A—F六种解释，并引用同时代的文本《尚书·周书·酒诰》中的"自洗腆，致用酒"，再次分三类对其进行解释，以继续考证"腆"的语义，如论及"洗"的变体等。大量收集材料进行分析类比的方法正是实证主义的特点之一。高氏的注释表明其对《尚书》文本的诠释研究运用了语言学与实证主义的研究思想方法，以探寻字词的真实语义为研究目的。

综上所述，这一时期的《尚书》英译适应了当时社会对学术研究的新需要。同时，当时社会的特有语境也对有关翻译研究产生了重要的影响。不同社会历史时期，《尚书》的翻译思想、方法等也受到相应社会历史因素的制约。

(四)《尚书》英译与时下西方了解中国的崛起之需

当今中国的经济发展所取得的举世瞩目的成就，使得一向以中心自居的西方受到了强烈的震撼，因而西方需要更为细致、全面地了解中国，对中国进行多方面研究，以寻求当今中国经济政治局面形成的原因，理解当今中国政治、经济等方面的发展举措。当代西方汉学演变为与之前研究内容与方法有很大不同的"中国学"，尤其注重有关研究的实用性。

英国汉学家彭马田等认为西方还不够了解中国，尤其是中国悠久的历史文化，因此需要深入研究中国古代的典籍，而《尚书》即理解当今中国政治格局的重要参考资料。于是,基于当代西方社会的需求,西人又一次英译了《尚书》。彭马田的翻译注重译文对现实社会需求的满足,其译文不再具有基督教神学色彩,而肯定了中国文化思想的特色和价值,其诗歌化的翻译形态也适应了当代的出版与阅读需求。

20 世纪 50 年代到 60 年代,法国十几位哲学家发起并推动了后现代哲学思潮,在世界范围内形成了一种新的哲学思潮,对社会文化和文学艺术都产生了很大的影响。随着社会思潮的演变,后现代主义(postmodernism)成为西方最具影响力的文化思潮。[①]后现代主义文化被概括为"主体消失、深度消失、历史消失、距离消失"。在这些思潮的影响下,翻译理论也有了不同的发展,如动态对等理论、解构主义翻译理论、女性主义翻译理论、后殖民主义翻译理论等。进入 21 世纪,学者们认为《圣经》翻译应该摒弃"逐字译"和"功能对等"这两种对立的"圣经翻译哲学",除了追求准确和清晰之外,还应追求美和雅(Scorgie, 2003; Barker, 2003)。[②]受到这些社会文化语境的影响,彭氏主要采用了英文自由诗的形式翻译了《尚书》。翻译形式的散文化、诗歌化,表现了西方古代典籍翻译的后现代主义特征。其译文通俗流畅,具有叙事散文夹杂诗歌的特点。例如:

例 5.1 《尚书·周书·大诰》:"天棐忱辞,其考我民,予曷其不于前宁人图功攸终?天亦惟用勤毖我民,若有疾,予曷敢不于前宁人攸受休毕。"(老天用诚信的话帮助我们,要成就我们的百姓,我们为什么不去完成文王所图谋的功业呢?老天或许也要使我们的臣民勤劳,好像有疾病,我们怎敢不去好好攘除文王所受的疫病呢?)[③]

彭译:

I know Heaven supports this because I see it in the attitudes of the people.

---

① 王治河. 后现代主义与建设性(代序)[M]. 王成兵译. 后现代精神,北京:中央编译出版社,2011 年。

② 任东升,井琼洁. 圣经汉译与"信达雅"——吕振中圣经翻译思想探究 [J]. 翻译界,2016 年第 2 期,第 55—68 页。

③ 江灏,钱宗武译注. 今古文尚书全译 [M]. 贵阳:贵州人民出版社,2009 年,第 207—208 页。

So who am I to hesitate?

Who am I not to finish this task

which was started by that Man of Peace?

The people are disturbed by Heaven

as if they were suffering from some illness.

So who am I not to finish this task

which was started by that Man of Peace?

由上例可见,这段话讲述了周成王劝导群臣与君王一起,不畏艰难,共同完成文王未竟的事业。彭氏将对话中富有情感的劝勉之辞用抑扬顿挫的诗句来表达,颇具感染力,富有韵律的诗句美化了译文形式。

综上所述,西方《尚书》英译的每一种形态皆表现出对当时社会历史发展需求的适应,其研究的思想方法皆受到特定社会发展阶段的历史语境的制约,因此,其学理逻辑与社会发展的历史逻辑相符合。

二、《尚书》英译与社会学术思潮

随着社会的发展演变,不同历史时期形成了不同的社会学术思潮。受其影响,不同时期的《尚书》英译皆留有相应社会学术思潮的历史印迹。例如,不同时期西方译者对以下《尚书》文本的翻译:“皋陶曰:‘都!慎厥身,修思永。惇叙九族,庶明励翼,迩可远,在兹。’”(皋陶说:“啊!要谨慎其身,自身的修养要坚持不懈。要使近亲宽厚顺从,使贤人勉力辅佐,由近及远,完全在于从这里做起。”)(《尚书·虞夏书·皋陶谟》)[①]译文如下表1:

表1:英译:皋陶曰:“都!慎厥身,修思永。惇叙九族,庶明励翼,迩可远,在兹。”

① 江灏,钱宗武译注. 今古文尚书全译[M]. 贵阳:贵州人民出版社,2009年,第34页。

18世纪	E. Cave	A good King, replies*Kau yau*, has no passion so predominant as to advance more in study and practice of wisdom, so that he puts no Bounds to so useful an exercise. By this fine example, he first instructs all his royal family; this is afterwards communicated to all his subjects, and in the end, spreads among the most distant people. Of so great importance it is for a king to be virtuous!①(对一个好国王来讲,皋陶回答说,没有什么比热衷于学习和实践智慧更重要,所以他不限制这样有用的锻炼。通过这个很好的例子,他首先教导所有的皇室成员,然后再将这些信息传达给所有臣民,最后,传播到最遥远的人民中间。国王的美好德行太重要了!)
19世纪	Medhurst	皋陶 Kaou-yaou 曰 said, 都 That is an admirable question; (a prince)慎 should be careful regarding 厥 his own 身 personal virtues, and 修 endeavour to 思 think of 永 distant (plans of usefulness), while he 惇 lays great stress on 叙 the arrangement 九 of the nine 族 degrees of relationship, and then 庶 the multitude 明 of the intelligent 励 will be encouraged 翼 to assist him. From 迩 the near 可 you may argue 远 to the distant, 在 in 兹 this (it may be seen.)②(皋陶说,这是一个令人钦佩的问题;一位君王应该谨慎对待自己的个人美德,并努力思考遥远的(有用的计划),同时他非常重视九种等级关系的安排。那时,智慧的众民必然受到鼓励而去帮助他。你可以由近处论及远处,就在这里。(可以看到。)
	Legge	Kaou-yaou said, Oh! let him be careful about his personal cultivation, with thoughts that are far-reaching, and then he will effect a generous kindness and nice observance of distinctions among the nine classes of his kindred; all the intelligent also will exert themselves in his service; and from what is near he may reach in this way to what is distant. ③(皋陶说:"哦!让他用深邃的思想谨慎对待自己的修养,然后他会慷慨地善待、很好地依照家族的九个等级之间的区别行事;所有聪明的人也会尽力为他服务;从近处到远处,他都可以这样到达。")

① Du Halde. *Description of the Empire of China and Chinese Tartary* [M]. Volume 2. London: E. Cave, 1738, p. 403.

② Ibid., W. H. Medhurst, *The Shoo King* [M]. 1846, p. 58.

③ Ibid., James Legge, *The Shoo King* [M]. 1991, p. 69.

20世纪	Old	Kaou-Yaou said：Oh！a man who is careful of his own conduct，who tries to think of the future，and who is mindful of the nine relationships，such an one all intelligent people are disposed to support. From that which is near，you may infer what is remote in this matter.（皋陶说："哦！一个对自己的行为很谨慎的人，一个试图思考未来的人，一个注重九种关系的人，一个所有聪明人都愿意支持的人。从这件事的近处，你可以推断出其远处。"）
	Karlgren	Kao Yao said：Oh，he should be careful about his person，the cultivation (of it) should be perpetual. If he amply regulates his nine family branches，all the enlightened ones will energetically (be wings to =) assist him；(the fact) that what is near can be caused to reach far (sc. that his influence on his nearest kin can reach to more distant people) lies in this. ①（皋陶说："哦，他应该小心自己的个人品行，对人的修养应该是永无止境的。如果他充分地管理他的九个家庭分支，所有开明的人都会积极地（成为翅膀）帮助他；（事实上）近处的可以被引至远方（他对近亲的影响可以被引向更远地方的人）就在于此。"）
21世纪	Palmer	"Well now，" said Gaoyao： "Someone who's aware of their own development will be gracious and mindful of whoever he deals with regardless of rank or title. This will touch others，too who are intelligent enough to grasp it，and be of service. By facing up to what's in front of him，he also secures the future."② （"好吧，"皋陶说： "了解自己发展的人 会很仁慈，会留意他和谁打交道 不管级别或头衔。这也会触动别人 有足够的智慧去掌握它，并为之服务。 通过面对眼前的一切，他也使得未来变得安全。"）

由上表1可见，在不同时期社会学术思潮的影响之下，《尚书》英译形态显示了不同的翻译思想方法：

18世纪的《尚书》英译表现出以意译为主的特点，体现了当时西方翻译思潮的影响，即在对原文内容进行传真的同时，注重流畅的目的语

① Ibid.，Bernhard Karlgren. *The Book of Documents* [J]. 1950，p. 8.

② Ibid.，Martin Palmer. *The Most Venerable Book* [M]. 2014，p. 79.

表达。早期的英译形态也体现了当时“中国热”的社会思潮，显示了西方译者对中国思想文化的赞赏，如其译文诠释对中国典籍思想文化的凸显。此处译文采用了增译的方法，最后一句即为额外添加的语义：“国王的美德如此重要！”(Of so great importance it is for a king to be virtuous!)以此来凸显其翻译的目的，即提示西人国王应具有美德，这很重要。译者不仅通过常见的脚注补充诠释，还添加了旁批，此种诠释形式在其后的《尚书》英译中都没有出现，因而成为具有特别凸显之意的标记。此处译文旁批为：“好国王的品格(Character of a good prince)。”[①]再如《尚书·虞夏书·皋陶谟》译文旁批：“精简的善政(Good Government to what reduceable)。”《尚书》的英译形态体现了社会发展的诉求，但是译文不够贴近原文语义，表现出学术研究上的历史局限，即在汉学的早期，西人对中国语言文化的研究尚不够深入，如“九族”被翻译为“所有的皇室成员”(all his royal family)，而其后的麦氏和理氏都较为准确地翻译为“九种等级”(nine degrees, nine classes)。早期的《尚书》英译实践表明，没有足够的典籍语言文化知识，无法真实准确地进行翻译，仅有正确的翻译思想理念仍远远不够。因此，典籍的译者需具备关于所译典籍的足够的学养与语言能力，以此作为异语文化传真的基础。

19世纪的《尚书》英译形成于西方中心主义的社会思潮之中，两种英译均采用了直译的方法。麦氏几乎字字对译了原文，汉字和译文交杂在一起，让每个汉字最大限度接近其英译，这样使得译文具有了类似词典的效果，方便读者按图索骥查找原文字词意义。这种英译形态反映了麦氏意在将译本打造为一本汉英双语工具书，而非在于通过翻译彰显原文的思想文化价值。这也反映了在西方中心主义的影响之下，中国经典的本体真理被忽略与消解，西人的译介仅仅作为学习与了解中国语言、历史等的工具。麦氏英译的思想路径、翻译实践也为当今中国的典籍翻译提供了重要启示。首先，麦氏译文语言层次较为准确的诠释，是以对原文词语的较为深入的研究为基础。麦氏翻译《尚书》之

---

① Du Halde. *Description of the Empire of China and Chinese Tartary*, *Dedication* [M]. Volume 2. London: E. Cave, 1738, p. 402.

前，进行过多部汉英等双语词典的编纂研究，对汉语词汇有着较为深入、全面的研究，由此可见，译者对原文词语的研究对于准确的翻译具有重要的作用。受到当时轻视中国文化的社会思潮的影响，麦氏并没有以诠释中国经典的文化思想及其价值观为己任，而是同其他《尚书》译者一样各取所需，对其进行了历史学研究。由麦氏译文的诠释不足可见，典籍译者不仅应有足够的双语语言能力，还应注重准确把握与诠释原文的本体真理，而这也正是准确完整地对原文语义进行诠释传译的决定性因素。

由例句可见，理氏在直译的同时辅以意译的翻译方法，增加了语言的诠释力度，例如其最后一句的翻译比麦氏更为明晰："and from what is near he may reach in this way to what is distant." 对原文对话语气的再现，理氏使用了叹词，其译文由于辅以意译而比麦氏译文更为流畅易懂，可谓形神兼备地再现了原文。理氏的翻译体现了当时《圣经》翻译思潮的影响，即在《圣经》翻译"三原则"的影响下，译文呈现出意义与形式兼顾的特点，既力求忠实于原文词语本义，又注重表达的流畅，这也表明理氏对原文的思想文化有相当深入的认识，因而其诠释也更为得当。由此可见，在翻译中，译者的语言能力和文化素养缺一不可。足够的文化素养有助于对原文本体真理之义的准确理解和把握，高超的双语能力有利于译文表述。尽管理氏在这两方面都有较好的修为，但由于当时历史语境的影响，其并未将彰显中国经典的本体真理作为翻译的目的，而是表现出将翻译纳入西方比较宗教学的意图，从而在一定程度上掩盖了原文的本体真理，造成对中国文化经典诠释的缺陷。因此，在当今的典籍翻译中，应以诠释原文的本体真理为翻译的根本目的，以减少文化传译中的失真和误读，从而有助于西方对中国文化的正确理解，也有利于中国国际形象的塑造。

在现代化汉学思潮的影响之下，上表中欧德的英译表现出对世俗大众阅读需求的关注，注重译文的通俗流畅，主要采用了意译为主的翻译方法，但是其译文显然对原文语义有较大偏离，也没有诠释出原文所蕴含的"由近及远"的修养层次，即由近到修身，稍远到齐家，再远到治国理天下的儒学思想。导致诸多误读和不当诠释的重要原因即在于欧德仅注重原文的历史而忽略了其本体真理。研究与参考历代学者的有关研究成果是对原文准确诠释的重要基础，而欧德的有关研究明显不足，从而导致其语言层次诠释的较多失误，也导致本体真理层次的诠释缺陷，严重影响了其译本的学术价值。因此，在典籍翻译中，译者应对原文的语言文化有充分的研究，以准确把握所译典籍词语语义及文本所蕴含的本体真理，并采用合理的诠释方法和路径，使之得到真实完整的诠释。

高本汉的译文显然也采用了直译的方法，特别注重原文词语语义的判别，如他还在其译文中用括号添加可能的补充语义，以补充译文语义诠释的不足，这也与其他译文不同。在科学实证主义思潮影响之下，高氏译文对原文词语真实意义进行了考证研究，但同时也表现出对原文本体真理的忽视。因此，在上述例句中，高氏也未能按照原文的语义逻辑顺序准确地诠释出这句话的真正含义，总体上不如理氏更为贴近原文意义。理氏使用表述顺序的词语连接译文，使前后语义相互有序地关联，构成一个逻辑紧密的意群，恰当地传译了原文所蕴含的儒家思想。而高氏译文仅分别对译了原文词语，虽然对词语的翻译较为准确，但其译文没有充分诠释出原文语篇的应有之义。

高氏《尚书》英译给典籍翻译者诸多的启示：首先，翻译需要足够的有关语言学知识和能力作为基础，以准确把握原文词语语义。高氏译本之所以在学术性方面备受推崇，很大程度上是因为其卓越的语言学才能，从而能够运用科学的研究方法，超前准确地把握原文词语语义。再如，麦都思、理雅各同样也是学者型译者，其对中国典籍的翻译至今在学界仍有着重要影响和地位，其原因也在于其译文皆以较为广泛、深入的语言文化研究为基础，因而能够较为准确地诠释、传译原文语义。其次，典籍翻译中首要的任务是传真原文的本体真理。仅有对原文词语的准确翻译，而未能结合语篇及其语境进行诠释，势必导致对原文本体真理的诠释不足。因而译文对原文的诠释不可剥离原文的历史文化语境，而孤立地对原文进行词语语义的转换，否则只会导致语义偏离甚至误读。

在上表的所有译文中，只有彭氏译文采用了以诗歌对译非诗歌原文的方法，但其译文对原文的语义偏离也最明显，译文显然采用了意译的翻译方法，也即其所谓的解释性的翻译方法，但其意译显然太过自由，甚至几乎脱离原文词语语义。这样导致其译文实际上在某种程度上表现为以诗歌形式对原文的改写。这种译文并未诠释出原文词语的真实语义，而往往只是表达了某种不确定的有关意象。由上例可见，原文所蕴含的儒家思想意蕴在其译文中几乎荡然无存。译文语义的简单化和模糊化严重影响了对原文语义的真实诠释。这种译文形态也反映了当代社会需求和学术思潮等因素对译者的重要影响，尤其是后现代主义思潮的影响，从而使得经典文本的真实和价值在这种诠释中被严重地消解。这种翻译显然也非常不利于中国文化被准确地理解。

由这些《尚书》英译可知，无论西方的译者们是否较好地把握了中国经典的本体真理，是否具备较好的语言文化能力，而西方《尚书》英译的现状是，他们至今仍未能真实完整地向世界传译中国的文化和文明信息，有关典籍的准确翻译和诠释的重任仍然摆在当今中国学者的面前。因此，当今学人应各尽所能，团结协作，尽力弥补或因对典籍本体真理的认知不足，或因翻译所需语言能力不足而导致的诠释缺陷。典籍翻译也期待既具备典籍的专业知识和学养又具有足够外语能力的学者的参与。

上述各西方《尚书》英译的诸多形态在当时社会思潮的深刻影响之下，均具有适应当时社会需求的特点。西方译者们的翻译方法与思想理念皆与当时的社会历史语境密切相关，而《尚书》丰富的思想文化意蕴在西方译者的笔下却呈现为各种支离破碎的景象，这固然由于受到翻译当时社会历史语境的制约，也与译者自身文化背景等因素密切相关。总体而言，不同时期西方《尚书》英译的学理逻辑皆呈现出与社会发展的历史逻辑相符合的特点。在当今社会对中国文化高度关注的背景下，中国典籍翻译已处于非常有利的新语境，应当珍惜与把握中国文化再次发挥其世界性影响作用的历史契机，真实恰当地翻译出典籍的本体真理，传播中华传统文化。在翻译中，也应结合现实所需，寻求有效的翻译方法与路径，探索经典的当代诠释与表达，以有利于世界各国对中国文化的真正理解，消除以往文化交流中的诸多误解。

第二节　西方《尚书》英译的价值与方法嬗变

西方《尚书》英译的历时研究显示，在西方汉学发展的不同时期，《尚书》的文化价值及其得到彰显的程度也各不相同，经历了一个由高峰降至谷底之后又重返高峰的曲折历程，而西方的翻译研究方法也随着不同时期研究对象文化价值的变化而变化。

一、17—18世纪《尚书》的文化价值与英译方法

西方汉学早期，在中国国内，《尚书》文化价值尽管经过宋代学者的质疑而遭到一定程度的消解，但总体上依然位居社会的主流地位，直至19世纪英国新教传教士来华时期。总体而言，这一时期《尚书》在国内依然受到推崇，而在国内所具有的重要影响也正是西人来华之初即对其进行译介的主要原因之一。

当时《尚书》等典籍受到来华耶稣会士的关注，被用作学习汉语的教材，并随着他们的译介而远播西方。在传播中，《尚书》所蕴含的思想文化或出于传教之需或出于仰慕之情而得到了西方译者的积极彰显。在《尚书》译本传播到西方后，由于其历史纪年早于拉丁文《圣经》的纪年而引发西方学界的长期争论，随着欧洲社会的政治、经济等社会危机日趋严重，《尚书》中的德政、修身等思想文化价值也受到西方普遍关注，被吸收到西方社会的改造与变革之中。对书中发达的农业生产及赋税等制度体系，开明的政治、先进的思想文化及其影响下的道德风尚、社会秩序等，西方皆有所学习与借鉴。欧洲的启蒙运动、法国的重农政策等皆显示了西方对中国《尚书》等典籍所载思想文化的吸收和借鉴。早期的《尚书》英译由法文版底本转译而来，其在英语世界的迅速再版和重译反映了当时英国等西方国家对中国思想文化的迫切需求。尤其在近一个世纪的"中国热"时期，《尚书》等典籍也成为西方研究的热点，西方对其思想文化价值的彰显出现了第一个高峰。

这一时期的《尚书》英译形态也反映了西人的翻译思想和诠释理念。首先，译文为选译，在有限的所选内容中，包含了德政、修身、求知等重要的中国文化思想与价值观念。除了运用脚注外，译者还特别添加了旁注，对这些思想内容进行特别凸显，从而彰显了《尚书》的本体真理价值。

这一时期《尚书》英译的方法也表现了西方学习、借鉴中国思想文化的主要目的。译者对原文思想蕴含的认可和重视有利于对原文本体真理的揭示和诠释。译文以意译为主，流畅的表达和细致的注释都便于英语读者理解与接受。因此，虽然由于早期汉学对中国语言文化尚无足够的认知等局限而导致了典籍翻译中的一些语义偏离和误读，因而译者对原文本体真理的诠释不足，但是这一时期《尚书》英译的理念和方法，显然有利于原文所蕴含的思想文化与价值观在西方的传播。这同时也显示了当时《尚书》等中国经典对于西方社会的重要价值意义，而译者的翻译方法也表现为彰显这种价值。随着《尚书》文化价值的衰落直至丧失，西方译者对其的翻译方法也在发生相应的改变。

二、19 世纪《尚书》的文化价值与英译方法

19 世纪，英国等西方国家对中国进行殖民活动，同时西方基督教士也纷纷来华。正如当代英国学者所言：“西方的普世价值是全世界的殖民扩张，进行区域征服，并使之西方化，用基督教推测与皈依当地人。19 世纪下半期至 20 世纪中期，西方就是这样取得了大范围的土地。”①随着西方各国实力的增强，西方中心主义盛行起来，中国文化遭受了严重的冲击，东方文化遭到西方空前的否定和贬低，有关文化典籍的历史真实与价值也多被消解与淹没。西人以西方为中心的思想和行为，也表现在其在学术研究中以西方特有的思维框架“掩盖了另外一个文化传统和其哲学思考”。②

这一时期随着《尚书》的价值由经典降为普通的历史记录，较之汉

① [英] 马丁·雅克(Martin Jacques，1945—). 英国教授深度解读中国崛起. 腾讯视频，2018 年 12 月 27 日。

② [美] 成中英. 本体诠释学(一)[M]. 北京：中国人民大学出版社，2017 年，第 103 页。

学早期，西方《尚书》英译的翻译方法也发生了较大变化。首先表现为麦都思的英译对《尚书》进行了历史学思想路径的诠释。麦氏预设了《尚书》的历史真实，采用类似编写词典的方法，将中国经典《尚书》翻译为一部中国古代历史记录。他不仅在译本中添加很多有关历史图片和历史文献，以此将《尚书》打造为普通的中国历史书。其对《书集传》注释的选译，对蔡沈儒学思想有关注释的删减，也消解了《尚书》的经典性及其文化价值。麦氏翻译目的表现为提供一种西方所需的中国语言、历史知识工具。麦氏英译虽然未如理氏那样直接使用西方的特有概念替换中国文化概念，但其将《尚书》中抽象的“上帝”等概念翻译为“the Supreme Rule”“Heaven”，仍意涵西方宗教的思想体系。麦氏的直译法和英汉交错的排版，凸显了原文字词语义，显示出将译文工具化的诠释意图。

理雅各的《尚书》英译方法与麦氏等有所不同，表现出西方比较宗教学的研究方法和归化的翻译策略，其英译对《尚书》的经典价值进行了进一步的消解，同时由于其译文在一定程度上较为贴近原文字词意义，从而部分彰显了原文的思想文化价值。理氏采用了直译为主的翻译方法，并借助大量与文本有关的副文本，如前言、绪论、注释等诠释形式来达到其翻译的真正目的。理氏译本的绪论实为一份《圣经》历史纪年与基督教权威的辩护词。在绪论中，理氏对在西方引发诸多争议的《尚书》历史纪年进行了历史时间的证伪，从而部分消解了其历史真实性与价值。译本显示，理氏除了对《尚书》书名的经典意义、有关编纂情况、文本真实性等逐一进行了质疑之外，还特意附上《竹书纪年》的译文和纪年表，以此证明《尚书》历史纪年的不实，以缩短《尚书》历史纪年，消除基督教经典与中国经典纪年相矛盾的尴尬，维护基督教利益。理氏在绪论中对《尚书》所载尧舜禹时期的历史真实性表示质疑，却认可书中较晚时期的周代历史记载的真实，可见其并非要完全消弭《尚书》的真实性，而仅消除其中不利于基督教的影响，因而肯定其中纪年时间与《圣经》不相矛盾部分的历史价值，并通过译文对有关宗教信仰的一些中国文化概念进行神学概念的置换，如在译文中使用 God 置换中国文化概念的“上帝”等，从而将其认为真实的那部分历史也纳入了西方基督教早期历史体系之中。

麦氏、理氏对《尚书》的诠释与译介方法与《尚书》在西方的文化价值衰落密切相关，实质上皆掩盖了原文的本体真理价值，将其打造为维护宗教权威及长远利益的历史文化工具。此后，随着《尚书》在西方世界文化价值的进一步衰落甚至丧失，对其的翻译方法又一次发生了很大改变。

三、20 世纪《尚书》的文化价值与英译方法

19 世纪末 20 世纪上半期，西方汉学发生现代化转变，中国国内经学研究趋于最终消解。随着当时清政府对科举制度的废除，传统经学失去了体制的保障，而后新文化运动的展开，中国古代经典的思想文化价值被完全淹没于社会变革之中，传统经学最终被完全消解，只剩下经学史的研究，经典的经世致用精神也随之被弃之故纸堆。“第二次世界大战结束前后，中国的经济状况一度跌入谷底。”[①]在国家积贫积弱时期，典籍的文化价值也随之衰落殆尽，跌至谷底。

随着《尚书》经典价值的消解，西方译者对其的研究方法也较之前发生了显著变化。首先，20 世纪初期欧德的英译本既延续了麦都思的历史学研究思想，又表现出不同的翻译方法和理念，体现了汉学现代化转变阶段的一些特点。例如，他在《序言》里即明确提出，将原文翻译为古代生活的历史记录，认为《尚书》原文除此之外没有负载其他思想意义，因此将书名译为:《书经或历史经典:中国人最早的宗教、哲学、风俗和政府的真实记录》，这也显示了其历史学的诠释思想。

基于此种认识，欧德翻译的方法也与之前麦氏、理氏有所不同。表现为以意译为主，在努力贴近原文的基础上，使译文表达更为流畅易懂。译文没有附带任何汉语资料，注释也不似麦氏、理氏的英译那般厚重。其诠释表现出既不够认同麦氏译本的新儒学诠释，又否定了理氏西方宗教学的诠释思想路径。其注释《虞夏书 · 舜典》“肆类于上帝”。

① [英] 马丁 · 雅克(Martin Jacques, 1945—). 英国教授深度解读中国崛起. 腾讯视频，2018 年 12 月 27 日。

与理氏将此处的"上帝"译为西方的基督教真神 God 不同,欧德注释:"最高统治者'上帝'相当于西方的神的概念。在'上帝'的下面是神灵、圣人、行星的灵魂、地球的灵魂,还有人类。"(The Supreme Ruler *Shang-ti* is equivalent to the Western concept of the Deity. Beneath Shang-ti were the gods, spirits, saints, planetary spirits, spirit of the earth, and man.)①这表明,其译文中虽然使用了西方的文化概念,但注释起到了淡化西方宗教思想的作用。欧德的《尚书》译文显示了西方汉学转型期的学术研究方法、思想及译本形态的改变。由于《尚书》文化价值的衰落,欧德在翻译中否定了原文的本体论思想文化蕴含,从而表现出比麦氏更为彻底的历史化诠释思想与方法。

20 世纪中期,随着《尚书》的文化价值跌入谷底,高本汉的《尚书》英译显示出与之前英译不同的语言学和实证主义的方法,注重对原文词语的真正语义的探求,译文主要由原文词语语义连缀成篇。但翻译不仅是对原文文字的转换,也是对原文的充分诠释,而《尚书》等典籍具有言简义丰的特点,仅有文字的对应转换显然不足以传译其真正的思想文化内涵,因而不利于促进不同文化之间的交流,在一定程度上表现出研究思想方法上的缺陷。

在译本《序言》中,高氏说明自己仅仅研究所谓今、古文《尚书》中的今文《尚书》部分,因为这部分被当时的中国学者考证为真实的记录,由此可见其对文本历史真实性的关注,表现出历史学的研究思想。但是,其翻译目的却是,由于原文词语晦涩而有多种不同的诠释可能,因而在此提供一种不同的译文。②其对《尚书》词语的注释目的只是为了解决疑难词语的理解问题,③原文之于高氏,主要作为古代语言本体研究的早期实证语料,这也显示了译者对于原文所蕴含的历史、文化、思想等本体真理的忽略。

---

① Walter Gorn Old. *The Shu King or the Historical Classic: Being an Authentic Record of the Religion, Philosophy, Customs and Government of the Chinese from the Earliest Times* [M]. Introduction. New York: The Theosophical Publishing Society, 1904.

② Bernhard Karlgren. *The Book of Documents* [J]. *Bulletin of the Museum of Eastern Antiquities*, No. 22, 1950, p. 1.

③ Ibid., Bernhard Karlgren. *Glosses on the Book of Documents* [J]. 1948—1949, pp. 39 - 41.

高氏翻译方法的变化也表现在其译本形态与之前译本有所不同。其译文有关的注释研究早于译文，并与译文分开刊行。其译文除了简短的序言、汉语原文及对应的译文之外几乎没有更多的诠释，不像之前译者那样通过丰富的注释进一步补充诠释。高氏对《尚书》的研究方法以历史比较语言学方法为主。他以《诗经》的字韵为材料，构建古汉语语音系统，并以此作为《尚书》等典籍疑难字词的研究依据。在《尚书注释·前言》中，高氏论述了构建古汉语语音系统的过程，声称其构拟的古音系统可用于文献学研究，能够可靠地诠释《尚书》等古文本中的疑难词语，其《尚书》等典籍注释的基本原则之一，即依据其构拟的中国上古语音系统。①

与理氏等译者相比，高氏的研究方法表现出明显的科学性。理氏注重参考官学，尤其重视朱熹的注释。而高氏却认为朱熹的注释不科学："朱熹视注释一个词不经过早期文本的证实为无关紧要，在遇到疑难字词时，会不经文献考察而主观武断地自创解释，仅满足于所创解释适合于上下文语境，故其说不足为信。"他认为："元明清三代的科举考试都严格遵照朱熹的有关注解，但是朱熹在遇到难解的词语时相当主观地自创解释，罕见地缺乏文献学依据。"(he invented, quite arbitrarily, with a rare lack philological methods, a meaning of his own)而高氏认为其研究的目的即用语言科学的方法确定词语的真正的意义(true meaning)。②高氏在《尚书》英译的《序言》中称，他的有关注释一方面讨论了所有重要的有关古代文本的变体，另一方面讨论了中国古代和现代学者对文中大量晦涩的词语和段落的解释。③由此可见，高氏尤其注重考察原文词语的语义，即通过对大量的有关文献分类比较来确定词语真正的意义，其结论也因而更为客观、科学。

高氏译文往往以其经过考证判别出的语义为基础，进行逐字逐句的直译(a connected word-for-word translation)。④虽然原文的疑难词

① Ibid., Bernhard Karlgren. *Glosses on the Book of Documents* [J]. 1948—1949, pp. 39 - 41.

② Bernhard Karlgren. *Glosses on the Kuo feng Odes* [J]. *Bulletin of the Museum of Far Eastern Antiquities*, No. 14, 1942, p. 73.

③ Ibid., Bernhard Karlgren. *The Book of Documents* [J]. 1950, p. 1.

④ Ibid., Bernhard Karlgren. *The Book of Documents* [J]. 1950, p. 1.

语得到了较为准确的诠释，由于当时原文作为经典的文化价值已丧失，高氏译文也并未显示出对原文本体真理意义进行诠释与彰显。由此可见，翻译对象文化价值的变化对于译者翻译方法的选择具有非常重要的影响作用。

四、21世纪《尚书》的文化价值与英译方法

近年来，中国经济迅猛发展，在向世界各国输出产品，实现经济增长的同时也输出了中华文明与文化，并随之体现于WTO、联合国、知识产权等人类经济秩序之中。由于中国经济大国地位的确立与国际影响力的提升，中国文化又一次成为国际关注的热点。有西方学者指出，当今世界不仅是技术市场的竞争，更是文明和文化之间的竞争。当代中国的崛起是2000多年的文明国家的成果。西方对中国有很多误解，而中华文明的概念不可忽视。汉民族的发展史正是理解中国的根本所在。①当代美国学者也在思考："中国既有皇权政治的历史，又是现在的经济大国。因此，其他国家的人民对中国的文化著述，如中国古典文学和诗歌、中国政治、儒家文化等如何阅读、翻译及解读？这些作品又产生了何种效果和影响？这些都是非常重要的课题。"② 中国国内也提出民族复兴的目标，推行文化"走出去"的战略。因此，现在不论是在西方还是在中国，《尚书》等文化典籍的思想文化价值在当代诠释中又一次得到彰显，再次重返高峰。有关《尚书》的诸多当代诠释和拓展研究也包括西方的英译，而西方英译的方法也随着《尚书》文化价值的提升而再次发生了改变，当代的《尚书》英译强调了从中国文化特有的思维方式理解其思想文化价值，在译文形态上尝试以诗歌等新的诠释形式赋予古老的文本以时代的活力，表现出将古代经典文学化的诠释思想方法。在后现代主义思潮影响之下，当代的《尚书》英译表现出与之前

---

① [英] 马丁·雅克(Martin Jacques，1945—). 英国教授深度解读中国崛起. 腾讯视频，2018-12-27，https://v.qq.com/x/page/j08191hg5uf.html

② 赵春雨. 文化维度翻译研究的发展与转向——埃德温·根茨勒访谈录 [J]. 外语教学，2016年第6期，第107页。

的英译皆不相同的诠释方法路径。

彭马田的《尚书》英译以意译为主,采用了更为灵活的诗歌化的翻译方法,其翻译体现了后现代主义以人为本,回归生活的思想。彭氏以生动的文学叙事手法,将原文庄重的典、诰、训、誓、命等诸多古老的文体,诠释为通俗易懂的叙事散文和诗歌,从而较好地满足了当代读者的阅读需求。

当代《尚书》英译不再预设西方的宗教神学思想,而是注重原文中国特色的思想文化蕴含。例如,对西方颇多争议的经文中的上帝、帝之类的概念,尽量依据中国文化的特点来翻译,不再以西方的宗教概念进行归化诠释等。如,彭氏用"The Ruler on High"(居于高处的统治者)对译上帝,①用 Imperial Heaven(皇家的天空)对译皇天,②较之理氏用 God,麦氏用 the Supreme Rule,显然彭氏译文已经褪去宗教色彩,较好地保存了中国文化概念的真实语义,而且彭氏在其译本序言中也表明其对中国文化与西方宗教文化之间的差异有着清楚的认识。

综上所述,在社会历史发展不同时期,《尚书》表现出了不同的文化价值,而西方译者所采用的翻译方法也因其文化价值的变化而变化,相应地起到消解或彰显其文化价值的作用。

基于前文对西方汉学不同时期《尚书》英译的系统研究与描写,本章尝试进一步结合翻译的不同社会历史语境,对西方《尚书》英译过程中的有关理论问题进行初步探索,分析西方对《尚书》的认知特点,研究《尚书》英译的发展演变规律。在此过程中,结合《尚书》英译的历史实践,探讨有关翻译中存在的不足,总结有关经验,并对当今的中国典籍翻译提出相应的建设性意见。

西方的《尚书》英译实践显示,《尚书》的英译过程也是其原文的本体真理被不断地诠释的过程,其思想文化价值在此过程中得到不同形式、不同程度的揭示与彰显。由于受到社会发展所形成的不同历史语境的影响与制约,各译者的诠释也存在着诸多不足与缺陷。

在不同时期的社会历史语境下,西方译者们对《尚书》进行了各具

---

① Martin Palmer. *The Most Venerable Book* [M]. London: Penguin Group, 2014, pp. 196 - 199.

② Martin Palmer. *The Most Venerable Book* [M]. London: Penguin Group, 2014, p. 209.

特色的诠释。从欧洲启蒙运动时期，到西方的殖民扩张时期，再到汉学的现代化转变时期，直到当代汉学的多元繁荣发展时期，先后出现了不同学术形态的《尚书》英译。汉学研究方法也随着社会发展不断演变。各种学术形态都体现了翻译当时的社会发展诉求，而社会历史的发展也对翻译当时的学术研究思想和方法具有重要的影响与制约作用，从而各英译既具有各自所处社会历史语境的特征，同时也均表现出相应的历史局限性。汉学早期的《尚书》英译所表现的对原文文化思想的重视，即反映了当时西方的社会发展对先进的中国文化的需求与借鉴，但汉学早期学术研究的不足也制约了译文对原文的诠释程度。在汉学的创建阶段，随着西方国家实力的增强，西方中心主义思潮泛滥，受其影响，麦都思《尚书》英译的历史化诠释消解了原文作为经典的本体论价值，而理雅各的有关英译则在历史化之路走得更远，甚至对原文进行部分地去历史化，而将对原文的诠释纳入西方比较宗教学的研究。20世纪初期《尚书》英译的首个非传教士译者欧德的译本，既具有前一时期的历史学的思想方法，又表现出不同于麦氏、理氏等传教士译本的思想特点，将这部中国经典诠释为一本普通的历史文集。而此后约半个世纪，随着世界格局的变动和汉学的发展，高本汉的《尚书》英译又呈现出与之前明显不同的研究路径。他首先以语言本体研究为宗旨，对原文整体进行拆解，运用语言科学的方法对其中疑难词语进行单独考察与分析。其译文主要表现为对其所判定出的词语语义进行逐个连缀，此外几乎没有其他文化诠释。而到了当代社会，随着各国文化软实力竞争的加剧与后现代主义思潮的兴起，当代《尚书》英译也呈现出具有时代特色的诠释新形态。综观社会发展的历史和《尚书》英译形态的发展演变可见，在社会历史语境的制约和影响下，《尚书》英译研究的学理逻辑呈现出与社会发展的历史逻辑相符合并受其制约的特点。

在不同历史时期，尽管《尚书》自身的本体真理价值不变，但其在研究者心目中的文化价值却在不断变化，而相应地，译者对其研究与翻译的方法也随之而变化，依据翻译当时原文文化价值的高低，而相应地采用了对其价值进行彰显或消解的翻译方法。

18世纪的“中国热”将《尚书》的经典价值推向第一个高峰，又在19

世纪迅速回落，在20世纪《尚书》的文化价值已被消解殆尽，处于谷底。到了21世纪，随着中国的崛起，《尚书》的文化价值也迅速重返高峰。同时，随着《尚书》文化价值的变化，西方译者的研究方法也在发生变化，如在价值的高峰时期，译者彭氏等的翻译方法都以意译为主，其译文都流畅易懂，并表现了对原文本体真理的彰显之意。在其文化价值由衰落走向低谷的时期，译者麦氏、理氏主要采用了历史学与宗教比较学的翻译研究方法，注重原文的历史与宗教价值，同时消解了原文固有的思想文化等本体真理价值。英译者欧德也主要采用了历史学的思想方法，以大众读者为阅读对象，以对原文的历史信息进行传译为宗旨，从而同样消解了原文的本体真理价值；在原文的文化价值丧失殆尽的时期，高氏运用了语言学与实证主义的研究方法对原文进行翻译研究，而忽略了对原文本体真理的诠释。由此可见，不同时期西方译者随着原文文化价值的变化而采用了不同的翻译方法，相应地彰显或消解了原文的本体真理和文化价值。

结 语

《尚书》承载着中华民族数千年的文化、文明基因，是中华文化的核心元典之一，为历代中国学者所研习、诠释与传承，又在明末清初的东学西传中，以其重要的文化价值与影响，成为最早传播到西方的中国古代典籍之一。17 世纪即有拉丁语《尚书》译文，其后又有法语、英语等多语种《尚书》译文传播于西方，西方的《尚书》翻译实质上就是《尚书》在西方的传播形态。总体而言，17—19 世纪《尚书》在西方的传播途径主要为群体传播、组织传播以及通过汉学著述《中华帝国全志》等进行传播。20—21 世纪《尚书》在西方的传播途径主要以大众传播为主。西方《尚书》英译的历史近 400 年，历经汉学发展的各个主要阶段。翻译即对原文进行以文化交流与沟通为目标的异语诠释，而西方究竟对《尚书》的诠释与传译状况如何？译者为何人？他们的诠释思想路径和方法是什么？译本的特点、价值、成因及其与西方汉学的发展关系如何？西方的《尚书》英译是否已经真实完整地诠释了这部中国经典？为了探索这些问题，本研究将西方《尚书》英译重置于汉学史的宏大叙事之中，对其发展演变进行了系统的研究与描写，以期为新时期的中国典籍翻译等研究提供理论与实践的参考、启示，促进中华文化的世界传播、中国话语体系的构建，以及国际话语权的争取。

本研究主要依据图里、提莫志克等的描述性翻译研究思路与方法，采用成中英先生的本体诠释学理论，结合翻译制约因素理论、译者行为理论等翻译理论，并综合运用语言学、汉学、训诂学、翻译学、哲学、历史学、文化学等多学科的理论与视角，将宏观的历史文化研究与微观的文本分析相结合，注重历史与逻辑的统一，传统与现代的融通，首次对《尚书》的西方英译历史脉络进行系统的梳理与描述性研究。

本研究注重将西方《尚书》英译形态的历史发展与汉学思潮的演变相结合，参考有关汉学研究，依据以下对汉学的历史分期展开：17—18世纪的早期汉学、19世纪西方国家汉学学科初建时期、19世纪末至20世纪上半期的汉学现代化转变时期、20世纪下半期至今的汉学现当代发展时期。研究以汉学历史发展为序，分别对不同时期西方的代表性《尚书》英译进行个案分析与系统研究。研究中所采用的《尚书》中文文本及其当代诠释主要依据江灏、钱宗武《今古文尚书全译》、中华传统文化百部经典书系钱宗武解读《尚书》等，并结合汉代孔安国传、唐代孔颖达疏《尚书正义》、南宋蔡沈著，钱宗武、钱忠弼整理的《书集传》、清代孙星衍的《尚书今古文注疏》等主要有关历史研究资料。本研究主要包括以下五个部分：

第一部分对西方汉学早期的《尚书》英译进行描述性研究。使用了1736年和1738年英国出版的法国杜赫德《中华帝国全志》英译版的《尚书》译文，以此为汉学早期《尚书》英译的代表形态进行研究。这些《尚书》英译资料在《尚书》研究领域尚属首次使用。首先研究了汉学早期《尚书》英译的历史语境特点：16—18世纪，随着西方天主教耶稣会士来华传教，开始了中学西传。欧洲这一时期发生了启蒙运动、资产阶级大革命，18世纪欧洲产生了持续近一个世纪的“中国热”，其中包括对中国文化学术研究的译介热。早期西方《尚书》英译的有关译者包括英国译者布鲁克斯、法文传教士译者马若瑟等，其翻译理念与目的主要是学习与借鉴中国的思想文化，以及塑造中国的文明之邦形象，以便向西方传递适合在华传教的信息，推行“耶儒融合”的传教策略等。译文主要采用了归化为主的翻译策略、意译为主的翻译方法。从本体诠释学的视角看，在语言层次上，早期《尚书》英译为选译，译文语义与汉语原文有较大差异，基本保留了原文的对话与段落形式，添加了脚注和旁注，语言流畅，符合当时的《圣经》翻译审美观。译文理论层次预设了西方神学思想理论，也预设了中国古代思想文化等观念。在本体真理层次上，由于传教所需而预设了宗教思想理论，加之当时历史条件所限而导致西方对中国语言文化知之尚少等原因，早期《尚书》英译的语言层次诠释不力，译文仅部分地诠释了原文的本体真理。其译文形态成因主要包括中学西传的社会历史语境、西方宗教的诠释框架、《圣经》的翻译理论，以及汉学早期对汉语言文化研究不足等因素。这一时期，译者行为主要表现为对原文内部语义求真不足，而偏于外部语境务实，即务实大于求真。早期《尚书》英译为其后西方的中国典籍翻译等研究奠定了基础，促进了西方对东方文化的认知，与西方其他典籍翻译研究等一起推动了西方汉学形成与发展。

第二部分对西方汉学学科初建时期的《尚书》英译进行了描述性研究，包括两种主要的英译，译者皆为来华英国新教传教士汉学家。首先研究了麦都思的《尚书》英译，其历史语境为19世纪中期，西方凭借科技发展国力大增，大举进行海外殖民扩张，而中华帝国衰落，中英第一次鸦片战争后，英国等西方国家为扩大对华殖民亟须更多的中国语言文化知识；英国传教士来华传教使其中国典籍研究更为便利；当时欧洲的“中国热”已消散，西方中心主义思潮盛行；当时英国的重要学术思潮为经验主义、早期实证主义等；《圣经》翻译中提出了“三原则”等理论；西方一些国家汉学学科逐渐建立，英国汉学研究走向专业化。本部分对译者麦都思的学术背景及其对《尚书》原文的理解、其价值观、翻译观以及翻译经验进行了研究，具体包括麦都思的传教经历、上海印刷所的开办、双语词典的编纂等汉学研究，以及《圣经》的中文翻译等。麦都思的主要翻译目的是满足西人对中国历史文化及语言等知识的了解与学习需求，为西方提供综合工具性的有关读物。为此，麦氏主要采用了历史学的研究路径，注重对有关中国历史文化知识的考证研究，如其译文中附有近70整页的图片，内容包括古代中国地图、中国古代官服图案、中国古代玉器、乐器、浑天仪图、星座图等。并按照历史顺序附有节译的《纲鉴易知录》，其内容与《尚书》有关。麦氏《尚书》译文体例表现为一部中国古代编年体史书，消解了《尚书》作为经典所特有的文化地位与思想价值。译文以归化的翻译策略为主，将文本诠释置于基督教思想框架之中，如使用了“Heaven”“the Supreme Ruler”等宗教色彩词汇等，采用了以直译为主、添加丰富的注释的翻译方法，译文注释大部分译自《书集传》的有关注释。麦氏对汉语词汇的研究颇为深入，这也为其英译《尚书》奠定了坚实的基础。译文英汉文本交互排版，如词典般几乎字字对译原文，并因注重其工具性而牺牲英译表达的流畅性，译者行为表现出内部语义求真与外部语境务实并重的特点。

其次，对理雅各的《尚书》英译进行了描述性研究。其翻译的历史语境特点主要包括：西方海外殖民扩张进一步发展，中英第二次鸦片战争已爆发，英国继续深化对华殖民，西人在华传教权扩大，西方对中国知识的需求更为迫切。18—19 世纪，苏格兰现实主义思潮在英国流行，西方学界颇为关注《尚书》与《圣经》历史纪年的矛盾，而质疑《圣经》的权威性。译者理雅各成长于基督教的环境氛围，具有虔诚的新教信仰与高超的语言天赋，对汉语的关注由来已久，求学期间积累了西方古典文本的评判性阅读与翻译经验。其主要翻译目的表现为消解《尚书》的思想文化价值及其历史真实，以化解《圣经》遭遇《尚书》历史纪年早于其的尴尬，维护《圣经》的权威地位与传教的长远利益，同时为西方在华传教等活动提供中国语言文化等知识的工具。其主要翻译思想理念是通过《绪言》《竹书纪年》的翻译及其研究等副文本对《尚书》所载周代之前的历史真实进行质疑、消解，并在译文中融入基督教神学思想，从而将《尚书》纳入西方比较宗教学的研究，其厚重而多维的文内注释体现了英国经验主义与早期实证主义结合的诠释思想。理氏主要采用归化的翻译策略，翻译方法以直译为主、意译为辅，具有新儒家诠释学的特征。其英译既注重通过大量的有关语言文化等诠释贴近原文语义，又注重译文的社会实用价值，因此译者行为表现出语义求真与语境务实并重的特点。

麦都思、理雅各《尚书》英译文本的语言层次均比早期《尚书》英译更为贴近原文，皆主要采用与原文字句对译的直译法，不仅注重传译原文的语义、神韵，也着力再现原文的形式特点。二者都通过厚重的注释对原文作补充诠释，理氏英译注释涉及范围更广泛、丰富，并通过更为全面的研究纠正了麦氏英译的一些不当之处，译文也更为流畅。二者的译文诠释都表现了基督教神学思想，理氏的更为鲜明，直接用God对译原文的抽象概念“上帝”等，并使用了 Heaven 等宗教词汇对译原文中抽象意义的“天”等词语。麦氏译文注释由于大部分来自《书集传》的有关注释，往往比理氏的译文诠释更客观而更多地传译了有关儒学思想。二者也都有一些对原文的误读。麦氏译文理论层次主要预设了历史学理论与基督教神学概念，理氏则对原文主要预设了历史学、比较宗教学等理论。二者的语言层次诠释虽已较好地传译了原文词语，并在一定程度上传译了原文的本体真理，但二者皆对原文的思想文化价值进行了消解，理氏甚至还部分消解了原文历史的真实性。因此，两种英译对《尚书》本体真理的诠释皆存在一定的缺陷。这两种英译形态主要是由于受到西方中心主义思潮的影响，译者不重视原文的思想文化价值。译者的基督教传教士身份，词典编纂等词汇学研究，以及当时的苏格兰现实主义思潮、《圣经》翻译、英国经验主义、实证主义等学术思潮皆对《尚书》英译有着重要影响。

麦都思首次由中文原文全译《尚书》，有着筚路蓝缕之功，为其后中国经典的翻译提供了深度翻译的范式与基础。理雅各在其大量的有关语言文化研究的基础上，取得了《尚书》等中国经典英译的丰硕成果。二者的翻译研究为英国汉学积累了丰富的研究资料，促进了英国汉学的真正建立，推动了汉学研究的专业化。

第三部分研究与描述了汉学现代化转变时期的西方《尚书》英译，包括两种主要的英译，译者分别为英国占星学家欧德和瑞典汉学家高本汉。英译的历史语境主要包括西方中心主义思潮盛行、科学实证主义兴起、西方汉学走向现代化等。汉学研究突破了以语文学、文献学等方法为主的传统，引入了考古学、碑铭学、比较语言学、人类学、社会学等现代化的科学方法；东方文化衰落，日本脱亚入欧；中国传统经学完全消解，经典被社会的现代化弃之故纸堆。译者欧德也是位神智学者，有从事东方语言研究与翻译的经历；译者高本汉具有极高的语言学天赋，对中国古代音韵学的研究成就尤其卓越，具有从事历史比较语言学、汉学以及儒学翻译的研究经验。

欧德的《尚书》英译处于 19 世纪末 20 世纪初，西方汉学逐渐走向现代化，英国汉学在向专业化过渡，并成为西方汉学研究的主力。新教传教士的汉学研究取得了很大进展。与此同时，中国的社会正在发生大变革，经学进一步消解。欧德的主要翻译目的是向西方大众提供简明、易读的中国历史文化读本，反驳西方中心主义者认为中国没有历史的观点。其译本主要显示了历史学的翻译思想理念，运用了归化为主的翻译策略，与意译为主、直译为辅、简要注释的翻译方法。

高本汉的《尚书》英译产生于西方科学实证主义思潮流行时期，当时汉学研究日益现代化，中国学界产生了经学史学化思潮，文化经典的价值被完全消解，东方文化价值已衰落。高氏的主要翻译目的是提供一种以语言科学研究为基础的、不同于以往的《尚书》英译。高氏运用历史比较语言学与科学实证主义的思想方法，在英译前先行研究考证了《尚书》疑难词语的语义，发表了有关词语注释的著述，之后以直译为主、意译为辅的方法翻译了原文，其译文几乎没有文内注释。

在语言层次，欧德英译较之麦氏、理氏，更为通俗流畅，附有较丰富的文内注释，但多倾向于主观化的解释，因而其译文与原文语义存在较大差异。高氏译文语义多经过语言科学方法的考证，因而更为准确，其英译具有很高的学术性，往往较其他《尚书》英译更为贴近原文，但也有一些因忽视原文历史文化语境而导致的误读。在理论层次，欧德英译显示了历史学的理论预设，否定了以往传教士译者们的基督教神学预设，而代之以自然神论，高氏则在理论层次主要预设了历史比较语言学理论。二者的本体真理层次诠释均表现出忽略原文的思想文化价值，而将之历史化。欧德将之诠释为古代人物与事件的记录，高氏则仅视之为语言学研究的历史语料，二者皆未能对原文的本体真理进行充分诠释。

西方中心主义思潮的影响、其文化背景等皆对欧德的《尚书》英译具有重要影响。其翻译目的主要是为了满足西方大众读者对中国历史文化知识的阅读需求，表现出务实大于求真的特点。高本汉则主要受到科学实证主义思潮与历史比较语言学研究的影响，致力于对原文词语语义的科学考证研究，表现出求真大于务实的特点。高氏的《尚书》英译等汉学研究为瑞典汉学奠定了重要的基础。欧德和高本汉的英译研究参与推动了汉学研究方法的现代化发展，为汉学研究积累了重要的资料。

第四部分主要研究、描述了21世纪的西方《尚书》英译。20世纪下半期至21世纪，西方汉学由传统汉学的古典文献研究为主变为以现实为中心、以实用性为原则，古今融通。随着中国经济的快速发展，西方对中国文化与文明也更为关注。20世纪50年代以来，西方后现代主义思潮兴起，翻译研究逐渐发生"文化转向"。英国汉学家、翻译家、宗教历史学家彭马田翻译过《尚书》《庄子》《道德经》《易经》等中国典籍，其《尚书》英译旨在脱离之前厚重的儒学诠释而变得生动精彩，将这部中国最古老的经典打造为通俗化、诗歌化的古代故事集。其诠释主要表现出历史学和西方文学的思想路径，其翻译理念注重中英两种文化之间的理解与交流，诠释与翻译并重。彭氏采用归化为主的翻译策略、意译为主的翻译方法，将《尚书》英译纳入西方文学研究。

彭氏英译语言层次的诠释特点主要为诗歌化、散文化，通俗、简明而富有抒情色彩与韵律，但译文语义与原文有较大差异。译者在理论层次主要预设了历史学与西方文学理论，否定了对原文的基督教神学理论预设，而代之以中国道德哲学等思想观念。译文在本体真理层次表现出对《尚书》所含思想文化价值等的诠释不力，加之语言层次对原文词语意义的较大偏离，导致其译文对原文本体真理的诠释存在较严重的缺陷。彭氏英译主要受到后现代主义思潮与大众文化产业的需求等影响，译者行为明显表现出务实大于求真的特点，体现了对实用性的注重。

第五部分基于前文对西方《尚书》英译与传播的研究，对有关理论问题进行了初步探讨，对有关历史发展规律进行了初步的总结。研究发现，《尚书》英译的学理逻辑与社会发展的历史逻辑相符合，并受其制约。当《尚书》的文化价值随着社会的发展不断变化时，西方译者对《尚书》的翻译方法也随之而变化，或凸显或消解原文的本体真理。有关特点和规律可为新时期的中国典籍翻译提供参考与启示。因此，本部分在探讨有关理论问题的同时，也结合不同时期西方译者的《尚书》英译实践，探讨其可资借鉴之处与不足，并提出了一些建设性意见，以此深化和拓展对西方《尚书》英译与传播的认识，以有助于探索新时期典籍翻译的合理方法和有效路径。

成中英先生指出，对经典著述的诠释要“保持经典的真实性与完美性”，既要“求其部分的真”，也要“维护其整体或大体的真”，[①]这些思想对于中国文化“走出去”战略下的典籍翻译尤具重要指导意义。从《尚书》英译的历史研究可见，西方译者们对《尚书》的本体真理虽然各有不同程度的诠释，但实质上每一种诠释皆不够真实、完整。西方译者们或由于汉学知识所限，或由于社会历史语境、主观认知等的影响，其译文皆不同程度地消解了这部经典的本体真理。如，早期英译、欧德英译、彭马田英译皆明显表现出对原文语言文化等的研究与认识不足，而语言层次诠释的不力最终影响了本体真理层次的准确传译。麦都思、理雅各、高本汉的《尚书》英译皆表现出主观上对原文本体真理价值的轻视或忽略，虽然其语言层次的诠释准确性相对较高，但其本体论层次诠释的决定性影响仍导致了较大的诠释缺陷。总体而言，西人不同时期对《尚书》的英译均为了西方社会发展所需而进行中国知识生产。译文所显示的对原文本体真理的理解与认知的不足，其根本原因即在于中西方思维方式的不同。中式思考是以本体体验去理解与诠释现象和文本，“在一个理解中最重要的是建立宏观整体的本体架构”，[②]而“西方的本体是半本体，其本和体是断裂的，在实现上难以完整”。[③]因此，中西方的思想观念具有很大差异。《尚书》的历代注释都意涵着中国学者的本体体验，而“西方基本上并不重视疏注性的诠释，因为此等诠释往往意涵先行接受一个已形成的本体体系”。[④] 自17世纪起，来华传教士就一直不接受宋儒的新儒学，因为宋代儒家经典的评注体现了唯物主义和无神论，这样就意味着中国经书并无有关God的记载，[⑤]而这是其无法接受的。综上所述，西方各种《尚书》英译实则主要在西方的哲学思想

① [美] 成中英. 本体诠释学(一)[M]. 北京：人民大学出版社，2017年，第220页。
② [美] 成中英. 本体诠释学(一)[M]. 北京：人民大学出版社，2017年，第35—36页。
③ [美] 成中英. 本体诠释学(一)[M]. 北京：人民大学出版社，2017年，第106页。
④ [美] 成中英. 本体诠释学(一)[M]. 北京：人民大学出版社，2017年，第35—36页。
⑤ [美] 孟德卫. 奇异的国度：耶稣会适应政策及汉学的起源 [M]. 陈怡译. 郑州：大象出版社，2014年，第8,52页。

框架内进行，因而《尚书》的本体真理往往得不到应有的揭示与诠释。由于本体真理层次在文本诠释的三个层次中具有决定作用，对文本语义诠释的真实和有效性至关重要。因此，只有将《尚书》等中国典籍的翻译置于中式本体哲学的思想框架之中，由有关学养深厚的中国学者为主导，才更有利于典籍本体真理的诠释。而对于具有特殊思想文化价值的《尚书》等经典的诠释与传译，译者也应首先对其本体真理有充分的理解与认知，并在理论预设与语言表达层次体现这种认知，其次是对社会务实的考虑。

西方《尚书》英译与传播研究也显示了中西方话语权的历史变化。西方在掌握话语权后即以自身的话语体系对中国历史文化等进行评判与塑造，这也是西方《尚书》英译总体上皆不以诠释与传译原文的思想文化价值为根本目的的重要原因之一。正如方环海教授所言："现实世界中的中西方权力关系影响着国家所拥有的话语权。"[①]早期西方《尚书》英译与传播之时，中国正是世界上最强盛的国家，西方对中国非常仰慕，"从 17—18 世纪，西方就一直沉浸在'中国梦'里"，[②]因而对中国经典文化进行了积极的研习与传播。此时期西方在翻译中对《尚书》的本体真理价值的赞赏与凸显，正显示了中国当时所拥有的国际话语权。而在 18 世纪后期中国热消散之后，尤其是到了 19 世纪，西方立刻换了一副面孔对待中国，以自身为中心，将西方意识形态塑造成普世性的价值观，继而有目的地运用西方的理论框架，对本质上与其完全不同的中国文化与文明进行有偏见的评判与塑造。如，麦都思在翻译《尚书》时对其思想价值的忽略，更有甚者理雅各在翻译中不仅消解了《尚书》的思想价值，还有意将《尚书》所载早于西方数世纪的中国历史塑造为与基督教《圣经》所载历史同步。这也反映了中国的话语权在随着西方国家占据世界主导地位而丧失，西方话语理论和霸权主义即是西方中心主义的体现。直至 21 世纪，彭马田的《尚书》英译仍显示出在以西方理

---

① 方环海. 19 世纪稀见英文期刊与汉语域外传播研究［M]. 厦门：厦门大学出版社，2021 年，第 317 页。

② 方环海. 19 世纪稀见英文期刊与汉语域外传播研究［M]. 厦门：厦门大学出版社，2021 年，第 317 页。

论和话语框架重塑此中国经典，译文将《尚书》的本来面目变得似是而非，其中《尚书》的思想文化价值也变得无所依附。在西方译者对《尚书》的种种重塑背后皆隐含着西方中心主义的思想理念，这对中国文化的真实传播具有不可忽视的负面影响。李宇明指出："我国的话语权就是我们在国际上能够塑造一个什么样的'中国形象'"，[①]在向世界传播中国文化的过程中，"必须寻求中华文化传统概念与中国当代理念的国际表达"。[②]因此，在中国典籍翻译中，注重真实完整地诠释与传译典籍的本体真理价值，寻求典籍所载中国思想文化的国际表达，方能更加有利于构建中国的话语体系，"展示真实、立体、全面的中国"，促进国际话语权的争取，以及世界不同文化的交流互鉴。作为余论，我们还认为：

第一，《尚书》在以经、史、子、集四部分类的古代典籍中属于经类。经类典籍与子、史、集类别的典籍不同，最主要区别是经书的文本一般有两套意义系统，一是字面意义系统，就是字面的形所表达的意义系统，可以称之为言内意义系统。二是深层语义系统，就是字、词、句所表达的价值意义系统，即言外意义系统。言外意义系统也就是经书的微言大义。因而《尚书》的英译不能简单地译介字面意义，而更应注重其言外之意，即应该通过其文本的字面意义，去译介经典所承载的思想文化价值，也即其本体真理价值。《尚书》是经典中的经典，是前"轴心时代"唯一的思想文化价值体系。在不同时期的西方《尚书》英译中，早期的英译最为重视《尚书》的思想文化价值。17、18 世纪的西方译者们怀着对中华文化的崇拜和热忱翻译中国经典"四书""五经"，对《尚书》的语篇的选择、注释加旁批等翻译方法皆表现出极为重视其中所包含的修身、齐家、治国、平天下的中国智慧，取得了较好的文化互鉴效果。要而言之，早期的英译者译介《尚书》，译介的是经书，这种经书如同《圣经》一样的神圣，这种翻译理念值得今后的经典类典籍译者借鉴。19 世纪的《尚书》英译传承并极大丰富了译文注释，补充了大量有关历史文化背景知识和信息，因此西方人得以更多地理解这部中国经典的文化内涵。这种翻译方法和策略显然是为了仅仅把《尚书》作为遥远东方

① 李宇明. 语言在全球治理中的重要作用 [J]. 外语界，2018 年第 5 期，第 2—10 页。
② 李宇明. 语言在全球治理中的重要作用 [J]. 外语界，2018 年第 5 期，第 2—10 页。

的一种古老的知识体系介绍给西方世界。当然这些英译者重视知识求真，他们研读和参考了大量《尚书》的古代诠释资料，例如理雅各对《书集传》就进行过比较深入的研究。然而，由于这个时期的英译者受西方中心主义的影响，已经不再如早期译者那么注重中国思想文化的价值，他们对《尚书》的译介是工具性译介，而非早期英译的价值借鉴性译介。无可讳言，这个时期的英译亦有可取之处，就是重视研读《尚书》古训，这也是寻求经文文本的真值。对经典文本的价值的诠释也离不开对其词语意义的科学准确地把握，这是诠释其价值内涵的基础。只有把握了经典文本的言内之意，才能更好地理解文本的言外之意，高本汉的《尚书》英译本即是一个范本。高本汉本人对古汉语有精深的研究，他重视对《尚书》文本字词句的训释，大大地增进了英语世界对《尚书》的正确理解，也为今后的中国典籍英译提供了可资参考的宝贵经验。

第二，随着时代的不断发展，经典的翻译诠释也应与时俱进，在诠释的语言表达和形式等方面也要考虑目标语读者的阅读需要。欧德和彭马田的《尚书》英译本值得借鉴，二者译介《尚书》都采用意译为主的方法，取得了较好的适应西方大众读者的效果。直译更接近文本的真值，但上古汉语具有独特的语序、句法以及表达方式，跟现代汉语完全不一样，与现代英语更为千差万别，现代的英语读者难以接受直译的《尚书》译本。为了促进不同文化间的交流、理解与对话，经典的翻译也应寻求目的语读者容易接受的语言形式和表达方式。这就要求译者不仅具备中国典籍有关丰富的文化知识和文化素养，还应具备炉火纯青的英汉两种语言表达能力和英汉互译的娴熟技能。

第三，通过对西方诸种《尚书》英译的研究，结合研究西方译者们的不同翻译理念和方法，我们认为对于经典的翻译，传统的翻译标准仍有参考价值。严复翻译《天演论》时提出“信、达、雅”的翻译标准，虽然讨论从未停息，学者们往往各执己见，难有定论。而对《尚书》等经典的英译来说，“信”永远是英译的最基本、最重要的标准，无“信”便无法实现经典价值的真实传译与传播，而经典价值的国际传播也是中国新时代发展所需，对于展示中国可信可敬的形象至关重要。因此，在中国典籍翻译中应足够重视“信”。在历史上的西方《尚书》英译中，理雅各的英译将《尚书》的经典价值进行消解甚至将其纳入比较宗教学的研究，将西方宗教的有关思想和价值添加进中国经典的诠释传译中；彭马田的英译将经典大众化，虽然符合当今西方大众读者的阅读需求，但其所采用的诗歌化等翻译方法难以兼顾对中国文化价值的真实完整诠释。二者皆不可取。刘云虹、许钧教授指出："翻译是主导社会、文化发展以及民族间相互关系的一种重大力量，必然应在平等而长远的跨文化交流视野下有自身明确的责任与担当。""任何翻译方法的选择、翻译观念的树立都应基于把中国思想文化中最本质、最精华的部分真实地传达给世界这个根本目标。这里的'真实'首先意味着对他者文化、对异质性最大程度的承认、接受和尊重。这正是翻译活动在自身伦理目标下义不容辞的责任。"①当然，典籍翻译中也应寻求"达"和"雅"，并适当考虑读者的接受度，以实现典籍翻译对于国际文化交流互鉴的最大效用。

① 刘云虹，许钧. 异的考验——关于翻译伦理的对谈[J]. 外国语（上海外国语大学学报），2016 年第 2 期，第 70—77 页。

参考文献

一、《尚书》学

[1] [唐] 孔颖达. 尚书正义 [M]. 北京:北京大学出版社,1999 年。

[2] [南宋] 蔡沈. 书集传 [M]. 钱宗武,钱忠弼整理. 南京:凤凰出版社,2010 年。

[3] [明] 王夫之. 尚书引义 [M]. 北京:中华书局,2009 年。

[4] [清] 阎若璩. 尚书古文疏证 [M]. 上海:上海古籍出版社,1987 年。

[5] [清] 皮锡瑞. 今文尚书考证 [M]. 北京:中华书局,1989 年。

[6] [清] 孙星衍. 尚书今古文注疏 [M]. 北京:中华书局,1986 年。

[7] 成涤轩编著. 尚书与古代政治 [M]. 南京:正中书局,1946 年。

[8] 曾运乾. 尚书正读 [M]. 北京:中华书局,1964 年。

[9] 顾颉刚主编. 尚书通检 [M]. 北京:书目文献出版社,1982 年。

[10] 屈万里. 尚书释义 [M]. 台北:台北中国文化大学出版部,1984 年。

[11] 周秉钧. 尚书易解 [M]. 长沙:岳麓书社,1984 年。

[12] 陈梦家. 尚书通论 [M]. 北京:中华书局,1985 年。

[13] 蒋秋华. 宋人洪范学 [M]. 台北:台湾大学出版委员会,1986 年。

[14] 刘起釪. 尚书学史 [M]. 北京:中华书局,1989 年。

[15] 钱宗武. 尚书词典 [M]. 贵阳:贵州人民出版社,1991 年。

[16] 钱宗武. 今文尚书语言研究 [M]. 长沙:岳麓书社,1996 年。

[17] 钱宗武. 今文尚书语法研究 [M]. 北京:商务印书馆,2004 年。

[18] 顾颉刚,刘起釪. 尚书校释译论 [M]. 北京:中华书局,2005 年。

[19] 钱宗武,杜纯梓. 尚书新笺与上古文明 [M]. 北京:北京大学出版社,2005 年。

[20] 江灏,钱宗武. 今古文尚书全译 [M]. 贵阳:贵州人民出版社,2009 年。

[21] 钱宗武. 今文《尚书》词汇研究 [M]. 郑州:河南大学出版社,2012 年。

[22] 钱宗武. 尚书诠释研究 [M]. 北京:社会科学文献出版社,2017 年。

[23] 钱宗武解读. 尚书(中华传统文化百部经典)[M]. 北京:国家图书馆出版社,2017 年。

[24] 钱宗武,秦力译注. 尚书 [M]. 南京:江苏人民出版社,2019 年。

二、汉语言文字学、语言学

[1] [汉] 许慎. 说文解字 [M]. [清] 段玉裁注. 北京:中华书局,1963 年。

[2] [汉] 孔安国传. 尚书正义 [M]. [唐] 孔颖达疏. 十三经注疏. [清] 阮元校刻. 北京:中华书局,1980 年。

[3] [唐] 孔颖达. 礼记正义 [M]. 北京:北京大学出版社,2000 年。

[4] [宋] 程颐. 周易程氏传 [M]. 北京:中华书局,1981 年。

[5] [清] 王引之. 经传释词 [M]. 北京:中华书局,1956 年。

[6] [清] 段玉裁. 古文尚书撰异 [M]. 台北:汉京事业文化有限公司,1983 年。

[7] [清] 段玉裁. 说文解字注 [M]. 上海:上海古籍出版社,1981 年。

[8] [清] 王念孙. 读书杂志 [M]. 南京:江苏古籍出版社,1985 年。

[9] [清] 王引之. 经义述闻 [M]. 南京:江苏古籍出版社,1985 年。

[10] 周法高. 论中国语言学 [M]. 香港:香港中文大学出版社,1980 年。

[11] 王力. 汉语语音史 [M]. 北京:中国社会科学出版社,1985 年。

[12] [瑞士] 费尔迪南·德·索绪尔. 普通语言学教程 [M]. 北京:商务印书馆,2002 年。

[13] 刘润清. 西方语言学流派(修订版)[M]. 北京:外语教学与研究出版社,2013 年。

[14] 何九盈. 中国古代语言学史 [M]. 北京:商务印书馆,2013 年。

三、文化学、汉学

[1] [南宋] 朱熹. 四书集注 [M]. 王浩整理. 南京:凤凰出版社,2005 年。

[2] [南宋] 朱熹. 朱子文集 [M]. 上海:华东师大出版社,2010 年。

[3] [意] 利玛窦. 天主实义 [M]. 台北:台湾学生书局,1978 年。

[4] [法] 李明. 中国现状新志 [M]. 巴黎:阿尼松,1696 年。

[5] [法] 白晋. 康熙帝传[C]. 马绪祥译. 中国社会科学院历史研究所清史研究室编:清史资料,第 1 辑,北京:中华书局,1980 年。

[6] [清]王韬. 弢园尺牍 [M]. 北京:中华书局,1959 年。

[7] [清]王韬. 弢园文录外编 [M]. 北京:中华书局,1959 年。

[8] [清] 永瑢. 四库全书总目(卷 1) [M]. 北京:中华书局,1965 年。

[9] 陈舜政. 高本汉书经注释 [M]. 台北:台湾书局,1971 年。

[10] [意] 利玛窦,金尼阁. 利玛窦中国札记 [M]. 何高济,王遵仲等译. 北京:中华书局,1983 年。

[11] 顾长声. 从马礼逊到司徒雷登 [M]. 上海:上海人民出版社,1985 年。

[12] 吴泽义. 文艺复兴时代的巨人 [M]. 北京:人民出版社,1987 年。

[13] 莫东寅. 汉学发达史 [M]. 上海:上海书店影印出版,1989 年。

[14] 邓炎昌,刘润清. 语言与文化 [M]. 北京:外语教学与研究出版社,1989 年。

[15] [英] 赫德逊. 欧洲与中国 [M]. 王遵仲等译. 北京:中华书局,1995 年。

[16] 王宏印. 跨文化传播 [M]. 北京:北京语言学院出版社,1996 年。

[17] [法] 让-弗朗索瓦·利奥塔. 后现代状况——关于知识的报告 [M]. 岛子译. 长沙:湖南美术出版社,1996 年。

[18] 马祖毅,任荣珍. 汉籍外译史 [M]. 武汉:湖北教育出版社,1997 年。

[19] [日] 池田大作,[英] 阿诺德·汤恩比. 展望 21 世纪 [M]. 荀春生,朱继征,陈国梁译. 北京:国际文化出版公司,1997 年。

[20] [美] 詹姆逊. 晚期资本主义的文化逻辑 [M]. 张旭东译. 北京：三联书店，1997 年。

[21] 韩琦. 中国科学技术的西传及其影响 [M]. 石家庄：河北人民出版社，1999 年。

[22] [英] 汤林森. 文化帝国主义 [M]. 冯建三译. 上海：上海人民出版社，1999 年。

[23] 许明龙. 欧洲十八世纪中国热 [M]. 太原：山西教育出版社，1999 年。

[24] [法] 安田朴. 中国文化西传欧洲史 [M]. 耿升译. 北京：商务印书馆，2000 年。

[25] 郭建中. 文化与翻译 [M]. 北京：中国对外翻译出版公司，2000 年。

[26] 余三乐. 早期西方传教士与北京 [M]. 北京：北京出版社，2001 年。

[27] [英] 安吉拉・默克罗比. 后现代主义与大众文化 [M]. 田晓菲译. 北京：中央编译出版社，2001 年。

[28] 朱汉民主编. 中国传统文化导论 [M]. 长沙：湖南大学出版社，2002 年。

[29] 葛桂录. 雾外的远音：英国作家与中国文化 [M]. 宁川：宁夏人民出版社，2002 年。

[30] 严建强. 18 世纪中国文化在西欧的传播及其反应 [M]. 杭州：中国美术学院出版社，2002 年。

[31] [美] 安乐哲，罗思文. 论语的哲学诠释 [M]. 余谨译. 北京：社会科学出版社，2003 年。

[32] 胡适. 胡适全集(19)[C]. 合肥：安徽教育出版社，2003 年。

[33] 阎宗临著，阎守诚编. 传教士与法国早期汉学 [M]. 郑州：大象出版社，2003 年。

[34] [法] 谢和耐. 中国与基督教——中西文化的首次撞击(增补本) [M]. 耿升译. 上海：上海古籍出版社，2003 年。

[35] 张国刚. 从中西初识到礼仪之争——明清传教士与中西文化交流 [M]. 北京：人民出版社，2003 年。

[36] 张铠. 中国与西班牙关系史 [M]. 郑州：大象出版社，2003 年。

[37] 顾长声. 传教士与近代中国(3 版)[M]. 上海：上海人民出版社，2004 年。

[38] 周宁著/编注. 世纪中国潮 [M]. 北京:学苑出版社,2004 年。

[39] [英]马礼逊夫人编. 马礼逊回忆录 [M]. 顾长声译. 桂林:广西师范大学出版社,2004 年。

[40] 姚兴富. 耶儒对话与融合 [M]. 北京:宗教文化出版社,2005 年。

[41] 何寅,许光华. 国外汉学史 [M]. 上海:上海外语教育出版社,2005 年。

[42] 刘耕华. 诠释的圆环——明末清初传教士对儒家经典的解释及其本土回应 [M]. 北京:北京大学出版社,2005 年。

[43] 张西平. 传教士汉学研究 [C]. 郑州:大象出版社,2005 年。

[44] 张西平编. 欧美汉学研究的历史与现状 [C]. 郑州:大象出版社,2006 年。

[45] 张国刚,吴莉苇. 启蒙时代欧洲的中国观:一个历史的巡礼与反思 [M]. 上海:上海古籍出版,2006 年。

[46] 阎纯德主编. 汉学研究(第 10 集)[C]. 北京:学苑出版社,2007 年。

[47] 熊文华. 英国汉学史 [M]. 北京:学苑出版社,2007 年。

[48] [美] 孟德卫. 1500—1800:中西方的伟大相遇 [M]. 江文君等译. 北京:新星出版社,2007 年。

[49] [英] S. A. M. 艾兹赫德. 世界历史中的中国 [M]. 姜智芹译. 上海:上海世纪出版集团,2009 年。

[50] 胡优静. 英国 19 世纪的汉学史研究 [M]. 北京:学苑出版社,2009 年。

[51] 阎纯德. 法国汉学史 [M]. 北京:学苑出版社,2009 年。

[52] 张西平. 欧洲早期汉学史:中西文化交流与西方汉学的兴起 [M]. 北京:中华书局,2009 年。

[53] 刘捷,岳美英,王逢振编. 二十世纪西方文论 [M]. 北京:外语教学与研究出版社,2009 年。

[54] 许光华. 法国汉学史 [M]. 北京:学苑出版社,2009 年。

[55] 张西平,费乐仁. 理雅各《中国经典》(卷一)[M]. 上海:华东师范大学出版社,2011 年。

[56] 王琰. 汉学视域中的《论语》英译研究 [M]. 上海:上海外语教育出版社,2012 年。

[57] [美] 孟德卫. 奇异的国度:耶稣会适应政策及汉学的起源 [M]. 陈

怡译. 郑州:大象出版社,2014 年。

[58] 耿升. 法国汉学史论 [M]. 北京:学苑出版社,2015 年。

[59] [美] 凯尔纳. 后现代理论——批判性的质疑 [M]. 张志斌译. 北京:中央编译出版社,2015 年。

[60] 顾明栋. 汉学主义 [M]. 张强、段国重、冯涛译. 北京:商务印书馆,2015 年。

[61] 张西平. 20 世纪中国古代文化经典在域外的传播与影响研究 [M]. 北京:经济科学出版社,2015 年。

[62] 张西平. 儒学西传欧洲研究导论:16—18 世纪中学西传的轨迹与影响 [M]. 北京:北京大学出版社,2016 年。

[63] 方环海,郑通涛. 西方汉学与汉语研究 [M]. 广州:世界图书出版广东有限公司,2016 年。

[64] 张明明. 中华帝国全志研究 [M]. 北京:学苑出版社,2017 年。

[65] 方环海. 19 世纪稀见英文期刊与汉语域外传播研究 [M]. 厦门:厦门大学出版社,2021 年。

四、翻译与跨文化传播理论

[1] 阎振瀛. 理雅各氏英译论语之研究 [M]. 台北:台湾商务印书馆,1971 年。

[2] [瑞典] 高本汉. 先秦文献假借字例 [M]. 陈舜政译. 台北:中华丛书编审委员会,1974 年。

[3] 金隄,奈达. 论翻译 [M]. 北京:中国对外翻译出版公司,1984 年。

[6] 施忠连. 现代新儒学在美国 [M]. 沈阳:辽宁大学出版社,199 年。

[8] [英] 理雅各英译. 四书 [M]. 杨伯峻今译. 长沙:湖南出版社,1996 年。

[9] 辜鸿铭. 辜鸿铭文集(下)[M]. 海口:海南出版社,1996 年。

[10] 李瑞华. 英汉语言文化对比研究 [M]. 上海:上海外语教育出版社,1999 年。

[11] 刘宓庆. 文化翻译论纲 [M]. 武汉:湖北教育出版社,1999 年。

[12] 郭建中. 当代美国翻译理论 [M]. 武汉:湖北教育出版社,2000 年。

[13] 陈福康. 中国译学理论史稿 [M]. 上海:上海外语教育出版社,

2000年。

[14] 金隄. 等效翻译探索(增订版)[M]. 北京:中国对外翻译出版公司,2000年。

[16] 许渊冲,许钧. 翻译:"美化之艺术"——新旧世纪交谈录 [M]. 南京:译林出版社,2001年。

[17] 廖七一等编著. 当代英国翻译理论 [M]. 武汉:湖北教育出版社,2001年。

[18] 思果. 译道探微 [M]. 北京:中国对外翻译出版公司,2002年。

[19] 余光中. 余光中谈翻译 [M]. 北京:中国对外翻译出版公司,2002年。

[20] 许钧. 翻译论 [M]. 武汉:湖北教育出版社,2003年。

[21] 陈君静. 大洋彼岸的回声——美国中国史研究历史考察 [M]. 北京:社会科学出版社,2003年。

[22] 岳峰. 架设东西方的桥梁 [M]. 福州:福建人民出版社,2004年。

[23] 张岱年,方克立主编. 中国文化概论(修订版) [M]. 北京:北京师范大学出版社,2004年。

[24] 杨晓荣. 翻译批评导论 [M]. 北京:中国对外翻译出版公司,2005年。

[25] 傅雷. 傅雷谈翻译 [M]. 北京:当代世界出版社,2006年。

[26] 谢天振. 翻译的理论建构与文化透视 [M]. 上海:上海外语教育出版社,2006年。

[27] 黄国文. 翻译研究的语言学探索——古诗词英译本的语言学分析 [M]. 上海:上海外语教育出版社,2007年。

[28] 辜正坤,史忠义. 国际翻译学新探 [M]. 天津:百花文艺出版社,2007年。

[29] 谢天振主编. 当代国外翻译理论 [M]. 天津:南开大学出版社,2008年。

[30] 孙英春. 跨文化传播学导论 [M]. 北京:北京大学出版社,2008年。

[31] 王东风编. 语言学与翻译:概念与方法 [M]. 上海:上海外语教育出版社,2009年。

[32] [瑞典] 马悦然. 我的老师高本汉:一位学者的肖像 [M]. 李之义译. 长春:吉林出版集团有限责任公司,2009年。

［33］顾明栋. 原创的焦虑——语言、文学、文化研究的多元途径［M］. 南京:南京大学出版社,2009 年。

［34］［美］威廉・W・凯斯等编. 中国的崛起与亚洲的势力均衡［M］. 刘江译. 上海:上海人民出版社,2010 年。

［35］李苓,徐沛. 大众传播学通论［M］. 成都:四川大学出版社,2010 年。

［36］［美］大卫・雷・格里芬. 后现代精神［M］. 王成兵译. 北京:中央编译出版社,2011 年。

［37］［英］理雅各(Legge, H. E.). 汉学家理雅各［M］. 马清河译. 北京:学苑出版社,2011 年。

［38］王克非. 语料库翻译学探索［M］. 上海:上海交通大学出版社,2011 年。

［39］刘宓庆. 翻译美学导论(第二版)［M］. 北京:中国对外翻译出版公司,2012 年。

［40］张西平,管永前主编. 中国文化"走出去"研究总论［M］. 北京:北京大学出版社,2013 年。

［41］潘文国. 汉英语对比纲要［M］. 北京:北京语言大学出版社,2013 年。

［42］［美］柯文. 在传统与现代性之间——王韬与晚清改革［M］. 南京:江苏人民出版社,2014 年。

［43］周领顺. 译者行为批评:理论框架［M］. 北京:商务印书馆,2014 年。

［44］王寅. 语言哲学研究:21 世纪中国后语言哲学沉思录(上)(下)［M］. 北京:北京大学出版社,2014 年。

［45］谭载喜. 西方翻译简史(增订版)［M］. 北京:商务印书馆,2016 年。

［46］朱振武等. 汉学家的中国文学英译历程［M］. 上海:华东理工大学出版社,2017 年。

［47］黄卓越主编. 海外汉学与中国文论(英美卷)［M］. 北京:北京师范大学出版社,2018 年。

［48］陈丹丹. 先秦儒家典籍《尚书》之传译研究［M］. 南京:南京大学出版社,2022 年。

五、哲学、史学

[1] [汉] 司马迁. 史记 [M]. 北京:中华书局,1959 年。

[2] [汉] 班固. 汉书 [M]. 北京:中华书局,1962 年。

[3] [南朝宋] 范晔. 后汉书 [M]. 北京:中华书局,1973 年。

[4] [唐] 刘知几. 史通笺注 [M]. 张振珮笺注. 贵州:贵州人民出版社,1985 年。

[5] [唐] 房玄龄. 晋书 [M]. 北京:中华书局,1974 年。

[6] [宋] 黎靖德. 朱子语类 [M]. 北京:中华书局,1986 年。

[7] [明] 王阳明撰. 传习录注疏 [M]. 邓爱民注. 上海:上海古籍出版社,2012 年。

[8] [清] 王鸣盛. 十七史商榷(第三卷) [M]. 丛书集成新编. 第 104 册. 台北:台北新文丰初版司,1985 年。

[9] [清] 章学诚. 文史通义 [M]. 上海:上海古籍出版社,2008 年。

[10] [德] 马克思,恩格斯. 马克思恩格斯选集(第一卷)[M]. 北京:人民出版社,1972 年。

[11] [英] 李约瑟. 中国科学技术史(第五卷)[M]. 地学. 北京:科学出版社,1976 年。

[12] [德] 海德格尔. 存在与时间 [M]. 陈嘉映,王庆节译. 熊伟校. 上海:三联书店,1987 年。

[13] 郑杭生主编. 西方现代哲学主要流派 [M]. 北京:中国人民大学出版社,1988 年。

[14] 朱立元. 现代西方美学史 [M]. 上海:上海文艺出版社,1993 年。

[15] [美] 柯文. 在传统与现代之间——王韬与晚清改革 [M]. 雷颐,罗检秋译. 南京:江苏人民出版社,1995 年,2014 年。

[16] 顾颉刚. 顾颉刚古史论文集 [M]. 卷 1,北京:中华书局,1996 年。

[17] [美] 斯塔夫里阿诺斯. 全球通史:1500 年以后的世界 [M]. 吴象婴等译. 上海:上海社会科学院出版社,1999 年。

[18] 周光庆. 中国古典解释学导论 [M]. 北京:中华书局,2002 年。

[19] 李泽厚. 中国古代思想史论 [M]. 天津:天津社会科学出版社,2003 年。

[20] 潘德荣. 文字・诠释・传统——中国诠释传统的现代化 [M]. 上海:上海译文出版社,2003 年。

[21] 梁启超. 中国近三百年学术史 [M]. 北京:东方出版社,2004 年。

[22] 钱穆. 中国史学名著 [M]. 第 2 版,北京:三联书店,2005 年。

[23] 刘家和. 史学、经学与思想 [M]. 北京:北京师范大学出版社,2005 年。

[24] 朱希祖. 朱希祖文存 [M]. 上海:上海古籍出版社,2006 年。

[25] 康宇. 儒家解释学的产生和发展 [M]. 哈尔滨:黑龙江大学出版社,2012 年。

[26] 葛兆光. 中国思想史 [M]. 上海:复旦大学出版社,2013 年。

[27] 张立文. 宋明理学研究(增订版) [M]. 北京:中国人民大学出版社,2016 年。

[28] [德] 汉斯・格奥尔格・伽达默尔. 诠释学Ⅰ:真理与方法——哲学诠释学的基本特征(修订版)[M]. 洪汉鼎译. 北京:商务印书馆,2016 年。

[29] [德] 汉斯・格奥尔格・伽达默尔. 诠释学Ⅱ:真理与方法——补充与索引(修订译本)[M]. 洪汉鼎译. 北京:商务印书馆,2016 年。

[30] [美] 成中英. 本体诠释学(一)[M]. 北京:人民大学出版社,2017 年。

六、学位论文

[1] 陈远止. 高本汉《书经注释》研究 [D]. 香港大学博士学位论文,1994 年。

[2] 岳峰. 架设东西方的桥梁——英国汉学家理雅各研究 [D]. 福建师范大学博士学位论文,2003 年。

[3] 郑丽钦. 与古典的邂逅:解读理雅各的《尚书》译本 [D]. 福建师范大学硕士学位论文,2006 年。

[4] 马士远. 周秦《尚书》流变研究 [D]. 扬州大学博士学位论文,2007 年。

[5] 朱岩.《尚书》文体研究 [D]. 扬州大学博士学位论文,2008 年。

[6] 王东波.《论语》英译比较研究——以理雅各译本和辜鸿铭译本为案例 [D]. 山东大学博士学位论文,2008 年。

[7] 陆振慧. 跨文化传播语境下的理雅各《尚书》译本研究 [D]. 扬州大学博士学位论文，2010 年。

[8] 林风.《尚书》四译本比较研究 [D]. 福建师范大学硕士学位论文，2012 年。

[9] 崔卉. 基于图示理论的理雅各《尚书》翻译策略研究 [D]. 扬州大学硕士学位论文，2012 年。

[10] 刘立壹. 麦都思的翻译、学术与宣教活动 [D]. 山东大学博士学位论文，2013 年。

[11] 汪轩宇. 福泽谕吉“脱亚入欧”思想研究 [D]. 吉林大学博士学位论文，2016 年。

[12] 姚霞. 纽马克翻译理论视域下的理雅各《尚书》官职名称英译研究 [D]. 扬州大学硕士学位论文，2021 年。

[13] 吴叶秋. 译者行为批评视角下理雅各《尚书》“誓”体翻译研究 [D]. 扬州大学硕士学位论文，2022 年。

七、期刊论文

[1] 毛子水. 国故和科学的精神 [J]. 新潮，1919 年第 1 期，第 5 页。

[2] 林书武. 高本汉(1889—1978)[J]. 国外语言学，1980 年第 4 期，第 41—43 页。

[3] [丹] Søren Egerod(易家乐). 高本汉的生平和成就 [J]. 林书武摘译. 国外语言 1982 年第 1 期，第 53—59 页。

[4] 马祖毅. “四书”、“五经”的英译者理雅各 [J]. 翻译通讯，1983 年第 6 期，第 45—51 页。

[5] [日]小西姑子. 关于十七世纪后期介绍到欧洲的中国历史纪年(下)[J]. 曲翰章译. 东洋文化，1987 年第 67 期，第 60—64 页。

[6] 许钧. 论翻译的层次 [J]. 现代外语，1989 年第 3 期，第 65—72 页。

[7] 邵东方，刘家和. 理雅各英译《书经》及《竹书纪年》析论 [C]. “中央研究院”历史语言研究所集刊，1989 年第 71 本，第三分。

[8] 吴廷谬，郑彭年. 隋唐时代日本与中国文化 [J]. 世界历史，1992 年第 6 期，第 2—9 页。

[9] 林金水. 明清之际士大夫与中西礼仪之争 [J]. 历史研究，1993 年第

2 期,第 20—36 页。

[10] [法] 伊凡娜·格鲁弗. 巴多明神父的北京科学书简 [J]. 耿升译. 北京图书馆馆刊,1994 年第 1 期,第 118—125 页。

[11] 余英时. 香港与内地学术研究——从理雅各和王韬的汉学合作谈起 [C]. 历史人物与文化危机,台北:东大图书公司,1995 年。

[12] [德] 傅海波. 欧洲汉学史简评[C]. 胡志宏译. 欧洲研究中国,欧洲汉学史国际学术讨论会论文集,伦敦:寒山堂书店,1995 年。

[13] 张静河. 西方汉学研究的丰碑——高本汉(上篇)[J]. 中国文化研究,1995 年第 9 期,第 137—1439 页。

[14] 张静河. 西方汉学研究的丰碑——高本汉(下篇)[J]. 中国文化研究,1995 年第 10 期,第 137—143 页。

[15] [法] 雅克·布洛斯. 从西方发现中国到国际汉学的缘起 [C]. 李东日译. 发现中国,国际汉学,北京:商务印书馆,1995 年。

[16] [法] 戴密微. 法国汉学研究史概述 [C]. 汉学研究,第 1 集. 胡书经译. 北京:中国和平出版社,1996 年。

[17] 桑兵. 伯希和与近代中国学术界 [J]. 历史研究,1997 年第 5 期,第 115—138 页。

[18] [瑞典] 马悦然. 20 世纪欧洲汉学 [J]. 吴承学,何志军译. 书城,2002 年第 2 期。

[19] 蔡方鹿. 朱熹经典解释学之我见 [J]. 文史哲,2003 年第 2 期。

[20] 王辉. 理雅各英译儒经的特色与得失 [J]. 深圳大学学报(人文社会科学版),2003 年第 4 期,第 115—120 页。

[21] 王辉. 理雅各与中国经典 [J]. 中国翻译,2003 年第 2 期。

[22] 周宁. 东方主义:理论与论争 [J]. 厦门大学学报(哲学社会科学版),2003 年第 1 期,第 15—21 页。

[23] [美] 成中英. 西方文化对中国文化之需要 [J]. 东方论坛,2004 年第 5 期,第 6—13 页。

[24] 陈俊民. “理学”“天学”之间——论晚明士大夫与传教士“会通中西”之哲学深意 [J]. 中国哲学史,2004 年第 1 期,第 16—26 页。

[25] 卢艳丽,余富斌. 诠释在典籍翻译中的作用 [J]. 外语研究,2004 年第 3 期,第 45—47 页。

[26] 张廷国. “道”与“逻各斯”:中西哲学对话的可能性 [J]. 中国社会

科学，2004 年第 1 期，第 124—20 页。

[27] 陈义海．唐代景教的传教模式和译经模式研究 [J]．盐城师范学院学报(人文社会科学版)，2004 年第 2 期，第 85—90 页。

[28] 许钧．翻译动机、翻译观念与翻译活动 [J]．外语研究，2004 年第 1 期，第 51—55 页。

[29] 孙致礼．翻译应该尽量“求真” [J]．中国翻译，2005 年第 2 期，第 84—86 页。

[30] 段怀清．理雅各“中国经典”翻译缘起及体例考略 [J]．浙江大学学报，2005 年第 3 期，第 91—98 页。

[31] 段怀清．理雅各与儒家经典 [J]．孔子研究，2006 年第 6 期，第 52—63 页。

[32] 严绍璗．我对 Sinology 的理解和思考 [J]．世界汉学，2006 年第 4 期，第 6—13 页。

[33] 段怀清．理雅各与维多利亚时代的英国汉学——评吉瑞德教授的《维多利亚时代中国古代经典英译理雅各的东方朝圣之旅》[J]．国外社会科学，2006 年第 1 期，第 81 页。

[34] 段怀清．晚清英国新教传教士“适应”中国策略的三种形态及其评价 [J]．世界宗教研究，2006 年第 4 期。

[35] 陈历明．从能指到所指？——文学翻译个案研究[J]．西南政法大学学报，2006 年第 4 期，第 123—128 页。

[36] 王辉．传教士《论语》译本与基督教意识形态 [J]．深圳大学学报(人文社科版)，2007 年第 6 期，第 122—126 页。

[37] 游斌．王韬、中文圣经翻译及其解释学策略 [J]．圣经文学研究，2007 年第 1 期，第 348—368 页。

[38] [德]朗宓榭．西方汉学研究的语境 [C]．潘玮琳译．中国现代学科的形成，上海古籍出版社，2007 年，第 2—4，8 页。

[39] [瑞典]马悦然，张振江．瑞典与中国的知识交流 [J]．中山大学学报(社会科学版)，2008 年第 3 期，第 1—5 页。

[40] 米俊绒，殷杰．实证主义与社会科学 [J]．科学技术与辩证法，2008 年第 3 期，第 21—25 页。

[41] 陆振慧．理雅各《尚书》译本文学风格的再现 [J]．中国矿业大学学报，2008 年第 2 期，第 137—139 页。

[42] 沈家煊. 想起了高本汉 [J]. 中国外语,2009 年第 1 期,第 1、111 页。

[43] 王朗. 彭马田 [J]. 世界环境,2009 年第 4 期,第 90 页。

[44] 王琰.《论语》英译与西方汉学的当代发展 [J]. 中国翻译, 2010 年第 3 期,第 24—31 页。

[45] 王琰. 国内外《论语》英译研究比较 [J]. 外语研究,2010 年第 2 期,第 70—73 页。

[46] 陆振慧,崔卉,付鸣芳. 解经先识字,译典信为本——简评理雅各《尚书》译本的翻译理念 [J]. 齐鲁师范学院学报,2011 年第 6 期,第 82—85 页。

[47] 陆振慧,崔卉. 论理雅各《尚书》译本中的“语码转换+文化诠释”策略 [J]. 山东外语教学,2011 年第 6 期,第 99—104 页。

[48] 容新霞,李新德. 从译者主体性看麦都思的《尚书》译本翻译策略 [J]. 牡丹江师范学院学报,2011 年第 2 期,第 69—73 页。

[49] 温宪元. 池田大作文明观的特点和影响 [J]. 广东社会科学,2011 年第 4 期,第 38—43 页。

[50] 陆振慧,崔卉. 信于本,传以真 ——论理雅各的儒经翻译观 [J]. 河北工程大学学报(社会科学版),2012 年第 4 期,第 105—110 页。

[51] 陆振慧,崔卉. 从理雅各《尚书》译本看经典复译问题 [J]. 昆明理工大学学报(社会科学版),2012 年第 6 期,第 96—102 页。

[52] 林风. 沃尔特·高尔恩·欧德《尚书》译本指瑕 [J]. 东京文学,2012 年第 1 期,第 48—50 页。

[53] [法] 朱莉娅·克里斯蒂娃(Julia Kristeva). 黄蓓译. 互文性理论对结构主义的继承与突破 [J]. 当代修辞学,2013 年第 5 期,第 1—11 页。

[54] 刘立壹. 论麦都思的典籍翻译理念——以《新遗诏书》为例 [J]. 重庆理工大学学报(社会科学版),2013 年第 8 期,第 52—56 页。

[55] [英] 理雅各. 《中国经典》(第三卷)序言 [J]. 沈建青,李敏辞译. 国际汉学,2013 年第 1 期,第 203 页。

[56] [英] 理雅各. 《中国经典》(第一卷)序言 [J]. 沈建青,李敏辞译. 国际汉学,2013 年第 1 期,第 198 页。

[57] 刘家和. 理雅各英译《春秋》、《左传》析论 [J]. 国际汉学,2013 年第 11 期。

[58] [美] 成中英.《尚书》的政治哲学:德化论的发展 [J]. 扬州大学学报,2014 年第 4 期,第 75—82 页。

[59] 李伟荣,李林.《尚书》诸问题及其海外传播——兼及理雅各的英译《尚书》[J]. 燕山大学学报(哲学社会科学版),2014 年第 2 期,第 77—82 页。

[60] 周宁."反写"即"正写":"西方中心主义"批判的思想陷阱 [J]. 文艺理论研究,2014 年第 1 期,第 7—15 页。

[61] 王克非. 翻译需从语言和文化两个层面来认识 [J]. 外国语,2014 年第 6 期,第 52—54 页。

[62] [法]朱莉娅·克里斯蒂娃(Julia Kristeva). 互文性理论与文本运用 [J]. 黄蓓译. 当代修辞学, 2014 年第 5 期,第 1—11 页。

[63] 陈静. 语义翻译在文化传真中的应用——以理雅各《尚书》成语翻译为例 [J]. 阜阳师范学院学报(社会科学版),2014 年第 6 期,第 39—42 页。

[64] [英] 理雅各(James Legge). 牛津大学设立汉语教席的就职演讲 [J]. 沈建青,李敏辞译. 国际汉学,2015 年第 3 期,第 19—24 页。

[65] 陈丹丹.《尚书》译本中的语篇衔接重构 [J]. 扬州大学学报,2015 年第 4 期,第 59—67 页。

[66] 陈远止. 经学传承:《书经》之中外诠释 [J]. 岭南学报,2015 年第 3 期。

[67] 陆振慧. 古代典籍如何译? ——比较三个《尚书》译本引发的思考 [J]. 翻译论坛,2015 年第 3 期。

[68] 杨平.《易经》在西方的翻译与传播 [J]. 外语教学与研究,2015 年第 6 期,第 923—934 页。

[69] 张明明.《中华帝国全志》成书历程试探 [J]. 国际汉学,2015 年第 3 期,第 92—98,202 页。

[70] 邱嘉怡. 钱存训先生对美国汉学研究的贡献 [J]. 山东图书馆学刊, 2015 年第 6 期,第 43—46 页。

[71] 王碧薇. 我为什么热衷于翻译《尚书》——访英国汉学家 Martin Palmer(彭马田)[J]. 党建, 2015 年第 11 期,第 59—63 页。

[72] 顾明栋. 走出语言研究的语音中心主义 ——对汉民族文字本质的哲学思考 [J]. 复旦学报(社会科学版),2015 年第 3 期,第 80—89 页。

[73] 张西平. 儒家思想西传欧洲的奠基性著作——《中国哲学家孔子》

[J]. 中国哲学史,2016 年第 4 期,第 120—128 页。

[74] 于雪棠. 企鹅书屋《庄子》英译本的封面、插图及篇名 [J]. 中国社会科学院研究生院学报,2016 年第 6 期,第 108—113 页。

[75] 张西平. 儒家思想早期在欧洲的传播 [J]. 中国文化研究,2016,秋之卷:160—170 页。

[76] 梅莹莹. 法国耶稣会士马若瑟及其译本《赵氏孤儿》探析 [J]. 长江丛刊, 2016 年第 10 期,第 59—60 页。

[77] 赵春雨. 文化维度翻译研究的发展与转向——埃德温·根茨勒访谈录 [J]. 外语教学,2016 年第 6 期,第 105 页。

[78] 任东升,井琼洁. 圣经汉译与"信达雅"——吕振中圣经翻译思想探究 [J]. 翻译界,2016 年第 2 期,第 55—68 页。

[79] 葛厚伟. 基于语料库的《尚书》英译本词汇特征研究 [J]. 青海师范大学学报(哲学社会科学版),2016 年第 6 期,第 121—127 页。

[80] 刘云虹,许钧. 异的考验——关于翻译伦理的对谈 [J]. 外国语(上海外国语大学学报),2016 年第 2 期,第 70—77 页。

[81] 钱宗武,沈思芹. 从英译《尚书》看朱熹的儒家诠释学思想对理雅各的影响 [J]. 海外华文教育,2017 年第 4 期,第 445—454 页。

[82] 许钧. 当下翻译研究中值得思考的几个问题 [J],当代外语研究,2017 年第 3 期,第 1—5 页。

[83] 葛厚伟. 传神达意传播儒学——Martin Palmer《尚书》英译本介评 [J]. 重庆第二师范学院学报,2017 年第 2 期,第 40—43 页。

[84] 沈思芹.《尚书》中西翻译述论 [J]. 海外华文教育,2017 年第 9 期,第 1255—1266 页。

[85] 沈思芹. 理雅各与高本汉的《尚书》注释比较研究 [J]. 海外华文教育,2017 年第 12 期,第 1708—1719 页。

[86] 王硕丰. 白日升、徐若翰汉语《圣经》研究 [J]. 世界宗教研究,2017 年第 2 期,第 122—130 页。

[87] 顾明栋. 中国诠释学与文本阐释理论——跨文化视野下的现代构建 [J]. 南京大学学报,2017 年第 3 期,第 60—78 页。

[88] 刘瀛璐,赵省伟. 第二次鸦片战争战地纪实 [J]. 国家人文历史,2017 年第 5 期,第 22—27 页。

[89] [美] 成中英. 经典诠释的公理化方法与本体诠释学 [J]. 九江学院

学报，2017 年第 4 期，第 48—52 页。

[90] [美] 成中英.《尚书·尧典》的政治规范与道德意识:论古典儒学政治核心价值的形成 [J]. 人文天下，2018 年第 121 期，第 2—8 页。

[91] 陈丹丹. 轴心话语的现代阐释及跨文化传译 [J]. 厦门大学学报(哲学社会科学版)，2018 年第 3 期，第 88—99 页。

[92] 张谡. 詹姆逊后现代主义文化理论的哲学特征 [J]. 外国文学研究，2018 年第 1 期，第 157—164 页。

[93] 李宇明. 语言在全球治理中的重要作用 [J]. 外语界，2018 年第 5 期，第 2—10 页。

[94] 周领顺. 语义求真与语境务实 [J]. 中国翻译，2018 年第 5 期，第 116—119 页。

[95] 刘余莉. 向世界传达中华文化的和谐理念 [J]. 人民论坛，2018 年第 15 期，第 133 页。

[96] 刘性峰. 当代语境下翻译学最新研究动态与发展趋势——《翻译学导论》述评 [J]. 外语研究，2018 年第 4 期，第 105—107 页。

[97] 林风，岳峰. 麦都思及《尚书》首部英译本研究 [J]. 中国文化研究，2018 年，春之卷，第 163—172 页。

[98] 范祥涛. 早期儒家典籍英语转译中的文化传播研究 [J]. 外语教学与研究，2018 年第 5 期，第 770—778 页。

[99] 沈思芹，钱宗武. 本体诠释学视角下的西方《尚书》英译研究 [J]. 湖南大学社会科学学报，2019 年第 5 期，第 97—107 页。

[100] 罗述善. 日本明治维新后期的教育发展转向及当今思考 [J]. 扬州大学学报(高教研究版)，2019 年第 4 期，第 37—45 页。

[101] 刘立壹. 经学·史学·汉学:麦都思《书经》英译研究 [J]. 国际汉学，2019 年第 2 期，第 169—207 页。

[102] 陈丹丹. 从及物性系统看《尚书》概念意义传译 [J]. 黑龙江教育学院学报，2019 年第 10 期，第 115—118 页。

[103] 葛厚伟. 基于语料库的《尚书》英译本句法特征及译者风格分析 [J]. 鲁东大学学报(哲学社会科学版)，2020 年第 1 期，第 54—62 页。

[104] 马冬梅，周领顺. 翻译批评理论的本土构建——周领顺教授访谈录 [J]. 北京第二外国语学院学报，2020 年第 1 期，第 57—70 页。

[105] 刘巧玲，许钧. 如何拓展翻译研究视野——许钧教授访谈录[J].

中国翻译，2021 年第 2 期，第 87—93 页。

[106] 李耀. 翻译传播学视域下《尚书》译介社会模式研究 [J]. 黑龙江教师发展学院学报，2022 年第 6 期，第 113—117 页。

[107] 葛厚伟. 协调与过滤：《尚书》古典服饰文化英译研究 [J]. 吉林师范大学学报(人文社会科学版)，2022 年第 4 期，第 84—90 页。

[108] 葛厚伟.《尚书》古典法律核心词“罚”的翻译模式对比——基于两个英译本的探讨 [J]. 安徽理工大学学报(社会科学版)，2022 年第 1 期，第 85—90 页。

[109] 刘念业. “译名之争”语境下的“东方主义”话语——《尚书》首部英语全译本研究 [J]. 翻译史论丛，2022 年第 2 期。

[110] 胡金. 探究理雅格英译本《尚书》中文化高频词“命”的翻译方法 [J]. 新楚文化，2022 年第 5 期，第 61—65 页。

[111] 周领顺. 译者行为研究的人本性 [J]. 外语研究，2022 年第 4 期。

[112] 顾祎雯. 史书典籍翻译质量评估研究——以《尚书·酒诰》英译本为例 [J]. 今古文创，2023 年第 18 期，第 110—112 页。

[113] 葛厚伟.《尚书》农业术语英译的文化折射及其认知识解 [J]. 安徽农业大学学报(社会科学版)，2023 年第 1 期，第 120—125 页。

[114] 周领顺. 译者行为批评理论及其应用问题——答研究者(之二) [J]. 天津外国语大学学报，2023 年第 4 期，第 62—71＋112—113 页。

八、外国著作

[1] Antoine Gaubil, et al. *Le Chou-King* [M]. Paris: N. M. Tillard, 1770.

[2] Arthur Waley. *The Way and Its Power: a Study of the TAO TE CHING and Its Place in Chinese Thought* [M]. London: George Allen & Unwin Ttd, 1934.

[3] A. Lefevere (ed. &. trans). *Translating Literature: The German Tradition from Luther to Rosenzweig* [M]. Assen: Van Gorcum, 1997.

[4] B. Susan, A. Lefevere. *Translation, history and culture* [M]. London and New York: Pinter, 1990.

[5] Du Halde. *Description of the Empire of China and Chinese*

Tartary, Volume2 [M]. London: E. Cave, 1738.

[6] E. Gentzler. *Contemporary Translation Theories* [M]. London: Routledge, 1993.

[7] Eugene A. Nida. *Translating Meaning* [M]. San Dimas, Cal.: English Language Institute, 1982.

[8] Eugene A. Nida, et al. *The Theory and Practice of Translation* [M]. Leiden: E. J. Brill, 1982.

[9] Eugene A. Nida. *Toward a Science of Translating. With Special Reference to Principles and Procedures Involved in Bible Translating* [M]. Leiden: E. J. Brill, 1964.

[10] Gideon Toury. *Descriptive Translation Studies and Beyond* [M]. Amsterdam: Rodopi, 1995.

[11] Gideon Toury. *Descriptive Translation Studies and beyond* [M]. Revised edition, Tel Aviv University John Benjamins Publishing Company, Amsterdam/Philadelphia, 2012.

[12] George Steiner. *After Babel: Aspects of Language and Translation* [M]. Shanghai Foreign Language Education Press, 2001.

[13] G. P. Syedova. *Chinese classics in Legge's and Guerra's interpretations: challenges of comparative assessment* [C]. International scientific and practical conference, April 23 - 24, 2021, pp. 24 - 25.

[14] Helen Edith Legge. *James Legge: Missionary and scholar* [M]. London: The Religious Tract Society, 1905.

[15] Jean Baptiste Du Halde. *Description géographique, historique, chronologique, politique et physique de l'empire de la Chine et de la Tartarie chinoise* [M]. V. I, Paris: P. G. Lemercier, 1735.

[16] James Legge. *The Shoo King, The Chinese Classics* [M]. Taipei: SMC Publishing Icn., 1991.

[17] James Legge. *The Religions of China: The Confucianism and Taoism Described and Compared with Christianity* [M]. London: Hodder and Stoughton, 1880.

[18] J. William & A. Chestman. *The Map: A beginner's Guide to Doing Research in Translation Studies* [M]. Manchester: St. Jerome

Publishing, 2002.

[19] K. Reiss. *Translation Criticism, the Potentials & Limitations* [M]. Manchester: St. Jerome Publishing, 2000.

[20] Kim Farnell. *A brief biography of Sepharial* [M]. London: Ascella Publications, 1997.

[21] Kim Farnell. *Astral Tramp* [M]. London: Ascella Publications, 1998.

[22] Maria Tymoczko. *Translation in a postcolonial Context-Early Irish Literature in English Translation*[M]. Manchester: St Jerome, 1999.

[23] L. F. Pfister. *Striving for the Whole Duty of Man: James Legge and the Scottish Protestant Encounter with China* [M]. Peter Lang GmbH, 2004.

[24] L. F. Pfister. *Making Time for Changes: Searching for Wisdom in Qobelet and Wilhelm's Post-World War I Translations* [M]. Wiesbaden: Harrassowita Verlag . 2009.

[25] Lawrence Venut. *The Translator's Invisibility* (*Second edition*) [M]. Routledge 2 Park Square, Milton Park, Abingdon, Oxon OX14 4RN, 2008, p. 15.

[26] Maria Tymoczko and Edwin Gentzler (eds.). *Translation and Power, Introduction* [M]. University of Massachusette Press Amherst and Boston, p. xiii.

[27] Marilyn Laura Bowman. *James Legge and the Chinese Classics: A brilliant Scot in the Trmoil of Colonial Hong Kong*[M]. Part 1, Friesen Press, 2016 .

[28] Martin Giles Palmer. *The Most Venerable Book* (*Shang Shu*) [M]. London: Penguin Group, 2014.

[29] M. Baker. *In Other Words: A Coursebook on Translation* [M]. London: Routledge: Foreign Language Teaching and Research Press, 1992.

[30] M. Snell-Hornby. *Translation Studies: An Integrated Approach* [M]. Amsterdam: Benjamins, 1994.

[31] Marilyn Laura Bowman. *James Legge and the Confucian Classics Brilliant Scot in the turmoil of colonial Hong Kong* [M]. Friesen Press,

2016, pp. 698 - 700.

[32] N. G. D. Malmqvist. *Bernhard Karlgren: Portrait of A Scholar* [M]. Lehigh University Press, Rowman & Littlefield, 2011.

[33] Norman J. Girardot. *The Victorian Translation of China: James Legge's Oriental Pilgrimage* [M]. Berkeley: University of California Press, 2002.

[34] P. Newmark. *Approaches to Translation* [M]. Oxford: Pergamon Press, 1981.

[35] P. Newmark. *A Textbook of Translation* [M]. New York: Prentice Hall International Ltd, 1988.

[36] R. Brookes. *The General History of China* [M]. London, printed for J. Watts (The first edition, 1736). The third edition, 1741.

[37] Vyvyan Evans, Melanie Green. *Cognitive Linguistics: An Introduction* [M]. Edinburgh University Press Ltd., 2006.

[38] Wolfram Wilss. *Towards a Multi-facet Concept of Translation Behavior* [M]. The Netherlands: John Benjamins Publishing Co., 1989.

[39] Wolfram Wilss. *Knowledge and Skills in Translator Behavior* [M]. The Netherlands: John Benjamins Publishing Co., 1996.

[40] Walter Gorn Old. M. R. A. *The Classics of Confucius, Book of History Shuking*[M]. London, Kessinger Publishing, LLC, 1911.

[41] Walter Gorn Old, M. R. A. *The Shu King or the Historical Classic* [M]. New York: The Theosophical Publishing Society, 1904.

[42] W. H. Medhurst. *The Shoo King, or The Historical Classic: Being the Most Ancient Authentic Record of the Annals of the Chinese Empire* [M]. Shanghae: The Mission Press, 1846.

[43] W. H. Medhurst. *China: Its States and Prospects with Especial Reference to the Spread of the Gospel: Containing Allusions to the Antiquity, Extent, Population, Civilization, Literature and the Religion of the Chinese* [M]. London: J. Snow, 1838.

九、外国期刊、报纸论文

[1] Arthur Wright. The Study of Chinese Civilization[J]. *Journal of*

the History of Ideas, 1960(21), pp. 133 - 155.

[2] Bernhard Karlgren. Glosses on the Kuo feng Odes [J]. *Bulletin of the Museum of Far Eastern Antiquities*, No. 14, 1942, p. 73&81.

[3] Bernhard Karlgren. The Book of Documents [J]. *Bulletin of the Museum of Far Eastern Antiquities*, No. 22, 1950, pp. 1 - 81.

[4] Bernhard Karlgren, Glosses on the Book of Documents [J]. *Bulletin of the Museum of Far Eastern Antiquities*, No. 20, 21. 1948—1949.

[5] Charles Aylmer. The Memoirs of H. A. Giles [J]. *East Asian History*. No. 13 - 14, June December, 1997, p. 39.

[6] Cheuk-Woon Taam. On Studies of Confucius[J]. *Philosophy East and West*. 3. 2, 1950, pp. 147 - 165.

[7] H. Hermans. Cross-cultural Translation Studies as Thick Translation[J]. *Bulletin of the School of Oriental and African Studies*, 2003, 66 (3) (pp. 380 - 389), p. 386.

[8] John Berthrong. Book Review [J]. *Journal of Chinese Philosophy* 31:3 (September)2004, p. 416.

[9] Laura Hostetler. A Mirror for the Monarch: A Literary Portrait of China in Eighteenth-Century France [J]. Third Series, *Asia Major*, vol. 19, no. 1/2, 2006, pp. 368 - 369.

[10] Lauren F. Pfister. Serving or Suffocating the Sage? Reviewing the Efforts of Three Nineteen Century Translators of the Four Books, with Special Emphases on James Legge (A. D. 1815—1897) [J]. *The Hong Kong Linguist*, Spring & Autumn, 1990, p. 43.

[11] Lauren F. Pfister. "some new dimensions in the study of the work of James Legge (1815—1897: Part II)" [J]. *Sino-Western Cutural Relations Journal*, xiii, 1991, p. 43.

[12] Lauren F Pfister. The legacy of James Legge [J]. *International Bulletin of Missionary Research*, vol. 22, No. 2, April 1998, p. 81.

[13] Patrick Hanan. The Bible as Chinese literature: Medhurst, Wang Tao, and the Delegates' Version [J]. *Harvard Journal of Asiatic Studies*, Vol. 63:No. 1, 2003, p. 222.

[14] L. C. Nordvall [王子安]. *The influence of James Legge on later English translations of the Confucian classics* [D]. University of Hong Kong, 2002.

[15] Norman J. Girardot. The Victorian Text of Chinese Religion: With Special Reference to the Protestant Paradigm of James Legge's Religions of China [J]. *In: Cahiers d'Extrême-Asie*, vol. 12, 2001. *Religions chinoises: nouvelles méthodes, nouveaux enjeux*. pp. 23 - 57.

[16] Siam [J]. *The Chinese Repository*. Vol. 1, Oct. , 1832, p. 226.

[17] Chinese and English Dictionary[J]. *The Chinese Repository*. Vol. 12, Oct. , 1843, p. 496.

[18] New and Revised Edition of the Bible in Chinese[J]. *The Chinese Repository*. Vol. 12, Oct. , 1843, pp. 551 - 553.

[19] Protestant Missions in China. Journal of Occurrences [J]. *The Chinese Repository*. Vol. 14, 1845, p. 248.

[20] Journal of Occurrences [J]. *The Chinese Repository*. Vol. 14, 1845, p. 56.

[21] Journal of Occurrences[J]. *The Chinese Repository*. Vol. 14, 1845, pp. 149 - 150.

[22] James Finn. The Jews in China: their synagogue, their Scriptures, their history, &c. [J]. *The Chinese Repository*. Vol. 14, ART. Ⅲ. 1845, pp. 388 - 393.

[23] Journal of Occurrences [J]. *The Chinese Repository*. Vol. 14, 1845, p. 56.

[24] Morrison Education Society [J]. *The Chinese Repository*. Vol. 14, 1845, p. 509.

[25] ART. I [J]. *The Chinese Repository*. Vol. 16, July, 1847, pp. 321 - 322.

[26] Growth in India and the East, The Victoria Era Series [J]. *The Chinese Repository*. Vol. 16, July, 1847, pp. 48 - 54.

[27] Medhurst and others. Remarks on Shingti and Shin [J]. *The Chinese Repository*. Vol. 16, Jan. , 1847, pp. 36 - 37.

[28] Essay on the Item for Deity [J]. *The Chinese Repository*. Vol. 17,

Jan.，1848，p. 49.

[29] The New Year [J]. *The Chinese Repository*. Vol. 17，Jan.，1848，pp. 1 - 2.

[30] W. H. Medhurst. Reply to Dr. Boone's Essay [J]. *The Chinese Repository*. Vol. 17，Oct.，1848，pp. 489 - 518.

[31] Essay on the term for Deity [J]. *The Chinese Repository*. Vol. 17，Jan.，1848，pp. 50 - 54.

[32] John Bowring. Thoughts upon the manner of expressing the word Jan. for God in the Chinese language [J]. *The Chinese Repository*. Vol. 18，Jan.，1849，p. 600.

[33] List of Works upon China [J]. *The Chinese Repository* . Vol. 18. ART. Ⅲ. Aug.，1849，p. 403.

[34] Things in Shanghai[J]. *The Chinese Repository*. Vol. 18，July，1849，p. 388.

[35] Protestant Missions in China [J]. *The Chinese Repository*. Vol. 18，Jan.，1849，p. 51.

[36] List of Works upon China [J]. *The Chinese Repository*. ART. Ⅲ. Aug.，1849，pp. 402 - 403.

[37] Remarks on the Philosophy of the Chinese，and the desirableness of having their Classical and Standard Authors translated into English [J]. *The Chinese Repository*. Vol. 18. ART. VI. Jan.，1849，pp. 43 - 49.

[38] W. J. Boone. Defense of an Essay [J]. *The Chinese Repository*. Art. I，Vol. 19，July，1850，pp. 357 - 365.

[39] List of Protestant Missionaries to the Chinese [J]. *The Chinese Repository*. Vol. 20，Aug. to Dec.，1851，p. 514.

[40] Alfred Lister. Dr. Legge's Metrical Shi-king [J]. *The China review*，*or*，*Notes and queries on the Far East*，Vol. 5(1876—1877)，No. 1，1871，p. 8.

附　录

附录一：瓦特版(J. Watts)《中华帝国全志》书影

THE GENERAL
HISTORY
OF
CHINA.
Containing a Geographical, Historical, Chronological, Political and Physical Description of the
EMPIRE of *CHINA*,
Chinese-Tartary, *Corea* and *Thibet*.
Including an Exact and Particular Account of their CUSTOMS, MANNERS, CEREMONIES, RELIGION, ARTS and SCIENCES.
The whole adorn'd with
CURIOUS MAPS, and Variety of COPPER PLATES.

Done from the *French* of
P. DU HALDE.

VOLUME *the* SECOND.

The THIRD EDITION Corrected.

LONDON:
Printed for J. WATTS: And Sold by B. DOD at the *Bible* and *Key* in *Ave-Mary Lane*, near *Stationers-Hall*.
M DCC XLI.

附录二:凯夫版(E. Cave)《中华帝国全志》中的《尚书》选译

A

DESCRIPTION

OF THE

Empire of *CHINA*

AND

CHINESE-TARTARY,

Together with the KINGDOMS of

KOREA, and *TIBET*:

CONTAINING THE

GEOGRAPHY *and* HISTORY

(NATURAL as well as CIVIL)

OF THOSE

COUNTRIES.

Enrich'd with general and particular MAPS, and adorned with a great Number of CUTS.

From the FRENCH of P. *J. B. Du HALDE*, Jesuit:

WITH

NOTES Geographical, Historical, and *Critical*; and *Other Improvements*, particularly in the *Maps*,

BY THE TRANSLATOR.

IN TWO VOLUMES.

VOLUME I.

LONDON:

Printed by T. GARDNER in *Bartholomew-Close*, for EDWARD CAVE, at *St. John's Gate*. MDCCXXXVIII.

---

402 *Extract from the* Shu king.

during his Minority. The Invention of the Needle, or the Mariner's Compass, is attributed to him. The Ambassadors of *Tong king* and *Kochinchina*, when they came to pay their Tribute to the new Emperor, had suffered a great many Fatigues in their Passage, by their not being acquainted with the Coasts they ought to have held, upon which *Chew kong* gave them a Mariner's Compass, which guided them on their Return, and procured them a happy Voyage.

In short, in the *Shu king*, which among the *Chinese* is of very great Authority, we find Vice punished, and Virtue rewarded, together with a great many fine Instructions for the good Government of a State, and wise Regulations for the public Weal: Also the Principles, the Rules and the Models of the Morals of the first Heroes, who have governed their Empire, and for whose Memory that Nation has always preserved an extraordinary Regard. We shall give some Extracts of this Book, which P. *Premare*, an ancient Missionary in *China*, has collected, who assures us, that they are translated with all the Exactness and Faithfulness imaginable.

Some Extracts from the Shu king, *in a Dialogue upon the Maxims of the antient Kings.*

WHEN a King, says *Yu*, knows how difficult it is to be a good King, and when a Subject knows how much it costs to fulfil all his Duties faithfully; the Government is perfect, and the People make a swift Progress in the ways of Virtue.

That is certain, replied the Emperor, and I love to be discoursed with in this manner. Truths, so well grounded, ought never to be concealed. Let all wise Men be distinguished, and not one of them suffered to remain in Oblivion; then all the Kingdoms of the World will enjoy a profound Peace. But to rest entirely upon the Sentiments of wise Men, to prefer them to his own; to treat Orphans with Kindness; and never to reject the Suit of the Poor, are Perfections only to be found in a very wise King. (*)

In effect, says *Pe i*, the Virtues of a wise King are of a boundless Extent, and of an indefatigable Activity; he acts, he concerts, he penetrates all; in Peace he adorns, and in War subdues, all: The august Heaven tenderly loves him, and makes him the Executor of its Decrees; it gives him all that is contain'd within the four Seas, and confirms him Master of this lower World.

You may add, says *Yu*, that those who obey him are happy; and that it is a great Unhappiness to displease him: For as the Shadow follows the Body, and the Echo, the Voice, so Rewards attend Virtue, and Punishments the Crimes.

You reason well, replied *Pe i*, he must then watch incessantly, and dread Vices that are more secret and refined; he must carefully avoid sensual Pleasures, and be cautious in using even those that are less criminal. He must constantly advance the truely wise, and directly expel the worthless; doing nothing without Caution, and forming no Design but what he can avow to the World; never abandoning Justice in Complaisance to the People, nor the People, to follow his own Views; in one Word, he must carefully examine his most minute Inclinations, and maturely weigh his slightest Actions. This is the way to attract the Love and Homage of all the People in the Universe.

Ah Prince! answer'd *Yu*, addressing himself to the Emperor, ah Prince! all this well deserves our Consideration. Perfect Government springs like a Tree from its Root, and its first Principle consists in furnishing the People plentifully with the Means of Subsistence, viz. Water, Fire, Metals, Wood, Land and Grain. These we may call the six Magazines from which Plenty proceeds. To regulate the Desires of the Heart, to promote Commerce, to put a great Value upon every thing that contributes to Life; these are the three Points necessary to the Union of the People, and to keep them at Ease. The Sum of these Nine very important Articles have an admirable Connection among themselves: Order them to be put in Verse, that the People may sing nothing else. Reform your Subjects, by rewarding Virtue: But prevent them by punishing Crimes from relapsing to Vice: Excite them by fine Songs upon these nine principal Articles, and nothing shall be able to shake the foundations of your Empire.

Draw near, *Yu*, said the Emperor, you are the Man whom I want, and I design to appoint you my Successor in the Empire.

Alas! replied *Yu*, the little Virtue which I have, will bend and sink beneath that burden: And the People who know me well, will never approve of your Choice. But you have *Kau yau*: He is truly wise, and possess'd of all necessary Qualifications. He has inspired the Love of Wisdom into all the People, who feeling its effects, carry him in their inmost Heart. Reflect a little; think how much he deserves, and how little, I. Raise him, since he appears so worthy, and drop me as a useless Person: Virtue alone ought to be your Guide in an Affair of so much Consequence.

I know, says the Emperor, that *Kau yau* is very proper to maintain my Laws, I make him the Trustee of my Justice. Learn then, perfectly the five kinds of Punishments, in order worthily to maintain the chief Articles of my Laws. Begin always by Instruction that you may not be obliged

附录三：麦都思《尚书》英译本书影

Ancient China.

書經

THE SHOO KING,

OR THE

HISTORICAL CLASSIC:

BEING THE

MOST ANCIENT AUTHENTIC RECORD

OF THE

ANNALS OF THE CHINESE EMPIRE:

ILLUSTRATED BY

LATER COMMENTATORS.

TRANSLATED BY

W. H. MEDHURST, SEN.

SHANGHAE:

PRINTED AT THE MISSION PRESS.

1846.

THE

CONTENTS

of the first VOLUME.

Discourse

附录四：理雅各《尚书》英译本书影

THE

CHINESE CLASSICS:

WITH

A TRANSLATION CRITICAL AND EXEGETICAL NOTES, PROLEGOMENA, AND COPIOUS INDEXES.

BY

JAMES LEGGE, D.D.,

OF THE LONDON MISSIONARY SOCIETY.

IN SEVEN VOLUMES.

VOL. III.—PART I.

CONTAINING

THE FIRST PARTS OF THE SHOO-KING.
OR THE BOOKS OF T'ANG; THE BOOKS OF YU; THE BOOKS OF HEA; THE BOOKS OF SHANG; AND THE PROLEGOMENA.

CONTENTS.

I. THE PROLEGOMENA.

CHAPTER I.

THE HISTORY OF THE SHOO KING.

CHAPTER II.

ON THE CREDIBILITY OF THE RECORDS IN THE SHOO.

CHAPTER III.

ON THE DETERMINATION OF THE PRINCIPAL ERAS IN THE SHOO.

CHAPTER IV.

THE ANNALS OF THE BAMBOO BOOKS.

附录五:欧德《尚书》英译本书影

Shu ching

THE SHU KING

OR THE

CHINESE HISTORICAL CLASSIC

BEING AN AUTHENTIC RECORD OF THE RELIGION, PHILOSOPHY, CUSTOMS AND GOVERNMENT OF THE CHINESE FROM THE EARLIEST TIMES

TRANSLATED FROM THE ANCIENT TEXT, WITH A COMMENTARY, BY

WALTER GORN OLD

M.R.A.S.

THE THEOSOPHICAL PUBLISHING SOCIETY : : LONDON AND BENARES
JOHN LANE : NEW YORK : : : 1904

CONTENTS

BOOK I

THE BOOK OF YU

BOOK II

THE BOOK OF HIA

BOOK III

THE BOOK OF SHANG

xi

附录六:高本汉今文《尚书》英译本书影

BERNHARD KARLGREN

THE BOOK OF DOCUMENTS

...INTED FROM THE MUSEUM OF FAR EASTERN ANTIQUITIES, BULLETIN 22
STOCKHOLM 1950

THE BOOK OF DOCUMENTS

BY

BERNHARD KARLGREN

In the Bulletins 20 and 21 of the Museum of Far Eastern Antiquities I published extensive commentaries on the Shang shu or Shu king (Glosses on the Book of Documents I, 1948; II 1949), discussing on the one hand all important ancient text variants, on the other hand various attempts by Chinese scholars, ancient and modern, to interpret the numerous obscure passages and difficult words and phrases. In the present article I venture on a connected word-for-word translation of all the authentic chapters of the Shu. That my interpretation differs so very strongly from those of Legge and Couvreur only underlines the fact that the Shang shu, through its lapidary style and archaic language, is often exceedingly obscure and frequently offers passages which, from the point of view of grammar, allow of several widely divergent interpretations. Thus every new translation will inevitably be nothing more than a new attempt at interpretation.

The Chinese text given here is in the main the orthodox Ku-wen text. But wherever a variant from the Kin-wen version (or from Chou-time quotations) has seemed preferable, as developed in my above-mentioned Glosses, I have placed the orthodox version in parenthesis and after this follows the preferred version, a hook indicating the end of the substituted passage. Sometimes a Ku-wen formulation has been replaced by another which is not known through ancient quotations but is an emendation, made by some Chinese scholar or by myself; such cases are marked by the sign *em.* (= emendation).

Yao tien.

1. Examining into antiquity (we find that) the emperor Yao was called Fang-hün. He was reverent, enlightened, accomplished, sincere and peaceful (mild). He was truly respectful and could be (ceding =) modest. He extensively (covered =) possessed the four extreme points (of the world). He reached to (Heaven) above and (Earth) below. — 2. He was able to make bright his lofty (great) virtue, and so he made affectionate the nine branches of the family. When the nine branches of the family had become harmonious, he distinguished and (gave marks of distinction to =) honoured the hundred clans (the gentry). When the hundred clans had become (bright =) illustrious, he harmonized the myriad states. The numerous people were amply nourished and prosperous and then became concordant. — 3.

1

附录七:彭马田《尚书》英译本书影

PENGUIN CLASSICS

CONFUCIUS

The Most Venerable Book (Shang Shu)

Contents

后　记

这个四月的清晨，窗外满目新绿，未及细赏，春又将归。

本书缘起于我读博期间对中国最古老的经典《尚书》的研读与探索。毕业后的这几年，白天忙于教学工作，夜间思考与撰写书稿，时常延至黎明。时光荏苒，不觉间，楼下玉兰已数度落尽繁花，我主持的国家社科基金后期资助项目终于走进了尾声，在书稿即将付梓之时，不由感慨良多。

本书也是我之前主持的江苏省社科基金项目研究的进一步拓展，更为系统、深入地研究了中国儒家经典《尚书》的英译与西传。研究将西方的《尚书》英译重置于汉学史的宏大叙事之中，通过对产生于西方汉学不同发展阶段的七种《尚书》英译的个案研究，首次对《尚书》西方英译的历史脉络进行了梳理与描述，并探讨其发展演变的特点与规律，以期为新时期中国典籍翻译与传播、翻译教学、汉学等研究提供启示与参考。

研究中，主要采用描述性翻译学的研究思路，注重采用本体诠释学理论，结合翻译制约因素理论、译者行为理论等翻译理论，综合运用汉学、语言学、翻译学、哲学、文化学等多学科的理论与视角，将宏观的历史文化研究与微观的文本分析相结合，注重《尚书》英译形态的历史发展与汉学思潮的演变、历史与逻辑的统一、传统与现代的融通，努力探索新时期典籍翻译的科学方法和合理路径。

在本书完成之时，首先感谢我的导师，著名《尚书》研究专家钱宗武先生。尽管在徐州师范大学攻读硕士学位期间，旁听了《现代汉语》《古代汉语》等课程，我的古代汉语基础仍较为薄弱，古代文献还不够熟悉。蒙先生不弃，得以忝列门墙，有幸聆听先生亲授凝聚其数十年研究心血之《尚书》学，使我得识《尚书》研究之门径。先生讲授千古绝学之精彩、细致、广博、意蕴无穷，深深吸引了扬大有幸聆其德音的莘莘学子。难忘先生讲学时，济济一堂之盛况。在先生影响下，我深为《尚书》之永恒魅力所震撼，遂结合自己英语专业出身之长立志研究其外译。研究困惑之时，每每求教于先生，无论晨昏夜深，先生总不厌其烦，悉心解答。整个书稿的写作与修改，均耗费了先生大量的心血。先生之关爱扶持感恩无尽！先生之谆谆教诲永铭于心！

还要特别感谢美国夏威夷大学的成中英先生和厦门大学的方环海老师。两位老师此时皆远隔重洋，身在美国，在百忙之中他们不仅为本书的修改指点迷津，还惠赐书序。成先生是钱先生的好朋友，也是蜚声海内外的学术泰斗，他一直把我视为自己的学生，热情关心，耐心指导。金坛、无锡、徐州、扬州都留下了他授课、解惑的温馨记忆。他的序言写在新冠肺炎后遗症的康复之中，先生拖着病体写下近五千字的序，指出本书研究的得失，发表对文化和经典的真知灼见，令我衷心感佩！方老师是我的硕士生导师，尽管他远在他乡，工作繁忙，仍一直关注本书研究工作的进展，多次给出修改建议。谆谆教导，句句叮嘱，皆是对学生不变的精心呵护。在此，谨向两位老师表达深切的谢意！

再者，感谢扬州大学的朱岩教授！若非他在我犹豫不决时一再鼓励我申报国家社科基金后期资助项目，也许就不会有这样一本书的面世。感谢美国马萨诸塞大学的 Zhijun Wang 教授！在美访学期间，他曾给予我多方面的支持和帮助，鼓励我完成相关研究。感谢扬州大学的俞洪亮教授、徐林祥教授、柳宏教授、周领顺教授、秦力博士，南京大学的徐兴无教授，宿迁学院的吉益民教授，滁州学院的葛厚伟教授，徐州工程学院的沈玲教授、高秀川教授，常州工学院的曹子男博士等各位师友！在书稿初成之时，他们都曾给予我无私的帮助。

最后，感谢国家社科规划办对本书的资助，也感谢徐州工程学院始终如一的支持，并特别致谢江苏人民出版社的张凉老师在本书出版过程中给予的大力帮助！感谢我的家人对我的理解和支持！感谢弟弟多年来在上海独自承揽了照顾母亲的重任！

本人才疏学浅，书中难免有疏漏、不当之处，欢迎各位方家批评指正！

沈思芹

2024 年 4 月 18 日于彭城